RENCONTRES
537

Série *Civilisation médiévale*
dirigée par Richard Trachsler et Estelle Doudet
46

Les Chroniques et l'histoire universelle

Actes des journées d'études « Les chroniques universelles en vernaculaire aux XIIIe et XIVe siècles (Italie et France) » organisées les 16 et 17 mai 2019 à l'université de Zurich.

L'étape de la prépresse de cette publication a été soutenue par le Fonds national suisse de la recherche scientifique

Les Chroniques

et l'histoire universelle

France et Italie (XIIIe-XIVe siècles)

Sous la direction de Francesco Montorsi et Fanny Maillet,
avec la collaboration de Martina Albertini et Sara Ferrilli

PARIS
CLASSIQUES GARNIER
2021

Francesco Montorsi est maître de conférences en langue et littérature médiévales à l'université Lumière – Lyon 2. Ses recherches portent sur le roman de chevalerie entre Moyen Âge et Renaissance, les échanges culturels entre Italie et France, la réception de la littérature médiévale à l'âge de l'imprimé et l'écriture de l'histoire aux XIIe et XIIIe siècles.

Fanny Maillet est assistante de recherche et d'enseignement en littérature française du Moyen Âge à l'université de Zurich. Une partie de ses recherches porte sur l'histoire du livre et sur la réception matérielle de la littérature narrative médiévale, à la Renaissance et au XVIIIe siècle en particulier.

Martina Albertini est doctorante à l'université de Zurich où elle travaille comme assistante de la chaire de littérature italienne. Elle écrit sa thèse sur l'œuvre de Matteo Villani.

Sara Ferrilli est postdoctorante en littérature italienne du Moyen Âge et de la Renaissance à l'université de Zurich. Ses recherches portent sur la lyrique médiévale et l'encyclopédisme entre les XIIIe et XIVe siècles, sur les rapports entre astrologie et poésie et sur la première réception de l'œuvre de Dante.

ISBN 978-2-406-11907-4 (livre broché)
ISBN 978-2-406-11908-1 (livre relié)
ISSN 2103-5636

PRÉFACE

Visant à raconter le devenir du monde à partir d'un moment déterminant pour toute l'humanité, l'histoire universelle repose sur une conception globale de la chronologie et des espaces qui s'exprime dès l'Antiquité gréco-romaine dans la pratique historiographique. Celle-ci produit des œuvres majeures, comme la *Bibliothèque historique* de Diodore de Sicile ou les *Histoires philippiques* de Trogue Pompée. La première doit attendre les hellénistes du *Quattrocento* pour être redécouverte, la seconde est transmise à la postérité à travers l'abrégé latin de Justin, qui rencontre au Moyen Âge un succès étonnant.

Si l'aspiration à atteindre une totalité géographique et chronologique est liée, pour les auteurs antiques, à l'existence d'une puissance globale – l'empire de Rome ou celui de Macédoine –, il en va différemment pour la pensée chrétienne. Les Chrétiens adhéraient à l'idée d'une origine commune pour l'humanité issue tout entière d'Adam et Ève, et croyaient de même à l'union ultime des fidèles avec Dieu. L'histoire était la fille d'un projet divin impliquant tous les hommes. Telle qu'elle était et devait être pratiquée par les chrétiens, l'historiographie était toujours une historiographie de l'humanité.

Après les expériences liminaires d'apologètes tels que Julius Africanus ou Hyppolite de Rome, l'Occident reçoit dans l'Antiquité tardive des modèles achevés d'une historiographie moulée dans la vision chrétienne du temps. En traduisant du grec les *Canons chronologiques* d'Eusèbe, Jérôme met à disposition de nombreuses générations une chronologie détaillée, réunissant histoire profane et histoire sacrée, couvrant le monde habité depuis Abraham. En s'éloignant de la sécheresse chronologique des *Canons* pour embrasser le style narratif, Paul Orose retrace ensuite l'histoire de l'humanité depuis Adam dans une œuvre qui aura une influence extraordinaire sur les siècles à venir.

Désormais, à l'époque médiévale, tout écrit historique devient, pour reprendre les mots de Jacques Le Goff, un « discours sur l'histoire universelle[1] ». De Bède à Isidore, de Fréculphe de Lisieux à Hugues de Fleury, de Sigebert de Gembloux à Vincent de Beauvais, en passant par Hélinand de Froidmont, pour ne citer que les plus illustres, la liste est longue de ces historiens qui écrivent une histoire de tous les temps et de tous les lieux. Cela sans compter les innombrables textes qui ne se laissent pas ranger *stricto sensu* dans la catégorie de l'histoire universelle mais qui ne manquent pas de s'inspirer de sa vision. Grégoire de Tours n'est pas le seul à faire commencer son œuvre par une création du monde et une histoire biblique, déroulant une chronique universelle que, d'ailleurs, les éditions modernes ont parfois pris soin d'escamoter.

Ce geste de censure éditoriale en dit assez sur l'incompréhension qui a accompagné et accompagne encore ces productions de l'esprit. Une méprise qui trouve sa lointaine origine dans la posture des historiens humanistes qui, fiers à juste titre des conquêtes d'une nouvelle méthodologie, dénonçaient sans ménagement la grossièreté et la crédulité de leurs prédécesseurs.

Ce mépris n'a pas été ébranlé par l'érudition du XIXe siècle. Confrontés à l'immense tâche de recenser, analyser, éditer la production historiographique du Moyen Âge, les éditeurs de chroniques ont souvent négligé les portions de texte qui n'apportaient pas d'informations originales, pour se concentrer uniquement sur ces parties modernes, parfois réduites, où les informations étaient de première main. Certaines des chroniques publiées par les *Monumenta Germaniae Historica* ainsi que par d'autres collections nationales ne débutent, pour ainsi dire, que par leur fin, suivant un parti compréhensible dans le contexte de l'époque mais qui ne satisfait plus aux besoins de la recherche[2].

Depuis le dernier quart du XXe siècle, et même avant pour certaines figures d'exception[3], les historiens et les littéraires ont investi avec un nouvel intérêt le champ des chroniques universelles. Dans les études médiévales, la nécessité de mieux comprendre les dynamiques

1 Jacques Le Goff, *La civilisation de l'Occident médiéval*, Paris, Flammarion, 1982 [1964], p. 141.

2 Un exemple parmi d'autres est celui des éditions partielles de la *Chronique dite de Baudouin*, parues dans *MGH SS*, t. 25, 1880, p. 419-467 (par Johann Heller) et dans *Recueil des historiens des Gaules et de la France*, t. 21, Paris, 1855, p. 159-181 (par Dom Bouquet).

3 Une place de choix va à Anne-Dorothee von den Brincken, *Studien zur lateinischen Weltchronistik bis in das Zeitalter Ottos von Freising*, Düsseldorf, Michael Triltsch Verlag, 1957.

de l'historiographie est désormais chose acquise, en particulier pour ces siècles tardifs du Moyen Âge, dont la production historique est plus abondante mais aussi moins connue.

Forts de ce constat, il est heureux que des événements scientifiques reconnaissent les ferments qui animent la recherche dans ce domaine et en réunissent les acteurs, chaque jour plus nombreux mais aussi souvent isolés. Ainsi, en mai 2019, le Romanisches Seminar de l'université de Zurich a organisé des journées d'étude autour de la chronique universelle dans l'espace italien et français des XIIIe et XIVe siècles. Le présent volume, publié grâce au soutien généreux et discret de Johannes Bartuschat et Richard Trachsler, donne la mesure des échanges qui ont eu lieu lors de ces deux journées.

Des voies diverses ont été parcourues par les chercheuses et chercheurs présents, dont on observe non sans se réjouir que la plupart appartient à la jeune garde des études médiévales. Dans la variété des objets et des méthodes employées, un certain nombre de thèmes indique *a posteriori* des points nodaux. Sans prétention d'exhaustivité, on citera ici l'analyse des traditions textuelles, la question des modèles, la compilation.

Des trois éléments, le premier est le plus immédiatement évident. Pour mieux comprendre l'écriture de l'histoire aux derniers siècles du Moyen Âge, la recherche doit s'appuyer sur des fondements solides, une cartographie fiable des productions historiques, qui font pour l'heure défaut. Les ressources existantes – du « Potthast » au *Repertorium Fontium Historiæ* jusqu'à la partie documentaire du *Grundriss der romanischen Literaturen*, pour ne citer que les principales – ne satisfont pas les exigences élémentaires de complétude et de précision[4]. Une heureuse initiative comme celle d'Anne Salamon de l'Université de Lanval qui se dédie, à travers le site HU15, au recensement et à la description des chroniques universelles françaises du XVe siècle, prêche par l'exemple l'importance d'une campagne de recensement.

Ce recensement devrait s'appuyer sur une identification plus minutieuse du patrimoine écrit. Des chroniques universelles attendent encore

4 August Potthast, *„Bibliotheca historica medii aevi". Wegweiser durch die Geschichtswerke des europäischen Mittelalters bis 1500*, 2. verbesserte und vermehrte Auflage, Berlin, W. Weber, 1896 ; *Repertorium fontium historiae Medii aevi*, Romae, Istituto italiano per il Medio Evo, 1962-2011, 11 vol. ; *La littérature historiographique des origines à 1500* [*GRLMA* XI/1], éd. Hans Ulrich Gumbrecht, Ursula Link-Heer, Peter-Michael Spangenberg, Heidelberg, Carl Winter, 1987, 3 vol.

dans les rayons des bibliothèques de bénéficier d'un inventaire qui viendrait élucider les descriptions laconiques des anciens catalogues[5]. Dans cette reconstruction de la culture historique dans sa matérialité on n'oubliera pas non plus l'intérêt des recueils manuscrits. Par la copie et la compilation d'ouvrages historiques au sein d'un même témoin, des copistes ont pu créer des recueils qui, par l'extension de leur empan chronologique, constituent de véritables chroniques universelles. Enfin, appliquée à ce domaine littéraire, la philologie précisera le panorama des écrits historiques, tout en l'enrichissant. Il est significatif, en effet, que l'on peine encore à démêler la tradition de certaines œuvres qui, malgré les titres unitaires des manuels, présentent des rédactions divergentes.

On peut souligner à ce propos que la comparaison systématique des témoins est cruciale pour un type d'écrits particulièrement sujet à la mouvance textuelle. Depuis que le genre de la chronique universelle existe, les historiens s'appliquent à continuer la trame laissée en suspens par leurs prédécesseurs. L'énergie qui fait évoluer l'œuvre au fil des rédactions n'exerce pas son pouvoir seulement vers l'avant, suivant cet élan prévisible qui comble l'espace séparant le passé de l'auteur et le présent du lecteur. La chronique universelle peut être complétée, pour ainsi dire, par le haut, en intervenant en amont, en deçà du point de départ. Des copies tardo-antiques de la *Chronique* d'Eusèbe et Jérôme introduisent des épisodes de l'histoire pré-abrahamique tandis que, plus près de nous, des témoins de la *Chronique dite de Baudouin* ajoutent des morceaux remontant à la Création[6]. Des gestes de remaniement peuvent porter sur le noyau narratif. Douée d'une structure modulaire, la chronique se fonde sur une succession d'épisodes pour partie juxtaposés au nom d'une chronologie surplombante. Il devient alors tout aussi facile de prolonger que d'éliminer et remplacer[7].

---

5 Il n'est donc pas rare que le hasard et la ténacité produisent, dans ce domaine, des découvertes, *cf.* Jeffrey H. Kaimowitz : « A Fourth Redaction of the *Histoire ancienne jusqu'à César* », *Classical Texts and Their Traditions. Studies in Honor of C. R. Trahman*, éd. par David F. Bright et Edwin S. Ramage, Chico, Scholars Press, 1994, p. 75-87.

6 Michael I. Allen, « Universal History 300-1000 : Origins and Western Developments », *Historiography in the Middle Ages*, ed. Deborah Mauskopf Deliyannis, Leiden ; Boston, Brill, 2003, p. 17-42, part. p. 23. Pour la *Chronique dite de Baudouin*, voir par exemple le manuscrit Gent, Universiteitsbibliotheek, 415.

7 Comme dans la deuxième rédaction de l'*Histoire ancienne jusqu'à César*, où le bloc sur la guerre de Troie a été remplacé par un autre morceau, équivalent sur le plan du contenu mais à la forme et aux dimensions fort différents. Voir Richard Trachsler, « L'Histoire

Fondés sur le principe du remploi textuel, ces procédés d'écriture nous renvoient à un autre thème central pour la compréhension de l'historiographie médiévale, à savoir la pratique de la compilation. Pendant les siècles médiévaux, il est impensable pour un historien d'écrire *ex novo* une narration sur les temps reculés alors que d'autres récits, composés par des modèles d'éloquence, en traitent déjà[8]. Dans un monde où l'archéologie et les sciences auxiliaires n'existent pas et où le savoir est essentiellement livresque, l'œuvre sur les temps anciens ne peut qu'être traduction ou reprise. Pour la partie qui précède ce qu'il a pu connaître par lui-même, l'historien est par la force des choses un compilateur. La chronique universelle est donc, si ce n'est pour une moindre portion finale, une vaste compilation.

Les hommes médiévaux ont une parfaite conscience de cet état qui est pour eux la condition normale de l'historiographe. Comme le dit le Ménestrel de Poitiers :

> Et bien sache cil qui cest livre lira qu'il n'a rien du mien, ainz est tout des anciens, et de par eus dis je ce que je parole et ma voiz est leur meisme langue[9].

Ma voiz est leur meisme langue, définition poétique du travail de l'historien dont la modestie est bien sûr seulement apparente. L'humilité cache la conscience de la profonde valeur d'un travail de mémoire.

Ce serait par ailleurs une erreur de penser que la compilation épuise sa fonction dans le but de communiquer les paroles des ancêtres. Cette activité fondée sur des gestes successifs complexes (sélectionner, couper, rassembler, souder) produit aussi une création qui dépend d'une singularité auctoriale qui se veut unique. Un texte ancien pour sa matière mais nouveau pour sa forme, *antiquum certe materia et auctoritate, novum*

---

au fil des siècles. Les différentes rédactions de l'*Histoire ancienne jusqu'à César* », *Transcrire et/ou Traduire. Variation et changement linguistique dans la tradition manuscrite des textes médiévaux*, éd. Raymund Wilhelm, Heidelberg, Carl Winter, 2013, p. 77-95.

8 « *Roman history had been written by Livy, Tacitus, Florus, Suetonius, the* Historia Augusta. *There was no reason why it should be written again, because in the main it could be written only as Livy, Tacitus, Florus and Suetonius had written it.* », Arnaldo Momigliano, « Ancient History and the Antiquarian », *Journal of the Warburg and Courtauld Institutes*, vol. 13, 1950, p. 285-315, part. p. 291 (passage sur les antiquaires des XVe et XVIe siècles).

9 Le prologue de cet ouvrage en large partie inédit, mais qui a été repris par les *Grandes chroniques de France*, est transcrit dans Natalys de Wailly, « Examen de quelques questions relatives à l'origine des chroniques de Saint-Denis », *Mémoires de l'Institut Royal de France. Académie des Inscriptions et Belles Lettres*, t. 17, partie 1 (1847), p. 379-407, part. p. 405.

vero compilatione et partium aggregatione, comme le dit Vincent de Beauvais à propos de son œuvre[10]. Et le but de l'historien, qui est avant tout un homme de lettres à cette époque, est aussi d'écrire une œuvre harmonieuse, comme cette chronique compilée « *de plusieurs volumes tendans a une fin en l'assemblement de une concordance, ainsi que plusieurs membres font en ung corps et tous ensemble ne sont que ung propre corps*[11] ».

Aujourd'hui les chercheurs résistent mieux qu'on ne le faisait naguère à la tentation de juger avec suffisance des pratiques qui ont été pendant longtemps l'objet de préjugés. Si la compilation médiévale est désormais mieux éclairée grâce à la compréhension de son ancrage historique, la variété des techniques mises en œuvre n'a en revanche pas encore été évaluée dans toute son ampleur. Dans ce domaine, des différences ont existé entre l'écrit en latin et celui en vernaculaire et il serait du plus haut intérêt de comprendre la nature et la raison de ces écarts.

Dernier point à évoquer, la question des modèles. Le genre de la chronique universelle constitue un rejeton tardif des lettres vernaculaires. En effet, les premiers ouvrages en langue romane qu'on peut dire historiques ont porté sur des temporalités, qui pour être variées, sont toujours particulières. À la fin du XIIe siècle et au début du XIIIe siècle, période d'éclat pour le genre en latin, les chroniques universelles ne sont cultivées que dans les cathédrales et les monastères[12]. En se frayant un chemin dans la langue maternelle, comme le remarquait jadis Paul Meyer, ces écrits se sont éloignés de leur matrice latine, pour adopter de nouvelles formes et exprimer de nouvelles tendances[13]. Un exemple de cette originalité est l'*Histoire ancienne jusqu'à César*, première chronique universelle en langue romane qui, tout en s'inspirant d'Orose, ne peut être véritablement comparée à aucune autre chronique. L'auteur anonyme lui-même a d'ailleurs ressenti l'audace de son geste lorsque, au seuil de son œuvre, il a écrit :

---

10 Anna-Dorothee von den Brincken, « Geschichtsbetrachtung bei Vincenz von Beauvais. Die *Apologia Actoris* zum *Speculum Maius* », *Deutsches Archiv für Erforschung des Mittelalters*, vol. 34, 1978, p. 410-499, p. 469.

11 Jean de Courcy, *Bouquechardière*, ms Paris, BnF, fr. 20124, f. 1r-v.

12 Joseph De Ghellinck, *L'Essor de la littérature latine au XIIe siècle*, Bruxelles ; Paris, Desclée de Brouwer, 1946, t. II, p. 93 .

13 Paul Meyer, « Discours de M. Paul Meyer, membre de l'Institut, président de la Société pendant l'exercice 1889-1890 », *Annuaire-Bulletin de la Société de l'histoire de France*, 27 (1890), part. p. 82-106, part. 90. L'intervention porte sur l'origine et les premiers développements de l'historiographie française.

Qui la matiere porsivra
e de cuer i entendera
oïr porra la plus haute ovre,
qui encor pas ne s'i descuevre,
c'onques fust en nos lengue traite[14].

Donnera-t-on tort à ce *clerc* abandonnant l'humilité typique du prologue médiéval ? Cette *Histoire ancienne* est désormais bien connue grâce à de nombreuses contributions, qui en l'espace d'une vingtaine d'année ont profondément modifié l'état de nos connaissances. Or, loin de démentir l'audacieuse revendication de l'auteur, ces recherches semblent au contraire confirmer la singularité de l'œuvre.

Si l'*Histoire ancienne* est désormais bien mise en lumière, combien d'autres ouvrages restent encore entourés par une relative obscurité ? Face à l'ampleur du champ à défricher, des rencontres comme celles qui se sont tenues à Zurich invitent moins à tirer des bilans, par la force des choses, partiels, qu'elles n'encouragent à poursuivre les recherches. Le travail, n'ayons pas peur des mots, est parfois ingrat, mais les récompenses ne manquent pas. Dans ce domaine pendant longtemps négligé, de nombreuses découvertes attendent les chercheuses et les chercheurs de bonne volonté[15].

Francesco MONTORSI
Université Lumière-Lyon 2

Fanny MAILLET
Université de Zurich

14 Le passage est édité dans *The Heard Word. A Moralized History*, éd. par Mary Coker Joslin, Jackson, University of Mississippi Press, 1986, p. 76, v. 105-109 et *The* Histoire ancienne jusqu'à César. *A Digital Edition*, BnF, f. fr. 20125, ed. par Hannah Morcos, Simon Gaunt, Simone Ventura, Maria Teresa Rachetta, Henry Ravenhall, Natasha Romanova et Luca Barbieri, accessible sur le site http://www.tvof.ac.uk/textviewer/ (consulté le 14.04.2021).

15 Le volume publié s'inscrit dans les recherches menées grâce à un subside Ambizione (Écrire les Anciens. Enquête littéraire et historique sur les représentations du passé dans la France médiévale. 1150–1350) accordé par le Fonds national de la Recherche scientifique suisse.

PREMIÈRE PARTIE

LES CHRONIQUES UNIVERSELLES EN FRANÇAIS

LA CHRONIQUE UNIVERSELLE AU MIROIR DE RENART

Du *Manuel d'histoire de Philippe de Valois* à *Renart le Contrefait*

Renart le Contrefait est l'un des textes les plus surprenants du premier tiers du XIVe siècle, dans cet âge de transition entre Jean de Meun et Guillaume de Machaut, entre ancien et moyen français, âge sans personnalité dominante, mais qui voit naître deux sommes qu'en apparence tout oppose, *Renart le Contrefait* donc et l'*Ovide moralisé*. L'un et l'autre ont en commun leur anonymat à une époque où il est de moins en moins de mise – les deux auteurs avancent masqués, comme l'auteur du *Fauvel*, mais pour des raisons sans doute bien différentes – et aussi leur démesure : près de 42000 vers pour *Renart*, 72000 pour l'*Ovide moralisé*. L'un et l'autre sont des textes-sommes au sens où ils font appel à toute sorte de savoirs et de matières, et à de multiples registres à partir d'un avant-texte bien connu, le vieux *Roman de Renart* ici, les *Métamorphoses* d'Ovide là : ils alternent narrations, développements encyclopédiques, gloses allégoriques, discours parénétiques, mais la ressemblance s'arrête là. Alors que l'*Ovide moralisé* tire sa cohérence et sa continuité de l'hypotexte ovidien qu'il suit et glose pas à pas, livre par livre, mythe par mythe, *Renart le Contrefait* déconstruit plus qu'il ne construit, déroute le lecteur par cette accumulation de matériaux hétérogènes et de registres hétéroclites, travestit et trahit à l'excès le matériau premier, les différentes branches du *Roman de Renart* primitif. La seule cohérence réside dans la figure de Renart, qui y devient un intarissable narrateur-orateur, une sorte de *Pangloss* ; il parle plus qu'il n'agit, il parle de tout, mais pour jeter en définitive le discrédit sur les savoirs et sur le monde lui-même, pour le *contrefaire* et finalement le défaire.

UNE CHRONIQUE UNIVERSELLE INSÉRÉE

Comment s'opère cette amplification jusqu'à la démesure, voire la nausée, de la matière renardienne ? L'anonyme de Troyes n'amplifie pas l'épopée animale elle-même et les aventures du goupil, il en conserve certes quelques scènes saillantes comme la scène du puits ou le pèlerinage de Renart, mais agrège à la trame renardienne toutes sortes de matériaux qui la rendent méconnaissable ou du moins difficilement lisible. L'on peut en distinguer quatre principaux :

- les matériaux encyclopédiques[1] ; Renart parle comme un maître ès arts et s'inscrit dans la tradition du *Roman de la Rose* de Jean de Meun dont on connaît les développements finaux sur les météores ou les illusions d'optique. Le clerc de Troyes semble littéralement fasciné par Jean de Meun et, même s'il ne le cite jamais explicitement, l'on peut repérer au cours du *Contrefait* de nombreuses réminiscences de détail ou plus larges[2] ;
- les matériaux bibliques et théologiques ; les citations scripturaires, tirées surtout des *Psaumes* et des livres sapientiaux, parfois en latin avec respect de l'octosyllabe[3], émaillent le texte et se retrouvent aussi bien dans la bouche du narrateur que de ses personnages ; même Ysengrin au fond du puits allègue tour à tour Cicéron, Salomon et l'*Ecclésiastique* pour s'adresser à Renart, là où le texte du XIIe siècle se contentait de noter sur un ton lapidaire son désespoir[4] ;

1 Notamment l'*Image du Monde* de Gossuin de Metz et le *Tresor* de Brunet Latin : voir Silvère Menegaldo, « Histoire universelle, histoire individuelle : à propos des relations entre *Renart le Contrefait* et le *Livre du Trésor* de Brunetto Latini », *Le miroir de Renart. Pour une redécouverte de Renart le Contrefait*, éd. Craig Baker, Mattia Cavagna, Annick Englebert et Silvère Menegaldo, Louvain-la-Neuve, Institut d'Études Médiévales, 2014, p. 53-70 et Craig Baker, « Hubert de Milan et Gossuin de Metz : les emprunts à l'*Image du Monde* dans *Renart le Contrefait* (br. VII) », *ibid.*, p. 73-93.

2 Voir Pierre-Yves Badel, *Le Roman de la Rose au XIVe siècle*. Étude de la réception de l'œuvre, Genève, Droz, 1980, p. 226-259.

3 Voir *Le roman de Renart le Contrefait*, éd. par Gaston Raynaud et Henri Lemaître, 2 vol., Paris, Champion, 1914, t. II, v. 25778-25782.

4 *Renart le Contrefait*, éd. citée, t. II, v. 28227 *sq.* L'auteur du récit du XIIe siècle note simplement que « Ysengrins est en male trape » (*Le Roman de Renart*, éd. sous la direction d'Armand Strubel, Paris, Gallimard [« Bibliothèque de la Pléiade »], 1998, p. 174, Br. Va, v. 443).

- le troisième type de matériaux consiste en narrations, fictions, récits brefs, fables, fabliaux ou *exempla* de tout horizon, qu'il s'agisse de matière antique (histoire d'*Athis et Prophilias* ou un dossier Virgile magicien particulièrement bien nourri), matière bretonne (*Lais* de Marie de France dans la seule première version avec la réécriture misogyne du *Bisclavret* et du *Laüstic*, histoire de Caradoc et du serpent) ou de récits biblique ou hagiographique (longue glose narrative de l'histoire de Samson et Dalila, histoire de sainte Marie l'Égyptienne à partir de Rutebeuf), sans oublier les nombreuses références mythologiques plus ou moins développées ;
- enfin et surtout les matériaux historiques : une grande partie de la branche II est constituée d'une chronique universelle entièrement placée dans la bouche de Renart qui s'adresse au Lion, d'abord en 16000 vers pour la période avant Jésus Christ, puis sous forme de prose pour l'ère chrétienne ; le total occupe 176 folios sur les 347 des deux volumes de la rédaction remaniée (ou rédaction B), éditée par Raynaud et Lemaître. Autrement dit, un peu plus de la moitié de *Renart le Contrefait* est formé par un discours continu de Renart à Noble, rarement interrompu par quelques répliques ou questions du Lion, et ce discours monumental prend la forme d'une histoire universelle. De plus, sur ces 176 folios, 62 sont la pure et simple interpolation d'une des plus importantes chroniques universelles vernaculaires du premier tiers du XIVe siècle, le *Manuel d'histoire de Philippe de Valois*. L'histoire et la chronique apparaissent donc comme une excroissance monstrueuse qui dénature le texte, qui cesse d'en faire une épopée animale ; le passé vide le présent de sa substance, le vampirise pour ainsi dire : le narrateur ne parle plus des actions et des ruses de Renart, mais Renart parle des faits et gestes d'Alexandre en 10000 vers. Le présent de la diégèse n'est que l'occasion de parler du passé de l'humanité. Que devient alors une chronique universelle dans ce texte *contrefait* ?

Il convient d'abord d'analyser comment s'organise cette immense deuxième branche, de très loin la plus importante des huit branches de la rédaction B, telles que les ont isolées les éditeurs modernes. Elle s'ouvre sur des bribes de narration dans la tradition des branches du vieux *Roman de Renart*. Alors que Tibert invite Renart à se rendre à la cour du Lion, la longue *ekphrasis* du pavillon de Renart, souvenir de la description de la tente d'Alexandre dans les romans du même nom, est une première occasion d'aborder l'histoire : les peintures y représentent successivement les quatre fleuves du Paradis, la prise de Troie, la destruction de Thèbes, la construction de la tour de Babel, le combat d'Hector et d'Achille, les histoires de Joseph et de ses frères, de Médée et de Jason, d'Absalon et de Salomon, de Caradoc et du serpent, le combat de Lancelot et de Méléagant, les plaies d'Égypte[5]. L'on saisit immédiatement le caractère particulièrement confus et chaotique de ce programme iconographique : on mêle sans ordre histoire biblique et histoire profane, on ne respecte pas la chronologie, les plaies d'Égypte interviennent après Salomon, Thèbes après Troie, on saupoudre le tout avec des fragments de fictions arthuriennes comme le conte de Caradoc, on tronque les épisodes bibliques comme Babel dont on n'évoque bizarrement que la construction, non sa destruction. Alors que l'*ekphrasis* est normalement l'occasion pour le narrateur de souligner la cohérence d'un savoir (arts du *trivium* et du *quadrivium* sur la robe d'Erec à la fin du roman de Chrétien de Troyes) ou l'harmonie du monde (comme la Mappemonde ou les saisons représentées sur la tente d'Alexandre[6]), elle est ici signe d'un chaos.

Finalement sur l'insistance de Grimbert, Renart se rend à la cour et se lance à la demande du Lion dans l'immense discours qui va occuper 176 folios, soit tout le reste de la branche II, et qui peut se lire comme une chronique universelle *contrefaite*, qui vise en même temps à retarder le jugement de Renart et sa condamnation. Cette chronique est une manœuvre dilatoire à la manière des récits des *Sept Sages de Rome* ou de Schéhérazade[7]. La première partie en vers peut se diviser nettement en trois étapes. Le goupil procède d'abord à un parcours cavalier à travers l'Ancien Testament, depuis la chute des anges et la création du monde jusqu'aux Macchabées (v. 5977-9230) ; sont évoqués le paradis

5 *Renart le Contrefait*, éd. citée, t. I, v. 3759-4490.

6 Voir Alexandre de Paris, *Le Roman d'Alexandre*, éd. Laurence Harf-Lancner à partir du texte édité par E.C. Armstrong, Paris, Le Livre de Poche (« Lettres Gothiques »), 1994, branche I, laisse 95-96.

7 Voir Laurent Brun, « Maistre Regnart, enseignant et moraliste ? *Renart le Contrefait* et son contexte littéraire », *La moisson des lettres. L'invention littéraire autour de 1300*, éd. Hélène Bellon-Méguelle, Olivier Collet, Yasmina Foehr-Janssens et Ludivine Jaquiéry, Turnhout, Brepols, 2011, p. 291-305 (p. 299-300).

terrestre, la chute, Nemrod et la tour de Babel (et cette fois sous l'angle de sa destruction), Abraham, la descendance de Noé, Moïse, David et Salomon. La perspective reste essentiellement biblique ; les parallèles avec l'histoire païenne sont rares, mais l'on évoque longuement des légendes apocryphes comme le voyage de Seth au paradis terrestre ou l'histoire des trois grains déposés dans la bouche d'Adam, d'où sera issu l'arbre dont on tirera le bois de la Croix. Surtout le point de vue est loin d'être toujours orthodoxe : l'*hexaemeron* est presque esquivé, la création du monde est précédée par la chute des anges rebelles. Une deuxième partie, pléthorique avec ses presque 10000 vers (v. 9231-19186), reprend en détail toute l'histoire d'Alexandre de sa naissance à sa mort ; tout un roman antique est ainsi placé dans la bouche de Renart, vaste insertion romanesque comme l'on a des insertions lyriques dans certains romans en vers ou en prose à partir du XIIIe siècle. À la demande du Lion, Renart consacre un dernier développement (v. 19187-22212) aux quatre royaumes antiques selon la typologie d'Orose[8] : Babylone, la Grèce, Carthage, enfin Rome avec sa fondation par Romulus, la royauté, la figure de Jules César et le début de l'histoire d'Auguste ; c'est au milieu du règne de ce dernier que se produit le basculement vers la prose.

DU VERS À LA PROSE

Pourquoi changer brutalement de forme au cours de l'histoire romaine ? Pourquoi abandonner l'octosyllabe, alors que l'auteur avait pris la peine de mettre en vers la geste d'Alexandre, qui à cette époque s'écrit d'abord en prose[9] ? Même si cela n'est pas explicité, le moment n'est pas arbitraire : l'on bascule au cours du règne d'Auguste dans l'ère chrétienne. Le paragraphe en prose initial évoque conjointement les débuts de son règne,

8 Renart se présente explicitement comme un lecteur d'Orose (v. 19239).

9 La source de ce *roman* d'Alexandre est la version J^2 de l'*Historia de praeliis*, revue à partir de l'*Alexandre en prose*, comme l'a déjà noté Alfons Hilka dans son compte-rendu de l'édition de Raynaud et Lemaître (*Zeitschrift für französische Sprache und Literatur*, 46 (1923), p. 238-241).

l'avènement d'Hérode, *qui fut fait roy de Judee*, et l'accomplissement de la prophétie de Jacob concernant *Jhesucrist, qui nasqui de la Vierge Marie*[10]. Autrement dit, l'Ancien Testament est en vers, le Nouveau Testament en prose. Ce basculement était absent de la première rédaction, qui achevait le parcours chronologique jusqu'aux temps présents par des octosyllabes sur une quinzaine de folios[11]. Pourquoi le choix de cette rupture formelle radicale pour le temps après Jésus Christ ?

Le changement est demandé par Lion, qui interrompt de manière surprenante Renart :

> Regnart, de cest Octovïent
> Voeul oÿr l'istore briefment
> Et des aultres qui sont aprez.
> Mais je te charge par exprez
> Que de rymer tu te deportes,
> Et qu'en prose tu le m'aportes,
> Car y porras myeulx exprimer
> Leurs vyes et leurs fais compter
> Que en rymant tu ne feroyes,
> Car du langage y perderoyes.
> Pour ce d'eulx me conte briefment
> La fin et le commencement.
> – Sire, puisqu'il vous vient a gré,
> D'Octovïen vous compteray
> Et des empereurs qu'aprez furent
> Avec les fortunes qu'ilz eurent,
> Et en prose tout meteray.
> Or escoutez que vous diray.
>
> 1. Le premier empereur qui fu a Romme par ellection aprez Julius Cezar, ce fu Octovïen [...].

Plusieurs points sont à relever dans ce bref échange qui interrompt très provisoirement la logorrhée de Renart. La prose apparaît d'abord comme plus adéquate que le vers pour cette histoire récente, elle permet de *myeulx exprimer* cette nouvelle matière pour reprendre l'expression du Lion ; l'on y retrouve bien en filigrane le lieu commun de la vérité de la prose face à

10 *Renart le Contrefait*, éd. citée, t. I, p. 227, § 1.

11 Le texte figure en appendice du premier volume de l'édition Raynaud/Lemaître (p. 344-367). Renart n'y fait appel à la prose que pour donner la liste en latin des villes conquises par Charlemagne (p. 354-355).

la facticité et l'artificialité du vers, topos présent dans le prologue de nombreux textes en prose au XIIIe siècle[12]. Parler en prose, c'est dire la vérité, c'est éviter les feintes du vers ; la prose est la langue de l'histoire, des *res gestae*, comme le vers le serait de la fiction, des *res fictae.* La question de la vérité va de pair avec l'exigence de *brevitas* comme le soulignent les deux occurrences de *briefment* à la rime : la prose serait plus concise. Mais l'on peut en douter et y voir une pointe d'ironie, car elle va occuper 62 folios, donc près du cinquième de la totalité du texte. Renart n'a finalement que faire des exigences du Lion. L'idée de *brevitas* peut toutefois être amenée par la chronique en prose qui sera ensuite interpolée et qui se désigne explicitement dans bien des manuscrits comme des *chroniques abrégées.* Enfin, la dimension subversive du passage est peut-être discrètement suggérée par l'hystéron-protéron au terme des propos du Lion : il s'agira de dire *la fin et le commencement*, l'oméga avant l'alpha. Renart comme toujours en ce cas se soumet avec docilité aux exigences de Lion et s'exécute : il fait appel à l'expression *mettre en prose* que l'on peut aussi interpréter par rapport à la rédaction A ; de la première à la seconde rédaction, Renart passe du vers à la prose. Mais il ne s'agit nullement d'un dérimage, le clerc anonyme de Troyes, bien plus paresseux, interpole purement et simplement le *Manuel d'histoire de Philippe de Valois*, du moins toute la partie concernant l'ère chrétienne, comme l'a montré récemment Laurent Brun[13].

Cette partie en prose, bien analysée par Margherita Lecco[14], se divise en trois moments : histoire antique, histoire du haut Moyen Âge, puis, à partir du § 118, histoire contemporaine jusqu'à la pendaison de Pierre Rémy, trésorier du roi en avril 1328. Pourquoi avoir choisi cette chronique ? Le *Manuel d'histoire de Philippe de Valois*, encore inédit sauf pour sa partie très récente[15], a été isolé dans la production historiographique vernaculaire par Camille Couderc dans un article paru en 1896[16] ; il a

12 Voir Emmanuèle Baumgartner, « Le choix de la prose », *Cahiers de Recherches Médiévales et Humanistes*, 5 (1998), p. 7-13.

13 Voir Laurent Brun, « Maistre Regnart, enseignant et moraliste ? », art. cité, p. 301-303.

14 Margherita Lecco, « La parte in prosa di *Renart le Contrefait* : composizione e ipotesi di scrittura », *Le miroir de Renart*, *op. cit.*, p. 39-51.

15 Voir Joseph-Daniel Guigniaut et Natalis de Wailly, « Fragment d'une chronique anonyme finissant en 1328 et continuée jusqu'en 1340, puis jusqu'en 1383 », *Recueil des historiens des Gaules et de la France*, t. XXI, Paris, Imprimerie Nationale, 1855, p. 146-158 (cette édition correspond aux § 147-164 de *Renart le Contrefait*).

16 Camille Couderc, « Le Manuel d'histoire de Philippe VI de Valois », *Études d'histoire du Moyen Âge dédiées à Gabriel Monod*, Paris, Cerf/Alcan, 1896, p. 415-444.

nommé cette chronique universelle *Manuel d'histoire de Philippe de Valois*, puisqu'il identifie le *grand baron de France*, commanditaire de l'œuvre dont parle le prologue primitif comme étant le futur roi Philippe VI de Valois, qui monte sur le trône le premier avril 1328. Depuis, André Surprenant, qui est le seul chercheur à s'être réellement intéressé à ce texte, a remis en cause cette identification et propose de revenir à un titre que l'on trouve dans de nombreux manuscrits, *Chroniques abrégées* ; il voit également dans son auteur un dominicain plutôt qu'un moine de Saint-Denis comme le pensait Couderc[17]. Certains témoins, comme les BnF fr. 693 ou 1368, nous proposent même un titre plus complet et plus intéressant : *Les hystoires et croniques de Vincent abregiees*, qui nous livre la source évidente du compilateur, le *Speculum historiale* de Vincent de Beauvais[18].

Ce texte a en tout cas connu une large diffusion (presque une quarantaine de manuscrits conservés[19]) et se présente sous forme de deux versions, ce qu'explicite très clairement le double prologue de la seconde :

> La cause de faire ceste compillacion fu la grant instance d'un grant baron de France, lequel, comme il eust desir de savoir en quel temps avoient esté li prophete Nostre Seigneur et li philosophe des paians, il pria le compileour qu'i li feist aucune oevre la plus brieve que il pourroit, par la quele il pourroit avoir aucune cognoissance des choses dessus dites, ensurquetout la succession des temps et la nessance des royaumes et les faiz plus merveillieus qui sont avenu en divers lieus, des le commencement du monde jusques au temps de maintenant [...].
>
> Il est assavoir que puis que le compileour ot ceste oevre compilee et escripte, comme il [l']ot parleüe, il trouva aucunes estoires trop brievement touchié, lesqueles sont mult merveillieuses et delitables a ouir, si li sembla bonne chose a les y mettre parfectement. Et sont donques les choses qui sont ajoustees en ce livre et ne sont pas ou premier exemplaire, car il fu ravi

17 André Surprenant, « "Unes petites croniques abregees sur Vincent" : nouvelle analyse du manuel dit "de Philippe VI de Valois" », *Vincent de Beauvais : intentions et réceptions d'une œuvre encyclopédique au Moyen Âge*, éd. Monique Paulmier-Foucart, Serge Lusignan et Alain Nadeau, Paris, Vrin, 1990, p. 439-465 ; nous n'avons pas pu consulter son ouvrage *Le « Manuel d'histoire de Philippe VI de Valois » et le « Speculum historiale » : relevé d'une lecture parallèle*, Montréal, Institut d'études médiévales – Université de Montréal, 1988. Nous conservons toutefois le titre traditionnel de *Manuel de Philippe de Valois*, moins ambigu que *Chroniques abrégées*, qui peut s'appliquer à d'autres chroniques universelles.

18 Voir l'article de Laura Endress dans ce volume.

19 Voir la liste la plus récente dans Marie-Madeleine Huchet, « La diffusion de deux traités de Jean Quidort de Paris en ancien français : du *Manuel d'histoire de Philippe de Valois* au roman de *Renart le Contrefait* », *Romania*, 132 (2014), p. 412-427 (p. 416-417).

> de plusieurs quant il estoit encore es mains de l'escrivain avant qu'il pouist estre corrigiez : toutes les fables* Esope que je ay peu trouver, l'espitre que Abagares li roys d'Edisse envoia a Jhesus Crist [... 22r...], l'estoire d'Amis et Amiles, et plusieurs autres estoires bien beles et curieuses que on trouvera, qui voudra tout le livre lire[20].
>
> * *ms.* flabes

Dans le premier paragraphe, qui constitue le prologue primitif, l'auteur se présente comme un *compileour* : il n'apporte rien de neuf, mais se contente de reprendre des éléments antérieurs. Le *compileour* s'oppose au *trouvère*, comme le suggère le prologue des *Croniques de touz les rois de France* : « Je ne suis mie feiserres ne trouvierres de cest livre, ainz en sui compillerres, et ne sui fors que raconteres des paroles que li ancien et li sage ont dit[21] ». Notre compilateur reste anonyme, mais indique bien ses deux sources principales dans son prologue : Pierre le Mangeur et Vincent de Beauvais. La chronique se construit sur la synopsis traditionnelle entre l'histoire biblique et l'histoire profane, ici avec le couple des prophètes et des philosophes. La matière est précisée : succession des temps, naissance des royaumes et surtout une troisième composante, les merveilles. Cette *conjointure* de l'histoire et de la merveille est importante : la chronique universelle est aussi dans ce contexte vernaculaire et essentiellement laïc un recueil de *mirabilia*. L'on retrouve enfin cette exigence de *brevitas*, que rappelait Lion à Renart ; Renart est un peu à l'image de notre compilateur anonyme, il raconte l'histoire universelle du monde à la demande de Lion, comme le compilateur écrit à la demande d'un grand baron de France.

Le second prologue précise les circonstances du remaniement : la première recension lui a échappé des mains et s'est diffusée sans son accord ; après l'avoir relue de bout en bout (*parleüe*), il écrit une seconde version en ajoutant des histoires *mult merveilleuses et delitables a ouir* : on peut noter l'insistance sur l'oralité (on écoute ces histoires plus que l'on ne les lit) ; surtout, il augmente la part du plaisir et de la merveille par rapport à la première version : la chronique universelle ne relève pas simplement du *docere*, elle doit aussi plaire. L'auteur introduit le

---

20 BnF fr. 19477, f. 21v°-22r° (manuscrit de la version II).

21 BnF fr. 2815, f. 1v°b ; sur cette chronique voir Marianne Ailes, « Chronique anonyme des Rois de France finissant en 1286 », *The Encyclopedia of the Medieval Chronicle*, éd. Graeme R. Durphy, 2 vol., Leiden, Brill, 2010, t. I, p. 296.

terme d'*escrivain* qui complète et ne contredit pas celui de *compileour* ; il renvoie ici au sens très matériel de celui qui écrit de ses mains, et non au sens moderne d'écrivain-créateur. Il termine par la liste des ajouts, fables d'Ésope (déjà présentes dans le *Speculum Historiale* de Vincent de Beauvais), matériaux apocryphes comme la correspondance entre Abgar et Jésus (forme particulière de *mirabilia*) ou l'histoire d'Ami et d'Amile[22]. La chronique universelle se charge d'histoires, de micro-récits de toutes provenances qui tempèrent le côté austère de la matière.

Si l'auteur de *Renart le Contrefait* a choisi cette chronique en prose pour achever son histoire universelle, c'est qu'elle présentait à ses yeux plusieurs avantages. En effet, lorsqu'il commence sa réécriture de la première version, en 1328, la chronique de Philippe de Valois vient de paraître (elle s'achève en 1328). Elle lui permet donc de mettre à jour son récit et d'actualiser la matière historique ; de plus, ce *Manuel d'histoire de Philippe de Valois* sera diffusé très rapidement comme le souligne le prologue ; c'est la chronique à la mode autour de 1330. De plus, le choix de la *brevitas* exigé par Lion est aussi celui de l'auteur du *Manuel* : ces chroniques sont constituées de 1400 micro-unités de savoir historique recensées dans des tables alphabétiques qui accompagnent un certain nombre de manuscrits comme en ouverture du BnF fr. 19477. L'approche est à la fois complète et concise ; la sécheresse du propos et des listes dynastiques (la chronique suit classiquement l'*ordo temporum* et plus précisément la succession des empereurs romains, puis des rois pour la France) est compensée par l'insertion de petites histoires ou récits, même dans la première version ; la lecture en est donc plaisante. L'on s'adresse à des laïcs, peut-être à la cour, plus qu'à des clercs, tout comme Renart cherche à enseigner et divertir la cour de Noble. Citons quelques histoires qui agrémentent la partie interpolée dans *Renart le Contrefait* : Virgile magicien et ingénieur (§ 3), vie de Second le Philosophe (§ 34), vie de Mahomet (§ 74), *nigromance* du pape Gerbert (§ 105), histoire de

22 Voir l'édition de Brian Woledge, « *Ami et Amile*. Les versions en prose française », *Romania*, 65 (1939), p. 433-456 (p. 444-452, édition du passage à partir du manuscrit de Toulouse, Bibliothèque municipale, 452 avec les variantes du BnF fr. 15219). Dans la première version du *Manuel*, et donc dans *Renart le Contrefait*, l'on a une simple allusion à cette légende épique (éd. Raynaud/Lemaître, p. 264, § 90). Même remarque pour Abgar (*ibid.*, p. 245, § 42) ; les manuscrits de la seconde version du *Manuel* présentent ainsi assez maladroitement le contenu de la correspondance d'Abgar et de Jésus (BnF fr. 19477, f. 78v°-79r°) avant de revenir plus loin dans le § 42 à Abgar et Edesse (BnF fr. 19477, f 101rb avec renvoi en marge : *Ceste espitre est ci dessus*).

la statue de Vénus qui plie son doigt (ancêtre de la *Vénus d'Ille*, § 117) ; le registre peut se rapprocher du fabliau avec le miracle scatologique de saint Gengoul, qui *post mortem* fait *chanter* et *sonner hault et laidement* le *cul* de son épouse adultère et homicide (§ 87)[23]. La forme prose contribue évidemment aussi à briser le déroulement monotone et lancinant des octosyllabes et permet d'introduire de la variété dans le long discours de Renart.

DU VERS DANS LA PROSE

Cette longue interpolation soulève plusieurs questions. L'on peut d'abord se demander si l'auteur de *Renart le Contrefait* a mis à contribution la première partie du *Manuel* pour la partie versifiée. Ce ne semble pas être le cas. Comme le note Laurent Brun, alors que le *Manuel* écarte délibérément les *faiz Alixandre* pour la simple raison qu'*ils sont mult communs*[24], Renart se lance à corps perdu dans toute la geste d'Alexandre. La même indépendance se vérifierait au niveau micro-structurel. Prenons le court exemple de Babel, moment essentiel dans toutes les chroniques universelles, puisqu'il est celui de la confusion des langues et de la dispersion des peuples. *Renart le Contrefait* l'expose ainsi : Dieu

> Tous leurs langaiges eschanga,
> Et leur parole leur mua ;
> Ly ung l'autre n'entandoit,
> Estrangé l'un de l'autre estoit :
> Quant ly ung demandoit la terre,

23 Le passage n'est pas une invention du clerc de Troyes ; le motif scabreux de l'*anus sonans* figure bien dans les deux versions du *Manuel de Philippe de Valois* (Version I : BnF fr. 2128, f 79v° et Version II : BnF fr. 19477, f 135v° – 136r°) et, en amont, dans les *Vies* latines (prose anonyme et vie métrique de Hrotsvita) : voir Monique Goullet, « Les Vies de saint Gengoul, époux et martyr », *Guerriers et moines. Conversion et sainteté aristocratiques dans l'Occident médiéval*, éd. Michel Lauwers, Antibes, Éditions APDCA (« Collection d'études médiévales de Nice », 4), 2002, p. 235-263 [p. 242] et l'édition récente du corpus latin avec traduction allemande de Paul Dräger, *Das Leben Gangolfs*, Trèves, Kliomedia, 2011. Garin, auteur du fabliau du *Chevalier qui fist parler les cons*, avait peut-être à l'esprit ce récit hagiographique.

24 Voir Laurent Brun, art. cité, p. 303.

> On lui aloit de l'eaue querre ;
> L'un fut Alemant, l'autre Angloiz,
> L'un Espagnol, l'autre François.
> La furent trouvé ly langage,
> Dont chascun parle a son usage[25].

Le *Manuel* présente les choses de la sorte :

> Et comme adonc il ne fut que .i. language, avant que la dite tour fut faite, Dieu confundi la langue du peuple, c'est a dire Dieu leur donna divers languages par quoy li uns n'entendit l'autre. Et ainsy, quant li uns demandoit de la pierre, l'autre li aportoit du mortier. Ainsy fut celle tour delaissee a faire[26].

Dans les deux textes la confusion est présentée comme une décision divine et prend la forme d'un dialogue de sourds, mais cette parenté s'explique par des sources communes, notamment Vincent de Beauvais[27]. Renart – et donc le vers – est de fait bien plus bavard, qui actualise la scène en rajoutant une liste de langues vernaculaires : allemand, anglais, espagnol… Babel n'est pas un évènement du passé, il se vit au présent dans l'espace européen. La confusion va surtout de pair avec une *trouveure* : la perte est comme compensée par le fait que l'on *trouve* les langues à cette occasion.

Une autre question est celle de la part d'innovation de l'interpolateur : l'auteur de *Renart le Contrefait* intervient-il sur le texte interpolé ? L'adapte-t-il au cadre renardien ? La réponse est ici bien plus complexe et doit être nuancée en l'absence de toute édition du *Manuel de Philippe de Valois*. La tradition manuscrite n'a guère été étudiée depuis l'article pionnier de Camille Couderc et André Surprenant a certes proposé une analyse méticuleuse du *Manuel*, de son organisation et de ses sources, mais à partir du seul manuscrit BnF fr. 19477, un témoin de la seconde version[28]. Si l'on compare ce manuscrit au texte de *Renart le Contrefait*, force est de constater les écarts importants. Et la collation de manuscrits de la première version (BnF fr. 2128, BnF fr. 1406, BnF fr. 24910) montre qu'aucun ne recoupe complètement le déroulement du *Contrefait*, qu'il

25 *Renart le Contrefait*, éd. citée, v. 8113-8122.

26 *Manuel de Philippe de Valois*, BnF fr. 2128, f. 2v°.

27 Voir Jean-Marie Fritz, « Dialogues de sourds : Babel, Pierre de Beauvais et l'*Ovide moralisé* », *Fleur de clergie. Mélanges en l'honneur de Jean-Yves Tilliette*, éd. Olivier Collet, Yasmina Foehr-Janssens et Jean-Claude Mühlethaler, Genève, Droz, 2019, p. 597-612.

28 André Surprenant est bien conscient de cette limitation (art. cité, p. 439-440).

s'agisse de détails ou d'items entiers[29]. Faut-il interpréter ces divergences comme le signe d'une liberté de l'anonyme de Troyes par rapport à son modèle ? Ou que son modèle reste à retrouver ? La question est complexe, car, au-delà des deux versions, le *Manuel*, comme toute chronique universelle, est un texte souple et malléable ; on peut non seulement insérer ou supprimer tel ou tel item historique ou développement narratif, mais aussi abréger ou allonger tel ou tel règne. Marie-Madeleine Huchet a bien analysé comment le *Manuel* interpole la traduction partielle de deux traités latins de Jean Quidort, le *De antichristo* et le *De adventu Christi* qui figurent ainsi dans la prose de *Renart le Contrefait* (§ 6-7 pour le premier et § 8-13 pour le second). Catherine Gaullier-Bougassas avait remarqué l'absence du développement astrologique du § 10 (à partir de la citation des vers du *De vetula*) au § 13 dans le BnF fr. 19477[30]. Cette absence est en fait commune à toute la seconde rédaction, mais aussi à une partie de la première[31] ; le passage est de fait bien présent dans un manuscrit du *Manuel* comme le BnF fr. 2128 (f 37v° – 41v°) ; le clerc de Troyes reste ici un *compileour*[32].

Il prend pourtant son indépendance dans les quelques passages qui marquent le retour au vers. Le premier intervient autour des règnes d'Hadrien et d'Antonin (§ 36 et 37). Le clerc de Troyes suit le *Manuel* pour le règne d'Hadrien, évoqué en parallèle avec l'histoire de Second le Philosophe et les réformes liturgiques du pape Télesphore (§ 33-35 jusqu'à *chantast en la messe*), puis l'abandonne, avant de reprendre le fil de sa source au début du § 37, avec la mention de

29 Manquent par exemple dans le BnF fr. 2128 les martyres de saint Denis et de saint Jean l'Évangéliste (§ 30), le règne de Sévère Alexandre (§ 42), celui de Dioclétien (§ 47), etc. Le chiffrage précis du *Manuel* qui permet de dater la rédaction du texte en 1327 à partir de la conquête saxonne de l'Angleterre (335 + 992) et figure dans la plupart des témoins (voir Couderc, « Le Manuel d'histoire de Philippe VI de Valois », art. cité, p. 423-424), est sans doute volontairement écarté par le clerc de Troyes (*Renart le Contrefait*, éd. citée, p. 285a, § 133).

30 Catherine Gaullier-Bougassas, « Les sciences orientales selon Renart dans *Renart le Contrefait* : astronomie, astrologie et magie, entre l'affirmation de la foi chrétienne et le détournement maléfique du savoir », *Le miroir de Renart*, *op. cit.*, p. 95-116 (p. 103-104).

31 Marie-Madeleine Huchet, « La diffusion de deux traités de Jean Quidort », art. cité, p. 416-417.

32 Tout ce passage (éd. Raynaud/Lemaître, p. 232b après les vers latins – 235b) est en fait une interpolation au quatrième degré : *Renart le Contrefait* interpole le *Manuel*, qui traduit le latin du *De adventu Christi* de Jean Quidort, qui lui même avait interpolé un petit texte astrologique de Roger Bacon.

la mort d'Hadrien[33]. La partie ajoutée (fin du § 35 et tout le § 36) semble particulièrement maladroite, puisqu'elle évoque à l'intérieur du règne d'Hadrien celui d'un empereur Galien, qui était aussi *moult notable fisicïen* (§ 35). L'auteur confond le médecin Galien, que les chroniques universelles situent sous Antonin[34], et l'empereur Gallien qui a régné plus tard, au IIIe siècle. Renart y évoque la *clergie* de l'empereur-médecin et sa détestation de la chevalerie qu'il cherche à anéantir : « Icil empereur mist fort son entente a parler gregoiz et latin et avoit ceste nature qu'il haioit chevalerie et mettoit toute sa cure a le destruire », avant de lui donner la parole sous la forme d'octosyllabes :

Or est ce vray, combien me semble,
Chevalerie et paix ensemble
Ne seront ja bien hostellé
Ne qu'orgoeul et humilité,
Ne ja paix avec gentillesse,
Ne point scïence avec noblesse[35].

Renart s'immisce dans le *Manuel de Philippe de Valois* et le pastiche habilement en imaginant le portrait d'un empereur-clerc hostile à la chevalerie et en ajoutant quelques vers de son cru sur le vieux débat entre *clergie* et *chevalerie*. Ces vers annoncent quelques lignes plus loin une rupture plus évidente dans la compilation, tout en rappelant la dénonciation de la chevalerie, vue comme une corporation d'assassins, à propos du règne de Ninus[36] ; après un bref paragraphe sur la trans-

33 Version I, BnF fr. 2128, f. 51v° : « [*quasi-fin du § 35*] … et ordena que on le chantat a la messe. Aprez la mort Adrien fut emperor Anthoyne le Debonnaire qui regna .xxii. anz. On temps Anthoyne nulle persecucion ne fu. Aprez sa mort tint l'empire Marque Aurele Anthonins qui regna .xix. ans [*début du § 38*] » ; même ellipse dans BnF fr. 24910, f. 31v°a et BnF fr. 1406, f. 58v°. Version II, BnF fr. 19417, f. 98r°a : « …et ordena que on le chantast a la messe. *De l'empire Anthoine le Debonnaire.* Aprés la mort Adrian fu empereur Antonins le Debonnaire qui regna .xxii. ans. *De Galian le phisician.* U temps duquel fu Galians, un vailliant phisicien. Cil Galians exposa Ypocras et fist mains livres de medicine. U temps Antonins nule persecucion ne fu. *De l'empire Marques Aureles et de la persecucion qui fu a Lyons.* Aprés sa mort tint l'empire Marques Aureles » (texte proche dans Toulouse, BM, 452, f. 39r°b).

34 Voir Vincent de Beauvais, *Speculum historiale*, X, 92, éd. Douai, 1624, p. 400b.

35 *Renart le Contrefait*, éd. citée, p. 244b ; curieusement les éditeurs ne numérotent pas ces vers insérés dans la prose.

36 *Renart le Contrefait*, éd. citée, v. 8211-8346.

mission de l'empire d'Hadrien à son gendre Antonin, Renart évoque le médecin Galien et en profite pour renouer avec l'octosyllabe et rétablir le contact avec son auditoire, tout en lançant contre la médecine une critique que partage le roi Noble :

> Encores vivoit en ce tempz Galien qui estoit bon phisicien, qui fist pluseurs beaulx livres de sa science, dont pluseurs a present usent.
>
> Sire, mon voulloir est que dye :
> Trop croire phisique est folye.
> – Certes, Regnard, tu as dit voir
> [...].
> – Cest Anthoine que je vous dis
> En la main Galïen fu mis[37].

Renart déchire provisoirement le voile de la chronique et donne en vers son point de vue sur la médecine, rappelant aussi au lecteur que cette chronique relève d'une performance orale devant la cour.

Le second retour de la rime est bien plus long et concerne saint Martin. Le *Manuel* n'évoque le célèbre saint qu'en un très court paragraphe, entre la notice sur Ambroise de Milan, introducteur du chant dans l'Église, et celle sur Barlaam et Josaphat ; un peu comme pour Alexandre, sa vie semble au chroniqueur trop connue pour être relatée[38]. Renart ne peut se contenter de cette ellipse. Il commence son hagiographie en prose, puis au bout de quelques phrases glisse au vers (*Nous en traiterons ung petit en ryme*) : il relate en 180 vers la scène canonique du manteau partagé (tout en la déplaçant d'Amiens à Tours), l'accession de saint Martin à l'épiscopat et surtout l'épisode fantaisiste de la mère incestueuse à qui il pardonne son lourd péché[39]. Le retour au vers est ici une manière pour

37 *Renart le Contrefait*, éd. citée, p. 244, § 37 ; ces 12 vers sont par contre numérotés (= v. 22213-22224).

38 BnF fr. 2128, f. 60r° : « Car devant (*avant Ambroise*), en Ytalie et en Galle, qui a present est appellee France, et en toutes les esglises d'Occident, on les (= *les services de l'église*) disoit sanz chant. En cely temps fut saint Martin evesque de Tours qui fu de si grans merites *comme chascun scet*. En cely temps avint ce que l'istoire Barlaam et Josaphat raconte [...] », texte très voisin dans le BnF fr. 19417, f. 109v°b. Nous soulignons. Vincent de Beauvais évoquait par contre longuement la vie de saint Martin (*Speculum historiale*, XVII, 10-19).

39 *Renart le Contrefait*, éd. citée, p. 253-255, § 55. L'épisode de la femme incestueuse a tout d'une invention du clerc de Troyes. Il est en tout cas absent des *Vies* latines (Sulpice Sévère, Paulin de Périgueux et Venance Fortunat) et de la vie romane du XIIIe siècle due à Péan Gatineau de Tours (*Das altfranzösische Martinsleben*, éd. par Werner Söderhjelm, Helsingfors, Wentzel Hagelstam, 1899). Il illustre le sens extrême de la compassion dont parle après

l'auteur / Renart de signer son exposé : il ne compile plus, mais *trouve*, voire invente un nouvel épisode de la vie de saint Martin. L'octosyllabe fonctionne une fois de plus comme une signature.

Le vers fait une ultime apparition au terme de notre chronique universelle, assurant ainsi discrètement la transition vers la branche III et le retour définitif aux couplets d'octosyllabes[40]. On sait combien il est difficile d'assigner une fin à une chronique universelle, elle est par nature un genre *in-fini* : elle s'achève avec les événements contemporains de l'auteur, mais libre aux copistes de prolonger et d'actualiser leur texte à partir de chroniques plus récentes. Le *Manuel de Philippe de Valois* n'échappe pas à la règle et la plupart des manuscrits se prolongent au delà de 1328 et de l'accession au trône de Philippe de Valois, allant jusqu'en 1339, 1347, 1383[41] … Le BnF fr. 19477, que l'on cite le plus souvent depuis Couderc, présente l'intérêt d'être un témoin ancien (il a de plus fait partie de la *librairie* de Charles V), sans continuation, même s'il s'agit de la seconde version. Il s'achève sur la mort de Charles IV et l'accession au trône de Philippe de Valois, *lequel regne a present*[42]. *Renart le Contrefait* ne s'arrête pas là, il prolonge l'histoire par Pierre Rémy, trésorier du roi, accusé de malversation, qui sera pendu au gibet de Paris le 25 avril 1328, quatre semaines après l'accession au pouvoir de Philippe VI. Cet événement, qui revient de manière obsédante dans le *Contrefait*[43], se veut exemplaire des jeux de Fortune et donne lieu à trois brèves insertions versifiées :

- un distique cliché sur Fortune : *Qui plus hault mont qu'il ne doit / De plus hault chiet qu'il ne vouldroit* ;
- un second distique noyé dans la prose par Raynaud et Lemaître : *Et puis si povrement fenir / Et si honteusement morir* ;

d'autres Jacques de Voragine à propos de saint Martin (« Grande fut la compassion qu'il témoignait aux pécheurs, car tous ceux qui voulaient se repentir, il les recevait dans le sein de sa compassion, en vue de la pénitence », *La Légende dorée*, trad. sous la direction d'Alain Boureau, Paris, Gallimard [« Bibliothèque de la Pléiade »], 2004, p. 924).

40 *Renart le Contrefait*, éd. citée, p. 297, § 164.

41 Voir Couderc, « Le Manuel d'histoire de Philippe VI de Valois », art. cité, p. 437-438.

42 Cela correspond à la quasi-fin du premier paragraphe du § 164 de l'édition de *Renart le Contrefait*.

43 Pierre Rémy est évoqué un peu plus haut dans la prose (§ 159, p. 295). Il apparaît dès la branche I (v. 2921-2944) et se retrouve mentionné dans les branches III (v. 23228), IV (v. 23456, 25606, 27209, 27753) et VI (v. 30925).

– enfin une citation de saint Paul (I Co 7, 24) sous forme de quatrain à rimes croisées, puis d'un sizain en couplets séparé par une citation latine d'Isaïe (30, 21) :

> Qui voeult estre de Dieu amys
> Et soy a droit a lui vouer,
> Cellui estat ou Dieu l'a mis
> Il doibt tenir sans desvoier.
> *Hec via ambulate in ea, etc.*
> Iceste est bien de Dieu la voye ;
> Qui la tient point ne se desvoye.
> Or lui prions qu'il nous y tiengne
> Et en s'amour tousjourz maintiengne,
> Par quoy puissons si bien fenir
> Qu'en sa glore puissons venir !
> *Amen !*

Que penser de cette fin édifiante ? Ultime pied de nez, Renart achève sa chronique en prédicateur. Mais est-il ici encore un *compileour* ou un trouvère ? Cet épilogue versifié est de fait présent dans de nombreux manuscrits de la première version du *Manuel* et pourrait en constituer la clôture primitive[44]. Il permet en tout cas à l'auteur du *Contrefait* de clore habilement la branche II. On a souvent vu de la maladresse dans cette conclusion abrupte, qui, à la différence de la première version[45], ne fait même pas retour vers la fiction renardienne et la cour de Noble. Mais cette conclusion *empruntée* présente bien des avantages : elle permet d'abord le retour discret vers le couplet d'octosyllabes ; elle nous livre surtout une leçon sur Fortune et sur la fin de l'histoire : l'histoire ne s'achève pas sur l'accession au trône de Philippe de Valois comme dans la deuxième version du *Manuel*, mais sur une pendaison, celle du trésorier du roi. L'Histoire ne s'achève pas sur le Jugement dernier (malgré l'ultime octosyllabe), mais sur un jugement tragique et bien humain. Si Pierre Rémy est condamné, parce qu'il « ne respondy pas *souffisanment* aulx articles propposees contre lui », Renart lui, par son

44 Voir l'édition citée de Guigniaut et Wailly, dans le tome 21 du *Recueil des historiens des Gaules et de la France*, qui s'achève bien sur ces vers et s'appuie sur quatre manuscrits de la première version (BnF fr. 1406, 1410, 4939, 4948) ; même passage dans les BnF fr. 4940 ou BnF Naf. 1159. Le problème est qu'à l'exception du BnF fr. 1410, tous ces manuscrits possèdent des continuations.

45 *Renart le Contrefait*, éd. citée, p. 367b.

immense chronique universelle, a *souffisanment* répondu au roi et à la cour. Il évitera le sort de Pierre Rémy et pourra continuer de prendre la parole dans les 20000 vers qui forment les branches ultérieures du roman.

Concluons sur deux points, et d'abord sur l'importance du *Manuel de Philippe de Valois* : il va permettre à côté de la traduction de Jean de Vignay la diffusion vernaculaire du *Speculum historiale*[46] ; il sera donc mis à contribution par l'auteur de *Renart le Contrefait*, avant d'être repris dans les nombreuses compilations de la fin du Moyen Âge qui, sous le titre de *Fleurs des Chroniques* ou *Tresor des Histoires*, l'associent aux *Flores chronicorum* de Bernard Gui ou à la *Chronique de Baudouin d'Avesnes*[47]. De plus, fait notable, ce *Manuel* sera, comme l'a déjà été la *Chronique de Baudouin d'Avesnes*, traduit, on pourrait presque dire retraduit en latin avec nouvel abrègement, plus tard, vers 1395 par Guillaume Saignet, jeune étudiant en droit à Avignon, avant de devenir homme de confiance de Charles VII[48]. Le *Manuel* se présente donc comme un texte à usages multiples, modulable, adaptable ; son matériau est souple jusqu'à se retrouver, amputé de sa première moitié, dans une épopée renardienne. Revenons enfin à *Renart le Contrefait* : la branche II est la plus déroutante par sa démesure (elle est plus vaste que la somme des sept autres branches), par cette insertion de la prose dans le vers, par cette mise en performance insolite d'une chronique universelle à la cour de Noble, qui plus est, placée dans la bouche de Renart. La paresse de l'auteur anonyme ne saurait être une explication convaincante ; il semble jouer de l'antinomie entre l'art de Renart et l'esprit même de la chronique. La chronique universelle repose en effet habituellement sur une continuité, sur des filiations, des généalogies, des listes (d'empereurs, de rois, de papes ...), ce n'est pas par hasard qu'elle peut s'inscrire sur des rouleaux[49] ; elle est un discours du continu. Or le discours de Renart clive, scinde,

---

46 Serge Lusignan, « La réception de Vincent de Beauvais en langue d'oïl », *Wissensorganisierende und wissensvermittelnde Literatur im Mittelalter*, éd. Norbert Richard Wolf, Wiesbaden, Ludwig Reichert, 1987, p. 34-45.

47 Voir Couderc, « Le Manuel d'histoire de Philippe VI de Valois », art. cité, p. 443-444. Voir aussi l'article de Laura Endress dans ce volume.

48 Il n'en existe qu'un seul manuscrit, autographe, avec petits dessins en marge, le BnF lat. 5042 (voir Couderc, art. cité, p. 427-433 et Nicole Pons, « Guillaume Saignet lecteur de Gilles de Rome », *Bibliothèque de l'Ecole des Chartes*, 163 (2005), p. 435-480 [p. 457-460]).

49 Voir François Fossier, « Chroniques universelles en forme de rouleau à la fin du Moyen Âge », *Bulletin de la Société Nationale des Antiquaires de France*, 1980-1981 [1982], p. 163-183.

segmente : le personnage est fondamentalement *diabolos*, « celui qui sépare » (du grec *diaballein*, « séparer »). La chronique universelle est ici présente à contre-emploi : elle introduit du désordre plutôt qu'elle établit une continuité, elle introduit comme par effraction de la prose dans le vers, puis des bribes de vers dans la prose. Elle permet surtout d'opposer deux écritures de l'histoire : une écriture subversive, *contrefaite*, voire hétérodoxe pour l'Ancien Testament, puisque Renart élude l'*hexaemeron* et commence par évoquer la chute des Anges rebelles, affirmant haut et fort que son art ou *engin* précède la Création ; une écriture canonique et orthodoxe avec la seconde moitié du *Manuel de Philippe de Valois* ; le contraste formel – vers *versus* prose – est aussi un contraste registral et idéologique. Et ce contraste se résout finalement dans la fonction ultime de cette double logorrhée de Renart : celle d'un alibi qui doit permettre à Renart d'éluder le jugement de la cour de Noble. L'histoire s'achève sur la mise à mort de Pierre Rémy, le trésorier du roi ; c'est ce destin bien réel que Renart veut éviter dans la fiction du récit.

Jean-Marie FRITZ
Université de Bourgogne

STORIA UNIVERSALE E RETORICA VOLGARE NELL'*HISTOIRE ANCIENNE JUSQU'À CÉSAR*

L'*Histoire ancienne jusqu'à César* (da ora in poi *Histoire ancienne*) è la più antica cronaca universale composta in un volgare romanzo[1]. Redatta tra il

1 Questo saggio è uno dei risultati del progetto *The Values of French Language and Literature* (King's College London, da ora in poi *TVOF*), finanziato dalla *European Research Commission* e diretto da Simon Gaunt ; l'équipe è composta, oltre che da chi scrive, da Simone Ventura, Hannah Morcos, Henry Ravenhall, Natasha Romanova, con la collaborazione di Paul Caton, Ginestra Ferraro e Geoffroy Noël (ulteriori informazioni e gli *output* digitali del progetto si trovano all'indirizzo www.tvof.ac.uk [consultato il 25/02/2020]). In questo saggio presenterò alcuni aspetti particolari di una ricerca più ampia che è parte integrante del mio volume in lavorazione, *Historical Knowledge and Vernacular Rhetoric. French Historical Narratives in the Mediterranean Network (1150-1230)*. Un ringraziamento speciale va a Francesco Montorsi per avermi permesso di discutere le mie ricerche nel contesto del bel convegno zurighese per essere ormai da qualche anno un interlocutore per me preziosissimo. L'*Histoire ancienne* è un testo di dimensioni imponenti ; negli studi moderni (a partire da quelli di Marc-René Jung, che su questo punto ha rivisto una prima proposta di Paul Meyer) si è imposta una divisione in undici sezioni : *Genèse* (I), *Orient I* (II), *Thèbes* (III), *Grecs et Amazones* (IV), *Troie* (V), *Eneas* (VI), *Rome I* (VII), *Orient II* (VIII), *Alexandre* (IX), *Rome II* (X) e *Jules César* (XI). Nel corso degli ultimi decenni alcune di queste sezioni sono state oggetto di edizione : *The Heard Word : A Moralized History. The Genesis Section of the* Histoire ancienne *in a Text from Saint-Jean d'Acre*, ed. by Mary Coker Joslin, University (Miss.), Romance Monographs, 1986 (sezione I) ; *Histoire ancienne jusqu'à César (Estoires Roger)*, éd. par Marijke De Visser-van Terwisga, Orléans, Paradigme, 1995-1999 (sezioni II-IV) ; Marc-René Jung, *La légende de Troie en France au Moyen Âge*, Basel – Tübingen, Francke, 1996, p. 358-430 (sezione V) ; *L'Histoire ancienne jusqu'à César ou Histoires pour Roger, châtelain de Lille, de Wauchier de Denain. L'histoire de la Perse, de Cyrus à Assuérus*, éd. par Anne Rochebouet, Turnhout, Brepols, 2015 (sezione VIII) ; *L'Histoire ancienne jusqu'à César ou Histoires pour Roger, châtelain de Lille de Wauchier de Denain* ; *L'Histoire de la Macédoine et d'Alexandre le Grand*, éd. par Catherine Gaullier-Bougassas, Turnhout, Brepols, 2012 (sezione IX). Nel contesto di *TVOF* stiamo preparando una edizione digitale completa del testo secondo la lezione di due codici di notevole importanza storica e spesso elevata qualità testuale : Paris, Bibliothèque Nationale de France, f. fr. 20125 (il testimone più conservativo della cosiddetta « prima redazione ») e London, British Library, Royal 20 D 1 (il testimone più antico e probabilmente l'archetipo della « seconda redazione », una riscrittura prodotta a Napoli a metà del Trecento). Sulle

1214 e il 1230, è dedicata a Roger IV, castellano di Lille[2]. Nonostante sia rimasta incompiuta, l'*Histoire ancienne* ha conosciuto a partire dall'ultimo quarto del XIII secolo una grandissima fortuna manoscritta nelle aree di cultura letteraria francese dell'Europa e del mediterraneo orientale. La notorietà di questo testo e la funzione che esso ha ricoperto nella diffusione del francese in Italia è testimoniata da Dante, che nel *De vulgari eloquentia* lo menziona tra le grandi prose in lingua d'*oïl* come « Biblia com Troianorum Romanorumque gestibus compilata[3] ». Negli ultimi anni l'*Histoire ancienne* ha attirato l'attenzione degli studiosi soprattutto per quanto riguarda la sua circolazione, in Francia e fuori di Francia[4]. In questo contributo vorrei concentrarmi su un momento della storia del testo meno frequentato, ovvero la sua composizione. In particolare analizzerò degli indizi che permettono di seguire il tortuoso percorso

---

diverse « redazioni » dell'*Histoire ancienne* si veda Richard Trachsler, « L'Histoire au fil des siècles. Les différentes rédactions de l'*Histoire ancienne jusqu'à César* », *Transcrire et/ou traduire. Variation et changement linguistique dans la tradition manuscrite des textes médiévaux.* Actes du congrès international, Klagenfurt 15 – 16 novembre 2012, éd. par Raymund Wilhelm, Heidelberg, Winter, 2013, p. 77-95 ; sulla tradizione manoscritta della seconda redazione si veda ora Luca Barbieri, « La versione "angioina" dell'*Histoire ancienne jusqu'à César* : Napoli crocevia tra cultura francese e Oriente latino », *Francigena*, 5 (2019), p. 1-26, e *Id.*, « La solitude d'un manuscrit et l'histoire d'un texte : la deuxième rédaction de l'*Histoire ancienne jusqu'à César* », *Romania*, vol. 138 (2020), p. 39-97.

2 Per la datazione si veda Francesco Montorsi, « Sur l'*intentio auctoris* et la datation de l'*Histoire ancienne* », *Romania*, 134 (2016), p. 151-168.

3 Dante Alighieri, *De Vulgari Eloquentia*, I, x, 2, ed. a cura di Mirko Tavoni, Milano, Mondadori, 2017, p. 110. Per una messa a punto relativa a questa identificazione, praticamente obbligata (dato che nessun altro testo francese noto risulta compatibile con la descrizione dantesca) ma non sempre accettata nella bibliografia e nei commenti al *De Vulgari*, si veda ora Federico Rossi, « Dante e le *ambages* cavalleresche », *Critica del testo*, 22/1 (2019), p. 67-107 (71-72).

4 Cito solo alcuni dei contributi più recenti dedicati alla diffusione manoscritta dell'*Histoire ancienne :* Fabio Zinelli, « Au carrefour des traditions italiennes et méditerranéennes. Un légendier français et ses rapports avec l'*Histoire Ancienne jusqu'à César* et les *Faits des romains* », *L'agiografia volgare. Tradizioni di testi, motivi e linguaggi.* Atti del congresso internazionale (Klagenfurt, 15-16 gennaio 2015), a cura di Elisa De Roberto e Raymund Wilhelm, Heidelberg, Winter, 2016, p. 63-131 ; Anne Rochebouet, « De la Terre Sainte au Val de Loire : diffusion et remaniement de l'*Histoire ancienne jusqu'à César* au XVe siècle », *Romania*, 134 (2016), p. 166-200 ; Matteo Cambi, « Note sull'*Histoire ancienne jusqu'à César* in area padano-veneta (con nuove osservazioni sul ms. Wien, ÖNB, 2576) », *Forme letterarie del Medioevo romanzo : testo, interpretazione e storia*, XI Congresso della Società Italiana di Filologia Romanza, a cura di Antonio Pioletti e Stefano Rapisarda, Soveria Mannelli, Rubettino, 2016, p. 145-161 ; Craig Baker, « La version vulgate de l'*Histoire ancienne jusqu'à César* », *Revue belge de philologie et d'histoire / Belgisch Tijdschrift voor Filologie en Geschiedenis*, 95 (2017), p. 745-772.

intellettuale dell'autore e di individuare nella prima sezione dell'*Histoire ancienne*, costituita da un volgarizzamento della Genesi integrato e compilato con fonti varie fonti esegetiche e nota come *Genèse*, quanto rimane di un originario progetto con caratteristiche molto diverse da quelle assunte dall'opera nel prosieguo della redazione. Questo primo progetto prevedeva una storia biblica unificata da un modello genealogico che doveva ripercorrere il lignaggio della Vergine attraverso una serie di medaglioni biografici dei patriarchi. L'ultima parte della sezione *Genèse*, corrispondente *grosso modo* alle vite dei patriarchi Giacobbe e Giuseppe, è stata composta prima che questo progetto venisse accantonato e presenta delle caratteristiche uniche : in primo luogo dipende largamente, nei contenuti come nelle forme discorsive, dalla versione latina delle *Antiquitates Judaicae* di Flavio Giuseppe ; in secondo luogo si distingue per la sua prosa che ricerca l'enfasi e l'espressività attraverso l'uso, in alcuni casi insistito, dell'omoteleuto. La prosa dell'*Histoire ancienne* è talvolta intessuta di sintagmi rimanti, altre volte di versi veri e proprî ; a partire da questo particolare aspetto formulerò delle ipotesi sui modelli volgari e sull'influenza collaterale della cultura latina nelle scelte stilistiche operate dall'autore (sia quelle provvisorie che quelle definitive).

Quando ho intrapreso questa ricerca mi sono posta una domanda : con quali mezzi e in che misura l'autore dell'*Histoire ancienne* è stato uno storico e un retore volgare ? Per « storico » intendo, in questo contesto, una figura intellettuale esercitata nella comprensione, la critica e l'armonizzazione delle fonti storiche, nonché nella ricerca di un senso nella sequenza dei fatti (tutte attività che, pure talvolta in economia di mezzi e metodi, sono al centro della trasmissione attiva del sapere storico in tutte le epoche – anche se non in tutti gli ambienti). Per « retore volgare » intendo invece qualcuno che abbia esercitato uno sforzo intellettuale verso l'elaborazione di strategie linguistiche e testuali adatte a trasmettere contenuti complessi in maniera efficace in una lingua priva di una tradizione consolidata.

La mia domanda nasce dalla consapevolezza dell'unità intima tra ricostruzione del passato e retorica che è una caratteristica costante della narrazione della storia in tutte le culture antiche e medievali. Partendo da questa nozione condivisa, ho tentato di fare un passo avanti, di scomporre il problema in unità inferiori, e di analizzare i dati per capire come la sinergia tra divulgazione del sapere storico e intrattenimento poteva configurarsi nel contesto specifico della produzione volgare del primo del XIII secolo. La questione non è scontata, perché l'*Histoire ancienne* è un esempio molto tipico di come a quell'epoca l'ambizione di parlare e scrivere con eleganza ed efficacia non si risolveva nell'imitazione dello stile di quei classici antichi che per primi avevano stabilito la pertinenza della storia alla retorica. Si tratta di un'opera in tutto medievale, quasi anticlassica, e quindi modellata su un'idea di efficacia comunicativa che non può essere dedotta da dottrine generali di stampo classico.

L'*Histoire ancienne* è stata un'opera pionieristica. La sua redazione ha determinato un salto di qualità nella tradizione francese, introducendo nuovi contenuti (per esempio la storia romana), nuove strutture di pensiero (la storia universale), ma anche una testualità imponente per estensione, complessità dell'intreccio e varietà dei temi trattati. Il suo autore doveva quindi avere una certa confidenza con i soggetti storici e le fonti (acquisita mediante una frequentazione intensa con i testi latini). D'altra parte, queste competenze disciplinari potevano essere tutto sommato secondarie, ed egli poteva essere piuttosto un professionista della ri-codificazione testuale le cui competenze nel campo della traduzione potevano esercitarsi su argomenti di vario tipo. Quest'ultima eventualità sarebbe molto coerente con l'idea (del tutto probabile e largamente accettata) per la quale l'autore dell'*Histoire ancienne* sarebbe lo stesso Wauchier de Denain di cui conosciamo diverse tradizioni di vite di santi (un genere sì para-storiografico, ma profondamente diverso per forme e fini dalla storiografia antica volgarizzata nell'*Histoire ancienne*)[5].

I risultati che presento in queste pagine riguardano quindi in primo luogo la complessità dell'attitudine e della formazione dell'autore della prima cronaca universale in volgare, e i modi in cui nella sua opera interagiscono visione della storia e ambizioni formali. Ma questa indagine ha anche delle implicazioni più ampie che riguardano soprattutto l'influenza sull'autore dell'*Histoire ancienne* dei modelli offerti dalla cultura letteraria di poco precedente o contemporanea : il modello storiografico sacro ed ecclesiastico, la didattica in volgare, i modelli letterari sviluppatesi in ambito latino.

---

5 Si veda Paul Meyer, « Wauchier de Denain », *Romania*, 32 (1903), p. 583-586, e *id.*, « Versions en prose des *Vies des pères* », *Histoire littéraire de la France*, 33 (1906), p. 254-232.

UNICITÀ E PERSONALITÀ DELL'AUTORE DELL'*HISTOIRE ANCIENNE*

Un discorso sulla personalità dell'autore dell'*Histoire ancienne* presuppone naturalmente che si tratti di un autore solo, e non di più individui responsabili di sezioni diverse successivamente compilate insieme oppure di continuazioni progressive di un nucleo più antico. La possibilità di interventi diversi non può essere esclusa del tutto, ma esistono elementi per ritenere che il testo sia stato ideato e composto da una sola persona. Prima di tutto, una dichiarazione esplicita. Nel prologo in versi che apre l'opera, infatti, l'autore rivendica la responsabilità completa della sua opera e racconta come la sua attività (e forse la sua stessa impresa di traduzione, con la reputazione che essa gli stava guadagnando) avessero scatenato invidie e inimicizie nei suoi confronti :

> S'il [*scil.* Dio] veut en romans dou latin
> Li cuic si traire lonc la letre
> Que plus ne mains n'i sera metre
> Por qu'envie m'en laist en pais
> Qui a maint home kierche fais[6].

A tale dichiarazione si aggiungono dei dati interni. I più evidenti concernono la presenza uniforme in tutte le sezioni di elementi stilistici e discorsivi che sembrano rilevanti perché caratteristici dell'*Histoire ancienne* : la presenza di inserti in versi a contenuto morale e i frequenti interventi del narratore. Questi ultimi comprendono sia brevi allocuzioni formulari all'indirizzo del lettore (del tipo : *segnors*, *segnors et dames*, prevalentemente a inizio di periodo o paragrafo), sia più sostanziose prese di parola che servono ad articolare i contenuti del testo (richiamando quanto

6 § 1, vv. 266-270. Qui e di seguito cito il testo dell'*Histoire ancienne* sulla base dell'edizione a cura dell'équipe di *TVOF* : *The Histoire ancienne jusqu'à César : A Digital Edition*, a cura di Hannah Morcos, Simon Gaunt, Simone Ventura, Maria Teresa Rachetta, Henry Ravenhall, Natasha Romanova e Luca Barbieri*;* con il supporto tecnico di Paul Caton, Ginestra Ferraro, Marcus Husar, and Geoffroy Noël (ISBN : 978-1-912466-15-3). Online all'indirizzo *http*://www.tvof.ac.uk/textviewer/ (consultato il 02/11/2020). Sia in questo caso che in quello degli altri testi citati riproduco le convenzioni grafiche adottate dagli editori.

già detto o anticipando quanto si dirà) o a introdurre glosse dottrinali o morali. Nella seconda categoria rientrano sia traduzioni di interventi del narratore già presenti nelle fonti, che vengono semplicemente ricalcati nella traduzione, sia interventi originali. Tali elementi discorsivi sono in effetti molto meno presenti nelle altre storie in prosa francese del primo XIII redatte in ambienti vicini a quello dell'*Histoire ancienne*[7]. Non credo però che ad essi vada attribuito un valore probante forte, perché talvolta sono semplici calchi delle fonti latine e anche (direi soprattutto) perché sono tratti facilmente imitabili da un eventuale continuatore attento a produrre un testo in linea con un eventuale nucleo antico.

L'elemento più significativo a favore dell'unitarietà dell'*Histoire ancienne* risiede nel fatto che la struttura complessiva del testo deriva dalla manipolazione di un canovaccio narrativo basato sulle *Historiae adversos paganos* di Orosio, mediante la scomposizione dei contenuti dei singoli libri del testo latino e l'interpolazione di materiali differenti secondo dinamiche accrescitive (nel caso delle sezioni di storia biblica, tebana, troiana e della vicenda di Enea), sostitutive (per quanto riguarda la sezione alessandrina, per la quale altre fonti sostituiscono il terzo libro di Orosio) e integrative (per esempio per quanto riguarda la storia romana, dove Orosio è sistematicamente completato con Paolo Diacono)[8]. A dispetto della sua articolazione e del gran numero di fonti impiegate, la compilazione dell'*Histoire ancienne* risponde ad un disegno preciso, coerente, e in definitiva semplice. Anche nel caso in cui diversi individui siano intervenuti nella sua composizione, essi devono aver agito secondo un piano chiaramente fissato dal primo autore. A questo punto, considerata la dichiarazione iniziale e in subordine l'uniformità stilistica, l'ipotesi più probabile è che una tale opera sia stata condotta da un individuo solo.

Cosa possiamo sapere del profilo e degli obiettivi intellettuali di questo autore ? La prima operazione da compiere per rispondere a questa

---

7 Per esempio, i *Faits des Romains*, le varie versioni della cronaca dello Pseudo-Turpino, o le due cronache dell'Anonimo di Béthune (ovvero i testi che compongono il canone critico stabilito nel seminale Gabrielle M. Spiegel, *Romancing the Past. The Rise of Vernacular Prose Historiography in Thirteenth-Century France*, Berkeley – Las Angeles – Oxford, University of California Press, 1993) non presentano moralizzazioni in versi e sono molto più parchi per quanto riguarda gli interventi del narratore.

8 Per maggiori dettagli si veda il mio « Per una storia della cultura volgare francese. La narrativa storica (1150-1260) » negli atti del XII Convegno della Società Italiana di Filologia Romanza (S.I.F.R.), *La filologia romanza e i saperi umanistici II*, Roma, 3-6 ottobre 2018 (in corso di stampa).

domanda è distinguere con chiarezza l'autore dal narratore da lui costruito. Come vedremo subito, nelle sezioni in versi e in quelle in prosa il narratore dell'*Histoire ancienne* produce due situazioni comunicative molto diverse, ma nessuna delle due corrisponde in alcun modo a una genuina proiezione testuale della personalità dell'autore.

Le moralizzazioni in versi costituiscono gli interventi del narratore più corposi. Accade in queste sezioni che la voce del narratore e quella dell'autore coincidano (per esempio nel prologo, dove si legge l'unico riferimento esplicito al committente). Questa però non è la regola, e anzi il narratore delle sezioni in versi ha normalmente dei caratteri molto artificiali. Nell'epoca che precede la redazione dell'*Histoire ancienne* la prosa era utilizzata in francese in misura limitata, e il pubblico aveva familiarità molto maggiore con le forme in versi, anche nel campo della letteratura storica e catechetica[9]. Introducendo le sezioni in versi l'autore dell'*Histoire ancienne* otteneva due effetti importanti. In primo luogo riconnetteva la sua opera, benché fortemente innovativa, alle forme e ai contenuti della letteratura morale. Inoltre, costruiva una situazione descrivibile come « qui e ora », basata su una voce narrativa marcata come contemporanea e partecipante a una dimensione orale (per l'uso del verso in sé ma anche per via delle strutture allocutive dirette, con abbondanza di pronomi e verbi alla prima e alla seconda persona). L'architettura complessiva dell'*Histoire ancienne* è basata sull'adozione della prosa. Questa, anche se occasionalmente può ricalcare stilemi orali, esisteva in funzione della trasmissione libraria ed era percepita come erudita e legata alla tradizione latina. Questo aspetto, insieme alla mole inusitata dell'opera, doveva colpire molto il

9 Per una storia della progressiva adozione della prosa in diversi settori della letteratura antico francese si veda Brian Woledge – H. P. Clive, *Répertoire des plus anciens textes en prose française depuis 842 jusqu'aux premières années du* XIIIe siècle, Genève, Droz, 1964, in particolare le p. 18-43 per quanto riguarda il contesto continentale. Non è facile ricondurre gli ottosillabi morali dell'*Histoire ancienne* a un modello specifico nel campo della letteratura didattica, ma questo a mio parere solo perché tale letteratura (o meglio, l'insieme dei testi che possono avere anche un'intonazione didattica, magari episodica) non ha un metro specializzato d'elezione : impiega il *couplet* di metri vari, diverse forme strofiche, talvolta la lassa. In *couplet* di ottosillabi è comunque la produzione, ampia e molto fortunata, di Gautier de Coincy. Per la varietà metrica nella letteratura non lirica antico-francese, in particolare nell'ambito dell'agiografia, si veda Stefano Maria Cingolani, « Conservazione di forme, adattamento e innovazione. Note preliminari sulla metrica della letteratura religiosa francese fra XI e XIII secolo », *Cultura Neolatina*, 45 (1985), p. 23-44.

pubblico contemporaneo. La voce narrativa delle sezioni in versi invece utilizza un registro più antico e ben sperimentato nella letteratura volgare della generazione precedente. Essa introduce l'innovazione rappresentata dalla prosa in maniera graduale e mediata, mettendo in scena un interprete dotato di autorità che parlando secondo i modi tradizionali della didattica volgare introduce un adattamento sperimentale di testi antichi e difficili.

Questa autorità è presentata essenzialmente come di natura morale. I contenuti delle sezioni in versi sono per lo più variazioni sul tema, generalissimo, della brevità e caducità della vita. Su ventuno brani, solo gli ultimi due (§ 958 e § 1007) contengono dei cenni espliciti alla realtà contemporanea, rispettivamente un attacco ai Templari e una trattazione dei rischi morali implicati dal denaro che comprende un riferimento alla compromissione dei Cistercensi con esso[10]. È solo all'altezza della redazione della sezione *Rome II*, quindi, che l'autore dell'*Histoire ancienne* ha deciso di sfruttare le moralizzazioni versificate anche per esprimere intenti polemici e così di rompere, episodicamente, il discorso generalissimo e vago del narratore moralista. L'attitudine normale di questo narratore è distante e catechetica ; i suoi interventi non commentano direttamente i fatti narrati, ma si limitano a enunciare i vantaggi della rettitudine di fronte a Dio (e, nelle sezioni di storia pagana, a ricordarne in un certo senso l'esistenza). Questo atteggiamento gli vale nelle rubriche di Paris, Bibliothèque Nationale de France, f. fr. 20125 il titolo di *maistre*[11]. La limitatezza e ripetitività del suo insegnamento sono più che sufficienti a concludere che si tratta di un maestro fittizio, costruito da un autore la cui riflessione innovativa non si esercita sulla morale. Quindi, se da un lato si può legittimamente dire che l'*Histoire ancienne* (e in particolare il suo originale perduto) è una narrativa storica episodicamente moralizzata, dall'altro l'intento moralizzatore non è né il suo fine né la sua ragione di esistere. Al contrario, si tratta di una strategia per la costruzione dell'autorità del narratore, che nel prologo e nelle altre sezioni in versi assume le movenze rassicuranti del moralista

10 Molte delle sezioni in versi si possono leggere in *Histoire ancienne [...]*, ed. cit., De Visser-van Terwisga, t. 2, p. 291-308 ; a una considerazione approfondita della tradizione emerge però che anche i manoscritti migliori dell'*Histoire ancienne* presentano, nelle sezioni in prosa, tracce di *dérimage* in luoghi a cui nell'originale dovevano corrispondere ulteriori, brevi, sezioni in versi.

11 *Cf.* § 34, 49 e 85.

per poi condurre il pubblico nei territori ignoti e lontani della storiografia in prosa e del mondo pagano degli antichi[12].

Sulle apparizioni dell'autore nelle sezioni in prosa mi soffermerò nelle pagine che seguono, perché concernono soprattutto commenti metatestuali. Per quanto riguarda il narratore, gli elementi di commento in chiave morale presenti nella prosa sono minimi, e non di grande respiro. È significativo, ad esempio, come manchi del tutto una dimensione escatologica : dopo aver raccontato dell'ebbrezza di Noè il narratore identifica in questo episodio le ragioni di un costume specifico, quello di ammonire i ricchi signori alla moderazione nel bere portando le mani al tovagliolo per evitare che essi assumano atteggiamenti degni di biasimo o di vergogna :

> Segnors, por ceste aventure de Noé qui ensi se descovri par trop boire s'agenoillent encore li escuier et li sergant a la table dou riche home, et quant il boit si metent et tienent lor mains a la nape. Et c'est senefiance que au riche home soviegne de Noé et qu'il tant ne boive qu'il en ait blasme ne vergoigne[13].

In questo tipo di interventi l'istanza morale è spicciola e quotidiana, molto diversa da quella delle moralizzazioni in versi. Dal nostro punto di vista è interessante notare come il narratore possa occasionalmente assumere la posizione di educatore dei costumi laici e nobiliari, ma di nuovo si tratta di aspetti accessori che hanno la stessa funzione di accreditamento delle sezioni in versi.

Il narratore della prosa dell'*Histoire ancienne* è, nella grande maggioranza dei casi, ricalcato su quello delle fonti latine. Per questo motivo è in genere molto difficile indagare la formazione storica dell'autore. Da un lato, egli era sicuramente uno storico « passivo », nel senso che era in grado di comprendere abbastanza bene, armonizzare e tradurre fonti complesse di storia antica. È meno chiaro se fosse uno storico « attivo », ovvero capace di vagliare criticamente le fonti. Questa abilità

---

12 Si veda Emma Campbell, « The Time of Translation in Wauchier de Denain's *Histoire des moines d'Égypte* », *Florilegium*, 31 (2014), p. 1-29, per uno studio di come lo stesso autore (se si crede all'attribuzione di Paul Meyer) o comunque un autore molto vicino a quello dell'*Histoire ancienne* per epoca e sensibilità si comporti alle prese con la traduzione di un autore cristiano moralmente accreditato *a priori* come il Postumiano pseudo-autore delle *Historiae Monachorum* di Rufino, a cui il traduttore si sovrappone nella situazione comunicativa.

13 § 34.1.

esigerebbe una conoscenza di tali fonti e dei loro contenuti precedente e indipendente dall'atto della compilazione e traduzione. Normalmente i contenuti dell'*Histoire ancienne* ricalcano fedelmente quelli delle fonti, e quindi non forniscono informazioni in questo senso. Un'eccezione riguarda però la prima menzione di Semiramide, la regina assira che regna dopo la morte del marito Nino e che passerà alla storia per la sua inclinazione al vizio. Nino è il primo re degli Assiri ; con il suo regno si apre nella tradizione cronografica cristiana la seconda età del mondo e iniziano le tavole genealogiche del Chronicon di Eusebio, una fonte di primissimo piano nell'*Histoire ancienne.* Che Semiramide non fosse stata una buona regina e fosse priva di senso morale doveva essere un'informazione accessibilissima a chiunque si interessasse di storia antica a livello non amatoriale. In *Orient I* (in particolare ai § 374 e 375), l'*Histoire ancienne* si sofferma sull'immoralità della regina, ma in *Genèse*, quando Semiramide viene incidentalmente menzionata nel contesto di una sincronia genealogica, se ne parla come una « buona signora », che governò rettamente fino a che rimase in vita e che rispettava l'opinione dei suoi consiglieri :

> Et le regne de Caldee ot aprés lui [*scil.* Nino] la roine Semiramis sa feme, qui le governa mout bien si come bone dame tant com ele fu en vie. Et par le bon conseill des haus barons et par lor grans forces n'en fu onques la dame amenuisee d'onor, de terre, ne de richesce[14].

L'autore dell'*Histoire ancienne* coglie qui l'occasione per espandere il testo della fonte parlando di Semiramide come una buona regina, ma non si rende conto di introdurre così facendo una inesattezza e di preparare una contraddizione. In prima battuta, questo passo testimonia come egli ignori una informazione accessibilissima. Da questo punto di vista, va precisato, l'autore dell'*Histoire ancienne* non si segnala per una carenza particolare rispetto al suo tempo, dato che uno spazio professionale socialmente riconosciuto per lo studio della storia pagana ancora non esisteva. Quello che è particolarmente interessante però è che la sua formazione avanzata di storico è avvenuta contestualmente all'atto di compilazione e traduzione, e che quindi il testo dell'*Histoire ancienne* riflette una fisionomia intellettuale in divenire. Come vedremo nel paragrafo che segue questa dinamica investe in maniera molto importante

14 § 102.1.

l'architettura generale dell'opera e il modello di narrazione, che solo in un momento avanzato della composizione assume i caratteri di quella che noi chiamiamo « storia universale ».

L'OPERA *IN FIERI*
Storia della salvezza e storia universale

Il testo conservato dell'*Histoire ancienne* si apre con una sezione di storia biblica i cui confini corrispondono esattamente a quelli della Genesi (*Genèse*) e prosegue con una compilazione basata sul testo di Orosio che giunge alla vita di Giulio Cesare. Il prologo in versi presenta un piano dell'opera che si estende oltre il testo esistente, e che prevedeva i seguenti contenuti : il popolamento della Francia (*scil.* la leggenda della migrazione di Francione e delle stirpi troiane) ; la vita di Cristo, le peregrinazioni degli apostoli, le vite dei santi e dei martiri ; gli imperatori romani, particolarmente il primo cristiano (*scil.* Costantino) e i successivi ; il primo re cristiano di Francia (*scil.* Clodoveo) ; le invasioni di Vandali, Goti e Unni in Francia ; l'espansione dei Normanni ; infine il popolamento delle Fiandre e le gesta dei suoi abitanti :

Des quels gens Flandres fu puplee
Vos iert l'estoire bien contee :
Com se proverent, quel il furent,
Com il firent que fere durent.
Ce vos sera trestout retrait
Tot si a point et tot a trait
Que qui voudra raison entendre
Petit i avra a reprendre[15].

Il prologo è stato probabilmente redatto al termine della redazione delle sezioni conservate, quando l'autore dell'*Histoire ancienne* ha deciso

15 § 1, v. 243-250. Da questi passi del prologo deriva la fortunata interpretazione dell'*Histoire ancienne* come un'opera intesa alla celebrazione della gloria della contea di Fiandra nel contesto dell'opposizione all'espansione della corona negli anni del regno di Filippo Augusto, recentemente messa seriamente in discussione da Francesco Montorsi ; si veda Montorsi, « Sur l'*intentio auctoris* [...] », art. cité.

di farla circolare. Il progetto di una storia universale che nella sua ultima parte si chiuda verso una storia locale pertiene quindi allo stato redazionale definitivo nei fatti, non nelle intenzioni. È interessante notare come il cambio di rotta verso la storia particolare (in termini anacronistici, « nazionale ») promesso dall'autore dovrebbe avere luogo immediatamente, nella primissima parte di un eventuale « secondo volume » dell'*Histoire ancienne*, con la storia del popolamento della Francia. Due sono gli aspetti ulteriori da sottolineare. Il primo riguarda la delimitazione linguistica e la matrice testuale di questo particolarismo, che unisce le genealogie dei re di Francia alla storia normanna e poi delle Fiandre : linee narrative la cui unità storica e istituzionale è tutt'altro che pacifica, ma che sono accomunate dalla loro rilevanza per comunità di lingua francese entro le quali già circolavano testi volgari su alcuni di questi argomenti (il *Rou* di Wace, ma anche le prose genealogiche che stavano confluendo nelle compilazioni dell'Anonimo di Béthune). Il secondo riguarda la forte discrepanza tra queste promesse di localismo e gli effettivi contenuti del testo che il prologo andava ad introdurre, nel quale i cenni ad elementi locali sono pochi, sparsi, e non conducono univocamente alla realtà del dominio d'*oïl*, ma descrivono una geografia mediterranea molto ampia che comprende l'Italia (Roma e la Sicilia), la Grecia, l'Egitto e la Palestina. Altre sezioni annunciate nel prologo, su tutti la vita di Cristo, degli apostoli, dei santi e dei martiri, individuano un programma più tradizionalmente orientato alla storia ecclesiastica. Quest'ultimo tipo di impostazione, secondario nel progetto esposto nel prologo, sembra invece aver influenzato molto significativamente altri due progetti testuali, precedenti da un punto di vista cronologico, di cui sono rimaste tracce nel testo di *Genèse*.

Poco dopo aver narrato del rapimento di Enoch dal mondo, l'autore dell'*Histoire ancienne* aggiunge quanto segue : « Nostre Sires si l'eslist et mist en Paradis ou il est encore en vie, et i ssera jusqu'a la venue d'Antecrist dont la veritez vos ert bien contee et dite ainz que l'estoire faille » (§ 17.3). Sembra quindi che a questa altezza, molto precoce, l'autore intendesse comporre una storia della salvezza dotata di una completa architettura escatologica, che doveva comprendere un racconto dell'Apocalisse e della fine dei tempi. Un simile progetto non era estraneo agli orizzonti del pubblico francese del tempo : intorno ai primi anni del XIII secolo un autore noto come Évrat aveva dedicato alla contessa

Maria di Champagne una riscrittura della Genesi in ottosillabi (nota come *Genèse*) nella quale gli eventi della storia dei patriarchi vengono sistematicamente interpretati in chiave escatologica, con un continuo movimento tra il piano della storia e quello della profezia[16]. Qui il piano dell'autore dell'*Histoire ancienne* sembra prevedere una narrativa lineare, ma l'evocazione di questa dimensione (che è del resto quella continuamente implicata nelle sezioni in versi) doveva richiamare alla mente del pubblico dei contenuti e una visione della storia noti anche attraverso la catechesi e intellettualmente rassicuranti.

Più avanti, alla fine della sezione *Genèse*, l'autore prende parola nel noto passo in cui dichiara che l'inserzione della storia della caduta di Troia dipende da una richiesta esplicita del suo patrono Roger de Lille. Egli aggiunge però che dopo aver trattato la storia troiana tornerà a quella degli ebrei, perché è in seno a questo popolo che nascerà la Vergine e si incarnerà il Cristo :

> Or seroit drois et mesure que je avant des fiz Israel, c'est de la lignee les fiz Jacob, vos deisse et contasse avant, et continuasse l'estorie coment et par quele ochoison il issirent d'Egypte, et comant et par quel grant paine il conquisterent la terre de Chananee. Mes non ferai ore, ains dirai premerement des paiens qui adonques regnerent et comencerai au meaus que je porrai des rois et des regnes trosques a la destruction de Troies, quar si le veut, ce me samble, et comande mes sires. Et lores aprés ce, revendrai et repairerai as Ebrius coment il issirent d'Egypte, quar d'aus est et doit estre plus droiturere et plus amee l'estorie quar il en nasqui et issi la Dame gloriouse qui porta et alaita en terre le Sauveor dou munde[17].

A questa altezza il progetto complessivo è sempre quello di una storia sacra, ma questa volta vengono forniti dei dettagli ulteriori sui contenuti previsti, ovvero una storia del popolo d'Israele (che doveva comprendere almeno l'Esodo e i Libri dei Re) che desse un'idea della connessione genealogica tra i patriarchi e la Vergine e che sfociasse nella storia del Nuovo Testamento. Una simile operazione aveva dei precedenti sia nella letteratura francese (nella diffusa *Bible* di Herman de Valenciennes) sia nell'iconografia (nel motivo dell'albero di Iesse)[18]. Da un punto di vista contenutistico e strutturale, una composizione

16 Wil Boers, *La* Genèse *d'Évrat*, 4 vol., Brive-la-Gaillarde, Ver Luisant, 2002 ; *id*, « La Genèse d'Evrat », *Scriptorium*, 61 (2007), p. 74-149 ; Anna Maria Raugei, « La Genesi di Evrat : un problema di doppia redazione », *Studi mediolatini e volgari*, 54 (2008), p. 179-210.

17 § 370.1.

18 Si veda Arthur Watson, *The Early Iconography of the Tree of Jesse*, London, Oxford University Press – Humphrey Milford, 1934.

di questo genere prevedeva una serie di biografie di quei giusti la cui genealogia costituiva la continuità tra le rivelazioni veterotestamentarie e l'avvento di Cristo.

A partire dalla seconda sezione, *Orient I*, quando il testo delle *Historiae adversos paganos* diventa la spina dorsale della narrazione, l'*Histoire ancienne* acquisisce spiccatamente il carattere di una storia dei pagani. Al termine della sezione *Troie*, l'autore prende nuovamente la parola per annunciare un cambio di soggetto e il passaggio alla storia romana, che qualifica come « la materia per la quale tutta questa storia fu cominciata » : « De ce ne vos voil or plus dire ains voil revenir a la matere por cui tote ceste choze et ceste hystorie fu comencee, c'est de Rome et des Romains et de lor ovres, et coment la cités fu primes comencee » (§ 587.13). Questa affermazione può sembrare stupefacente e in contraddizione con le affermazioni autoriali precedenti, ma lo è molto meno di quanto sembra, perché la storia dell'impero romano è parte integrante del modello di storia collettiva della salvezza imposto dalle *Historiae adversos paganos.* In sostanza, dal punto di vista della concezione della storia, l'autore dell'*Histoire ancienne* ha operato uno spostamento all'interno del sistema di pensiero trasmesso da Orosio. Se si fa astrazione dall'elemento locale e ci si attiene a quello universale, la concezione della storia sottesa al prologo dell'*Histoire ancienne* riflette fedelmente quella orosiana nel coniugare storia dell'impero e storia della Chiesa. Dal punto di vista invece della logica compositiva e del progetto testuale il cambiamento di rotta è importantissimo, e coincide con l'abbandono di un progetto di storia sacra genealogica e biografica i cui residui, come andremo subito a vedere, si trovano nei paragrafi finali della sezione *Genèse.*

LA PROSA RIMATA NELL'*HISTOIRE ANCIENNE*
Influenze latine e volgari

Come abbiamo appena visto, alla fine della sezione *Genèse* l'autore enuncia il progetto testuale di tipo genealogico molto differente da quello che poi metterà effettivamente in atto nel resto dell'opera. La vita del patriarca Giuseppe, che chiude *Genèse*, è stata evidentemente composta con in mente questo piano, e probabilmente non è un caso che essa si distingua in maniera importante dal punto di vista stilistico e discorsivo sia da quelle che la precedono che da quanto segue. Una prima peculiarità significativa riguarda la grande frequenza di lunghi ed elaborati discorsi diretti, derivanti delle *Antiquitates Judaicae* di Flavio Giuseppe. Nella prima parte di *Genèse* l'opera di Flavio Giuseppe era stata utilizzata solo come fonte accessoria e spesso tramite la mediazione dell'*Histoira Scholastica* di Pietro Comestore. Dando peso a questa fonte, l'autore dell'*Histoire ancienne* sta qui perseguendo un disegno preciso di innalzamento stilistico. Qui di seguito fornisco un esempio di adattamento, tratto dal discorso in cui Giuseppe rivela ai fratelli la sua identità.

	Antiquitates, II, vi, 9	*Histoire ancienne*, § 339-340.2
1	*Non ergo videatur vos contristare quam adversus me malignam protulistis sententiam, nec poenitentia vos eius afficiat quando ad impleri non potuerunt quae fuerant cogitata.*	« Or vuell je ausi que vos obliés tot et metés ariere ceau forfait que vos par non savoir feistes, quar tot fu fait por le voloir de Deu que ne laisse mie a emplir le mauvaise ovre si com ele fu aprimes porpensee et devisee. »
2	*Exultantes ergo in his quae a deo facta sunt,*	« Or vos esleeciés et esjoissiés de ce que Deus nos a fait par sa grande largesce, quar il ne deguerpist onques ceaus qui le reclaiment et apelent et en lui ont fiance ».

3	*ite haec nuntiantes patri ne etiam pro vestra consumptus solicitudine splendorem meae felicitatis obscuret ; si antequam ad meum veniens ultum prasentiumque rerum, potius hac luce privetur.*	Vos en irés ariere et repairerés a nostre pere e dirés de ce que vos avés veue l'aventure. Et quant vos li avrés raconté e dit que je sui encor en vie, sains e haitiés e a grant segnorie, amenés le sa a moi et si repairerés avec lui tuit ensamble.
4	*Ipsum ergo vestrasque coniuges liberos quoque, et cunctam cognationem sumentes huc migrare.*	et si amenés avec vos vos femes et vos enfans e tote vos lignee.
5	*Non enim absentes bonorum meorum oportet esse mihi carissimos in super et fame annis adhuc quinque mansura.*	quar bien sachés que je ne vuell mie estre riches e vos soiés povre, et asasés e vos aiés famine, quar la destrece e la besoigne durera encore .v. ans tote pleniere.

Non solo la traduzione è fedele (l'unico elemento soppresso riguarda, nel terzo segmento, la paura di Giuseppe che i suoi fratelli non trovino Giacobbe in vita), ma è anche occasionalmente amplificata (si veda il secondo segmento). Sia l'atteggiamento traduttivo generale che l'inclusione dei discorsi sono elementi in forte controtendenza rispetto alla tecnica che l'autore dell'*Histoire ancienne* adotterà nel seguito dell'opera.

Sempre nella sezione finale di *Genèse* si rileva un altro elemento peculiare : un gusto a tratti ostentato per l'omoteleuto che produce delle lunghe serie di ripetizioni foniche. Di nuovo, nulla del genere si riscontra nella prima parte di *Genèse*. Di seguito alcuni esempi, con enfasi sulle parole interessate :

> Segnor, et ce fu fait por oster les sospoissons et les *doutances* qu'eles n'alassent as masles d'autres *semblances*, qu'eles n'estoient de quoi peust venir entr'aus aucune *discordance*[19].

> Il prist verges verdes de poupelier et d'amandelier et de plasne, si les pela par lués et osta l'escorche. Et puis les estacha et mist ou tans que les bestes *aloient* au masle la ou eles *abevroient*, si que quant eles *venoient* a l'aigue por boivre qu'eles ses verges vaires *veoient*. Et quant eles *bevoient*, l'ombre de ces verges en l'aigue ausi *esguardoient*. Et quant eles *arestoient* et li masle as femeles *aloient* entre ces verges tostans *estoient*[20].

19 § 205.1.
20 § 206.8.

Quant Jacob oï ces noveles il fu un petit en *doutance*, ne mie por ce qu'il n'eust bone *fïance* es angeles qui li avoient fait *semblance* de socors et d'aïe, mes totes voies li cuers, qui charneaus estoit, fu un petit en *effreance*[21].

Establirent et deviserent qu'il *esgarderoient* que cil de la cité *feroient* et *celeberroient* lor festes qu'il de lor deus *faisoient*. Il *seroient* en porveance et garni de lor armes. E quant cil de la vile *avroient* beu et mangié, et il por lor grant laste endormi *seroient*, il lor *corroient* sus et *ocirroient* et le roi ausi et son fiz et toz les autres que ja un seul n'en *espargneroient*[22].

Je m'esveillai adonques por l'*effreance* ne ne me rendormi mie. Ains me levai a la jornee, si mandai et assamblai les sages homes de tot mon roiaume qu'il de ces visions me feissent entendre *esclairance*. Ne me seurent rien dire ne n'en puis avoir par eaus *conoissance*. Or te pri je, Joseph, que tu le m'esclaires et si en met fors mon cuer de tristor et d'*errance*[23].

La tendenza a ricercare la rima nel testo in prosa è confermata anche dalla forma delle dittologie sinonimiche contenute nelle allocuzioni al lettore, che sono elementi particolarmente interessanti dal punto di vista formale perché « vuoti » da quello contenutistico. Le forme *oés* e *entendés*, per esempio, sono utilizzate in *Genèse* solo insieme, nella dittologia rimante *oés et entendés*. Nelle sezioni successive questa e altre dittologie rimanti contenenti le stesse forme si alternano a loro varianti modificate al fine di attenuare o eliminare l'omoteleuto (per esempio *oés et poés entendre* e *poés oïr et entendre*) o a dittologie non rimanti (per esempio *poés entendre et savoir*). Ancora più interessante è il caso di una dittologia più rara come *dire et descrire*, esclusiva in *Genèse*, che nelle altre sezioni si alterna a dittologie non rimanti sul tipo di *conter et descrire*[24].

21 § 220.3.

22 § 230.2-4.

23 § 298.5-6.

24 Riporto qui i dati relativi allo spoglio completo, precisando che non ritengo si possano trarre da essi conclusioni ulteriori rispetto a quelle da me formulate sopra (soprattutto non conclusioni circa la frequenza, visto che le sezioni sono di estensione molto variabile). Per *oés et entendés*, *Genèse : oés et entendés* (6 volte) ; *Orient I*, nessuna occorrenza ; *Thèbes : oés et poés entendre* ; *Grecs et Amazones : poés oïr et entendre*, *poés entendre et savoir* ; *Troie :* nessuna occorrenza ; *Eneas : entendés et oés* ; *Rome I : oés et entendés* (3 volte) ; *n'entendés ne ne cuidés*, *sachés bien et entendés*, *esguardés et entendés* ; *Orient II : oés et entendés* (3 volte) ; *Alexandre : oés et entendés* (2 volte), *com vos oés et com vos poés entendre*, *com vos oés et poés entendre*, *poés oïr et entendre* (3 volte), *poés avoir oï et entendu* ; *Rome III : vos ci oés et poés entendre* ; *sachés et entendés* (2 volte). Per *dire et descrire*, *Genèse : dire et descrire* (3 volte) ; *Orient I : descrire et dire* ; *Thèbes : descrire et dire*, *au reconter et au descrire* ; *Grecs et Amazones : deviser et descrire* ; *Troie :* nessuna occorrenza ; *Eneas : conter ne descrire* ; *Rome I : conter et dire* ; *Orient II : conter*

Nei passi citati sopra l'omoteleuto si presenta in posizioni sintattiche varie, ma la fine di un sintagma è sempre una posizione coperta. Nel primo e nel secondo i membri dell'omoteleuto occupano solo sedi finali di sintagma ; nel terzo, nel quarto e nel quinto occorrono sia in fine di sintagma che al centro. La distribuzione del primo tipo si ritrova anche in delle brevi sequenze che compaiono sporadicamente in *Rome II* : « Segnor et dames, sachés que entre ces princes ot mout ocis d'autres gens sans nulle *doutance*, mais mout plus i perdi Sertorius que Pompeius ains la *definance* » (§ 1191.1) ; « Et si vos ai *recontees* les batailles de pluisors autres gens qui adonques ausi as romains se combatoient, dont les batailles ne furent *consommees*. Si se furent ces batailles que nos clamons citeaines *definees* » (§ 1196.3-4).

Riassumendo : l'autore dell'*Histoire ancienne* evita normalmente l'omoteleuto, come è consueto nella prosa antico francese. In alcuni luoghi della sezione finale di *Genèse* sperimenta invece un'insistenza sugli stessi suoni, producendo lunghe serie di omoteleuti che compaiono alla fine come al centro dei sintagmi. In *Rome II*, episodicamente, riprende una struttura già sperimentata in *Genèse*, con brevi serie di ripetizioni posizionate solo a fine sintagma. Questo tipo di configurazione produce in maniera naturale la massima enfasi sulla ripetizione, evidenziata dalla pausa sintattica successiva ai singoli elementi dell'omoteleuto.

Il modello di prosa al quale l'autore dell'*Histoire ancienne* sembra tendere in questi passi è codificato nella stilistica latina a lui contemporanea, e in particolare da Giovanni di Garlandia. Nella *Parisiana poetria*, egli dedica un paragrafo esemplificativo allo stile isidoriano, definito come particolarmente adatto a muovere a pietà o a letizia : « In stilo Ysydoriano [...] distinguntur clausule similem habentes finem secundum leoninitatem et consonanciam : et uidentur esse clausule pares in sillabis quamuis non sint[25] ». Nelle parole di Giovanni la definizione di stile isidoriano prevede quindi che la rima o l'assonanza ricadano alla fine dei sintagmi, creando l'impressione che tali sintagmi siano parisillabi sebbene non lo siano. Se si tiene in conto che nella versificazione ritmica medievale unità sintattica e di verso in genere coincidono, se ne deduce che lo

---

et dire ; *Alexandre* : *a descrire ne de dire*, *conter ne descrire* ; *Rome II* : *descrire ne dire* ; *conter ne descrire*, *dire et conter*, *raconter ne dire* (7 volte), *dire ne deviser*.

25 *The* Parisiana Poetria *of John of Garland*, ed. by Traugott Lawler, New Haven – London, Yale University Press, 1974, p. 106. Sullo stile isidoriano si veda Karl Polheim, *Die Lateinische Reimprosa*, Berlin, Weidmannsche, 1925, p. 432-435.

stile isidoriano si distingue dalla composizione in versi per l'assenza del parametro dell'isosillabismo (mentre con la versificazione narrativa e argomentativa condivide gli altri due parametri definitori : l'omoteleuto e la coincidenza tra le unità definite da questo e le unità sintattiche). A partire da questa definizione è chiaro che anche una ripetizione con soli due elementi si può definire come prosa rimata, a patto che questi si trovino alla fine dei rispettivi sintagmi. Giovanni di Garlandia fornisce anche un esempio concreto, dal quale traggo un estratto :

> Quidam prius trascendunt *Logicam* quam per preuiam cerpant *Gramaticam* ; prius montes scandunt *Quadruuii* quam per ualles incedant *Triuii*. Volant ad astra nec pennas *possident*, implumes adhuc casum non *preuident*. In pilleo Mineruam sacram qui *iactitat*, in anulo claro Galienum *predicat*[26].

Confrontando questo esempio con i passi dell'*Histoire ancienne* citati si nota che le rime desinenziali (tipologia nella quale ricadono la maggior parte degli esempi del testo francese) sono ammesse da Giovanni, ma anche che il modello concreto da lui fornito prevede solo rime accoppiate a formare distici, e non le lunghe serie che troviamo in *Genèse*. Entro la casistica dell'*Histoire ancienne* i passi tratti da *Rome II* sono quelli che più si avvicinano agli esempi della *Parisiana Poetria*.

Quando non evita l'omoteleuto, quindi, l'autore dell'*Histoire ancienne* adotta una tecnica che condivide i principi base con la prosa latina isidoriana. In *Genèse* la sua realizzazione è poco controllata e distante dalla codificazione, e questo si spiega bene con il fatto che la prosa aperta alla ripetizione fonica è una possibilità che in forme diverse è esistita durante tutta la storia del latino. L'autore dell'*Histoire ancienne* può aver trovato i suoi modelli in fonti differenti da Giovanni di Garlandia, non necessariamente normative. Quello che mi preme sottolineare è però come questa possibilità stilistica fosse contemplata anche dalla contemporanea teorizzazione di ambiente universitario come particolarmente adatta a ottenere effetti emotivi, i quali sicuramente dovevano essere ricercati da un autore volgare che indirizzava la sua opera a un pubblico ampio di non letterati.

Le analogie tra l'*Histoire ancienne* e i precetti della *Parisiana Poetria* non si esauriscono in questo parziale parallelo. Come abbiamo visto sopra, l'autore della cronaca francese designa la sua opera come una

26 *The* Parisiana Poetria, ed. cit., p. 108.

hystorie (§ 587.13). Nella terminologia tecnica medievale il latino *historia* ha una storia complessa, spesso distante dagli usi concreti, nella quale può talvolta designare tutte le composizioni che prevedessero un narratore[27]. Giovanni di Garlandia restringe però la materia alla storia remota e fornisce una definizione formale di *historia* abbastanza precisa :

> *De Historia.* Hystoria est res gesta ab etatis nostre memoria remota ; hanc si quis tractuerit, ut uitet vicium, premittat propositionem, inuocationem, narrationem ; ut utatur illo colore rhetorico qui dicitur Transicio, et est color per quem animus auditoris per premissam narrationem percipit futura[28].

La definizione prevede la presenza di alcuni elementi : la *propositio*, ovvero l'anticipazione della materia trattata ; l'*invocatio*, ovvero la dedica a una divinità o a un patrono umano ; la *narratio*, ovvero il racconto degli avvenimenti ; infine, le *transitiones*, ovvero gli espliciti richiami a quanto è già stato narrato che permettono al pubblico di comprendere cosa verrà narrato in seguito. Gli elementi elencati da Giovanni di Garlandia si ritrovano tutti nell'*Histoire ancienne*. La *propositio* è naturalmente il prologo in versi nella sua interezza ; l'*invocatio* è, nel prologo, la dedica a Roger de Lille[29] ; di *transitiones* si trovano esempi innumerevoli nel corso della prosa[30].

Questi elementi non provano che l'*Histoire ancienne* sia stata composta secondo i precetti di Giovanni di Garlandia, in primo luogo perché Giovanni è il sistematore e il critico di dottrine precedenti, e i suoi precetti intendono codificare una *modernitas* letteraria cristiana che trova le sue radici nella tradizione patristica. Si può dire, però, e questo

27 Per lo studio del sistema dei generi mediolatini da un punto di vista di teoria poetologica si veda Päivi Mehtonen, *Old Concepts and New poetics. Historia, Argumentum, and Fabula in the Twelfth-and Early Thirteenth-Century Latin Poetic of Fiction*, Helsinki, Societas Scientiarum Fennica, 1996. Per un punto di vista più generale si veda anche l'ormai classico Bernard Guénée, *Histoire et culture historique dans l'Occident médiéval*, Paris, Aubier-Montaigne, 1980, p. 18.

28 *The* Parisiana Poetria, ed. cit., p. 100.

29 « Qui verité aime et retient / As comans Damedeu se tient : / Je n'i veull fors verité dire. / Longue en iert assés la matire / Qu'en pensee ai contier a plain / Por qu'il plaise le chastelain / De Lisle, Rogier, mon segnor, / Cui Deus doint santé et honor, / Joie, paradis en la fin » (§ 1, v. 257-265).

30 Un solo esempio : « Bien erent deceu et avule quant de Deu ne se reconoissoient qui avoit lor ancestres guaris et salvés, si com vos avés oï ariere, par le grant doloive ens en l'arche tres adonc, et devant ce assés comencierent les foles errances qui puis furent bien maintenues » (§ 83.2).

non è privo di importanza, che se esiste una narrativa storica francese del primo XIII che adotta stilemi comparabili a quelli prescritti dalla tradizione universitaria e fissati nella *Parisiana Poetria* tra il 1218 e il 1249, quella è l'*Histoire ancienne*[31]. Se, come credo sia probabile, il suo autore ha conosciuto una qualche teorizzazione latina, ne ha utilizzato le indicazioni scientemente e selettivamente, adattandone i principi alla situazione comunicativa specifica del volgare.

A questo punto, prima di concludere, occorre dedicare dello spazio a dei dati ulteriori che permettono di affrontare il problema del rapporto dell'*Histoire ancienne* con la tradizione francese precedente. Uno spunto in questa direzione ci viene da dei passaggi in versi molto brevi e in genere impaginati come prose nei manoscritti. Si tratta di brevi passi gnomici, in cui la prosa sfuma nell'ottosillabo. Qui di seguito fornisco due esempi, dei quali il secondo caso presenta anche una caso di prosa rimata :

> Segnors, vos qui oés et entendés, ce ne fu mie des cors qui sunt ore que li roi et li conte et haut home tienent as Noëls et as Pasques et as Pentecostes,
>
> Quar on n'i a mais c'un soul jor,
> Tot soulement de bon sojor.
> Lendemain samble tot bruine.
> Ensi trespasse tost et fine,
> E qui ne seit donques o traire,
> Assés a a plaindre et a faire[32].

> La li coru il [*scil.* il console] sore a bataille qui asses tost fu *definee*, car li conceles Carbo n'avoit pas tant gent com Pompeius avoit, ne de combatre si *entalentee*.
>
> Quar gens qui fuit quant est rataínte,
> Est assés tost morte et estainte.
> Et si n'i a fors que l'escorce
> Quant perdut a et cuer et force[33].

L'unico altro esempio che ho rintracciato di un simile uso del verso in contesto prosastico proviene dai sermoni francesi studiati da Michel Zink. Nella traduzione dell'omelia 57 di Aimone d'Auxerre che si

31 Per la datazione si veda *The* Parisiana Poetria, ed. cit., p. XIV.
32 § 744.5-7.
33 § 1183.6-7.

legge nel codice Paris, Bibliothèque de Arsenal, 2083, per esempio, Zink segnala la traduzione in distici di due passi che rimano anche nell'originale latino, per sottolineare dei passaggi cruciali nel contesto dell'esortazione e dell'insegnamento. A « Sed audierunt docentem, qui venerunt apprehendere innocentem », corrisponde « Mais cil oïrent ensaignant / ki estoient venu penre l'innocent » ; a « Implere debeo dispensationem meam, et sic pervenire at passionem meam », corrisponde « Ju doi remplir ma dispensation / et ensi venir a ma passion ». Le altre inserzioni in versi presenti nel corpus contengono spesso proverbi, o si concentrano in sezioni topiche del sermone come la chiusura, nella quale l'insegnamento viene riassunto e confermato. Non mancano occasionali ricerche di un vero e proprio lirismo, ma la maggior parte del corpus attesta che il verso è una strategia enfatica orientata alla persuasione[34].

Per dare un contesto più ampio a questo confronto è utile scorrere gli altri due casi noti di prosa punteggiata di versi nella letteratura francese medievale. Il primo, che precede l'*Histoire ancienne* di qualche decennio, viene dalla traduzione dei *Quatre livres des reis*, un testo probabilmente anglonormanno ma non ignoto sul continente e anche inserito nella *Bible d'Acre*, la compilazione biblica di metà XIII redatta nei territori d'Oltremare dove anche l'*Histoire ancienne* veniva copiata. Qui di seguito un estratto della sezione rimata, con enfasi sulle parole interessate :

> Cil respundi : « Uns huem Deu est en *cité*, huem est de grant *nobilité*. Saciez que quanque il *dirrad* senz faillance *avendrad*. Pur çó en alum jesque *la*, par aventure il nus *aveiera* ». Saül respundid : « Ore seit, al prudume en *irrum*. Íço que ert que nus li *porterum* ? Nus n'avum ne pain ne el que á honur li poïssum presenter ». Respundi li altres : « Jo ái ící alques *d'argent*. De çó li frum nostre *present*, e frad nus alcun *adrecement* ». Respundi Saül : « Mult as bien dit ». Cume il *munterent* le munt ú fud la cite, meschines *truverent* ki pur ewe *alerent*[35].

Se si confrontano i *Quatre livres des reis* con le sezioni dell'*Histoire ancienne* in cui sono inseriti dei versi (e con la versificazione gnomica ed enfatica dei sermoni) si rilevano soprattutto differenze. I versi dei *Quatre livres* sono narrativi, non gnomici o persuasivi. È anche interessante notare come le rime

34 Si veda Michel Zink, *La Prédication en langue romane avant 1300*, Paris, Champion, 1976, p. 271-276 (per le citazioni p. 275).

35 *Li quatre livre des reis*, kritisch herausgegeben von Ernst Robert Curtius, Dresden, Niemeyer, 1911, p. 17.

si ripetano a coppie, formando dei distici, in maniera del tutto comparabile con l'esempio di prosa isidoriana fornito da Giovanni di Garlandia. I sintagmi delimitati dai membri dell'omoteleuto sono però qui isosillabici. Evidentemente, il contesto di produzione e copia dei *Quatre livres* doveva essere tale da produrre e soprattutto trasmettere versi metricamente corretti. Questa è una capacità non scontata nell'ambito insulare da cui provengono sia il testo che il manoscritto, e dice molto sull'ambizione di questa traduzione e sulla cura esercitata da coloro che l'hanno trasmessa. Nell'ultima frase la rima ravvicinata tra *truverent* e *alerent* ricorda l'accumulazione nei passi in prosa della sezione *Genèse* dell'*Histoire ancienne*, ed è in effetti non con le inserzioni in versi, ma con la prosa rimata della cronaca universale che i *Quatre livres* possono essere confrontati per quanto riguarda l'effetto fonico sortito dalle ripetizioni. I *Quatre livres des reis*, ammesso che fossero noti all'autore dell'*Histoire ancienne*, potrebbero aver rappresentato un modello di prosa con omoteleuto che egli può aver tentato di imitare nella sezione finale di *Genèse*, ma senza avere la perizia necessaria.

Il secondo esempio proviene dai *Faits des Romains*, coevi all'*Histoire ancienne* e anche loro cruciali nell'affermazione della prosa di grande respiro nella cultura francese del primo XIII. Le differenze tra l'*Histoire ancienne* e i *Faits* sono notevolissime : dal punto di vista formale, nei *Faits* il narratore è infinitamente meno ingombrante ; dal punto di vista contenutistico-culturale, i *Faits* traducono fedelmente fonti classiche (che comprendono Cesare, Sallustio e Lucano). Occasionalmente, anche nei *Faits* dei versi compaiono nella prosa :

> Assaracus li dist :
> « Sire compainz, qui vos a fet bouchier ?
> Mout bien savriez un porceau depecier. »
> Levus s'en rist, si ra feru Disdier.
> Si soavet li rest le hanapier
> Que le cervele li fist dou test voidier.
> Assaracus, qui tint sa mace,
> Aïde a descombrer la place.
> .v. en ocist en pou d'espace.
> L'un apeloit l'en Ciriace.
> Celui froissa et nés et face
> Assaracus en cele chace[36].

36 *Li Fet des Romains*, éd. par Louis-Ferdinand Flutre et Kornelis Sneyders de Vogel, Paris – Groningue, Droz – Wolters, 1937, t. 1, p. 578-579 ; Paul Meyer, « Les premières

Non solo si tratta di nuovo di versi narrativi, ma di due brevi lasse (la prima di decasillabi, la seconda di ottosillabi) che descrivono un episodio di scontro militare. In tutto il corpus esaminato i *Faits des Romains* sono l'unico testo in cui l'uso del verso, tra l'altro rarissimo, rivela una competenza attiva da parte dell'autore nel campo della versificazione narrativa secondo i modelli della canzone di gesta. Non a caso, i versi occorrono nel racconto della presa pompeiana di Phycunta, un avamposto fortificato in Cirenaica, a cui nella *Pharsalia* sono dedicati solo due versi (IX, 39-40) e che il traduttore francese sviluppa in una lunga scena epica. *Assaracus*, *Disdier* e *Ciriace*, i tre combattenti menzionati, sono creazioni del traduttore francese.

Gli esempi di amplificazione delle fonti latine tramite la descrizione di battaglie campali sono numerosi nell'*Histoire ancienne.* Sia il suo autore che quello dei *Faits* sono consapevoli che queste descrizioni sono attese e apprezzate dal pubblico volgare. A differenza dei *Faits*, però, l'autore dell'*Histoire ancienne* non introduce dei personaggi assenti nelle fonti. Nelle sezioni di storia biblica e orientale antica il fatto che le fonti non raccontino di *exploit* bellici individuali è spiegato dall'autore con l'assenza della pratica del combattimento a cavallo nella tecnica militare di queste epoche remote : « Ne truis en l'estorie les nons de ceaus qui bien le firent, quar n'i ot sor les chevaus encontre perilous, ni joste de lance de fraisne par aatine faite ne entreprise » (§ 79.2). Per quanto riguarda le sezioni di storia romana, invece, non ci sono dubbi che i consoli siano cavalieri per pratiche e mentalità, ma l'autore dell'*Histoire ancienne* si astiene comunque da interpolazioni del tipo di quelle dei *Faits.* L'influsso esercitato dalla canzone di gesta (sia a livello contenutistico che a livello formale) sui *Faits* è quindi assente dall'*Histoire ancienne*, e l'autore di quest'ultima non impiega la lassa, la tecnica d'elezione della letteratura epica e di molta narrativa storico-bellica in versi (soprattutto alessandrini) del XII secolo.

I *Faits* sono il frutto di una dinamica di ricezione della cultura latina molto polarizzata : da un lato, le fonti appartengono alla letteratura classica e pagana ; dall'altro, l'adattamento è aperto alle pratiche di interpolazione molto spinte che erano state il marchio di fabbrica degli adattamenti in francese del XII secolo (in primo luogo i *romans d'antiquité*).

---

compilations françaises d'histoire ancienne. – I. Les *Faits des Romains*. – II. *Histoire ancienne jusqu'à César* », *Romania*, 14 (1885), p. 1-81, p. 30.

Nel sistema che sottende all'*Histoire ancienne*, al contrario, i due poli della fonte e dell'adattamento sono molto più prossimi : entrambi cristiani e fondamentalmente solidali dal punto di vista della visione del mondo. La competenza dell'autore dell'*Histoire ancienne* sembra in effetti essersi formata proprio nell'ambito di una cultura della traduzione nella quale le fonti (soprattutto patristiche) e i prodotti sono molto vicini dal punto di vista dei valori e della visione del mondo da essi implicati : una tradizione formatasi a partire da una produzione di stampo catechetico e didattico-religioso che, da un punto di vista formale, si riconosceva nell'ottosillabo e nei primi esperimenti di prosa, occasionalmente rimata (traduzioni bibliche e sermoni).

Questa tradizione, costruita tra il XII e il primo XIII secolo, sembra avere una sua continuità basata sul rapporto costante tra l'espressione volgare e i modelli latini patristici, sfruttati direttamente o mediati dalla ricezione contemporanea di ambito latino (anche di matrice universitaria). Cosa ancora più interessante, non è una tradizione conservatrice e chiusa all'innovazione. Al contrario, un autore formatosi al suo interno come quello dell'*Histoire ancienne* ha potuto introdurre delle innovazioni eclatanti come la prosa di grande respiro e dei contenuti del tutto inediti in volgare. Soprattutto, ha potuto negoziare con il suo pubblico l'apertura del canone storiografico cristiano alla materia pagana di Tebe e Troia. In questo modo, egli ha determinato l'immissione dei prodotti e dei valori della produzione profana della generazione precedente nella nuova erudizione volgare del XIII secolo.

Maria Teresa RACHETTA
Scuola Superiore Meridionale
– Napoli

ORGANISER UNE HISTOIRE UNIVERSELLE

Effets de lecture et dispositifs visuels et textuels dans quelques manuscrits de l'*Histoire ancienne jusqu'à César*

Le traitement de la matière troyenne est souvent présenté comme le changement majeur existant entre les deux premières rédactions de la compilation d'histoire universelle traditionnellement appelée *Histoire ancienne jusqu'à César*[1] : la première rédaction, rédigée au début du XIIIe siècle[2], relate ainsi la chute de la cité troyenne en ayant recours à

---

1 Cette compilation historique inachevée, qui s'étend de la Création jusqu'aux premières campagnes de Jules César en Gaule, n'a encore fait l'objet que d'éditions partielles. Sont éditées, pour la première rédaction, la Genèse (*The Heard Word: a Moralized History. The Genesis Section of the "Histoire ancienne" in a Text from Saint-Jean d'Acre*, éd. par Mary Coker Joslin, Jackson, University of Mississippi Press, 1986 [Romance monographs]), Assyrie-Thèbes-Minotaure & Amazones (*Histoire ancienne jusqu'à César (Estoires Rogier). Édition partielle des manuscrits Paris BnF, fr. 20125 et Vienne ÖNB 2576*, éd. par Marijke de Visser-van Terwisga, Orléans, Paradigme, 1995 [Medievalia]), Troie (*La légende de Troie en France au Moyen Âge*, éd. par Marc-René Jung, Basel – Tübingen, Francke, 1996 [Romanica Helvetica], p. 358-430), Perse (*L'Histoire ancienne jusqu'à César ou Histoires pour Roger, châtelain de Lille. L'histoire de la Perse, de Cyrus à Assuérus*, éd. par Anne Rochebouet, Turnhout, Brepols, 2015 [Alexander Redivivus]), Alexandre (*L'Histoire ancienne jusqu'à César ou Histoires pour Roger, châtelain de Lille. L'histoire de la Macédoine et d'Alexandre le Grand*, éd. par Catherine Gaullier-Bougassas, Turnhout, Brepols, 2012 [Alexander Redivivus]), Rome (Christophe Pavlidès, « L'*Histoire ancienne jusqu'à César* (première rédaction), étude de la tradition manuscrite. Étude et édition partielle de la section d'histoire romaine », thèse pour le diplôme d'archiviste-paléographe, École nationale des chartes, 1989) ; pour la seconde rédaction, la version d'un témoin tardif et inachevé (d'Orient I jusqu'à Troie) a été récemment éditée par Yorio Otaka (*L'*Histoire ancienne jusqu'à César *(deuxième rédaction), éd. d'après le ms. OUL 1 de la bibl. de l'Univ. Otemae (anc. Phillipps 23240)*, Orléans, Paradigme, 2016 [Medievalia]), ainsi que la section Troie (*Le Roman de Troie en prose, Prose 5*, éd. par Anne Rochebouet, Paris, Classiques Garnier, 2021 [Textes du Moyen Âge] ; enfin, le projet TVOF (*The Values of French Language and Literature in the European Middle Ages*), porté par Simon Gaunt (King's College, London), propose une transcription annotée en ligne d'un témoin de chacune des deux premières rédactions (Paris, BnF, fr. 20125 et London, BL, Royal 20 D I), voir https://tvof.ac.uk/ (consulté le 14/04/2021).

2 Sur la datation de l'*Histoire ancienne*, voir désormais Francesco Montorsi, « Sur l'*intentio auctoris* et la datation de l'*Histoire ancienne jusqu'à César* », *Romania*, 134 (2016), p. 151-168.

une traduction du *De Excidio Troiae* de Darès, tandis que la seconde, sans doute mise au point à la cour des Angevins de Naples dans le second quart du XIVe siècle, se tourne vers une mise en prose du *Roman de Troie* de Benoît de Sainte-Maure. D'autres modifications interviennent entre les deux rédactions (la disparition des parties consacrées à l'histoire des Hébreux, la suppression ou l'interversion de certaines sections, en particulier celle consacrée à Alexandre), mais la focalisation de la critique sur la modification que connaît l'épisode troyen, seul changement « actif » qui ne relève pas de la suppression[3], donne l'impression que cet épisode forme une unité discrète, c'est-à-dire amovible et remplaçable sans conséquences majeures sur la structure de l'ensemble.

Cette appréhension du récit troyen comme un élément interchangeable me semble en grande partie fondée sur un effet de lecture entraîné par l'habitude prise, depuis l'article fondateur de Paul Meyer sur l'*Histoire ancienne*, de découper cette dernière en une suite de sections[4]. Sans négliger le fait que l'extension et la cohérence de telles sections se basent bien évidemment aussi sur des critères textuels, la multiplication des numérisations de qualité des manuscrits comme le développement des possibilités d'accès à ces reproductions incitent à repenser ces questions en interrogeant à nouveaux frais la composante matérielle : les lecteurs avaient-ils devant eux un ensemble de sections, soit une juxtaposition de récits, tous consacrés à la période antique, mais chacun abordant successivement différentes matières, ou bien une histoire universelle guidée par une perspective principalement linéaire, ou encore une autre forme d'organisation ? J'aimerais ici interroger, à travers quelques exemplaires manuscrits et les dispositifs textuels et visuels qu'ils mettent en place, l'organisation générale de la compilation dans quelques témoins des deux premières rédactions de l'*Histoire ancienne jusqu'à César*, ainsi que les effets de sens qu'elle produit. Ce faisant, je me placerai avant tout du côté de la réception en posant des questions relevant de ce qu'on pourrait appeler une forme de littératie visuelle[5] : quelles stratégies

3 Ce changement est par ailleurs massif du point de vue du volume : on passe par exemple de 25 feuillets (sur 375 au total) dans le ms. Paris, BnF, fr. 20125 à 167 feuillets (sur 363 au total) dans le ms. London, BL, Royal 20 D I.

4 « Les premières compilations françaises d'histoire ancienne », *Romania*, 14 (1885), p. 1-81.

5 Tout en gardant à l'esprit le poids potentiel des réalités pragmatiques (disponibilité des cycles iconographiques, des textes, contraintes techniques, etc.) comme celui de possibles filiations généalogiques (influence du modèle, etc.).

de lecture sont mises en place par la mise en page et la mise en texte des témoins manuscrits, en fonction de la culture visuelle dans laquelle s'inscrit chaque exemplaire, et quelle appréhension du texte et de son sens programment-elles ?

EFFETS DE LECTURE MODERNES
Une histoire universelle découpée en sections ?

Je voudrais d'abord revenir brièvement sur la genèse de la division moderne de l'*Histoire ancienne* traditionnellement adoptée par la critique. Cette dernière remonte à Paul Meyer, et à son article déjà cité où il distingue sept sections dans la compilation[6] ; elle a ensuite été aménagée par l'historienne de l'art Doris Oltrogge[7], dont les propositions seront reprises par Marc-René Jung[8] : ces changements se concentrent dans la septième et dernière section établie par Paul Meyer, l'« histoire de Rome », désormais divisée en cinq unités. On aboutit ainsi aux onze sections que la critique utilise aujourd'hui : Genèse (I), Orient I (II), Thèbes (III), Grecs et Amazones (IV), Troie (V), Eneas (VI), Rome I (VII), Orient II (VIII), Alexandre (IX), Rome II (X), conquête de la Gaule par César (XI) ; la courte section finale, inachevée, est présente dans très peu de manuscrits.

Les raisons premières de cette division sont bien sûr pratiques : il s'agissait de se retrouver au sein d'une œuvre fort longue et pendant longtemps totalement inédite, mais aussi de trouver un critère grâce auquel appréhender les variations ou remaniements auxquels la compilation avait pu, pendant près de trois siècles, donner lieu. Richard Trachsler a ainsi récemment rappelé que le découpage en sections était en partie tributaire de pratiques philologiques visant à classer de (très) nombreux manuscrits selon des critères perçus comme objectifs tout en restant

6 Genèse (I), Premiers temps de l'Assyrie et de la Grèce (II), Thèbes (III), Le Minotaure, les Amazones, Hercule (IV), Troie (V), Énée (VI), Histoire de Rome (VII).

7 *Die Illustrationszyklen zur « Histoire ancienne jusqu'à César » (1250-1400)*, Francfort, P. Lang, 1989, p. 11-12.

8 *La légende [...], op. cit.*, p. 337-340.

facilement opératoires malgré l'ampleur du texte analysé (la présence ou l'absence des unités textuelles, mais aussi leur ordre)[9]. Au-delà de ce parti-pris méthodologique sur le plan de l'étude de la tradition textuelle (qui se fera finalement au détriment, sur le long terme, de la comparaison directe des textes), ce qui m'intéresse ici est que ce découpage a également infléchi les cadres d'analyse à travers lesquels a été envisagée l'*Histoire ancienne* : jusqu'à très récemment en effet, celle-ci a d'abord et avant tout été envisagée comme un enchaînement de différentes sections. Or la délimitation de ces sections comme le fait qu'elles constitueraient des unités narratives et/ou logiques n'ont rien d'évident, sur le plan de la réalité textuelle comme manuscrite. Les hésitations d'une bonne partie des éditeurs de la compilation sur l'endroit où débuter (et où finir) l'ensemble qui fait l'objet de leur travail en sont la meilleure preuve : l'édition du récit troyen (section V) de Marc-René Jung commence ainsi avec le dernier paragraphe inclus par Marijke de Visser-van Terwisga dans la section précédente (§ 147 éd. citée) ; de même, l'indécision que traduit la numérotation des deux premiers paragraphes de l'édition de la section IX par Catherine Gaullier-Bougassas (Ia, Ib, puis seulement II) montre que le début de l'unité ne va pas de soi[10].

Face à ces hésitations, il est intéressant de mettre en perspective les choix qui ont pu guider l'élaboration de ces sections. Au moment où Paul Meyer rédige son étude sur l'*Histoire ancienne* et les *Faits des Romains*, il ne connaît pas, comme il l'indique au milieu de son article, le ms. Paris, BnF, fr. 20125, soit le témoin aujourd'hui considéré comme le plus proche de l'état primitif de la compilation. Il le découvre ensuite, au moment

9 Richard Trachsler, « L'histoire au fil des siècles. Les différentes rédactions de l'*Histoire ancienne jusqu'à César* », *Transcrire et/ou traduire. Variation et changement linguistique dans la tradition manuscrite des textes médiévaux*, éd. par Raymund Wilhem, Heidelberg, Winter, 2013, p. 77-95. On peut d'ailleurs noter que la critique ne s'est que très peu interrogée sur le nombre et la délimitation des sections, après la réfection minime proposée par D. Oltrogge et reprise par M.-R. Jung, se focalisant sur le nombre (et la dénomination) des rédactions du texte (deux, trois, voire quatre) auxquelles les différentes combinaisons des sections, justement, avaient pu donner lieu.

10 Sur le plan matériel, aucun des manuscrits utilisés par l'édition concernée ne présente d'ailleurs, à l'endroit où commence le § Ia, d'articulation visuelle hiérarchiquement supérieure : le lecteur doit attendre le § 17 dans le manuscrit de base (Paris, BnF, fr. 20125, f. 226c), ainsi que dans deux des quatre manuscrits de contrôle (Dijon, BM 562 et Bruxelles, KBR 10175) ; dans les deux derniers manuscrits (London, BL, Add. 15268 et Paris, BnF, fr. 9682), l'articulation se trouve au § II, tandis que le témoin du texte remanié qu'est Wien, ÖNB, 2576 la situe au § Ib (f. 92a).

des épreuves, alors qu'il avait déjà choisi de baser son analyse sur deux manuscrits parisiens, le fr. 246 et le naf. 3576, deux exemplaires très proches du point de vue de la mise en page et qui lui avaient d'abord semblé figurer parmi les plus anciens témoins conservés :

> Si je l'avais connu plus tôt [le ms. Paris, BnF, fr. 20125], je lui aurais certainement emprunté les extraits que j'ai cités d'après le ms. 246, postérieur d'au moins trois quarts de siècle. Toutefois le dommage n'est pas grand. Car, si le ms. 246 ne représente pas l'état primitif de l'ouvrage, il représente du moins, et d'une façon satisfaisante, l'état dans lequel notre compilation a obtenu le plus de succès. (art. cité, p. 52)

Les subdivisions proposées par Paul Meyer suivent ainsi assez fidèlement les articulations dessinées par la mise en page de ces deux exemplaires parisiens, du moins dans la première moitié de la compilation : les six premières sections correspondent quasi systématiquement à chacune des divisions apparaissant dans les 75 premiers feuillets. On ne rencontre dans les manuscrits que deux marqueurs supplémentaires, non repris par Paul Meyer, l'un dans la Genèse, l'autre signalant le sort des rescapés troyens après la chute de la cité ; leur élimination cependant s'explique aisément[11]. Comme les marqueurs d'articulation se multiplient ensuite, réduisant les potentielles unités narratives à de très courts ensembles, on peut penser que Paul Meyer a alors renoncé à suivre un découpage qui semblait trop morcelé et a considéré la fin de la compilation comme un seul et même ensemble, l'histoire de Rome « avec l'intercalation de divers récits étrangers au sujet principal[12] ». Mais c'est sans doute

---

11 Dans le premier cas, l'explicit « Cy fine le livre Genesis » (fr. 246 f. 34a et naf. 3576 f° 55a) constitue *a posteriori* la totalité de l'ensemble précédent comme une unité et relègue donc à un rang secondaire l'articulation située auparavant (Meyer, art. cité, p. 37 ; cette première articulation correspond au début du troisième âge, § 137 éd. Joslin, fr. 246 f. 9b et naf. 3576 f. 28c) ; je noterai au passage que les deux manuscrits donnent à lire une version particulière pour toute la fin de la Genèse, à partir de l'équivalent du § 453 éd. Joslin (fr. 246 f. 31a et naf. 3576 f. 51d) : les rubriques, où s'ajoute la mention « selon la Bible », laissent supposer que le texte est en partie inspiré d'une bible en français, dont serait peut-être aussi copié l'explicit. Dans le second cas, le lecteur est confronté à l'enchaînement de deux articulations potentielles (deux initiales ornées, fr. 246 f. 57d et 58a), elles-mêmes situées quelques paragraphes seulement avant une nouvelle subdivision (initiale ornée + illustration, fr. 246 f. 58b = début de la section VI) : c'est sans doute le redoublement du premier dispositif de mise en page, inédit jusqu'alors dans les deux exemplaires, qui l'a disqualifié comme marqueur d'articulation textuelle.

12 Art. cité, p. 46.

aussi un autre élément du contexte manuscrit qui le guide dans son choix, que l'on retrouve à l'œuvre dans le titre d'*Histoire ancienne jusqu'à César* qu'il donne à la compilation. Par ce dernier en effet, c'est surtout l'inachèvement du texte qu'il souligne, ainsi que son rôle, selon lui, de simple introduction, de piètre qualité littéraire de surcroît[13], aux *Faits des Romains*, texte qui suit l'*Histoire ancienne* dans les exemplaires sur lesquels le médiéviste s'est focalisé[14].

On est assez bien renseigné sur l'exécution des deux exemplaires en question : le fr. 246 a été écrit par Matthieu du Rivau entre le premier octobre 1364 et le 13 avril 1365 pour Jean de Berry ; le naf. 3576 aurait lui été copié pour Charles V dans les premières années de son règne par Henri de Trévou, un écrivain royal, c'est-à-dire un artisan du livre qui aurait travaillé uniquement pour le cercle royal selon Richard et Mary Rouse[15]. On a donc ici affaire à une lecture parisienne, aristocratique et de la seconde moitié du XIVe siècle de l'*Histoire ancienne*, où la compilation est par ailleurs quasi-systématiquement combinée aux *Faits des Romains*. Il s'agit d'une réception particulière, sans doute, comme le constatait déjà Paul Meyer, celle qui a connu ensuite en France le plus de succès[16], mais cette dernière obéit à une lecture différente de celle proposée antérieurement en favorisant notamment, pour la première moitié de la compilation, sa perception en sections.

Lorsque Doris Oltrogge se penche sur le dossier de l'*Histoire ancienne* du point de vue de l'histoire de l'art en étudiant les cycles iconographiques des exemplaires exécutés jusqu'à la fin du XIVe siècle, elle ne peut donc que commencer par constater que les sections délimitées par Paul Meyer ne concordent que partiellement avec la structure mise en avant par les initiales et les enluminures des manuscrits qui forment son corpus, à la fois plus restreint temporellement et plus étendu numériquement que celui de son prédécesseur. Elle apporte ainsi les

---

13 Voir *ibid.* p. 2 et 36.

14 Pour l'analyse du texte. S'il renonce à sa première idée selon laquelle l'*Histoire ancienne* aurait été rédigée pour servir d'introduction aux *Faits* (*ibid.*, p. 52), le lien entre les deux textes reste cependant pour lui fondamental. Il propose par exemple de voir dans au moins une partie des exemplaires où les *Faits* ne suivent pas l'*Histoire ancienne* des tomes dépareillés, les deux textes réunis étant souvent répartis en deux volumes distincts (p. 49).

15 *Manuscripts and their Makers. Commercial Book Producers in Medieval Paris, 1200-1500*, Turnhout, Brepols, 2000, t. II, p. 51-52 et 95.

16 Au moins sur le plan de la mise en page et de la mise en livre ; les modifications que connaît le texte n'ont cependant jamais été étudiées.

aménagements déjà mentionnés qui, sans revenir sur les premières unités, consistent principalement à subdiviser la section finale. Ses propositions mêlent cependant très largement données codicologiques et considérations thématiques, utilisant ces dernières pour mettre de l'ordre dans les premières : les « livres » (« *Bücher* ») qu'elle circonscrit s'articulent en effet selon elle autour des dix principaux sujets abordés par la compilation. D'emblée, elle remarque que cette distribution thématique semble poser certaines difficultés, notamment l'histoire de Ninus qui ouvre le deuxième « livre » alors qu'elle figure déjà, de façon plus détaillée, dans la première section, au début du récit de la vie d'Abraham ; elle fait donc de ce premier passage, gênant dans une perspective thématique, une sorte d'interpolation. Finalement, les très grandes variations qui existent dans le dispositif de mise en page des différents témoins considérés (variations dans les cycles iconographiques mais aussi et surtout dans la localisation des initiales) ne lui ont pas laissé d'autre choix que de s'appuyer sur une logique thématique qui ne guide pourtant ni unanimement, ni de façon identique les dispositifs de mise en page des différents manuscrits.

Marc-René Jung, qui reprend les sections de Doris Oltrogge mais se focalise avant tout sur le texte, apportant notamment quelques précisions sur les sources respectives des différentes sections, en accentue dans le même temps l'approche thématique : sont ainsi implicitement configurés des ensembles dont chacun paraît bien délimité, en fonction d'un principe de cohésion thématique (une même matière) ou « généalogique » (une même source principale, ou du moins la même extension en termes de contenu que celle d'un texte faisant autorité). Cette logique thématique se retrouve dans les rares subdivisions nouvelles proposées à l'intérieur de celles désormais canoniques (ainsi de la section 6b du projet TVOF qui entreprend de régler l'incohérence thématique que constituait l'énumération des différents souverains assyriens s'insérant entre la mort d'Énée et la fondation de Rome).

C'est donc une logique thématique qui l'a emporté, notamment parce que les sections de l'*Histoire ancienne* ont été construites en partie au prisme d'exemplaires parisiens du XIVe siècle dont le dispositif paratextuel et visuel était en maint endroit très différent de celui que l'on peut trouver dans des manuscrits plus proches de l'état primitif du texte, en premier lieu dans le fr. 20125, qui a pourtant servi de base à la quasi-totalité des travaux d'édition aujourd'hui réalisés. La mauvaise adéquation du séquençage proposé a ainsi amené à se reposer sur des marqueurs uniquement textuels et à aménager des marges, parfois très mouvantes, aux différentes sections. Implicitement ces dernières, aussi pratiques soient-elles, nous ont donc invité à penser en termes d'unités thématiques – ou, pour le dire autrement, de matières – mais aussi en termes d'effets de clôture (ouvrir une section, c'est aussi, ensuite, la fermer). D'autres choix de lecture, et donc une autre perception de l'agencement de la compilation, sont cependant possibles. Je propose d'observer ici plus en détails, pour commencer, le dispositif mis en place par le ms. fr. 20125.

LA PREMIÈRE RÉDACTION DANS LE MS. BNF, FR. 20125
Une histoire universelle sur le mode du *continuum*

L'examen conjoint des différentes articulations mises en place par le texte, le paratexte et l'appareil décoratif du ms. Paris, BnF, fr. 20125 (formules de clôture et d'ouverture, rubriques, présence, taille et type des initiales et des illustrations, disposition et combinatoire de ces éléments, etc.), en tenant compte à la fois de la cohérence interne du système proposé par le manuscrit comme des habitudes qui sont celles de l'époque et du lieu de production[17], montre que ce qui est donné à lire au lecteur médiéval est présenté comme une seule unité textuelle continue, sans sous-ensembles plus ou moins discrets et autonomes.

Hormis en effet les deux premières initiales, seules lettrines ornées sur fond d'or (qui ouvrent respectivement le prologue et l'incipit, à proprement parler, du texte)[18], aucune articulation supérieure aux autres en

17 Le lieu de production du fr. 20125 ne fait pas l'objet d'un consensus, la critique lui attribuant soit, à la suite d'Hugo Buchtal, une origine française à partir d'un modèle ultramarin, soit une provenance acconéenne dans la continuité des travaux de Jaroslav Folda (pour une synthèse des arguments, je me permets de renvoyer à *L'Histoire de la Perse*, éd. citée, p. 16-19). Le manuscrit est accessible *via* Gallica (ark:/12148/btv1b52505677c, consulté le 14/04/2021).

18 Par leur taille, leur type comme par les couleurs utilisées, ces deux initiales se distinguent nettement des éléments décoratifs qui suivent : le prologue (f° 1a) s'ouvre, après une

terme de grammaire visuelle ne vient soutenir, pour l'œil, un découpage de l'*Histoire ancienne* en différentes matières successives : on relève 37 initiales filigranées bicolores (rouges et bleues) réparties tout au long du manuscrit, qui apparaissent toutes sur le même plan hiérarchique, loin des onze sections habituellement délimitées[19]. La combinaison de plusieurs éléments paratextuels (par exemple miniature, rubrique et grande initiale filigranée) ne fait pas non plus apparaître de subdivisions qui s'approcheraient de nos sections modernes. Les illustrations fonctionnent en effet en bonne part de manière indépendante des autres éléments. Ainsi seules 20 des 48 illustrations[20] se situent en fin de paragraphe, et donc ici juste avant une rubrique ; les autres apparaissent au milieu du corps du texte[21]. Parmi ces 20 illustrations associées à une délimitation textuelle, 11 seulement précèdent directement l'une des 37 grandes initiales filigranées du manuscrit[22], et l'ensemble décoratif ainsi constitué, sauf exception, n'est pas utilisé pour marquer une articulation narrative quelle qu'elle soit. On constate enfin, en observant plus en détail l'ensemble de ces 11 miniatures, qu'elles n'illustrent que très rarement le contenu des rubriques auxquelles elles sont spatialement associées. La très large majorité des illustrations du fr. 20125 est ainsi indépendante du texte des rubriques, qu'elles apparaissent ou non à leur côté[23].

---

rubrique, sur une initiale ornée sur fond d'or occupant 3/4 de la largeur de la colonne et 10 unités de réglure (ur) de hauteur ; le texte proprement dit (f. 3b), après une rubrique également (f. 3a), débute en haut de page par une initiale ornée sur fond bleu et or occupant toute la largeur de la colonne sur 13 ur ; cette initiale est par ailleurs précédée d'une illustration de l'hexaméron. Le début du texte est ainsi clairement marqué.

19 Ces initiales, qui occupent entre 4 et 9 ur, sont réparties comme suit (je garde, pour des raisons pratiques, la division « habituelle » en sections) : I : 9 (f. 10c, 55c, 64a, 69d, 70c, 75c, 76c, 77a, 81c), II : 3 (83a, 83c, 88d), III : 1 (89a), IV : 4 (117c, 119b, 119d, 123a), V : 5 (123b, 123d, 125a, 128a, 146c), VI : 3 (148c, 156c, 175d) ; VII : 2 (179b, 185b) ; VIII : 2 (199b, 205b), IX : 1 (226c) ; X : 6 (258d, 264a, 282a, 302a, 312d, 359d), XI : 1 (369d).

20 Je n'ai pas intégré dans ce décompte l'illustration liminaire dont le statut est évidemment particulier.

21 Les illustrations ne sont donc que très peu placées en fonction des articulations du texte ; leur disposition sur la page paraît en revanche en partie contrainte par des raisons esthétiques et/ou pratiques (elles se situent en majorité en haut ou en bas d'une colonne).

22 Quatre miniatures par ailleurs ne se situent pas à la fin d'un paragraphe mais sont séparées par quelques lignes seulement d'une grande initiale ; la mise en page choisie s'abstient donc de les associer directement.

23 On peut signaler le cas particulier du suicide de Didon (f. 156c), seule illustration encadrée de deux mentions rubriquées, dont aucune ne se rapporte à l'image. La seconde

Dans l'ensemble du manuscrit, le lecteur est de ce fait face à un dispositif de mise en page tout à fait cohérent, mais ce dernier ne fait pas apparaître l'*Histoire ancienne* comme un assemblage d'unités successives, mais bien comme un ensemble continu, rythmé ou scandé par un certain nombre de jalons. Ce *continuum* est clairement orienté chronologiquement puisqu'il s'ouvre textuellement et visuellement sur la création du monde, qui fixe ainsi le point d'origine commun à l'ensemble qui va suivre[24].

Si l'ensemble n'est pas structuré par les sections dont nous avons l'habitude, il n'est cependant pas non plus organisé selon une stricte progression chronologique, sur le modèle par exemple des annales, et l'appareil décoratif et paratextuel ne le présente pas non plus comme un enchaînement d'unités narratives plus resserrées que nos sections : le dispositif, combiné ou non, des initiales et des illustrations ne renforce en effet pas toujours, loin de là, les nœuds textuels marqués par des formules du type « ci commence… », etc. (on ne trouve pas du tout, ou extrêmement rarement, « ci finit… » dans l'état le plus ancien de la première rédaction, j'y reviendrai). Il ne sert donc que très rarement à souligner le début ou la fin d'un ensemble narratif, logique et/ou thématique, y compris à l'intérieur de ce que nous voyons comme des sections.

Je ne détaillerai qu'un exemple représentatif, celui de la Genèse sur laquelle s'ouvre la première rédaction de l'*Histoire ancienne* et qui a l'avantage de ne poser aucun problème de délimitation, que ce soit sur le plan textuel ou visuel : l'ensemble reprend en effet, pour ce qui est du contenu, les éléments traités dans le livre biblique correspondant, de la Création à la mort de Joseph, et s'arrête, visuellement, avant une illustration (Ninus trônant) accompagnée d'une rubrique et d'une grande initiale filigranée, le tout marquant le début des histoires païennes (f. 83a). Dans ce qui

rubrique introduit le paragraphe directement à la suite de l'enluminure ; la première (« Que mout dura la dolors ansois que li cors fust ars et mis en cendre quar tuit cil de la cité l'amoient mout si come lor bone dame, dont il estoit grans domages qu'ele avoit ensi perdue la vie ») ne constitue pas une légende de l'image, qui représente Didon se poignardant alors que les navires d'Énée s'éloignent de Carthage. Le texte rubriqué pourrait, en faisant référence à la douleur ressentie par les Carthaginois, indiquer les émotions que les lecteurs du manuscrit (et auditeurs du texte) devraient ou pourraient ressentir à l'issue du récit.

24 Sur le rôle de l'illustration liminaire comme dispositif mémoriel convoquant l'expérience visuelle du lecteur, voir Anne Rochebouet, « Structure narrative, mise en page et modèle biblique dans l'*Histoire ancienne jusqu'à César* », *Écrire la bible en français au Moyen Âge et à la Renaissance*, éd. par Véronique Ferrer et Jean-René Valette, Genève, Droz, 2017, p. 593-608.

précède, on relève ainsi neuf initiales filigranées bicolores, très inégalement réparties : sept se rapportent à l'histoire de Joseph (du f. 64a au 81c), qui est ainsi nettement mise en valeur visuellement alors qu'elle n'occupe qu'une petite vingtaine des quatre-vingt feuillets de l'ensemble[25]. Par ailleurs, la première de ces initiales (f. 64a), précédée ici d'une rubrique (« Coment la dame triste et dolante se plainst de Joseph a son baron ») et d'une illustration (la femme de Putiphar sollicitant Joseph), toutes deux au bas du f. 63d, ne signale pas du tout le début de la vie de Joseph mais se situe au moment où ce dernier, déjà arrivé en Égypte, vient de repousser les avances de la femme de son maître. On voit que les initiales ne servent ici ni à scander une progression narrative à l'intérieur de la Genèse (elles ne distinguent aucun jalon entre la fin du déluge, f. 10c, et la mort d'Isaac, f. 55c), ni à marquer le début d'un ensemble narratif.

Le constat est le même pour les illustrations. La combinaison sur le plan spatial d'une grande initiale et d'une enluminure se rencontre très rarement au début ou à la fin d'une unité narrative : seules cinq des seize miniatures présentes dans la Genèse précèdent une grande initiale bicolore[26], et aucune ne se situe au niveau d'une articulation textuelle ; toutes au contraire se rencontrent au beau milieu de l'histoire de Joseph[27].

Le dispositif visuel a donc beaucoup moins pour objectif de scander une progression narrative que d'attirer l'attention sur des éléments ou des épisodes dont on peut penser qu'ils sont jugés importants. Il contribue ainsi fortement à orienter la lecture. Une analyse détaillée de l'ensemble du dispositif dépasserait largement les bornes imparties à cette contribution, mais je voudrais ici m'arrêter plus particulièrement sur deux points qui mettent en perspective la façon dont l'*Histoire ancienne* est donnée à lire dans le fr. 20125, selon ce fonctionnement qui n'est pas basé sur une division en sections.

Les caractéristiques du dispositif adopté invitent d'abord à envisager l'ensemble de l'appareil décoratif, et notamment les illustrations,

---

25 Elle est par ailleurs illustrée par 9 des 17 illustrations consacrées à la Genèse.

26 L'illustration liminaire est toujours exclue de ce décompte. Je n'ai pas non plus comptabilisé la mort d'Isaac (bas du f. 55b), ni celle de Jacob (bas du f. 81b) : outre que ces deux enluminures ne se situent pas en fin de paragraphe et ne sont ainsi pas directement suivies par une grande initiale (qui apparaît respectivement au f. 55c et 81c), les deux éléments ne peuvent être associés par l'œil puisqu'ils se situent chacun sur une double page différente.

27 F. 63d-64a déjà citée, 69d, 70c, 75c-d, 76d-77a.

comme des lieux de focalisation, qui proposent un parcours de lecture de l'*Histoire ancienne*, parcours complémentaire mais aussi en partie différent de celui du texte, par rapport auquel il met en place d'autres liens ou fait surgir d'autres mises en relation. Un exemple de ces correspondances se voit dans les enluminures des f. 83c et 185a. Il s'agit des deux seuls exemples d'un dirigeant représenté seul, assis sur un trône, dans la même posture de trois quarts de profil ; dans le premier cas, à l'orée de la section II, il s'agit de Ninus (rubrique, en dessous de l'image : « Dou rois Ninus, quans ans il regna », et grande initiale bicolore), dans le second de Brutus (l'illustration est située au milieu d'un paragraphe, dont la rubrique est « Que li co[n]cele sosmirent a Rome grant partie dou monde » ; le paragraphe suivant, f. 185b, commence par une grande initiale bicolore).

La répétition du thème, particulier dans le cycle iconographique du manuscrit, invite à mettre en relation ces deux enluminures. Ici, une telle correspondance me paraît exhiber, sur le plan paradigmatique, la structure générale qui gouverne explicitement la compilation, à savoir la translation successive du pouvoir entre quatre empires universels. Cette théorie, qui apparaît chez Trogue-Pompée et se combine, pour les historiens chrétiens, avec le *Commentaire sur Daniel* de Jérôme, sous-tend en particulier la structure des *Historiae adversus Paganos* d'Orose ; ce dernier la modifie cependant en faisant du premier empire, le babylonien, la préfiguration du dernier, l'empire romain, les royaumes macédoniens et carthaginois ne servant plus que d'étapes de transition amenant l'avènement de l'empire romain[28]. Le rédacteur de l'*Histoire ancienne*, dont la structure générale décalque celle d'Orose, fait explicitement référence à cet ordonnancement, notamment aux deux endroits où se situent nos deux enluminures, qui marquent ainsi des étapes importantes dans ce processus : l'image de Ninus ouvre la section II (Orient I) et se situe donc au moment où, pour l'historiographie occidentale depuis Eusèbe, débute l'« histoire », tandis que Brutus apparaît lors de l'un des jalons du transfert progressif du pouvoir vers Rome :

> II, § 6 (éd. van Terwisga), rubrique : « La devise dé IIII poissans regnes »
> § 7, rub. : « Que Rome ot tres ce qu'ele comensa, et a ore, la seignorie. »

---

28 Orose, *Histoires contre les Païens*, éd. et trad. par Marie-Paule Arnaud-Lindet, Paris, Les Belles Lettres, 1990-1991, t. 1, p. XLV-LVIII.

> […] « Or porrés oïr et entendre tot certainement que, quant Babilonie chaï et sa segnorie, adonc s'esleva et ennobli Rome premerainement. » (l. 21-23)
>
> VII, fr. 20125, f. 185a : « Que li co[n]cele sosmirent a Rome grant partie dou monde.
>
> Segnor et dames, cist que je vos ai nomé maintindrent Rome et guovernerent v^C ans et XII par lor grans sens et par lor grans proeces, et pluisor autre, que je ne vos ai mie només, ausi lor aiderent. Et par lor sens et par lor forces et par lor proueces firent il tant dedens celui termine, que que il perdissent, que Rome fu dame, poi s'en failli, de tot le monde et ot des regnes et des terres les cens et les chevages, ne ne fu qui vers li feïst estor ni bataille. Ens ou quint eage dou munde tindrent ensi com vos oés li concele la cité, et si fu li regnes de Perse de grant renon et de grant poissance trosqu'atant [*illustration* : *Brutus*] qu'Alixandres li Grans en abati le non et si·n traist la segnorie et le [185b] renom ou regne de Macedonie o il ot esté nés et noris si com les escritures dient et racontent. Mes de ce le lairai ore ester. Si recomencerai de Brutus a parler… »

C'est bien au moment où le texte évoque Alexandre, fondateur du royaume macédonien, qu'apparaît, comme une sorte de préfiguration, l'image. La mise en correspondance visuelle des illustrations souligne ainsi le mécanisme analogique qui veut qu'au moment où l'empire babylonien disparaît, absorbé par les Macédoniens, commence la montée inéluctable de celui qui le remplacera *in fine*. Sur ce modèle, les illustrations invitent ainsi à une lecture sur le mode paradigmatique qui met en correspondance des événements et des points particuliers dans l'ensemble du volume.

Le second point sur lequel je voudrais insister en termes d'organisation de la compilation est la présence, visuelle et textuelle, de passages où le récit obéit à un fonctionnement synoptique et/ou synchronique, que l'appréhension en sections gomme ou minimise. On trouve en premier lieu, dans le premier tiers de la compilation, trois dispositifs visuels organisés sur deux pages consécutives qui vont à rebours de notre analyse en sections. Parmi ces trois ensembles, on peut par exemple s'arrêter sur le second, qui s'offre sur une double page, f. 88v et 89r[29] : deux initiales bicolores de même taille s'y suivent, l'une introduisant le constat du caractère endémique des violences à cette époque (f. 88d, rub : « Que li siecles estoit mout mauvais adonques » = § 22, éd. van

29 Le premier se trouve au f. 83r-v ; il correspond au début de la section II (§ 1 et 3, éd. van Terwisga).

Terwisga), la seconde lançant le récit thébain (f. 89a, rub : « Ci comence de Thebes » = § 23, soit le premier § de la section III) ; entre les deux, au bas du f. 88d, au milieu du premier paragraphe cité, se trouve une miniature organisée en deux registres superposés représentant Jocaste et Laius, puis l'exposition d'Œdipe enfant. La mise en page souligne ainsi pour l'œil comment le récit qui va suivre se greffe en synchronie sur les éléments qui viennent d'être relatés (« au temps où… alors ») tout en se plaçant clairement dans la continuité directe de ce qui précède, sans rupture. C'est également très net aux f. 123r-v, dans ce qui constitue pour nous la fin de la section IV et le début de la section V, mais où le manuscrit fait lui s'enchaîner trois initiales filigranées accompagnées de deux illustrations. Dans les deux cas, notre logique thématique nous oblige à attribuer à l'une des initiales un rôle plus important qu'aux autres, alors que la décoration comme les rubriques construisent une zone qui lie les lignes narratives bien plus qu'elle ne les sépare.

La mise en page prend également soin de signaler pour l'œil les passages dont la logique discursive, sur le même principe, obéit à un fonctionnement de type chronographique, c'est-à-dire qui vise à situer des événements par rapport à une date, ou à un autre événement relaté. Dans ces passages, les connecteurs temporels qui arriment les informations données au fil des événements connus (notamment « Ou tans cestui… ») sont quasi systématiquement signalés par l'emploi d'une majuscule, elle-même rehaussée de couleur (de rouge par exemple lors de l'énumération des rois assyriens qui termine la section VI, f. 177d-178).

Le dispositif dont j'ai présenté ici quelques éléments est bien sûr celui d'un manuscrit dont il est difficile, aussi proche soit-il de l'état primitif du texte, d'établir la représentativité en termes d'organisation paratextuelle, et ce dans une tradition dont j'ai déjà souligné la grande mobilité. On peut cependant noter que le ms. London, British Library, Add. 19669, qui appartient à un groupe d'exemplaires réalisés à la fin du XIIIe siècle dans la France du Nord, présente un agencement comparable dans ses grandes lignes à celui du fr. 20215 : le récit s'y déploie de manière continue, rythmé par sept grandes initiales historiées seulement (Orient I Ninus (§ 1 éd. van Terwisga, f. 54d) et Sémiramis (§ 3 éd. van Terwisga, f. 55a), début du récit troyen (§ 3 éd. Jung, f. 77b), devenir des Grecs après la destruction (§ 68 éd. Jung, f. 91d), Neptanabus, père d'Alexandre (§ 17 éd. Gaullier-Bougassas, f. 144a), guerre contre Tarente (début de la section X, f. 168b), début des guerres puniques, f. 172a). L'exemplaire a par ailleurs conservé un dispositif visuel en double page, lors du passage de l'histoire biblique au début de l'histoire païenne, qui en renforce donc le caractère de pivot, marquant le double commencement de l'*Histoire ancienne.*

Ces manuscrits proposent à la lecture, que cela soit un reflet du projet originel ou une indication d'une réorganisation qui serait le fait d'un commanditaire ou d'un copiste un peu postérieur, une compilation qui se présente comme une histoire universelle, par son point de départ (l'origine de l'ensemble du monde connu) comme par la structure d'ensemble qui sous-tend le projet (la translation entre deux empires hégémoniques). Cette histoire universelle se déploie comme un *continuum* dont l'organisation n'est pas entièrement chronologique, mais favorise les correspondances et les systèmes d'échos.

LA SECONDE RÉDACTION
Une histoire antique par matières

La seconde rédaction de l'*Histoire ancienne*, comme on l'a rappelé plus haut, a sans doute été élaborée à la cour des Angevins de Naples dans le second quart du XIVe siècle[30]. Comme la première, la critique la découpe en sections, donnant ainsi une première appréhension des modifications qu'elle présente par rapport à la rédaction précédente ; comme cette dernière, là encore, ses témoins sont cependant loin de tous présenter le même agencement[31]. Le nombre beaucoup plus réduit de manuscrits qui la conservent permet toutefois de donner

30 C'est le lieu et la date d'exécution du plus ancien témoin qui nous la conserve, London, BL, Royal 20 D I. Selon toute probabilité, elle aurait été mise au point pour la cour angevine ; il est plus difficile de juger de la date de composition de la cinquième prose, qui y est insérée, mais qui aurait pu circuler de manière indépendante comme c'est le cas de trois des autres proses troyennes, bien diffusées en Italie.

31 Sans compter les variations qu'a pu connaître le texte à l'intérieur de ces unités, et qu'il est plus difficile d'envisager.

plus facilement une idée de cette variation. On y lit ainsi Orient I (II), Thèbes (III), Grecs et Amazones (IV), *Prose 5* suivie du *Roman de Landomatha* (V), Eneas (VI), Cyrus et Darius (VIII, sans Judith et Esther), Rome I (VII), [Alexandre (IX)], Rome II (X). La section initiale, Orient I, est absente de seulement trois des dix témoins (London, BL, Royal 20 D I et Stowe 54, ainsi que Paris, BnF, fr. 301) ; tous trois se trouvent cependant, du moins pour *Prose 5*, tout en haut de la tradition textuelle. Seul le ms. Chantilly, Bibliothèque du château 727 (II à X) donne à lire la section consacrée à Alexandre. Enfin, une partie des exemplaires se terminent avec Rome II, mais un peu plus de la moitié finissent beaucoup plus tôt, soit avec le récit troyen, soit avec la section suivante consacrée à Énée.

Si l'on observe le dispositif créé par le texte et le paratexte du manuscrit le plus ancien parmi ceux que nous avons conservés, London, BL, Royal 20 D I (III-X)[32], on remarque d'entrée de jeu un agencement très différent de celui analysé pour la première rédaction dans le fr. 20125. Hormis l'absence, un peu surprenante, d'un véritable dispositif liminaire[33] ainsi que le caractère en partie composite des grandes initiales, sur le plan du style comme de leur distribution[34], on note en effet que des ensembles narratifs sont clairement démarqués sur les plans textuels et visuels. L'illustration, très abondante et surtout située en marge de queue, selon l'habitude italienne, ne joue qu'un rôle marginal dans les combinaisons d'éléments soulignant les différentes articulations textuelles ; c'est la présence ici d'espace blanc à l'intérieur de la justification qui apparaît comme un outil majeur de hiérarchisation dans la mise en page, en association avec de grandes

---

32 Accessible en ligne : http://www.bl.uk/manuscripts/Viewer.aspx?ref=royal_ms_20_d_i_fs001r (consulté le 14/04/2021).

33 La section Thèbes débute ainsi par une simple initiale ornée de 11 ur, sans même de rubrique initiale. On est tenté de supposer que la section II, qui se serait terminée par un explicit suivi de la rubrique liminaire de la section suivante, comme c'est le cas partout ailleurs dans le manuscrit, figurait dans un cahier qui aurait disparu. Le lieu textuel le plus mis en valeur dans le manuscrit conservé n'est ainsi pas son ouverture, mais le f° 246, soit le début de la section X.

34 Pour ce qui est du style et du vocabulaire iconographique, on observe un changement ponctuel aux f. 246 et 251 ; en termes de distribution, la section troyenne, qui occupe un peu moins de la moitié du manuscrit, apparaît beaucoup plus scandée pour l'œil que les autres ensembles : elle contient 24 des 28 initiales historiées et 4 des 10 initiales ornées présentes dans l'ensemble du manuscrit.

initiales ornées ou historiées (de format, de couleurs et de style variés). Cette utilisation est doublée, sur le plan textuel, par la présence systématique de formules d'explicit, en miroir des rubriques initiales de chaque section[35]. Le manuscrit dessine ainsi, par ce double dispositif, six unités narratives (III, IV, V-*Landomatha*, VI-VIII, VII, X). Dans un cas, à l'endroit où le *Landomatha* clôture le récit troyen et où débutent les aventures d'Énée (f. 193d), l'articulation semble à la fois souligner la séparation (présence d'un explicit, d'une rubrique liminaire et d'une initiale historiée) et une forme de continuité (absence de blanc : l'élément architectural occupant le côté droit de la miniature en marge de queue se déploie sur la partie inférieure de la colonne jusqu'au texte, absorbant même l'explicit final) ; la présence de l'explicit, rubriqué, me paraît cependant renforcer le caractère délimitatif du dispositif. La mise en page construit ainsi des ensembles qui apparaissent parfaitement clos sur eux-mêmes et sont clairement délimités.

Ce fonctionnement se retrouve assez nettement dans les autres exemplaires de la seconde rédaction. Je me limiterai ici à observer les mss Paris, BnF, fr. 301 et London, BL, Stowe 54, tous deux exécutés à Paris vers 1400 et liés, par leur cycle iconographique et, de façon plus complexe, par leur texte, au ms. Royal[36] :

Royal 20 D I	fr. 301	Stowe 54
(III) f. 1r, init. ornée (11 ur) pas de rub. liminaire.	f. 1r, miniature frontispice occupant les 3/4 sup. (4 registres), init. ornée (7 ur) et bordure encadrante ; rub : « Ci commence l'ystoire de Thebes et comment elle fust destruite environ v^c^ et LX ans ains que Rome fust commencee ne fondee »	f. 2a, min. à l'int. de la justification (largeur d'une col.), petite init. filigranée (3 ur). pas de rub. liminaire.

35 Ces explicits ne figuraient pas dans la première rédaction, mis à part l'explicit général, souvent cité parce qu'il fait une liste des sujets abordés par le texte qui ne renvoie plus, dans les deux exemplaires de la seconde rédaction qu'il clôture, à leur contenu effectif.

36 Accessibles en ligne, fr. 301 : https://gallica.bnf.fr/ark:/12148/btv1b100225070 (consulté le 14/04/2021) ; Stowe 54 : https://www.bl.uk/manuscripts/Viewer.aspx?ref=stowe_ms_54_fs001r (consulté le 14/04/2021).

(IV) f. 21c, expl. en noir, après 2 l. blanches : « Chi finist de Thebes la destruction. Deo gratias, Amen. » 2 l. blanches, rub : « Chi commence l'istoire de Herculés et de Theseüs » (= fin de la col.) f. 21d : init. ornée (5 ur).	f. 20d, expl. rubriqué : « Cy finist de Thebes la destruction » (= fin de la col.) f. 21a, rub : « Ci commence l'ystoire de ceulz de Athenes et de ceulz de l'isle de Crete qui en ce temps se guerroioient, et du commencement du regne de Feminie et de Herculés et de Jason (*sic*)[37] », min., init. ornée (5 ur) et bordure en marge int.	f. 25b, après 2 l. blanches, expl. en noir : « Cy fenist de Thebes la destruction. Deo gratias. » 2 l. blanches, rub : « Cy commence l'ystoire de Herculés et de Jason (*sic*) » 5 l. blanches, init. fil. (6 ur).
(V) f. 26b, en noir, après 2 l. blanches : « Explicit de Erculés et de Theseüs » (= fin de la col.) f. 26v, min. à pleine page f. 27a, rub : « Cy commence la vraie istore de Troie », init. historiée (7 ur).	f. 24d, 2 l. blanches, expl. rubriqué : « Cy fine l'ystoire de Herculés et de Theseüs » 4 l. blanches, rub. écrite une ligne sur deux : « Cy aprés s'ensuit et commence la vraie hystoire de Troye, de quel lignie les roys de Troye furent et qui estora et fonda la cité premierement. », fin de la col. blanche (= 4 l.) f. 25r, min. à pleine page, f. 25v, init. ornée (6 ur) et bordure marge intérieure.	f. 30b, après 5 l. blanches, en noir : « explicit d'Erculés et de Theseüs ». fin de la col. blanche (= 15 l.) f. 30v, min. à pleine page f. 31a, init. fil. (7 ur), pas de rub. init.
(VI-VIII) f. 193d, à l'intérieur de la min. en marge de queue, dépassant dans la col., expl. rubriqué : « Ci finist l'ystoire de Landomatha » f. 194a rub : « Ci comence de Eneas qui se parti de Troies et ala en Ytalie », init. hist. (7 ur)	f. 168b, 1 l. blanche, expl. rubriqué : « Ci finist l'ystoire de Landomacha », 1 l. blanche rub : « Ci commence de Eneas qui se parti de Troyes et ala en Ytalie », min. sur 2 col., init. ornée (4 ur) en dessous, f. 168a	f. 231c, expl. rub. : « Ci finist l'istoire de Lendomatha. Ci commence de Eneas et comment il se partit de Troye et comment il vint en Italie » fin de la col. blanche (= 14 l.) f. 231d, init. fil. (6 ur)

37 Jusqu'à « Feminie », cette rubrique reprend en fait celle de la première rédaction.

(VII) f. 223c, 4 l. blanches, expl. rub très effacé : « [Ci ?] finist les ystoires de [?] fils » f. 223d, rub : « Ci commence le fondement de la cité de Roume », init. historiée (8 ur)	f. 192c, pas d'explicit 2 l. blanches, rub : « Ci commence le fondement de la cité de Romme » min., init. ornée (5 ur), bordure marge extérieure.	f. 266c, pas d'explicit. rub. : « Ci commence la fondacion de Romme. » min. à l'int. de la justification, init. fil. (6 ur)
(X) f. 245d, expl. en noir, après 2 l. blanches : « Ci finrent le fonde-[3 l. blanches]-ment de la cité de Rome », 2 l. blanches (fin de la col.) f. 246a, rub : « Ci comence la guerre de Tarante et de Rome dont furent moultes battailles » init. ornée (7 ur), encadrement.	f. 208c, expl. rubriqué : « Ci fine le fondement de la cité de Rome », 1 l. blanche. rub : « Ci commence la guerre de Tarante et de Rome dont furent maintes batailles » min., init. ornée (4 ur), bordure marge extérieure	f. 288c, expl. rubriqué : « Ci fine le fondement de Romme », fin de la col. blanche (= 11 ur) f. 288d, petite init. fil. (2 ur).
f. 363b, expl. final	f. 294d, expl. final	f. 414b, pas d'expl. final.

Dans le fr. 301, la mise en valeur des unités textuelles est encore accentuée par l'utilisation d'un appareil décoratif très homogène, permettant une hiérarchisation claire des éléments du décor, comme par des choix esthétiques propres au contexte de production du manuscrit : l'ensemble de la mise en page obéit à un principe de clôture de la justification qui tend à en bannir les espaces blancs (par l'utilisation massive, entre autres, de bouts-de-ligne), ce qui fait d'autant plus ressortir les lignes blanches le cas échéant. L'ensemble dessine les mêmes six ensembles que dans le ms. Royal, comme on le voit dans le tableau ci-dessus[38]. Ces derniers se retrouvent, de manière un peu moins assurée, dans le ms. Stowe 54, où l'agencement des différents éléments du décor apparaît beaucoup

38 L'absence d'espace blanc à la fin du récit thébain s'explique sans doute par une contrainte technique ponctuelle (on se trouve en bas de page). Les deux différences principales avec le ms. Royal sont la première page, construite ici véritablement comme un ensemble frontispice et donc comme l'articulation la plus importante du volume, et la mise en page du début de la seconde destruction à l'intérieur du récit troyen (V) : cette dernière est pratiquement mise en valeur comme une section à part entière.

plus hétérogène, et la hiérarchie parfois ambiguë. La présence d'espaces blancs structure cependant bien, là aussi, des unités[39].

Cette volonté de délimitation d'unités anime toute la seconde rédaction, où elle peut se traduire par l'utilisation de moyens différents : dans le ms. Chantilly, Bibliothèque du château 727, c'est ainsi la table des matières liminaire qui distingue très précisément treize « livres » dans la compilation. Cette appréhension de l'ensemble du texte, très différente de celle mise à jour dans la première rédaction telle que la transmet le fr. 20125, se retrouve également dans certains choix textuels, et ce notamment dans des parties reprises à la première rédaction, qui relèvent de l'écriture chronograhique. Les passages, après la mort d'Énée, consacrés aux rois assyriens jusqu'à Prochas, dont nous avons parlés plus haut, sont par exemple très abrégés dans la seconde rédaction. On constate, en comparant avec la version du fr. 20125, dont il est cependant difficile d'évaluer le degré de proximité textuelle avec celle qui a servi de modèle à la seconde rédaction, qu'on n'a pas ici affaire à une *abbreviatio* mécanique, mais qu'a disparu tout ce qui ne se rapportait pas aux Assyriens et aux Hébreux :

fr. 20125, f. 177d-178	Royal, 20 D I, f. 213d
« Or le lairai ester des Hebrius et des Sichonieins et de Michenes et d'Athenes et des Egyptieins les nons des rois a nomer, et des Latins ausi qui ci dedens regnerent, si com je vos ai dit ariere, por la trop grant anuiance,	« Or lairay ester des Hebrius et des autres,
si dirai des Assirieins tant solement por tost revenir a la matere des Romains, c'est a Procas en cui tans lor segnories finerent.	ains dirai des Assyriens qui regnerent en Assyre.

39 On peut hésiter entre 5 et 6 unités : le *Landomatha* paraît en partie séparé du récit troyen proprement dit (présence de 18 lignes blanches, soit toute la fin de la colonne, juste avant son début, f. 228b, mais le récit précédent ne se termine pas pour autant par un explicit), tandis que la section VII semble envisagée dans la continuité des aventures d'Énée (au f. 266c, l'absence d'explicit clôturant l'ensemble VI-VIII amène logiquement une absence d'espace blanc, mais le début de la section VII est cependant marqué par une illustration de la largeur.d'une colonne intégrée à la justification, un dispositif que l'on ne retrouve dans le manuscrit que pour le début de la section III).

Aprés Mitreus regna as Assirieins Tautanés, vinteseismes rois, XXXII ans. Ou tans cestui fu Troies arse et destruite, et li fill Hector revindrent a Ilion – c'est al maistre chasteau de Troies – et si en chacerent a force, par l'aïe d'Elenus, lor oncle Anthenor et tote sa progene et il retindrent la contree.	Premiers regna Mistreus XXII ans ; au tenps de cestui fu Troye arse et destruite et li fil Hector revindrent el mestre castel Ylion de Troye et en cachierent par force lor oncle Anthenor, et retindrent la contree.
Aprés regna as Assirieins Teutenus XL ans. Ou tens cestui funda Ascanius, li fiz Eneas, la cité d'Alba dont Albaniein orent a non li peuple, quar bien sachés que cil de Laurente orent a non Latin por le roi Latinus qui fu lor sire, et cil d'Albe Albaniein, et Romain cil de Rome quant la cités fu fundee.	Aprés regna es Assyriens Terrenus ;
Puis regna en Assire Tineus XXX ans. Ou tans cestui [...]	puis regna Cyneus XXX ans. [...]
Aprés Dercilus fu rois as Assirieins Eupales XXXVIII ans. Ou tans cestui funda Salemons le riche temple en Jherusalem, et bien sachés que tres ce que Moÿses et li fill Israël essirent d'Egypte ot dusques a Salemon, le fill le roi David, cest quil estora le temple, CCCC ans et LXXX si com li livres des rois conte et tesmoigne. E tres la doloive dusques a Moÿsen qui passa la mer Roge ot M et CCCC ans et XLVII sans faillance, et tres Adam dusques au doloive ot MM et CC et XLII ans. »	Aprés regna Eupalles XXXVIII ans. En ce temps fonda Selemons son temple en Jherusalem, et sachiés que des fils Israël jusques a Salemon ot IIII^{c} LXXX ans, et de Moÿses jusques au deluge ot M CCCC XLVII ans et des Adam jusques au deluge ot II^{M} CCXLII ans. »

Ainsi, d'une écriture synoptique qui visait, sur le modèle d'Eusèbe-Jérôme, à situer les événements des grands règnes les uns par rapport aux autres, en ayant comme fil conducteur le règne des Assyriens, on est passé à une simple liste de souverains dont l'objectif est purement de contextualiser la suite du récit, consacrée à l'histoire de la Perse. En dehors de la notation sur Troie, seules les mentions des Hébreux ont été conservées, car elles servent de cadre de datation, mais ils n'apparaissent plus comme l'un des peuples parmi ceux des différents règnes de l'historiographie antique.

Contrairement à la première rédaction de l'*Histoire ancienne*, organisée comme un *continuum* qui allie fonctionnement linéaire et tabulaire, ce que montre la mise en page et la mise en texte de témoins proches de l'état primitif du texte, et en premier lieu le fr. 20125, la seconde rédaction n'est pas une histoire universelle. Il s'agit d'une histoire organisée par matières où la succession des quatre règnes universels telle qu'elle apparaît dans la première rédaction est très affaiblie, et ne structure en tout cas plus la compilation. Ce faisant, elle est bien agencée par sections narratives, qui n'ont pas forcément les mêmes délimitations que celles que nous utilisons traditionnellement, mais que le dispositif visuel, participant pleinement au projet du texte, met clairement en valeur.

Anne Rochebouet
Université Paris-Saclay, UVSQ,
DYPAC, Versailles

TRÉSOR DE SAPIENCE, TRÉSOR DES HISTOIRES ?

Quelques observations sur la tradition manuscrite de la *Chronique dite de Baudouin d'Avesnes*[1]

L'identification, la délimitation et la classification de compilations historiographiques médiévales n'est pas une affaire simple. La critique opère souvent avec des titres conventionnels pour désigner des « œuvres » et des « rédactions », concepts qui reposent sur des critères variables et qui peuvent donner lieu à des classifications fluctuantes. Prenons l'exemple de la *Chronique dite de Baudouin d'Avesne*s. Tel est le titre conventionnel que l'on donne à une chronique universelle anonyme en langue française qui s'étend, dans la première « rédaction » qu'on en connaît, de la Création à l'an 1278, et qui a vraisemblablement été rédigée vers 1280 pour Baudouin d'Avesnes, seigneur de Beaumont dans le Hainaut[2]. Les études les plus récentes qui s'intéressent à sa

---

1 J'aimerais remercier Florent Noirfalise pour m'avoir fait parvenir un exemplaire numérique de sa thèse de doctorat et Anne Rochebouet pour avoir mis à ma disposition son étude sous presse sur la *Chronique dite de Baudouin d'Avesnes*. Leurs travaux constituent une base importante pour la présente contribution.

2 Depuis les études de Johannes Heller, « Ueber die Herrn Balduin von Avesnes zugeschriebene Hennegauer Chronik und verwandte Quellen », *Neues Archiv*, 6 (1881), p. 129-151, la critique distingue deux rédactions de l'œuvre, la deuxième datant d'environ 1284 et comportant des ajouts généalogiques dans les parties sur l'histoire médiévale. Si des extraits de la chronique ont été édités à partir du XIXe siècle, entre autres par Heller lui-même dans les *Monumenta Germaniæ historica* (« Chronicon Hanoniense quod dicitur Balduini Avennensis », *MGH*, *Scriptores*, Hannover, Hahn, t. 25, 1880, p. 414-467), la chronique reste inédite dans son ensemble. De même, les études abordant sa tradition manuscrite sont peu nombreuses. On citera à ce sujet notamment Alphonse Bayot, « La Première Partie de la Chronique dite de Baudouin d'Avesnes », *Revue des bibliothèques et archives de Belgique*, 2 (1904), p. 419-432 ; Louis-Fernand Flutre, *Li Fait des romains dans les littératures française et italienne du XIIIe au XVIe* siècle, Paris, Librairie Hachette, 1932, ch. 4. « La Chronique de Baudouin d'Avesnes », p. 25-42 ; Marc-René Jung, *La Légende de Troie en France au moyen âge. Analyse des versions françaises et bibliographie raisonnée des manuscrits*, Basel et Tübingen, Francke, 1996, p. 431-435 ; Florent Noirfalise, *Family Feuds and the*

tradition textuelle dénombrent entre 50 et 58 manuscrits de l'œuvre[3]. Le titre *Chronique (dite) de Baudouin d'Avesnes* ne provient cependant pas de cette réalité manuscrite[4]. En effet, comme Marc-René Jung l'avait déjà observé, les plus anciens témoins ne donnent pas de titre[5]. En même temps le texte voit s'attribuer, à travers les premiers mots de son prologue et, dans les manuscrits tardifs, ses rubriques, les « titres » de *Trésor de sapience* et de *Trésor des histoires*[6]. Comme nous le verrons dans la suite, l'emploi de ces deux désignations – et surtout la seconde d'entre elles – est corrélé au défi que pose une délimitation nette de l'œuvre en question par rapport à des compositions apparentées.

Il convient maintenant d'apporter quelques précisions sur les deux désignations figurant dans les manuscrits. La majorité des manuscrits retenus par la critique comme témoins de la *Chronique dite de Baudouin d'Avesnes* (ci-après CBA) et qui comportent le début du texte sont dotés d'un prologue duquel se dégage la désignation de *Trésor de sapience.* En

(Re)writing of Universal History : The Chronique dite de Baudouin d'Avesnes (1278-1284), thèse de doctorat non publiée, University of Liverpool, 2009 ; Anne Rochebouet, *'D'une pel toute entiere sans nulle cousture'. La cinquième mise en prose du Roman de Troie. Édition critique et commentaire*, thèse de doctorat non publiée, Paris, Université Paris-Sorbonne, 2009, p. 207-216 ; et dernièrement, « Le récit de la chute de Troie dans la *Chronique dite de Baudouin d'Avesnes* », *Mélanges Roussineau*, éd. Hélène Biu, Sandrine Hériché-Pradeau et Géraldine Veysseyre, à paraître chez Classiques Garnier.

3 La liste de 43 témoins d'après Jung, *La légende de Troie, op. cit.*, p. 432-435, a été actualisée par Noirfalise, *op. cit.*, p. 43-50, qui recense 57 témoins (dont 12 donnent un texte « hybride »), ainsi que par Rochebouet dans sa thèse de 2009, *op. cit.*, de même que dans son article sous presse, *op. cit.*, qui donne 50 manuscrits (en excluant certains des témoins hybrides inclus par Noirfalise). Les recherches citées prennent aussi en compte les fiches élaborées par Gillette Tyl-Labory à la section de langue romane de l'IRHT. Citons finalement la page, rédigée également par Noirfalise, « La Chronique dite de Baudouin d'Avesnes », *Arlima*, en ligne : https://www.arlima.net/ad/chronique_dite_de_baudouin_davesnes.html (consulté le 14/04/2021), dernière actualisation le 12-09-2017, qui fournit une liste de 58 témoins sur la base des différentes études.

4 Elle s'apparente au titre présent dans une compilation appelée *Cronikes estraittes et abregies des livres de Bauduin d'Avesnes* (d'après le manuscrit de Bruxelles, KBR, 10233-10236) et qui est, pour l'essentiel, une version abrégée et remaniée de la chronique qui nous intéresse (voir à son propos, Noirfalise, *Family Feuds and the (Re)writing of Universal History, op. cit.*, p. 148). Les témoins de cet abrégé ne nous intéresseront pas dans la suite de cet article.

5 Jung, *La Légende de Troie en France au Moyen Âge, op. cit.*, p. 431.

6 *Ibid.* (nous précisons légèrement l'argumentation de Jung). Les listes de manuscrits données par Anne Rochebouet dans sa thèse, *op. cit.*, et son étude sous presse, « Le récit de la chute de Troie dans la *Chronique dite de Baudouin d'Avesnes* » sont éclairantes à cet égard, comme elles donnent systématiquement les « titres » en question, en indiquant leur place dans les différents témoins, dans le prologue et/ou les rubriques.

voici les premiers mots d'après le manuscrit Cambrai, Bibliothèque municipale, 683, l'un des plus anciens témoins associés à la chronique en question, datant du XIIIe siècle : *Ki le tresor de sapienche veut metre en l'aumaire de sa memoire et l'enseignement des sages es tables de son cuer escrire, sor toutes choses il doit fuir le fardiel de confusion, car elle engenre ignorance et est mere d'oubliance* [...][7]. La première des deux désignations se trouve donc dès les premiers mots du texte dans sa plus ancienne version connue, et elle s'est perpétuée à cet endroit à travers la tradition de la CBA[8]. La situation se complique cependant quand l'appellation *Trésor des histoires* entre en jeu. Comme l'avait observé Florent Noirfalise, « early manuscripts [of the CBA] do not include any title. Later manuscripts, however, often give the title *Tresor des histoires*, but this title has also been used for hybrid versions of the CBA, which can be confusing[9]. » En d'autres mots, *Trésor des histoires* apparaît, d'un côté, en tant que titre (ou dans les rubriques initiales) de certains manuscrits tardifs considérés comme témoins de la « version vulgate » de la CBA[10], de l'autre, il se retrouve dans certains témoins qui donnent une « version hybride » du texte de la CBA.

Reste à savoir ce qui définit une telle version hybride. C'est précisément là que se posent les problèmes de délimitation qui se reflètent dans la littérature critique. Rappelons la liste de « hybrid versions » d'après Noirfalise[11] :

Arras, BM, 995
Besançon, BM, 678
Bruxelles, KBR, 9277

---

7 Cambrai, BM, 683, f. 1r°ab. Dans le présent article, nous avons opté pour une transcription interprétative des extraits cités : nous faisons la distinction entre *u/v* et *i/j*, nous introduisons des majuscules et une ponctuation selon l'usage moderne et nous résolvons les abréviations.

8 *Tresor de Sapience* figure également en tête de la table des rubriques dans au moins deux manuscrits tardifs de CBA : dans les manuscrits de Chantilly, Bibliothèque du château, 729 et Paris, BnF, fr. 1367, on lit à cet endroit *Le repertoire et la table des chapitres du livre appellé le Tresor de sapience* (d'après fr. 1367, n.f. en tête du volume).

9 Noirfalise, *Family Feuds and the (Re)writing of Universal History*, *op. cit.*, p. 18.

10 Le manuscrit de Den Haag, KB, 71 A 14, par exemple, présente une rubrique initiale *Cy commence le proheme de ce premier volume du tresor des histoires*, qui est suivie immédiatement du prologue comportant la désignation *Tresor de Sapience* : *Qui le tresor de sapience veult mettre en l'aumaire de sa memoire* [...] (f. 1r°).

11 *Family Feuds and the (Re)writing of Universal History*, *op. cit.*, p. 50-51.

Douai, BM, 802
London, BL, Cotton Aug. V
Paris, Bibl. de l'Arsenal, 5077
Paris, BnF, fr. 279
Paris, BnF, fr. 15458
Paris, BnF, fr. 17181
Paris, BnF, naf. 14285
Paris, Bibl. Sainte-Geneviève, 673

On note que certaines de ces versions hybrides de la CBA ont été retenues par d'autres critiques comme des compilations à part entière. Le manuscrit de Londres, British Library, Cotton Augustus V et les fragments conservés sous la cote naf. 14285 à la Bibliothèque nationale de France sont au centre d'un article de David J. A. Ross, qui les avait considérés comme « a work called the *Trésor des Histoires*, expanded from the world history of the same name written for Baudouin d'Avesnes between 1275 and 1282[12] ». De même, Anne Rochebouet ne les inclut pas dans sa propre liste de 50 témoins de la CBA, en observant que les manuscrits en question sont parfois identifiés comme des témoins de CBA, mais que leur projet d'ensemble en diffère au point qu'elle a été amenée à les mettre à part[13]. Rochebouet écarte de la même manière le témoin conservé à Douai et celui de la Bibliothèque Sainte-Geneviève, en notant que les témoins en question donnent un texte qui se rapproche davantage d'une autre compilation historiographique, connue sous le titre de *Manuel d'histoire de Philippe de Valois*[14]. Les délimitations incertaines ressortent aussi de la page *Arlima* dédiée au *Trésor des histoires*, qui donne une liste de neuf manuscrits – tous également cités sur la page *Arlima* dédiée à la CBA – avec l'indication que le *Trésor des histoires* juxtapose le texte de la CBA et celui du *Manuel d'histoire de Philippe de Valois*[15]. On retrouve donc diverses listes qui opposent un texte « vulgate » à des textes « hybrides » ou « autres » et qui, tout en étant d'accord sur le classement d'une bonne partie des manuscrits, divergent sur le statut de certains témoins.

12 « Some Geographical and Topographical Miniatures in a Fragmentary *Trésor des Histoires* », *Scriptorium*, 23 (1969), p. 177.

13 « Le récit de la chute de Troie dans la *Chronique dite de Baudouin d'Avesnes* », art. cité. Voir aussi *'D'une pel toute entiere sans nulle cousture'*, *op. cit.*, p. 215.

14 « Le récit de la chute de Troie dans la *Chronique dite de Baudouin d'Avesnes* », art. cité.

15 Laurent Brun, « Le tresor des histoires », *Arlima*, actualisé le 12-08-2014, en ligne : https://www.arlima.net/qt/tresor_des_histoires.html (consulté le 03/05/2020).

Du fait qu'aucune des compilations évoquées jusqu'ici n'a été éditée et qu'il manque à ce jour une étude d'ensemble sur leurs traditions textuelles, il reste bien des détails à éclairer. Dans la suite de cette contribution, nous chercherons à approfondir les questions de la délimitation et de la classification des manuscrits en jeu, en nous concentrant en particulier sur un ensemble de témoins portant le « titre » *Trésor des histoires* à côté du prologue comportant la désignation *Trésor de Sapience*. Quelques observations et une vue d'ensemble des manuscrits pris en compte nous permettront tout d'abord de cibler les témoins potentiellement intéressants sur la base des données contenues dans leurs parties liminaires. Nous entrerons ensuite sur le plan du contenu des compositions et, en particulier, sur les parties consacrées à l'histoire ancienne. Ici, nous regarderons la constellation de certains épisodes thématiques, en relevant des schémas variants. Dans une prochaine étape, nous aborderons le plan de la variation textuelle à l'intérieur d'une sélection de passages, en nous concentrant sur les données présentes dans un ensemble de manuscrits portant le titre *Trésor des histoires* et qui semblent former, d'après l'analyse de nos échantillons de texte, un sous-groupe à l'intérieur de la tradition. À partir de là, nous rouvrirons la perspective sur d'autres chroniques désignées en tant que *Trésor des histoires*, en dégageant quelques particularités de ces textes et de leur position à l'intérieur de la tradition textuelle en question.

Pour établir notre corpus, nous nous sommes appuyée sur les manuscrits retenus dans les études précédemment citées d'Anne Rochebouet et de Florent Noirfalise, en ciblant les témoins qui comportent le début du texte ainsi que les segments de (pseudo) histoire ancienne et biblique[16]. Nous avons exclu les manuscrits fragmentaires[17]. En outre, nous n'avons pas eu la possibilité de consulter deux témoins retenus dans les différentes études prises en compte, Princeton, The Art Museum, 4, et Torino, Bibl. Naz. L II 1. Finalement, nous avons écarté deux manuscrits (l'un d'eux fait partie des témoins hybrides de CBA d'après Noirfalise), qui semblent présenter, dans les segments en question, un mélange autrement hybride,

16 Parmi les quelque cinquante témoins retenus respectivement par Rochebouet et Noirfalise, une vingtaine peut être écartée de cette façon, du fait qu'ils ne comportent pas les parties du texte qui nous intéressent ici.

17 Outre les fragments du manuscrit parisien naf. 14285, faisant partie des versions hybrides évoquées plus haut, cela concerne un double feuillet conservé à Cambridge, University Library, Add. 2709 (1).

entre le texte de CBA et celui de l'*Histoire ancienne jusqu'à César*[18]. Les 27 manuscrits restants sont repris dans les tableaux 1 et 2 ci-dessous. Le tableau 1 regroupe les manuscrits classés comme témoins de CBA encore dans les études les plus récentes sur le sujet, alors que le tableau 2 accueille les textes qui, suivant l'état actuel de la recherche, ont été placés dans des catégories à part[19]. Dans la colonne centrale des deux tableaux nous avons indiqué si et où le prologue parlant du *Trésor de sapience* est présent ; dans celle à droite sont notées les occurrences de la désignation *Trésor des histoires* figurant dans les rubriques ou dans un prologue à part[20].

Manuscrit	Prologue *Trésor de sapience*	Rubrique ou prologue *Trésor des histoires*
Arras, BM, 995 (1059)	f. 20r° (2e prologue)	f. 1r (rubrique ; 1er prologue)
Arras, BM, 863 (1043)	f. 7r°a	
Baltimore, Walters Art Gallery, W. 307	f. 1r°a	
Besançon, BM, 678	f. 1r°	f. 1r°, *le livre du t. d. h.* (rubrique)

18 Il s'agit d'un côté de Paris, BnF, fr. 15458, dont les sections empruntées à l'*Histoire ancienne jusqu'à César* ont déjà été remarquées par Jung, *La légende de Troie en France*, *op. cit.*, p. 435. De l'autre c'est le manuscrit de Wien, Österreichische Nationalbibliothek, 3370*. Le caractère hybride de ce dernier n'a, sauf erreur de notre part, pas encore été relevé par la littérature critique. Nous ne l'avons pas analysé de près, mais avons constaté des emprunts importants à l'*Histoire ancienne* dans les segments sur Thèbes (f. 43r°-62v°), sur les Scythes, les Amazones, Hercule et Thésée (f. 63r°-67v°) et sur la première destruction de Troie (f. 68r°-69v°), observations qui seront à approfondir dans des études ultérieures.

19 Ce sont des textes qui, chez Anne Rochebouet, appartiennent aux « Autres manuscrits », exclus de sa liste de témoins de CBA, alors qu'ils figurent parmi les « hybrid versions » de Florent Noirfalise. Nous avons décidé de les inclure ici justement pour examiner plus loin leur propre statut à côté de celui des autres témoins « hybrides », mais toujours classés en tant que témoins de CBA chez Rochebouet. Les observations que nous ferons dans cette contribution aideront aussi à comprendre pourquoi ces témoins occupent une place fluctuante dans les classifications.

20 Nous avons consulté les manuscrits concernés soit *in situ* soit à travers des reproductions (numériques ou sur microfilm), en vérifiant ensuite les indications à propos des prologues à l'aide des travaux d'Anne Rochebouet. Nous renvoyons à l'article sous presse de Rochebouet, « Le récit de la chute de Troie dans la *Chronique dite de Baudouin d'Avesnes* » pour des indications plus précises à propos de ces données dans les parties liminaires des manuscrits.

Bruxelles, KBR, II 988	f. 4r°a	
Bruxelles, KBR, 9069	f.13r°a	
Bruxelles, KBR, 10201	f. 1r°a	
Cambrai, BM, 683	f. 1r°a	
Chantilly, Bibl. du château, 729	f. 25r°	
Den Haag, KB, 71 A 14-15	f. 1r°a	f. 1r° (rubrique)
Gent, Universiteitsbibliotheek, 415	f. 1r°	f. 1r°, *le livre du t. d. h.* (rubrique)
Krakow, Biblioteka Jagiellońska, gall. fol. 216	f. 1r°	f. 1r°, *le t. d. h. et de l'excellence de chevalerie* (rubrique)
London, BL, Royal 18 E V	f. 20r°a	
London, BL, Harley 4415	f. 1r°a	f. 1r°, *le livre du t. d. h.* (rubrique)
New Haven, Yale University, Beinecke Library, 1106	non (incipit : *Au commencement*)	
Paris, Bibl. de l'Arsenal, 3710	f. 1r°a	
Paris, Bibl. de l'Arsenal, 5076	f. 7r°a	
Paris, Bibl. de l'Arsenal, 5077	? (texte acéphale)	f. 1r°, *livre du t. d. h.* (en tête de la table de rubriques)
Paris, BnF, fr. 685	f. 1r°	
Paris, BnF, fr. 1367	f. 1r°	
Paris, BnF, fr. 17181	(2e prologue)	f. 19r° (1er prologue) f. 1r°, *le t. d. h. et l'excellence de chevalerie* (table de rubriques)
Paris, BnF, naf. 11199	f. 1r°	? (le début de la table de rubriques manque)

Valenciennes, BM, 538	f. 1r°	f. 1r, *le livre du t. d. h.* (rubrique)
Vatican, BAV, Reg. lat. 1900	non (incipit : *Au commencement*)	

TABL. 1 – Manuscrits de CBA pris en compte.

Manuscrit	Prologue *Trésor de sapience*	Rubrique ou prologue *Trésor des histoires*
Douai, BM, 802	non	
London, BL, Cotton Aug. V	non	f. 1r° (en tête de la table de matières)
Paris, Bibl. Sainte-Geneviève, 673	non	

TABL. 2 – Manuscrits de chroniques classées à part pris en compte.

On constate que la majorité des témoins de CBA retenus dans le tableau 1 (soit 21 manuscrits) ont le prologue parlant du *Trésor de sapience*[21]. Nous considérerons ce dernier comme prologue « vulgate » de CBA. Neuf de ces 21 témoins sont également explicitement appelés des *Trésors des histoires.* Dans les manuscrits de chroniques classées à part et réunis dans le tableau 2, la désignation *Trésor de sapience* est entièrement absente. L'un d'entre eux, le manuscrit Londres, British Library, Cotton Augustus V, est désigné comme un *Trésor des histoires*, les deux autres n'ont aucun des traits distinctifs retenus.

Dans l'étape suivante de notre argumentation, nous aborderons le contenu afin de vérifier si les témoins dans lesquels les deux désignations (*Trésor de sapience* et *Trésor des histoires*) cohabitent présentent des divergences par rapport aux autres témoins de CBA sur le plan de la constellation des épisodes. Le manuscrit Cambrai, BM, 683 nous servira d'exemple illustratif lorsque nous citons la version « vulgate » de CBA.

21 Il est absent dans trois témoins du tableau 1. Deux d'entre eux (celui de la Yale University Library à New Haven et celui de la Bibliothèque Vaticane) omettent simplement le prologue alors que la suite du texte correspond bien à l'*incipit* de la version « vulgate » de CBA. Un autre (Paris, Arsenal 5077) a perdu le feuillet sur lequel devait se trouver l'*incipit* du texte.

Dans les segments d'histoire ancienne qui nous occuperont ici, la CBA a la particularité de faire alterner des segments parlant d'histoire biblique et d'histoire païenne, tout en maintenant la chronologie parallèle, comme on le voit à partir des vingt premières entrées de la table des rubriques du manuscrit de Cambrai, transcrites dans le tableau suivant.

	Chi commenchent li capitel de cest livre
Ebryus	.i. De la formation Adam, de Chaym et de Seth et de chiaus ki d'iaus issirent.
Ebryus	.iii. Comment Noé issi de l'arche et de Sem, Chaym et Japhet, ses .iii. fius et de chiaus ki d'iaus issirent.
Ebryus	.iii. Comment Nemrop [*sic*] commencha la tour de Babiel, et de pluisours rois de Ausyre, et de Belus, et de Ninus et de Semiramis, et de Telsius, roi de Siscione, et de pluiseurs.
Crete	.iiii. De Cret, le premier roi de Crete.
Ebryus	.v. De Thare et de Abreham son fil, et de la destruction de Sodome, et de Ysaach et de Jacob.
Argiiens	.viii. De Ynacus et de Phoroneus, roi des Argiiens.
Thessaille	.viii. De Thessalus, le roi de Thessaille.
Ebryus	.viii. Comment Sychem esforcha Digna, la fille Jacob, et comment Joseph fu vendus.
Argiiens	.ix. Comment Apis, li rois des Argiiens, fist de Gealus, son fil, roi de Achaÿe.
Ebryus	.ix. Comment Yoseph fu vendus en Egypte.
Ebryus	.xii. De la naissanche Moyset.
Athainnes	.xii. Comment Cycrop fonda Athainnes
Ebryus	.xiii. Comment li Ebryu issirent de Egypte et pluisours batailles ke il orent, et la mort Moyset et Josué.
Thebes	.xvii. De la destruction de Thebes et les nons des rois de Thebes.
Thebes [*sic*]	.xxi. Des nons de tous les rois des Argiiens et comment tous li roiaumes fu translatés a Mychenes.
Ebryus	.xxi. La bataille Sangar, le princhе des Ebryus, contre les Phylistiiens et leur autres voisins, et de Gedeon, ki aprés lui vint, et comment la harpe fu trovee.
Syches	.xxiii. Comment Vezones, li rois de Egypte, envaï le regne de Syche.

Amazones	.xxiii. Le commenchement dou roiaume des Amazoines.
Ebryus	.xxiiii. De Abymelech, de Thola, de Gepte, de Abessem, de Aylon, de Abdon, ki tout furent juge.
Troies	.xxv. Le comenchement dou siege de Troies.
Troies	.xxix. Le fin dou siege de Troies, et le departement de chiaus ki en eschaperent.
Eneas	.xxx. Comment Eneas se parti de Troies et vint en Ytaile et morut.
Ebryus	.xxxv. De Sanson le fort.

TABL. 3 – Extrait de la table des rubriques du manuscrit Cambrai, BM, 683.

La table des rubriques est éclairante dans ce manuscrit non seulement parce qu'elle indique les feuillets où commencent les chapitres individuels (les chiffres romains précédant les titres), mais aussi dans la mesure où chaque entrée est dotée de l'indication du peuple ou de l'espace géographique qu'elle concerne. Le texte commence ainsi par trois chapitres sur l'histoire des *Ebryus*, parlant, respectivement, d'Adam, de Noé et de la tour de Babel. Dans la suite, les chapitres consacrés aux Hébreux alternent avec des segments à propos, entre autres, de la Crète, des Argiens, de Thessalie, d'Athènes, de Thèbes, des Scythes et des Amazones, et de Troie[22]. Les éléments qui nous intéresseront de plus près ici s'échelonnent sur l'étendue de texte située entre les chapitres sur la guerre de Thèbes et ceux à propos de la destruction de Troie.

En regardant plus en détail cet échantillon, on constate qu'entre les « blocs thématiques » qui se reflètent dans les rubriques reproduites ci-dessus sont intercalés divers faits d'histoire mythologique. Nous avons

22 Les trois derniers éléments dans cette liste – Thèbes, les Amazones, et Troie – s'inspirent des sections thématiquement correspondantes de l'*Histoire ancienne jusqu'à César*, comme l'a observé Jung, *La légende de Troie*, *op. cit.*, p. 431. Pour une bonne présentation d'ensemble de l'utilisation des différentes sections de l'*Histoire ancienne* dans la CBA, voir l'étude de Noirfalise, « Context-Based Compilation ? The Use of the *Histoire ancienne jusqu'à César* and the Function of the matière d'Alexandre in the *Chronique de Baudouin d'Avesnes* », *Medieval Francophone Literary Culture Outside France : studies in the moving word*, éd. Nicola Morato et Dirk Schoenaers, Turnhout, Brepols, 2018, p. 289-319, voir p. 296-298 à propos des sections Thèbes, Amazones et Troie.

retenu quelques éléments notables dans le tableau 4, qui se base toujours sur le manuscrit de Cambrai. Les sujets qui se dégagent des rubriques sont mis sur fond gris et, sur fond blanc, les faits supplémentaires qui sont évoqués dans les segments en question.

Thèbes (f. 17r°-20v°)
Argiens (f. 20v°)
Persée premier roi de Mycènes (f. 20v°-21r°) *Dyonisius*, surnommé Liber Pater, conquiert l'Orient (f. 21r°)
Hébreux (f. 21r°-22r°)
Mercurius invente la harpe (f. 22r°) Fondation de Tyr (f. 22r°) Mort de Liber Pater (f. 22r°)
Scythes et Amazones, expédition d'Hercule et de Thésée (f. 22r°-23v°)
Hercule lutte contre Antée (f. 23v°) Hercule institue les jeux Olympiques (f. 23v°) Thésée détruit Thèbes (f. 23v°) Descendance des Amazones (f. 23v°)
Hébreux (f. 23v°-25r°)
Troie (1re destruction) (f. 24v°-25r°)
Mort d'Hercule (f. 25r°)
Troie (2e destruction) (f. 25r°-29r°)

TABL. 4 – Relevé des contenus de l'échantillon
étudié dans le manuscrit Cambrai, BM, 683.

En lisant le texte, on apprend, par exemple, qu'à l'époque où a eu lieu la guerre de Thèbes, Persée était le premier roi de Mycènes, et qu'en même temps Dionysos, surnommé Liber Pater, est parti pour conquérir l'Orient. Plus loin, après le segment sur les Scythes et les Amazones qui évoque l'expédition d'Hercule et de Thésée contre le peuple des femmes guerrières, sont mentionnés d'autres exploits des deux héros. Finalement, après la première destruction de Troie (par les Argonautes), le texte relate, entre autres, la mort d'Hercule.

Ces faits d'histoire mythologique païenne et leur place dans l'architecture d'ensemble des chroniques s'avèrent particulièrement intéressants pour notre propos, dans la mesure où certains manuscrits qui portent, dans leur titre ou leurs rubriques, la désignation *Trésor des histoires* présentent des variations dans la constellation de ces épisodes. Il est important de noter – suivant un premier examen, qui sera toutefois à vérifier dans le détail – qu'à un manuscrit près, les autres témoins de CBA présentent la même structure que le manuscrit de Cambrai dans les segments en question[23]. Dans le tableau 5 ci-dessous, nous ne retenons que les manuscrits de CBA désignés comme *Trésor des histoires*, en indiquant s'ils comportent la constellation d'épisodes reproduite *supra* (que nous nommons « CBA vulgate ») ou une structure qui en diverge[24]. Les feuillets délimitent la portion de texte allant de la fin du segment sur Thèbes jusqu'à la fin de la deuxième destruction de Troie.

Manuscrits de CBA désignés comme Trésor des histoires	Constellation des épisodes
Paris, Arsenal, 5077, f. 39v°-52r°	CBA vulgate
London, BL, Harley 4415, f. 26v°-40v°	CBA vulgate
Den Haag, KB, 71 A 14, f. 27v°-41v°	CBA vulgate
Krakow, Biblioteka Jagiellońska, gall. fol. 216, f. 33r°-50r° [= *K*]	CBA avec ajouts
Besançon, BM, 678, f. 25v°-37v° [= *Bs*]	CBA avec ajouts
Gent, Universiteitsbibliotheek, 415, f. 49r°-72r° [= *G*]	CBA avec ajouts
Valenciennes, BM, 538, 28v°-42r° [= V^1]	CBA avec ajouts
Paris, BnF, fr. 17181, f. 36r°-45r° [= P^3]	CBA abrégé avec ajouts
Arras, BM, 995, f. 34r°-55v° [= A^2]	CBA avec ajouts et autres modifications

TABL. 5 – Constellation des épisodes dans les manuscrits de CBA désignés comme *Trésor des histoires.*

23 Le manuscrit de Bruxelles, KBR, 10201 fait exception, témoignant d'une version manifestement abrégée du texte. D'après nos sondages provisoires, le segment thébain en est entièrement absent, et celui sur Troie a été réduit en une suite de généalogies des Troyens et de leurs descendants qui ne dépasse pas un feuillet.

24 Nous n'avons pas inclus ici le manuscrit London, BL, Cotton Aug. V, autre soi-disant *Trésor des histoires*, puisqu'il témoigne vraisemblablement d'une compilation. Nous reviendrons plus loin sur le statut de ce témoin.

On constate que tous les témoins énumérés ci-dessus ne présentent pas la même organisation des contenus abordés[25]. Les trois premiers suivent, dans les parties de texte étudiées, le modèle « vulgate » de CBA. Les six autres manuscrits, cependant, présentent diverses innovations sur le plan des contenus. Il ne sera pas possible d'offrir ici une présentation détaillée de tous les schémas qui apparaissent dans ces manuscrits. Dans la suite de l'étude, nous aborderons avant tout un cas de figure particulier, commun à quatre manuscrits : le schéma « CBA avec ajouts ». Nous emploierons les sigles indiqués dans la liste *supra* afin de renvoyer aux témoins en question, conservés respectivement à Besançon, Cracovie, Gand et Valenciennes.

Ce quartet de manuscrits partage dans l'échantillon étudié une série d'ajouts qui viennent étoffer le texte vulgate de CBA à des endroits où ce dernier présente des séries d'anecdotes d'histoire mythologique. Avant d'aborder le texte à proprement parler, il semble utile de visualiser les innovations en plaçant en regard le schéma des contenus de la version « vulgate », déjà présenté, à côté de la version « avec ajouts ».

CBA « vulgate »	CBA « avec ajouts » (G, K, Bs, V1)
Thèbes	*Id.*
Argiens	*Id.*
Persée premier roi de Mycènes Liber Pater conquiert l'Orient	*Id.*
	Précisions sur Liber Pater Invention du char Hercule vainc *Antheum le jaiant*
Hébreux	*Id.*
	Hercule sauve Thésée de Cerbère Orphée roi [*sic*] de musique
Mercurius invente la harpe. Fondation de Tyr. Mort de Liber Pater.	*Id.*
Scythes et Amazones	*Id.*
Hercule contre Antée Hercule institue les jeux Olympiques Thésée détruit Thèbes Descendance des Amazones	*Id.*

25 On voit se confirmer ainsi l'observation de Florent Noirfalise, citée *supra*, p. 87.

Hébreux	*Id.*
Troie (1re destruction)	*Id.*
Mort d'Hercule	*Id.*
	Hercule vaincu par une femme
Troie (2e destruction)	*Id.*

TABL. 6 – Comparaison des contenus dans CBA vulgate et CBA avec ajouts.

La version avec ajouts garde l'ordre des grands segments présents dans le texte vulgate de CBA, mais elle les complète par de nouvelles données. Quand il est question, par exemple, de Liber Pater, les manuscrits *G*, *K*, *Bs* et V^1 offrent des précisions sur son personnage, suivi de l'évocation succincte d'autres faits (l'invention du char et la victoire d'Hercule sur Antée). Plus loin, après le segment suivant consacré aux Hébreux, de courts ajouts parlent de Cerbère, puis d'Orphée, avant de revenir à la trame « vulgate » avec l'invention de la harpe par Mercure. Finalement, après la première destruction de Troie, au moment où la version vulgate évoque la mort d'Hercule, on apprend, dans la version avec ajouts, que ce dernier a été vaincu par une femme, qui dans la tradition classique s'appelle Omphale.

Illustrons le phénomène de ces ajouts à l'aide d'un exemple textuel, en citant le segment sur Liber Pater d'après les deux versions du texte, suivi, dans la version avec ajouts, du premier ensemble d'insertions signalé *supra*. Afin de faire ressortir le segment innovateur dans la version avec ajouts, nous le présentons dans un paragraphe à part.

> CBA vulgate (d'après Cambrai, BM, 683)[26]
>
> En che tans Dyonisius, qui estoit sournoumés Liber Pater, ki fu fius de la fille Cadmus, ki Semelé fu apielee, entra en Ynde par force et arousa toute la terre de sanc humain par griés batailles, puis passa outre vers Orient. Et quant il ot tant alé k'il ne pot plus, si assist grans coulombes de pierre ausi comme bonnes. Et dist k'eles ne seroient jamais passees par nul houme. Mais Alixandres li grans rois le passa puis .i. petit. Chil Lyber fonda une cité sour le flun d'Inde et l'apiela Nysam. Apriés entra en Perse et se combati as Persans, et fu mors en la bataille. Si fu ensevelis en l'ysle de Delphos, si con vous orrés quant tans en ert. Or revenrons a la matere des Ebrius.

26 Cambrai, BM, 683, f. 21r°a.

CBA avec ajouts (d'après *G*)[27]

En ce temps aussi Dionisius, qui estoit surnommé Liberpater, qui fut filz de la fille Cade Cadinus [*sic*], qui eust a nom Semelé, entra en Inde par force et arousa toute la terre du sang humain par guerres et grandes batailles, puis passa oultre vers Orient. Et quant il eust tant alé avant qu'il ne peust plus, si assist grandes columpnes de pierres ainsi comme bonnes et dist qu'elles ne seroient jamais passees par nul homme. Mais Alixandre le Grant les passa ung peu aprés. Icellui Liber fonda une cité sur le fleuve d'Inde et l'appella Nisam. Aprés entra en Perses et se combatit aux Persans et morut en bataille et fut ensevely en l'isle de Delphos, si comme vous orrés quant temps sera. Or revenons aux Ebreux.

Icellui Dionisius, qui fut surnommé Liberpater [Liberbacus *Br*], fonda une cité en Grece qui fut nommee Arges. Et donna aux Grigois l'art et l'usaige de faire les vignes, et pour ce les poetes l'appellent dieu de vin. En ce temps, Certonius [Ertons *Br*] et Etriolus trouverent l'art de joindre chars et charrettes. En ce temps Herculés vainquit Antheum le jayant.

La version vulgate du texte donne une sorte de condensé de la vie et des faits de Liber Pater, à commencer par sa généalogie (il est fils de Sémélé, elle-même fille de Cadmus), présentant ensuite ses conquêtes et exploits guerriers en Orient (les colonnes qu'il aurait érigées et qu'Alexandre le Grand aurait dépassées, ses batailles contre les Persans, la fondation de la ville de *Nysam*), anticipant finalement sa mort et son enterrement sur l'île de Delphos (qui seront relatés plus loin dans le texte). La version avec ajouts reprend tous ces éléments, mais elle les complète par d'autres morceaux d'information à propos du même personnage : il aurait fondé la ville d'Argos, et il aurait appris aux Grecs à cultiver les vignes – c'est pour cela que les poètes l'auraient appelé le dieu du vin. D'autres insertions suivent, qui concernent d'autres personnages, à savoir *Certonius* et *Etriolus*, qui auraient inventé le char, et Hercule, vainqueur d'*Antheum*.

Le segment qui n'est pas présent dans le texte « vulgate » se prête à quelques observations plus précises, permettant en même temps d'écarter l'hypothèse selon laquelle les manuscrits *G*, *K*, *Bs*, V^1 témoigneraient d'un état textuel plus ancien et plus complet de CBA. On constate que le matériel absent de la version vulgate est ajouté par l'autre version à la fin du bloc textuel, comme une pièce rapportée, alors qu'on a déjà annoncé le thème du segment suivant : *Or revenons aux Ebreux*. En d'autres termes, là où la version vulgate embraye effectivement en

27 Gent, Universiteitsbibliotheek, 415, f. 49v°-50r°.

parlant des Hébreux, celle avec ajouts intercale des éléments à propos d'événements sans rapport avec le peuple d'Israël, sans modifier la phrase de transition. Les ajouts risquent ainsi de perturber l'ordre du texte. En outre, ils amènent à certains dédoublements. La phrase succincte *En ce temps Herculés vainquit Antheum le jayant* évoque un événement – la lutte entre Hercule et Antée – qui sera relaté une nouvelle fois *in extenso* plus loin dans le texte, après le segment qui parle des Amazones et de l'expédition d'Hercule et de Thésée contre celles-ci. Il semble donc bien plus probable que l'on a affaire ici à la juxtaposition de différentes strates textuelles. Le texte vulgate de CBA est enrichi par des matériaux relevant de l'histoire universelle provenant d'ailleurs.

Les ajouts visualisés ci-dessus sont présents en effet dans une compilation à part dont la tradition se confond – comme la critique l'a déjà relevé – avec celle de CBA : le *Manuel d'histoire de Philippe VI de Valois*[28]. Il s'agit d'un abrégé d'histoire universelle, inédit lui aussi, qui a probablement vu le jour dans les années 1330 et qui survit dans quelque trente manuscrits[29]. En comparant le texte de CBA avec ajouts avec celui du *Manuel*, on comprend mieux les insertions ainsi que le contexte dans lequel certaines d'entre elles figurent dans les manuscrits *G*, *K*, *Bs* et *V*[1]. À titre d'exemple, on peut considérer une nouvelle fois les ajouts mentionnés précédemment, ainsi qu'un deuxième ensemble d'insertions, à propos de Cerbère, puis d'Orphée, en comparant le texte de CBA avec ajouts à celui du *Manuel*. Nous citons ce dernier d'après le manuscrit Paris, BnF, fr. 4940, témoin du XIVᵉ siècle, en indiquant des variantes ponctuelles d'après une sélection d'autres témoins lorsque ces leçons nous aident à comprendre le texte du *Manuel* ou de CBA avec ajouts[30].

28 Voir les observations à la p. 88 *supra*.

29 *Manuel d'histoire de Philippe VI de Valois* est à son tour un titre conventionnel, proposé par Camille Couderc, supposant que le roi Philippe VI de Valois était le dédicataire de l'œuvre ; *cf.* Couderc, « Le Manuel d'histoire de Philippe VI de Valois », *Études d'histoire du Moyen Âge dédiées à Gabriel Monod*, Paris, Cerf et Alcan, 1896, p. 415-444 (p. 438-443 pour une liste de 26 témoins). Pour une liste actualisée de manuscrits, voir la page Arlima dédiée à l'œuvre, « Les chroniques abregees », en ligne : https://www.arlima.net/ad/chroniques_abregees.html (consulté le 05/05/2020). La diffusion de l'œuvre est abordée par Marie-Madeleine Huchet, « La diffusion de deux traités de Jean Quidort de Paris en ancien français : du *Manuel d'histoire de Philippe de Valois* au roman de *Renart le Contrefait* », *Romania*, 132 (2014), p. 412-427, surtout p. 416-417. Voir aussi l'article de Jean-Marie Fritz dans le présent volume.

30 Nous n'avons pas fait une étude approfondie de la tradition textuelle et avons sélectionné un ensemble de témoins sur la base de leur accessibilité, en veillant à choisir des

CBA avec ajouts (d'après *G*)[31]

Icellui Dionisius, qui fut surnommé Liberpater [Liberbacus *Br*], fonda une cité en Grece qui fut nommee Arges. Et donna aux Grigois l'art et l'usaige de faire les vignes, et pour ce les poetes l'appellent dieu de vin. En ce temps, Certonius [Ertons *Br*] et Etriolus trouverent l'art de joindre chars et charrettes. En ce temps Herculés vainquit Antheum le jayant.

Manuel d'histoire de Philippe de Valois (d'après Paris, BnF, fr. 4940)[32]
[contexte : à l'époque de Moïse]

En celuy temps, Dyonise Bachus, qui autrement est appellez Liber Pater, edifia une autre cité, qui est appellee Argos, en Grece. Et donna ce Bachus aux Grecs l'art et l'usage de faire vigne, et pour ce les poetes l'appellent dieu de vin. En celuy temps, Orithonius [Eritonius $V^{688}P^{693}P^{1406}P^{19477}$] et Troilus [Etriolus V^{688} Estroilus P^{1406} Etrolus $P^{693}P^{19477}$] trouverent l'art de joindre chars et charrettes. En ce temps, soubz Deucalyon, le deluge fu en Thessale, du quel parle le poete. En ce temps, Herculés vainqui Anthemi [Antheum $V^{688}P^{1406}P^{19477}Bes^{677}$] le jayant. [...]

CBA avec ajouts (d'après *G*)[33]
[contexte : après un segment parlant des juges d'Israël, de Samgar à Gédéon]
[C]erberus, ung grant [ja]iant, regna en ce temps, lequel devora Pichoine [Pithomo *K* Pichomne *Bs*], qui estoit venu pour ravir Proserpine avec Theseus ; et aussi eust devoré Theseus, mais Herculés y survint qui le delivra. Et pour ce que ce jayant estoit si mauvais, les poetes dient que Cerberus est le portier d'enfer. Orpheus, roy de musique, est aussi esté en ce temps, duquel les poetes dient que par son bel chant il fist les rivieres arrester, les bestes sauvaiges apprivoisier et les monstres d'enfer leur cruaulté laissier. Duquel Mistus [Mustus *K*] fut disciple.

Manuel d'histoire de Philippe de Valois (d'après Paris, BnF, fr. 4940)[34]
[contexte : à l'époque de Samgar]

En celuy temps fu Cerberus, un grant jayant, qui devora Peritoine, qui estoit venu pour ravir Proserpine avec Thezeus, [*aj.* et (ainsi P^{1406} aussi $V^{688}Bes^{677}$)] eust devouré Theseus, $V^{688}P^{693}P^{1406}P^{19477}Bes^{677}$] mais Herculés seurvint qui le delivra. Et pour ce qu'il estoit si maulx, li poetes dient que Cerberus est portier d'enfer.

représentants des deux « rédactions » principales du texte identifiés par Couderc, « Le Manuel d'histoire de Philippe VI de Valois », art. cité, et à choisir des manuscrits des XIVe et XVe siècles. Voici les témoins, avec les sigles que nous leur attribuerons ici : Besançon, BM, 677 (= B^{677}, XIVe siècle) ; Paris, BnF, fr. 4939 (= P^{4939}, XVe siècle, 1re rédaction) ; Paris, BnF, fr. 19477 (= P^{19477}, XIVe siècle, 2e rédaction) ; Paris, BnF, fr. 693 (= P^{693}), fr. 1406 (P^{1406}), et Vatican, BAV, Reg. lat. 688 (= V^{688}). Les variantes sont notées entre crochets et intercalées directement dans les segments individuels.

31 Gent, Universiteitsbibliotheek, 415, f. 50r^{o}.

32 Paris, BnF, fr. 4940, f. 5v^{o}.

33 Gent, Universiteitsbibliotheek, 415, f. 53v^{o}-54r^{o}.

34 Paris, BnF, fr. 4940, f. 7v^{o} (Cerbère), f. 8r^{o} (Orphée).

> [contexte : à l'époque de Gédéon]
> En celuy temps, Orpheus, maistre de musique, fu clerc du pueple. Du quel dient les poetes que, par son beau chant il faisoit baler les pierres et les rivieres arrester, les bestes sauvages aprivoisier, les moustres d'enfer leur cruaulté lessier. Museus fu son desciple.

La place des insertions dans la version de CBA avec ajouts est, au moins en partie, corrélée à celle qu'occupent les éléments correspondants dans le *Manuel*. La mention de l'invention du char et de la victoire d'Hercule sur Antée après les précisions sur Liber Pater s'explique par le simple fait que cette série d'éléments a été reprise en bloc du *Manuel* et insérée après le chapitre déjà en place dans CBA vulgate sur Liber Pater. Les éléments d'histoire ancienne et biblique dans les parties en question du *Manuel* se construisent dans leur ensemble comme une suite de courtes « entrées », alors que CBA opère avec des chapitres plus longs. C'est ainsi que s'explique aussi l'accumulation de faits à la fin de certains chapitres de CBA avec ajouts qui se trouvent dans un ordre non consécutif dans le *Manuel*. Ainsi, les mentions de Cerbère et d'Orphée se suivent dans le texte de CBA avec ajouts, après un chapitre qui décrit l'histoire des Hébreux de Samgar à Gédéon, alors que dans le *Manuel*, les deux faits d'histoire païenne sont placés après les deux segments respectifs parlant des deux juges d'Israël mentionnés.

Sur le plan de la variation textuelle plus fine, le texte du *Manuel* aide aussi à expliquer certaines formes corrompues dans les quatre témoins de CBA avec ajouts. En recourant au *Manuel*, on arrive à déceler l'identité des prétendus inventeurs du char, *Certonius* et *Etriolus* d'après *G*, *Bs* et *V*[1] (le premier étant corrompu davantage en *Ertons* dans *K*), censés être Érichthonius (*Eritonius* dans plusieurs témoins du *Manuel*) et Troilus. De même, on reconnaît mieux le nom du personnage qui était descendu aux enfers avec Thésée afin de ravir Proserpine avant d'être détenu par Cerbère : les formes difficilement reconnaissables de *Pithoine* (*GV*[1]), *Pithomo* (*K*) ou encore *Pithomne* (*Bs*) dans CBA avec ajouts paraissent en effet résulter de la mauvaise interprétation d'une forme abrégée du type *P(er)itoine*, attestée parmi les témoins considérés du *Manuel* et plus proche du nom de la personne en question, Pirithoüs. De manière tout à fait analogue, le personnage au nom de *Mustus* (*K*) ou *Mistus* (*GBsV*[1]) qui aurait été le disciple d'Orphée apparaît plus correctement en tant que *Museus* dans les témoins du *Manuel* pris en compte. Les variantes prises en considération ici, notamment les formes erronées présentes dans les quatre manuscrits de CBA avec ajouts, mettent davantage en évidence la parenté entre ces témoins, qui semblent former un sous-ensemble à l'intérieur de la tradition de CBA. Les données prises en compte suggèrent non seulement que le *Manuel* est la source directe des ajouts, mais nous indiquent même des pistes pour identifier, parmi les témoins de cette compilation, un modèle à partir duquel les éléments en question auraient été exportés[35].

Un autre passage présent dans les quatre manuscrits *G*, *K*, *Bs* et V^1 renforce l'hypothèse que ces derniers pourraient même témoigner d'une « version remaniée » propre de CBA, au moins dans les segments étudiés. Il s'agit en l'occurrence d'un ajout qui ne provient vraisemblablement pas du *Manuel*. Après la deuxième destruction de Troie, après avoir repris à CBA « vulgate » l'indice *Or vous diray que les Troyens qui ne furent mie occis en la bataille devindrent*, se trouve une nouvelle insertion :

> En ce temps commencerent les Grigois a nouter les ans de la prise de Troyes. Ainsi comme nous escripvons a present l'an de l'incarnacion Nostre Seigneur mil quatre cens quinze [*id. KBs*V^1], aussi disoient les Grigois l'an et jour tel aprés la destruction de Troye. Et par telle maniere avoit on compté par avant les ans des jeuz de l'Olimpiade du commencement que Herculés les eust establis[36].

La présence de cette date, 1415, livre un bon indice non seulement pour le *terminus post quem* des témoins en question, mais aussi pour la potentielle date de rédaction de la version avec ajouts dont *G-K-Bs*-V^1 sont des représentants survivants, au moins dans les parties d'histoire ancienne prises en compte. Il s'agirait en d'autres termes d'un possible sous-ensemble « génétique » parmi les « versions hybrides » de CBA. Une telle observation est évidemment téméraire sur la base du mince échantillon de données examinées ici. On devrait aussi s'attendre à ce que certains manuscrits se comportent différemment dans d'autres parties des compilations[37].

---

35 Parmi les témoins du *Manuel* pris en compte, le manuscrit Vatican, BAV, Reg. Lat. 688 présente, par exemple, certaines variantes identiques à celles des quatre témoins *G*, *K*, *Bs* et V^1. On y trouve la même variante corrompue *Etriolus* pour le nom de Troïlus et la précision que Cerbere *aussi eust devoré Theseus*, qui est entièrement ou en partie absente dans certains témoins du *Manuel*.

36 Gent, Universiteitsbibliotheek, 415, f. 72r°.

37 Notons à ce sujet que les analyses de Florent Noirfalise l'ont amené à placer seul *Bs* (et non *G*, *K* et V^1) dans sa liste de témoins hybrides (Noirfalise, *Family Feuds and the (Re)*

Le constat des solidarités entre ces quatre témoins ainsi que leurs rapports avec le *Manuel d'histoire de Philippe de Valois* nous permettent néanmoins dans une dernière étape d'ouvrir le champ de vision sur les autres témoins appelés *Trésor des histoires* qui ne donnent pas la version vulgate de CBA, mais une version altérée, voire qui témoignent d'une compilation à part. Cela concerne d'abord deux manuscrits retenus dans notre tableau 5 (Paris, BnF, fr. 17181 et Arras, BM, 995), qui comportent également le prologue parlant du *Tresor de sapience*, caractéristique de CBA. En outre, cela implique la chronique du manuscrit London, BL, Cotton Augustus V, qui, comme nous le verrons, partage certains éléments avec les témoins de CBA avec ajouts (et modifications), appelés *Trésor des histoires*.

Certaines données textuelles dans les témoins fr. 17181 (P^3) et Arras 995 (A^2) suggèrent que ces derniers sont apparentés à leur tour aux manuscrits *G*, *K*, *Bs*, V^1. Les exemples que nous évoquerons ici se situent dans les parties du texte qui remontent à CBA vulgate et que l'on retrouve, par conséquent, dans l'essentiel des témoins de CBA. Pour faire ressortir les parallèles entre les ensembles *G-K-Bs-*V^1 et P^3-A^2, il convient donc de recourir aux données présentes dans la totalité des témoins de CBA. On se limitera ici à évoquer deux exemples : une erreur parlante et une transition particulière entre deux chapitres, dont témoignent les six *Trésors des histoires* en question.

Le premier exemple se situe dans la phrase introductive au segment sur Liber Pater, qui nous est déjà connu de l'argumentation précédente. Le lieu variant qui nous intéresse est le nom du grand-père de Liber, Cadmus. Citons la phrase en question d'après le manuscrit de Cambrai (version vulgate), en relevant ensuite les variantes que donnent les autres témoins de CBA du nom propre en question.

> En che tans Dyonisius, qui estoit sournoumés Liber Pater, ki fu fius de la fille Cadmus ki Semelé fu apielee, entra en Ynde par force et arousa toute la terre de sanc humain par griés batailles, puis passa outre vers Orient[38].
>
> *Varia lectio* : Cadmus] *Cambrai* ; cadmus *ou* cadinus *Baltimore, Walters Art Gallery W. 307* ; *Chantilly, Bibl. du château, 729* ; *London, BL, Royal 18 E V* ; *Paris, BnF, 1367* cadinus *Bruxelles, KBR 9069* ; *London, BL, Harley 4415* ; *Paris, Arsenal 3710* ; *Arsenal 5067* ; *Arsenal 5077* ; *Vatican, Reg. Lat. 1900* ;

---

writing of Universal History, *op. cit.*, p. 49-50).

38 Cambrai, BM, 683, f. 21r°a.

New Haven, Yale, 1106 ; *feuillet mq. Arras, BM, 863* ; *segment manque dans Bruxelles, KBR 10201* ; cade cadinus *GBs*V^1 cade cainus *J* cade cadimus P^3 cade candraus A^2

Dans un grand nombre des témoins de la version vulgate, le nom de Cadmus apparaît sous une forme légèrement corrompue, du type *cadinus*, résultat d'une mauvaise interprétation des jambages. Dans les manuscrits *G-K-Bs-*V^1 et P^3-A^2, il a cependant subi une corruption supplémentaire, se dédoublant à moitié par une pseudo-dittographie en *cade cadinus* (*GBs*V^1), qui a évolué à son tour en *cade cainus* (dans *K*), *cade cadimus* (P^3) et *cade candraus* (A^2)[39]. Il semble peu probable en effet qu'une telle erreur se soit produite au même endroit de façon polygénétique, et bien plus vraisemblable que les six témoins se rattachent ici à un modèle commun.

Le deuxième exemple se situe un peu plus loin dans le texte, au moment de la transition entre l'histoire des juges d'Israël et le récit sur le premier siège de Troie. Dans le manuscrit de Cambrai et l'essentiel des autres témoins de CBA[40], le paragraphe sur les Hébreux en question se termine par le passage suivant :

> Au tans de ces .iii. juges Abessem, Aylon et Abdon furent li Ebruy en grant pais, mais es autres roiaumes avoit grant guerre et grant descort, car en lor tans fu Troies destruite. Si vous dirai comment et par quele occoison. Et pour chou ke vous l'entendés miex et que vous saichiés dont cil de Troies vinrent, je commencherai plus amont[41].

On passe ensuite au prochain paragraphe, rubriqué dans le manuscrit de Cambrai *Dou siege de Troies*, qui commence par la généalogie des rois de Troie, rattachés à la généalogie biblique. Dans les témoins *G-K-Bs-*V^1 et P^3-A^2, le segment cité est bien présent, mais il forme le début du chapitre suivant sur Troie[42]. Dans chacun des manuscrits concernés, on trouve ainsi une lettrine *A* en tête de *Au tans*, marquant le début du

39 *G*, f. 49v° ; *J*, f. 33v° ; *Bs*, f. 26r°a ; V^1, f. 29r°a ; A^2, f. 62r° ; P^3, f. 36v°.

40 Le témoin abrégé de Bruxelles, KBR, 10201 fait exception, présentant une structure qui ressemble en effet à celle des témoins avec ajouts et modifications qui sera présentée *infra*. Il faut noter cependant que le texte a été réaménagé afin de résumer en un seul segment (aux f. 11r°a-v°b) la généalogie des Troyens et de leurs descendants, se passant entièrement de la narration des deux destructions de la ville. *Cf.* déjà la note 23 à propos de ce manuscrit.

41 Cambrai, BM, 683, f. 24v°a.

42 *G*, f. 60r° ; *K*, f. 41r° ; *Bs*, f. 31v° ; V^1, f. 35r° ; A^2, f. 49v° ; P^3, f. 23r°.

segment. Si le déplacement d'une transition est, certes, un phénomène moins parlant que l'erreur dans le premier exemple évoqué, il nous semble néanmoins intéressant de le prendre en considération, si ce n'est que pour fournir une piste à explorer dans des études ultérieures.

De manière générale, la présence de telles erreurs et variantes dans chacun des *Trésors des histoires* en question et son absence dans les autres manuscrits pris en considération suggère que *G-K-Bs-V*^{1} et *P*^{3}-*A*^{2} pourraient dériver d'une même branche du stemma de CBA. Cette hypothèse serait, bien entendu, à vérifier sur d'autres parties du texte.

Les six témoins *G-K-Bs-V*^{1} et *P*^{3}-*A*^{2} ont en même temps une autre particularité en commun, qui souligne par contre la nature « ouverte » de la tradition à laquelle ils appartiennent, et à laquelle se rattache également le manuscrit Cotton Augustus V de la British Library, intitulé à son tour *Trésor des histoires*. Il s'agit du rapport qu'ils entretiennent avec le *Manuel d'histoire de Philippe de Valois*. En effet, chacun de ces manuscrits se caractérise dans les segments examinés par des emprunts au *Manuel*, même si c'est selon des programmes différents et dont aucun ne correspond au schéma des témoins de CBA avec ajouts représenté plus haut dans le tableau 6. Ni *P*^{3} ni *A*^{2} ne comporte ainsi les précisions sur Liber Pater telles qu'on les trouve dans l'ensemble *G-K-Bs-V*^{1}. L'ajout à propos d'Orphée est présent dans *A*^{2} (à un autre endroit de la trame historique), mais non dans *P*^{3}, et le dernier ajout retenu dans notre liste *supra*, à propos d'Hercule vaincu par une femme, figure dans *P*^{3}, mais non dans *A*^{2}[43]. Le témoin londonien présente un cas à part, car s'il comporte la plupart des ajouts énumérés, le contexte dans lequel ces composantes s'insèrent est si différent qu'il se prête difficilement à une comparaison avec le texte de CBA vulgate[44]. En d'autres termes, notre étude confirme les résultats obtenus dans des contributions précédentes, suggérant qu'il s'agit ici d'une autre œuvre. En effet, dans les passages analysés, celle-ci se ne rapproche de CBA qu'à travers les insertions présentes dans les témoins tardifs de CBA avec ajouts et/ou modifications (*G-K-Bs-V*^{1} et *P*^{3}-*A*^{2}), mais absentes de CBA vulgate.

43 L'ajout à propos d'Orphée se situe au f. 47v° dans *A*^{2} ; celui à propos d'Hercule vaincu au f. 23v° de *P*^{3}.

44 Dans le manuscrit de Londres, l'ajout à propos d'Orphée se retrouve au f. 30r°b avant la narration thébaine, dans un chapitre qui traite d'Isaac, de Jacob et d'Ésaü. Les éléments à propos de l'invention du char, de Cerbère et de Liber Pater se suivent (dans cet ordre) au f. 32r°b-v°a dans un chapitre parlant d'événements survenus à l'époque de Moïse, également avant le segment thébain.

En regardant de plus près les rapports qu'entretiennent les différents manuscrits en question avec le *Manuel*, on arrive à un constat intéressant. On peut l'illustrer par un autre ajout, celui à propos d'Hercule vaincu par une femme, dont le nom fait l'objet d'une variation significative dans nos manuscrits. L'ajout apparaît dans *G-K-Bs-*V^1 (où il se situe dans un contexte identique) ainsi que dans P^3 et dans la compilation du manuscrit Cotton Augustus V. Nous citons ci-dessous d'abord l'ajout en question d'après ces cinq témoins, et ensuite le passage source dans le *Manuel* d'après le manuscrit Paris, BnF, fr. 4940. Une sélection de variantes sera indiquée d'après le même ensemble de témoins du *Manuel* considérés *supra*. Nous y ajouterons ici, en outre, les variantes des manuscrits de Douai, BM, 802 et Paris, Bibliothèque Sainte-Geneviève 673, inclus parfois dans les listes de manuscrits de CBA, mais qui, selon la recherche plus récente, témoignent plutôt du *Manuel*[45]. C'est également le cas dans les segments abordés ici :

> CBA « avec ajouts » (d'après *G*)[46]
> [après la mort d'Hercule] Icellui Herculés est appellé victorieux pour ce que, selon Barro [*sic*], il surmonta toutes manieres de bestes. Toutesvoies une femme, qui Deiphile* [*id.* V^1 Deiphele *K* Deifile *Bs*] eust a nom, le surmonta, car elle le fist filer et faire euvres de femmes.

> Paris, BnF, fr. 17181 (P^3)[47]
> [avant la mort d'Hercule] Cestui Herculés appell'on victorien car, selon Baro, il sourmonta toute manieres de bettes, serpens horribles et grandz monstres. Et touteffois une femme nommee Olimpha* le sourmonta, car elle lui fist faire oeuvre de femme et filler.

> London, BL, Cotton Aug. V[48]
> [après la mort d'Hercule] Cellui Herculés est appellé victorieux pour ce que, selon Varro, il surmonta toutes manieres de bestes et tous les fors hommes de son temps. Toutesvoies une femme, qui Deiphile* avoit nom, le surmonta, car elle le fist filler et faire euvres de femmes.

45 *Cf.* note 30 *supra* pour les manuscrits en question. Nous emploierons les sigles supplémentaires P^{673} pour les manuscrits de la Bibliothèque Sainte-Geneviève et *D* pour celui de Douai. Rappelons qu'il s'agit de deux témoins retenus dans notre tableau 2, qui ne portent ni le prologue parlant du *Trésor de sapience* ni l'appellation *Trésor des histoires*, et que leur statut en tant que témoins de CBA a déjà été remis en cause par plusieurs chercheurs précédents, qui y voyaient des témoins du *Manuel*. Les échantillons étudiés ici semblent confirmer cette dernière hypothèse.

46 Gent, Universiteitsbibliotheek, 415, f. 61v°.

47 Paris, BnF, fr. 17181, f. 23v°.

48 London, BL, Cotton Aug. V, f. 39va°b.

Manuel d'histoire de Philippe de Valois (d'après Paris, BnF, fr. 4940)[49]
[après la mort d'Herculе] Cestuy Herculés on appelle victorian pour ce que, selon Varro, il seurmonta toutes manieres de bestes, mais une femme, qui avoit nom Omphale*, le seurmonta, car elle le fist filer et faire euvres de femmes.
Varia lectio : Omphale] $P^{4939}Bs^{677}$ omiphale P^{1406} olimpha P^{673} olimphale $P^{693}P^{19477}$ olimphabe *D* deyfille V^{688}

En regardant les extraits des différents textes appelés *Trésor des histoires*, on constate d'abord qu'aucun d'entre eux ne donne le nom correct d'Omphale. Le manuscrit P^3 présente une forme légèrement corrompue, *Olimpha*, alors que les témoins de CBA avec ajouts et la compilation du manuscrit de Londres donnent une forme très différente, du type *Deiphile*. Ces formes corrompues ne semblent cependant pas être des innovations qui ont surgi suite à un emprunt unique à un même exemplaire du *Manuel*. En abordant les variantes retenues dans notre sélection de témoins du *Manuel*, on constate que des variantes analogues sont présentes déjà parmi les manuscrits de cette compilation (voir *Olimpha* et *Deyfille* parmi la *varia lectio*)[50]. On a l'impression que les rédacteurs des différents *Trésors des histoires* ont eu recours à différents exemplaires du *Manuel*, en en extrayant des informations afin d'enrichir leurs propres compilations historiographiques. En d'autres termes, le même passage a pu être emprunté indépendamment à différents témoins du *Manuel*.

L'implication du *Manuel* dans les témoins désignés comme *Trésor des histoires* qui divergent de CBA vulgate se manifeste sur encore un autre plan, plus visible que ne le sont les ajouts abordés ci-dessus. Avant de clore cette étude, revenons vers l'*incipit* des manuscrits de notre corpus[51]. Le segment qui, dans les manuscrits ayant le texte vulgate de CBA, suit le prologue vulgate de CBA (prologue comportant la désignation *Trésor de Sapience*) est différent dans les témoins *G-K-Bs-*V^1 et P^3*-*A^2. Citons les deux premières phrases de l'*incipit* selon les témoins de CBA vulgate,

49 Paris, BnF, fr. 4940, f. 8v°.

50 On note par ailleurs que la leçon du manuscrit Reg. Lat. 688 (*Deyfille*) se rapproche à nouveau de celle de l'ensemble *G-K-Bs-*V^1 (*Deiphile, Deiphele, Deifile*), ce que nous avons déjà constaté *supra* à l'égard des autres passages communs au *Manuel* et à CBA avec ajouts (*cf.* surtout notre note 35).

51 Notre argumentation à propos des *incipit* rejoint les observations faites par Anne Rochebouet dans sa thèse, *'D'une pel toute entiere sans nulle cousture'*, *op. cit.*, et son article à paraître, « Le récit de la chute de Troie dans la *Chronique dite de Baudouin d'Avesnes* », art. cité.

suivi de l'*incipit* commun aux témoins dans lesquels nous avons repéré les ajouts (et autres modifications) :

> CBA vulgate / *Trésor de sapience* (Cambrai, BM, 683)[52]
> Au commenchement dou tans, quant Diex ot creé ciel et terre et aourné de toute creature et il ot aussi comme l'ostel appareilliet de quanke il li convenoit, si fourma houme de terre a s'ymage aussi grant et aussi parfait comme s'il euust.xxx. ans. Si li mist non Adam et le mist em paradis terrestre.
>
> CBA avec ajouts (et autres modifications) / *Trésor des histoires* (d'après *G*)[53]
> Au commencement, si comme l'escripture tesmoingne, Dieu crea ciel et terre selon les docteurs et les saincts en une masse confuse, laquelle ilz appellerent matiere sans forme. Et toutes les choses qui adonc furent faictes et les quatre elemens estoient assemblez en une confusion si que on ne povoit discerner l'ung de l'autre.

L'*incipit* commun aux versions de CBA avec ajouts (et modifications) est en effet présent également dans le manuscrit London, BL, Cotton Augustus V :

> London, BL, Cotton Aug. V (*Trésor des histoires*)[54]
> Au commencement, sicomme l'escripture tesmoigne, Dieu crea ciel et terre selon les docteurs et les sains en une masse confuse, laquelle ilz appellerent matiere sans forme. Et toutes les choses corporelles qui adont furent faittes et les quatre elemens estoient assamblez en une confusion, si que on ne povoit discerner l'un de l'autre.

Cet *incipit* qui caractérise les manuscrits *G-J-Bs-*V^1, P^3, A^2 et Cotton Aug. V est en effet en même temps l'*incipit* du *Manuel d'histoire de Philippe de Valois*[55]. L'exportation de cet *incipit* vers des témoins de CBA ou apparentés à cette dernière contribue à son tour à expliquer les difficultés de classification rencontrées par la critique à l'égard de cette chronique[56]. Il s'agit pourtant de l'une des composantes révélatrices qui

---

52 Cambrai, BM, 683, f. 1r°.

53 Gent, Universiteitsbibliotheek, 415, f. 1v°.

54 London, BL, Cotton Aug. V, f. 18r°.

55 Anne Rochebouet fait ce constat à propos du manuscrit de Londres, BL, Cotton Aug. V et des deux témoins de Douai, BM, 802 et de la Bibliothèque Sainte-Geneviève, 673 (*cf.* « Le récit de la chute de Troie dans la *Chronique dite de Baudouin d'Avesnes* », art. cité, à paraître).

56 Pour voir les effets ultérieurs de cette juxtaposition d'*incipit*, il suffit de consulter la page consacrée à CBA sur le site du projet *Jonas* (*Répertoire des textes et des manuscrits médiévaux d'oc et d'oïl*) et de constater que l'*incipit* attribué à la « Chronique de Baudouin d'Avesnes » est en effet l'*incipit* du *Manuel* qui a été récupéré dans le manuscrit V^1, parmi nos témoins de CBA

nous permettra de distinguer le texte « vulgate » de CBA d'une partie de ses versions hybrides.

Si l'échantillon des données examinées ici est beaucoup trop mince pour pouvoir tirer des conclusions définitives à propos des rapports stemmatiques entre les différents témoins, nous avons pu voir comment les traditions respectives des *Trésors* et des *Manuels* s'entrecroisent dans un ensemble de *Trésors des histoires* et comment la nature de ces entrelacements a pu donner lieu à des difficultés à délimiter et à classifier les textes en question. Les *Trésors des histoires* sont peut-être issus à l'origine d'une même branche de la tradition de CBA, au plus tard à partir de 1415 (date indiquée dans les manuscrits *G-K-Bs-V*[1]). Ils témoignent en outre d'une pratique d'emprunts qui s'est perpétuée par la suite, impliquant probablement différents témoins du *Manuel*. L'hybridité des témoins atteint ainsi des degrés variables. Le titre *Trésor des histoires* désignant ces textes hybrides a ensuite été utilisé également pour d'autres compilations qui puisaient dans le *Manuel* (comme celle du manuscrit London, Cotton, Augustus V) ainsi que dans des témoins de la version vulgate de CBA. La présence des emprunts au *Manuel*, à commencer par son *incipit*, a confirmé la difficulté à classer les témoins en jeu de manière univoque.

Les aperçus faits à travers cette étude visent finalement un autre aspect intéressant : en suggérant que le *Manuel* a fourni des matériaux à plusieurs textes et à plusieurs reprises, on est amené à supposer que ce texte a dû avoir une importance particulière à l'époque, et que sa tradition textuelle mérite à son tour des études plus approfondies. Donc, il serait éventuellement judicieux d'ajouter son titre à notre liste : *Trésor de sapience*, *Trésor des histoires*, *Manuel d'histoire* – et de constater que la question de leur délimitation, tout comme la désignation médiévale des grandes compilations historiques – *Fleur/Mer/Tresor des Histoires/de Sapience* – reste un terrain d'enquête qu'il faut continuer à creuser.

Laura Endress
Universität Zürich

avec ajouts (Institut de recherche et d'histoire des textes – CNRS, 1998-2013, en ligne : http://jonas.irht.cnrs.fr/consulter/oeuvre/detail_oeuvre.php?oeuvre=5294 (consulté le 05/05/2020).

DEUXIÈME PARTIE

L'*HISTOIRE ANCIENNE* EN ITALIE

FORTUNE DELL'*HISTOIRE ANCIENNE JUSQU'À CÉSAR* NEL VENETO MEDIEVALE

Redatta per Ruggero IV castellano di Lille all'inizio del sec. XIII, l'*Histoire ancienne jusqu'à César* (d'ora in avanti *HA*) costituisce una compilazione di storia antica che si diffuse, tra i secoli XIII e XV, in tutta Europa[1]. Nonostante l'opera sia tornata recentemente al centro degli interessi della critica, essa pone ancora molte di quelle zone d'ombra che si erano presentate sin dai pionieristici studi di P. Meyer, il quale, oltre ad avanzare la proposta di attribuire l'*HA* al celebre poligrafo Wauchier de Denain, evidenziò come lo studio dell'*HA* dovesse necessariamente procedere in parallelo con quello di un'altra interessante compilazione di

1 Ci limiteremo qui a citare alcuni studi recenti che ben definiscono le traiettorie con le quali il testo si diffuse e circolò : Doris Oltrogge, *Die Illustrationszyklen zur* Histoire ancienne jusqu'à César *(1250-1400)*, Frankfurt am Main, Lang, 1989 ; Maria Laura Palermi, « *Histoire ancienne jusqu'à César* : forme e percorsi del testo », *Critica del testo*, 7, 1 (2004), p. 213-256 ; Anne Rochebouet, « De la Terre sainte au Val de Loire : diffusion et remaniement de l'*Histoire ancienne jusqu'à César* au XVe siècle », *Romania*, 136 (2016), p. 169-203. Altre fondamentali informazioni sono ovviamente ricavabili dalle numerose edizioni parziali del testo : Marc-René Jung, *La légende de Troie en France au Moyen Âge. Analyse des versions françaises et bibliographie raisonnée des manuscrits*, Basel – Tübingen, Francke, 1996 (Romanica Helvetica), p. 337-357 ; *The Heard Word : A Moralized History. The Genesis Section of the* Histoire ancienne *in a Text from Saint-Jean d'Acre*, ed. by Mary Coker Joslin, Jackson, University of Mississippi Press, 1986 ; *Histoire ancienne jusqu'à César (Estoires Rogier)*, éd. par Marijke De Visser-van Terwisga, 2 vol., Orléans, Paradigme, 1995-1999 ; Christophe Pavlidès, *L'*Histoire ancienne jusqu'à César *(première rédaction). Étude de la tradition manuscrite. Étude et édition partielle de la section d'histoire romane*, thèse de l'École des Chartes pour le diplôme d'archiviste-paléographe, Paris, 1989 ; *L'*Histoire ancienne jusqu'à César *ou* Histoires pour Roger, châtelain de Lille, *de Wauchier de Denain. L'histoire de la Macédoine et d'Alexandre le Grand*, éd. par Catherine Gaullier Bougassas, Turnhout, Brepols, 2012 (Alexander redivivus) ; *L'*Histoire ancienne jusqu'à César *ou* Histoires pour Roger, châtelain de Lille, *de Wauchier de Denain. L'histoire de la Perse, de Cyrus à Assuérus*, éd. par Anne Rochebouet, Turnhout, Brepols, 2016 (Alexander redivivus) ; *L'Histoire ancienne jusqu'à César (deuxième rédaction)*, édition d'après le manuscrit OUL 1 de la bibliothèque de l'Université Otemae, ancien Phillipps 23240, étude de langue, glossaire et *index nominum* par Yorio Otaka, introduction et bibliographie par Catherine Croizy-Naquet, Orléans, Paradigme, 2016.

storia romana : i *Fet des Romains*, traduzione-adattamento di tre grandi *auctoritates* della storiografia latina (Sallustio, Svetonio e Lucano)[2].

È difatti vero che, già a distanza di pochi decenni dalla sua stesura, l'*HA* aveva conosciuto un vario e diverso destino, nel solco dei rinnovati e multiformi canali di diffusione della storiografia vernacolare in lingua d'oïl : quello delle *chroniques universelles*. È in questo quadro di ricezione e circolazione che l'opera conobbe una diffusione straordinaria dapprima in Medio Oriente[3], in quegli Stati crociati che rappresentavano un nuovo bacino di pubblico per prose a carattere storico-didattico : da qui, essa avrebbe conosciuto un successo europeo, lungo quelle direttrici che caratterizzavano gli scambi commerciali e di pellegrinaggio. È senz'altro il caso della penisola italiana, ove diversi centri culturali recepirono e contribuirono a diffondere l'opera[4] : *in primis*, l'oramai celebre *atelier* pisano-genovese, all'interno del quale l'*HA* costituisce non solo una delle

2 Il riferimento è a Paul Meyer, « Les premières compilations françaises d'histoire ancienne », *Romania*, 14 (1885), p. 1-81. Per una bibliografia di riferimento sui *Fet des Romains* si veda : Louis-Ferdinand Flutre, Li Fet des Romains *dans les littératures française et italienne du* XIII*e au* XVI*e* siècle, Paris, Champion, 1932 ; Guy Raynaud de Lage, « L'*Histoire ancienne jusqu'à César* et les *Fet des Romains* », *Le Moyen Âge*, 55 (1949), p. 5-16 ; Bernard Guenée, « La culture historique des nobles : le succès des *Fet des Romains* (XIIIe–XVe siècles) », *La noblesse au Moyen Âge, XIe–XVe siècles. Essais à la mémoire de Robert Boutruche*, éd. par Philippe Contamine, Paris, Presses Universitaires de France, 1976, p. 261-288 ; Catherine Croizy-Naquet, *Écrire l'histoire romaine au début du* XIII*e siècle :* L'Histoire ancienne jusqu'à César *et les* Fet des Romains, Paris, Champion, 1999 (Nouvelle bibliothèque du Moyen Âge) ; *Ead.*, « Les *Fet des Romains*. Une fortune diverse », *Anabases*, 4 (2006), p. 141-154. Sulla fortuna medievale dei *Fet* e delle relative versioni romanze, si rimanda infine ai preziosi contributi di Luca Di Sabatino e Filippo Pilati acclusi nel presente volume.

3 Sull'argomento si vedano i contributi di Émilie Maraszak, « Entre Orient et Occident, les manuscrits enluminés de Terre sainte. L'exemple des manuscrits de l'*Histoire Ancienne jusqu'à César*, Saint Jean d'Acre, 1260-1291 », *Mélanges de l'École française de Rome. Moyen Âge*, 126, 2 (2014), p. 635-657 et *Les manuscrits enluminés de l'*"Histoire ancienne jusqu'à César" *en Terre sainte. Saint-Jean-d'Acre, 1260-1291*, Dijon, Éditions universitaires de Dijon, 2015.

4 La messe di studi relativi alla tradizione italiana dell'HA ha conosciuto, in tempi recenti, una straordinaria vivacità : Palermi, « *Histoire ancienne* », art. cité ; Vincenzo Cassí, « I codici estensi dell'*Histoire ancienne jusqu'à César* », *Annali Online di Ferrara – Lettere*, 8, 1 (2013), p. 37-141 ; Matteo Cambi, « Note sull'*Histoire ancienne jusqu'à César* in area padano-veneta (con nuove osservazioni sul ms. Wien, ÖNB, 2576) », *Forme letterarie del Medioevo romanzo : testo, interpretazione e storia*, XI Congresso della Società Italiana di Filologia Romanza (Catania, 22-26 settembre 2015), a c. di Antonio Pioletti e Stefano Rapisarda, Soveria Mannelli, Rubbettino, 2016, p. 145-161 ; Maria Teresa Rachetta, « Sull'*Histoire ancienne jusqu'à César* : Le origini della versione abbreviata ; il codice Wien ÖNB cod. 2576. Per la storia di una tradizione », *Francigena*, 5 (2019), p. 27-58 ; Matteo Cambi, *L'*Histoire ancienne jusqu'à César *in Italia. Manoscritti, tradizioni testuali e volgarizzamenti*, Pisa, Pacini, 2020.

opere più copiate, ma anche uno dei testi maggiormente adattati tramite tagli e interpolazioni[5]. Come per altre tradizioni oitaniche, infatti, l'asse Genova-Pisa si è dimostrato uno snodo cruciale e precocemente ricettivo del testo, sia pure in parallelo ad un'altrettanto significativa circolazione della medesima opera in area padana[6].

In questa prospettiva di studio, la nostra ricerca passerà dall'analisi dei testimoni oitanici dell'opera circolanti nel Veneto medievale ai volgarizzamenti veneti, con lo scopo di fornire nuovi e più precisi ragguagli circa la fisionomia e la diffusione dell'*HA* nel Veneto medievale.

TRA COMPILAZIONE E ADATTAMENTO
I testimoni veneti dell'*Histoire ancienne jusqu'à César*

Se è noto che la storia della tradizione manoscritta dell'*HA* riconosca nell'Italia settentrionale un centro di diffusione dell'opera particolarmente rilevante, occorre in questa sede sottolineare come proprio l'area veneta dimostri una peculiare modalità di ricezione e trasmissione del testo, nella prospettiva di un'opera la cui articolata estensione si

5 Per una disamina dell'*HA* copiata nel carcere genovese si rimanda a Fabio Zinelli, « "je qui li livre escrive de letre en vulgal" : scrivere il francese a Napoli in età angioina », *Boccaccio angioino. Materiali per la storia culturale di Napoli nel Trecento*, a c. di Giancarlo Alfano, Teresa D'Urso, Alessandra Perricioli Saggese, Bruxelles, Lang, 2012, p. 148-173 ; *Id.*, « I codici francesi di Genova e Pisa : elementi per la definizione di una *scripta* », *Medioevo Romanzo*, 39 (2015), p. 82-127 ; Cambi, *L'Histoire ancienne*, *op. cit.*, p. 19-38. Rimando inoltre ai fondamentali studi di Di Sabatino, che sondano la *varia lectio* dei testimoni pisano-genovesi alla luce dei volgarizzamenti toscani, tra cui: Luca Di Sabatino, « Per l'edizione critica dei volgarizzamenti toscani dell'*Histoire ancienne jusqu'à César* (*Estoires Rogier*) : una nota preliminare », *Carte romanze*, 4, 2 (2016), p. 121-124, oltre al contributo nel presente volume. Sui copisti e sulla produzione manoscritta attiva all'interno dell'*atelier* carcerario si rimanda a Fabrizio Cigni, « I testi della prosa letteraria ed i contatti col francese e col latino. Considerazioni sui modelli », *Pisa crocevia di uomini, lingue e culture. L'età medievale*, Atti del convegno (Pisa, 25-27 ottobre 2007), a c. di Lucia Battaglia Ricci e Roberta Cella, Roma, Aracne, 2009, p. 157-181 ; *Id.*, « Manuscrits en français, italien et latin entre la Toscane et la Ligurie à la fin du XIIIe siècle : implications codicologiques, linguistiques et évolution des genres narratifs », *Medieval Multilingualism in England, France, and Italy : the Francophone World and its Neighbours*, ed. by Christopher Kleinhenz and Keith Busby, Turnhout, Brepols, 2010, p. 187-217.

6 Cambi, « Note sull'*Histoire ancienne* », art. cité, p. 145-161 ; *Id.*, *L'*Histoire ancienne, *op. cit.*, p. 51-54.

prestò senz'altro a numerosi e reiterati meccanismi di contaminazione, compilazione e ampliamento. In questa prospettiva, non mancheremo di osservare come, già intorno alla metà del Trecento, il ms. Parigi, BnF, Naf, 6774, localizzato in area veneta (forse veneziana)[7], rappresenti un interessante accostamento di testi in versi e in prosa : da una parte il *Roman de Troie* di Benoît de Sainte-Maure, dall'altra l'*HA* con le sezioni *Troia* ed *Enea*, tràdite secondo una lezione trasmessa dal gruppo siglato tradizionalmente β[8]. Il manoscritto, a dispetto dell'eterogeneo accostamento testuale, si mostra come un codicetto curato sotto il profilo librario, denunciando un progetto compilativo attento e meditato, allo scopo di assemblare una sorta di piccola compilazione di storia antica. Tale *mise en texte* non può infatti apparire certamente casuale, anche in ragione del fatto che, proprio in area veneta, il romanzo di Benoît conobbe una fortuna straordinaria, tanto da essere tradotto anche in volgare padovano[9].

Non sarà dunque probabilmente un caso che il romanzo di Benoît figuri in una piccola compilazione di storia antica con materiali desunti dall'*HA* ; anzi, se volgiamo la nostra attenzione ad un ulteriore testimone veneziano del testo – vale a dire il ms. Vienna, Österreichische Nationalbibliothek, 2576 (= V) – potremo approfondire ulteriormente i meccanismi di interferenza e contatto tra l'*HA* e il *Roman de Troie* in area veneta[10] : all'interno della sezione troiana di V, infatti, troviamo

---

7 *Id.*, L'Histoire ancienne, *op. cit.*, p. 55-56.

8 Il codice è appartenuto ai duchi di Milano, come attesta il catalogo dei libri degli anni 1426-1489 : Antoine Thomas, « Les manuscrits français et provençaux des ducs de Milan au château de Pavie », *Romania*, 32 (1911), p. 571-609. Precisiamo inoltre che la tradizione manoscritta dell'opera viene convenzionalmente suddivisa in due sottogruppi, che si ritiene attestino in un caso la redazione lunga (siglata α), nell'altro la redazione breve (siglata β) : tale classificazione risale a Jung, *La légende*, *op. cit.*, p. 353-356. In tempi recenti, tuttavia, la questione è stata nuovamente affrontata e discussa : *cf.* Craig Baker, « La version vulgate de l'*Histoire ancienne jusqu'à César* », *Revue belge de philologie et d'histoire*, 95, 4 (2017), p. 745-771 ; Rachetta, « *Sull'Histoire ancienne* », art. cité. Per uno sguardo complessivo sulle redazioni dell'*HA* si veda : Richard Trachsler, « L'Histoire au fil des siècles. Les différentes rédactions de l'*Histoire ancienne jusqu'à César* », *Transcrire et/ou traduire : variation et changement linguistique dans la tradition manuscrite des textes médiévaux.* Actes du congrès international (Klagenfurt, 15-16 novembre 2012), éd. par Raymund Wilhelm, Heidelberg, Winter, 2013, p. 77-98.

9 *Cf.* Matteo Cambi, « Prime indagini sulla circolazione veneta del *Roman de Troie* di Benoît de Sainte-Maure », *Quaderni Veneti*, 5, 1 (2016), p. 1-22.

10 *Cf.* le analisi mirate sul codice di Cambi, « Note sull'*Histoire ancienne* », art. cité, p. 150-155 e Rachetta, « Sull'*Histoire ancienne* », art. cité, p. 40-51.

un lungo inserto in versi corrispondente al dialogo fra Achille ed Ettore (f. 64r°, v. 13135-13194 ed. Constans)[11]. Al di là delle peculiarità che il pur breve lacerto in versi dimostra, è notevole qui rilevare la contiguità di queste due opere storiche nel Veneto medievale, anche in contesti di profonda riscrittura e adattamento dell'*HA*. In V, infatti, anche la *facies* redazionale dell'*HA* presenta numerose problematiche, dato che il testimone in esame risulta vergato dall'alternanza di due mani (A e B), e viene successivamente corretto e ampliato da una terza mano seriore (C)[12] : in particolare, la stratigrafia del manoscritto viennese evidenzia che la mano A copia una versione affine alla redazione lunga tramandata dal cosiddetto gruppo α, particolarmente significativa in quanto contiene il celebre prologo in versi contenuto soltanto in V e nel ms. Parigi, BnF, fr. 20125 ; al contrario, la mano B trascrive un testo in larga parte da ricondurre al raggruppamento convenzionalmente siglato β (redazione breve), con l'inclusione del *colophon* della cosiddetta seconda redazione dell'opera, condiviso dal ben noto ms. Londra, British Library, Royal 20 D I e dal ms. Firenze, Biblioteca Riccardiana, 3982. Corre qui l'obbligo di ricordare che, mentre il manoscritto londinese Royal 20 D I rappresenta il *codex optimus* facente capo alla seconda redazione dell'*HA*, il codice riccardiano dell'*HA* rientra tradizionalmente all'interno del gruppo β : la presenza del medesimo *colophon* all'interno di tre testimoni tanto diversi quanto eccentrici nel quadro della tradizione manoscritta dell'*HA* meriterà senz'altro nuovi accertamenti critici[13]. Occorre qui

11 Il passo è edito e studiato in Cambi, *L'*Histoire ancienne, *op. cit.*, p. 90-91.

12 Il codice viennese è risultato per lungo tempo il testimone maggiormente indiziato a rappresentare un manoscritto 'ponte' in grado di legare la prima e la seconda redazione dell'*HA* ; l'avanzamento negli studi e il recente allestimento di edizioni parziali ha tuttavia messo in luce da una parte l'importanza del valore del codice nel testimoniale, dall'altro la precipua *mise en texte* di V : se M. De Visser-van Terwisga lo seleziona quale *manuscrit de référence* per la sua edizione sinottica, C. Gaullier-Bougassas ne edita la sezione alessandrina in qualità di « remaniement en franco-italien » ; sull'importanza di V nel contesto delle edizioni dell'opera *cf.* Cambi, *L'*Histoire ancienne, *op. cit.*, p. 14-16.

13 Tale rilievo si deve alla puntuale analisi di Rachetta, « Sull'*Histoire ancienne* », art. cité, che osserva : « questa prima ricognizione della struttura e dei contenuti del codice Wien ÖNB cod. 2576 permette di risolvere una questione connessa con il problema delle fonti della seconda redazione dell'*Histoire ancienne.* Come è noto, al f. 154r° compare lo stesso colophon che si legge anche nel codice London BL Royal 20 D I, l'archetipo della seconda redazione, nonché nel codice di fattura genovese Firenze BR 3982. Da quanto abbiamo mostrato emerge che il colophon in questione fa parte di V2 [= B], e che quindi, a rigore, la sua copia in questo manoscritto data diversi decenni dopo quella nel London BL Royal 20 D I. Di conseguenza, è il solo V2 [= B] a potersi dire connesso in qualche modo con la

peraltro rilevare come l'apporto di V si dimostri ancora una volta originale anche in relazione alla dislocazione del *colophon* e proprio in considerazione della sua struttura materiale : la presenza del *colophon* in V, infatti, non interrompe definitivamente l'azione di copia da parte dei copisti – come invece accade nel caso dei succitati mss. Royal 20 D I e Ricc. 3982 –, anzi : in V, il *colophon* chiude la colonna di sinistra, ma il testo prosegue con la sezione *Amazzoni*, come descrive la rubrica incipitaria sulla colonna di destra della medesima carta[14] :

> Ci *com*menca dou regne de Mazonie et dou roi d'Egipte qui tot le monde vost *con*quere. (f. 154r°)

La prosecuzione della copia dopo la chiusura del testo col *colophon* rubricato – sempre ad opera della mano B – pone quantomeno la questione dell'organizzazione interna del manufatto e della sua conclusione (oltre che del *colophon* stesso), sia perché non può trattarsi di un errore materiale (in quanto il *colophon* e la ripresa della sezione *Amazzoni* si ritrovano all'interno della medesima carta), sia perché il codice risulta mutilo della fine, cosicché la sua effettiva fisionomia, almeno per ciò che riguarda la sezione conclusiva, ci sfugge.

Questa tendenza al montaggio e alla giustapposizione testuale pare coinvolgere, peraltro, anche un ulteriore testimone dell'*HA*, esemplato probabilmente in area patavina[15] : si tratta del ms. Parigi, BnF, fr. 686, articolata compilazione trecentesca che contiene in sequenza l'*HA*, i *Fet des Romains*, una versione franco-italiana dei *Conti di antichi cavalieri* e il cosiddetto *Légendier A*, secondo una disposizione che fornisce al codice « l'allure d'une *Bible historiale*[16] ». L'*HA* – il cui testo appartiene al gruppo siglato tradizionalmente α – apre infatti la compilazione con la

seconda redazione : una connessione promettente, dato che in alcuni punti importanti V2 [= B] è più conservativo di London BL Royal 20 D I (in particolare, contiene i paragrafi della sezione VIII che mancano nella seconda redazione), ma non priva di problematicità, dato il carattere parziale e seriore della testimonianza » (p. 31).

14 Il manoscritto risulta interamente consultabile nella *Digitaler Lesesaal* della Österreichische Nationalbibliothek. I brevi *excerpta* qui editi seguono le più comuni norme editoriali : inserimento delle maiuscole e dei segni diacritici, distinzione di *u* e *v* e di *i* e *j*, scioglimento dei segni tachigrafici segnalato da lettere in corsivo.

15 Cambi, *L'*Histoire ancienne, *op. cit.*, p. 53.

16 Fabio Zinelli, « Au carrefour des traditions italiennes et méditerranéennes. Un légendier français et ses rapports avec l'*Histoire Ancienne jusqu'à César* et les *Fet des Romains* », *L'agiografia volgare : tradizioni di testi, motivi e linguaggi*, Atti del congresso internazionale

sezione della Genesi e procede fino alle vicende della Roma cesariana : i *Fet*, poi, proseguono la narrazione storica, che si conclude con alcuni ritratti esemplari di grandi eroi (Cesare, Pompeo, Regolo, Bruto, il re Giovanni, Brunor e Galeot) nel segno di una ideale continuità tra la *narratio* storica dei primi testi e la raccolta agiografica del *Légendier*.

Come ci è stato possibile osservare in questi esempi relativi alla macrostruttura testuale dei testimoni oitanici dell'opera, tutti esemplati con buona probabilità in area veneta, la trasmissione manoscritta dell'*HA* nel Veneto medievale presenta una notevole *mouvance*, anche e soprattutto nella prospettiva di una fenomenologia della copia che non si dimostra 'attiva' limitatamente agli interventi testuali, ma anche e soprattutto nella predisposizione e nell'organizzazione testuale complessiva o, per meglio dire, nell'insieme di quei testi che, insieme all'*HA*, convergono nella ricomposizione di grandi sillogi universali a partire da testi di natura prevalentemente storico-romanzesca.

VOLGARIZZARE L'*HISTOIRE ANCIENNE JUSQU'À CÉSAR* NEL MEDIOEVO VENETO

A differenza dei volgarizzamenti toscani, che conoscono una grande fortuna già a partire dai primi decenni del Trecento, l'area veneta dimostra un certo ritardo nella pratica di traduzione del testo, nonché una più spiccata tendenza all'adattamento e alla compilazione dell'opera[17].

In prima battuta, sarà opportuno elencare i testimoni che tramandano le versioni venete dell'opera :

(Klagenfurt, 15-16 gennaio 2015), a c. di Elisa De Roberto e Raymund Wilhelm, Heidelberg, Winter, 2016, p. 108.

17 I primi risultati circa la diffusione veneta dell'*HA* volgarizzata si debbono agli studi di Giuliana Carlesso, « Note su alcune versioni della *Historia destructionis Troiae* », *Studi sul Boccaccio*, 37 (2009), p. 283-348 ; *Ead.*, « Note su alcune versioni della *Historia destructionis Troiae* di Guido delle Colonne in Italia nei secoli XIV-XV », *Studi sul Boccaccio*, 42 (2014), p. 291-310 ; *Ead.*, « Variazioni sulla *Historia destructionis Troiae* di Guido delle Colonne », *Studi sul Boccaccio*, 45, 2017, p. 299-346. Per ulteriori approfondimenti si rimanda a Cambi, *L'Histoire ancienne*, *op. cit.*, p. 133-166.

– Firenze, Biblioteca Medicea Laurenziana, Palatino 153 [= Vp]
Veneto, sec. XIV ex., cart., mm 294×210, f. IV, 110, III, 2 col.
Contiene : *Historia destructionis Troiae* (volg) e *Histoire ancienne jusqu'à César* (volg.)

– Firenze, Biblioteca Nazionale Centrale, Palatino 502 [= V2]
Veneto, sec. XV in., cart., mm 261×187, f. I, 72, I, 2 col.
Contiene : *Historia destructionis Troiae* (volg) e *Histoire ancienne jusqu'à César* (volg.)

– Venezia, Biblioteca Nazionale Marciana, It. VI 7 [= Vz]
Venezia, sec. XIV, perg., mm 290×200, f. II, 57, III, *longues lignes*.
Contiene : *Histoire ancienne jusqu'à César* (volg.)

– Venezia, Biblioteca Nazionale Marciana, It. VI 81 [= V1]
Padova, sec. XIV ex., perg., mm 350×240, f. II, 174, 2 col.
Contiene : *Historia destructionis Troiae* (volg), *Histoire ancienne jusqu'à César* (volg.) e *Fatti di Enea* di Guido da Pisa.

Sulla scorta di questa sintetica rassegna dei testimoni veneti, vaglieremo ora le diverse tipologie librarie dei volgarizzamenti dell'*HA* nel Veneto medievale : innanzitutto, giova sottolineare come il codice più antico contenente un volgarizzamento dell'*HA* risulti Vz, testimone che "ritaglia" una traduzione limitata alla sezione tebana del testo[18]. Il codice è stato vergato in *littera textualis* dal copista *Petrus*, che dichiara consapevolmente in apertura l'intenzione di fornire un *excerptum* dell'opera relativo alle sole vicende tebane :

> Queste è le gran bataie de la destrucion de Tebes che fo ançi le bataie de Troia la granda e la picola. Çò fo le gran bataie d'Etiocles e Polinices (f. 1r)

Lo stesso copista *Petrus* tentò parimenti di illustrare il contenuto del codicetto, allestendo ampi spazi poi rimasti privi di un corredo iconografico, che risulta realizzato soltanto parzialmente. Nel caso di Vz, poi, è stato anche possibile precisare la localizzazione del codice, dal momento che già il primo editore del testo ebbe a rilevare una coloritura linguistica veneziana, identificando l'estensore del volgarizzamento con un copista lagunare[19].

La situazione testuale di Vz non deve tuttavia ingannare, poiché occorre segnalare che il testimone in esame rappresenta un *unicum* per l'area veneta, dal momento che proprio nel Veneto medievale l'*HA* venne

18 Per Vz, disponiamo di uno studio e di un'edizione completa : Paolo Savj-Lopez, *Storie tebane in Italia*, Bergamo, Istituto Italiano d'Arti grafiche, 1905.

19 Cambi, *L'Histoire ancienne*, *op. cit.*, p. 186.

a più riprese rifusa e adattata, in particolar modo entro compilazioni di argomento troiano ; tale fenomenologia della copia, che adatta il testo oitanico volgarizzato in compilazioni di diversa natura, mostra risultati differenti : è il caso di Vp, ad esempio, che si presenta come un complesso assemblaggio narrativo di storie troiane, illustrato per mezzo di un ricco apparato iconografico, mentre assume un ruolo centrale il rapporto immagine-testo[20]. Nelle numerose miniature acquerellate si sviluppa infatti un suntuoso ciclo iconografico relativo alle vicende troiane, nel quale la descrizione narrativa e storica trova ampio spazio. In Vp la lettura della storia troiana corre in parallelo al peculiare interesse del compilatore per l'*HA* : brevi lacerti dell'opera sono infatti inglobati all'interno di un volgarizzamento dell'*Historia destructionis Troiae* di Guido delle Colonne[21], secondo una cernita di episodi ispirati ad un certo gusto guerresco e cortese, tra i quali segnaliamo la morte di Patroclo (f. 66r°), lo scontro di Ettore, Telamone e Aiace (f. 66v°), la morte di Ettore (f. 71r°), l'amore di Achille per Polissena (f. 73v°), la morte di Paride e Aiace (f. 82r°), le imprese e la morte di Pentesilea (f. 84r°). Nei fatti, l'*HA* diviene, in Vp, una sorta di repertorio a cui attingere per arricchire e amplificare la *narratio* : la trama dell'*Historia destructionis Troiae* diviene così una maglia serrata all'interno della quale i dettagli dell'*HA* rimangono incastonati.

Allo stesso modo, l'altra grande compilazione di materia troiana contenuta in V2 si caratterizza per la squisita fattura, eseguita con l'idea di ricreare una compilazione esemplare, come dichiara il solenne e anonimo prologo che introduce il testo :

---

20 Su Vz segnaliamo due contributi significativi : Giuliana Carlesso, « La fortuna della *Historia destructionis Troiae* di Guido delle Colonne e un volgarizzamento finora ignoto », *Giornale storico della letteratura italiana*, 157 (1980), p. 230-251 ; *Ead.*, « Le fonti francesi e la tradizione del *Libro Troiam* veneto », *Studi di letteratura francese*, 2 (1969), p. 274-288.

21 Il testo di Guido conobbe una straordinaria fortuna nel Medioevo romanzo, come testimoniano in particolare i numerosissimi volgarizzamenti italiani : Nicola De Blasi, « Il rifacimento napoletano trecentesco della *Historia destructionis Troiae*. I. Rapporti con la tradizione latina e con i volgarizzamenti conosciuti », *Medioevo Romanzo*, 6 (1979), p. 98-134 ; *Libro della destructione de Troya. Volgarizzamento napoletano trecentesco da Guido delle Colonne*, a c. di Nicola De Blasi, Roma, Bonacci, 1986 ; Cristiano Lorenzi, « Primi sondaggi sulla tradizione antica del volgarizzamento dell'*Historia destructionis Troiae* di Filippo Ceffi », *Volgarizzare, tradurre, interpretare nei secc. XIII-XVI*, Atti del Convegno internazionale di studio "Studio, Archivio e Lessico dei volgarizzamenti italiani" (Salerno, 24-25 novembre 2010), Strasbourg, Éditions de Linguistique et de Philologie, 2011, p. 69-85. Il testo latino si legge ancora secondo l'edizione Griffin : Guido de Columnis, *Historia destructionis Troiae*, ed. by Nathaniel Edward Griffin, Cambridge, The Medieval Academy of America, 1936.

> Qui comenza el prohemio over tractato de i fati de la nobille Troia et in prima como gli desese de grado in grado e là poi segue come fu destruta la pichola Troia e subsequente come fu hedifichata la grande. Ne le antique ystorie c'ha*n*no parlato e scrito i philosophi ne desende e doce a condure vita che non sia occiosa et altre virtute perché la vita occiosa move et inclina el chore a tuti i vizi. Et imperò è meglio amare la vita exercitativa che vivere in occio, non solamente per sé ma per utilità de ciascuno a le cosse necessarie. (f. 1r°)

Come osserviamo dal prologo di V2, l'estensore intende narrare le vicende della città di Troia : al volgarizzamento dell'*Historia destructionis* di Guido si alternano infatti sporadicamente alcuni capitoli tratti dall'*HA*, inseriti qualora il compilatore ravveda la necessità di una digressione genealogica o guerresca[22]. Nonostante il minor peso dell'*HA* nell'architettura complessiva di V2, gli *excerpta* dell'opera inseriti ci consentono di comprendere come l'utilizzo dell'*HA* risulti del tutto accessorio alla struttura della compilazione, dal momento che il compilatore utilizza solo alcuni brevi estratti a carattere genealogico.

Non stupirà dunque che, seppure a partire da materiali e testi identici, Vp e V2 vadano a comporre progetti compilativi che tendono a relegare i materiali desunti dall'*HA* entro una selezione di segmenti mirati e funzionali all'architettura complessiva delle compilazioni di materia troiana qui implicate. È dunque acclarato che ci troviamo di fronte a due prosificazioni di materia troiana che scelgono l'*HA* al solo fine di arricchire la narrazione guidiana tramite l'inserimento di episodi originali ed eterogenei rispetto all'*Historia destructionis Troiae* : al tortuoso sviluppo narrativo di Vp fa da contraltare la linearità di V2, la cui fisionomia complessiva risulta ben diversa, giacché in Vp l'*HA* volgarizzata dialoga con il cospicuo apparato iconografico e trova un maggiore risalto narrativo rispetto all'ancor più ristretto spazio riservatole da V2.

Questa ricezione frammentaria dell'*HA* sembra anticipare un nuovo modello letterario : si tratta, in buona sostanza, della cronaca universale in volgare, più comunemente denominata "fiorita"[23], all'interno della quale l'*HA* rappresenta uno dei testi del repertorio storiografico a cui

22 Per un approfondimento sulla struttura di V2 si rimanda a Cambi, *L'*Histoire ancienne, *op. cit.*, p. 146-150.

23 Già Bellomo aveva sottolineato l'importanza e il rilievo linguistico-testuale del codice : Saverio Bellomo, « "Fiori", "fiorite" e "fioretti" : la compilazione storico-mitologica e la sua diffusione », *La parola del testo*, 2 (2000), p. 217-231.

attingere per descrivere e narrare la storia antica. In questo senso, V1 costituisce senz'altro un esempio assai significativo di questa tendenza : sotto il profilo testuale, infatti, ci troviamo di fronte ad un prodotto dalla struttura estremamente complessa e articolata, come dimostra l'architettura complessiva del testimone. Osserviamo infatti che esso contiene nella prima sezione un corposo volgarizzamento dell'*HA*, che si estende dalla Genesi alla sezione tebana, mentre la sezione troiana risulta assemblata a partire da episodi afferenti, desunti ancora una volta, dall'*Historia destructionis* di Guido delle Colonne ; a conclusione della compilazione troviamo infine anche la sezione conclusiva della *Fiorita* guidiana, dedicata alla storia romana e nota con il titolo di *Fatti di Enea*[24]. La complessità testuale con cui l'anonimo estensore ha elaborato la compilazione procede infatti su due binari paralleli : da una parte, l'idea di giustapporre testi ed opere di materia antica in maniera coerente e consequenziale, dall'altra, l'intenzione di abbreviare il racconto depauperandolo di dettagli narrativi e di alcuni episodi, andando così a ricreare una storia universale a partire da materiali in volgare assemblati e riadattati[25].

RIFLESSIONI CONCLUSIVE

L'interesse rivolto dalle nostre ricerche verso la diffusione dell'*HA* nel Veneto medievale prende le mosse dalla considerazione preliminare, cioè che i testimoni di area padana orientale dell'*HA* preludano ad una tendenza che sarà amplificata dai volgarizzamenti veneti : in questa direzione, è parso dunque opportuno indagare quali materiali e meccanismi soggiacessero al lavoro dei compilatori e dei volgarizzatori, che

24 Sulla fisionomia complessiva della compilazione di V1 si rimanda a Matteo Cambi, « Codice, immagine e paratesto nel ms. BNM, It. VI 81 », *Carte romanze*, 8, 2 (2019), p. 347-374. Per una prima scheda del testimone marciano si rimanda al fondamentale contributo di Saverio Bellomo, *Censimento dei manoscritti della* Fiorita *di Guido da Pisa*, Trento, Dipartimento di Scienze filologiche e storiche, 1990, p. 137-139.

25 Per il codice si ipotizza una localizzazione in area padovana, non lontana dalla cerchia culturale carrarese : Francesca Flores D'Arcais, « Le illustrazioni del manoscritto Marciano It. VI, 81 (5975) », *Omaggio a Gianfranco Folena*, Padova, Editoriale Programma, 1994, p. 557-572.

tanta parte ebbero nel processo di diffusione, adattamento e traduzione dell'opera in area veneta.

Ciò che è possibile rilevare, senza tema di smentita, è la profonda attività di revisione e adattamento che l'*HA* conobbe nei meandri della sua trasmissione in area veneta : al di là dei frequenti fenomeni di contaminazione e giustapposizione, tanto nei testimoni oitanici che nelle versioni volgari, infatti, stupisce non solo come in area veneta circolassero contemporaneamente testimoni comunemente distinti tra gruppo α e gruppo β, ma che addirittura le due versioni del testo riuscissero a compenetrarsi, come nel complesso sistema di montaggio rappresentato da V[26]. La variegata circolazione dei testimoni oitanici dell'*HA* ci consente, al momento, di valutare soltanto in maniera superficiale i fenomeni di interferenza nella tradizione veneta dell'*HA*, lasciando a nuove e ulteriori indagini il compito di comprendere a quale livello si sia sedimentata la stratigrafia dei diversi interventi di compilazione, adattamento e montaggio relativi alla trasmissione manoscritta e alla fisionomia redazionale dei singoli testimoni.

Si pensi all'ampio collettore ms. Parigi, BnF, fr. 686 : il manoscritto rappresenta lo stadio di un accostamento compilativo in cui l'*HA*, completa dell'undicesima sezione dedicata a Cesare, è accostata ai *Fet des Romains* ; in questo specifico caso, sarà opportuno parlare di assemblaggio compilativo, poiché è evidente che, nel processo di trasmissione dell'opera, i *Fet* costituiscano una corposa appendice in grado di sanare l'esigua sezione cesariana che si trova collocata a chiusura dell'*HA*.

Ancora, rileveremo che nel ms. Parigi, BnF, Naf. 6774 si osserva ad un'operazione di giustapposizione narrativa che lega l'*HA* e il *Roman de Troie* in versi in qualità di testo sostitutivo della sezione troiana dell'*HA*, mostrando come, in area padano-veneta, si assista con una certa frequenza all'interpolazione della sezione troiana dell'*HA* con i versi di Benoît : senz'altro il progetto testuale approntato dal ms. Parigi, BnF, Naf. 6774 risponde ad un'azione in qualche modo 'occasionale' e anch'essa in larga parte assimilabile ad un intento compilatorio.

In aggiunta alle peculiarità della *facies* redazionale dei testimoni succitati, occorre infine evidenziare l'ulteriore conferma fornitaci da V,

26 Entrambi i raggruppamenti risultano attestati in area italiana, sebbene al momento i rapporti di dipendenza del testimoniale restino da chiarire : *cf.* Jung, *La légende*, *op. cit.*, p. 353-356.

manoscritto che, all'interno della sezione troiana, interpola il dialogo tra Achille ed Ettore ricavando una sezione versificata proprio dal *Roman de Troie* in versi : l'intento dell'operazione, verosimilmente riconducibile al copista, doveva essere quella di impreziosire il dettato dell'*HA* inserendo i versi di Benoît. Allo stesso modo, la compresenza di più copisti mostra la precipua influenza e commistione, nel medesimo testimone, dei tradizionali sottogruppi α e β dell'*HA*, attestando la circolazione nel Trecento veneto tanto della versione lunga quanto della versione breve dell'opera : di questa duplice circolazione, i lettori dell'opera nel Veneto medievale risultano quantomeno consapevoli, proprio in virtù di questa attenta operazione di montaggio e riscrittura testimoniata dal codice viennese.

Sul versante dei volgarizzamenti, del resto, giova ricordare la già dimostrata alternanza dei modelli : da un lato, il sicuro legame del modello di Vp con la redazione breve dell'opera, dall'altro la contestuale dipendenza di Vz e V1 da un modello appartenente alla famiglia α, ancora da individuare nelle fitte maglie della tradizione manoscritta dell'*HA*[27]. Ciò che emerge da questo quadro, nei fatti, è che, per gli estensori dei volgarizzamenti italiani, l'*HA* è percepita come una compilazione di storia universale da esemplare sul genere del florilegio storico-erudito, secondo una tendenza compilativa che mostra un capillare utilizzo del testo, anche secondo modalità di adattamento e *mise en texte* peculiari, come ha inappuntabilmente mostrato G. Carlesso relativamente alla sezione troiana di Vp, V1 e V2[28].

Tali dinamiche assumono inoltre maggiore rilievo qualora si delinei un confronto con l'altra area di ricezione dell'*HA* volgarizzata : la Toscana del Trecento. Se l'alveo dei volgarizzamenti veneti ci consente di asserire che, nel Veneto medievale, l'opera fu copiata, compilata e tradotta a partire da modelli appartenenti indifferentemente alle versioni α e β, la ricezione toscana del testo pare prediligere pressoché esclusivamente i testimoni della versione β, secondo diversi e peculiari canali di trasmissione del testo[29]. Proprio la compresenza di modelli oitanici dipendenti dai due distinti raggruppamenti dell'*HA* ci permette così di acclarare, in prima istanza, che l'opera doveva aver conosciuto una

27 Cambi, *L'*Histoire ancienne, *op. cit.*, p. 154-156.

28 Vedi Carlesso, « Note », art. cité, p. 283-348.

29 *Cf.* Di Sabatino, « Per l'edizione », art. cité ; Cambi, *L'Histoire ancienne*, *op. cit.*, p. 115-133.

certa fortuna nel Veneto medievale, dapprima lungo il fertile canale della diffusione oitanica del testo, attraverso testimoni afferenti tanto al gruppo α quanto al gruppo β ; in secondo luogo, si osserva come a questa circolazione abbiano fatto séguito processi di traduzione diversi e indipendenti, non tanto e non solo in relazione ai modelli di riferimento, quanto piuttosto in funzione di differenti esigenze di pubblico e di orizzonti d'attesa assai diversificati.

Il capitolo veneto dei volgarizzamenti dell'*HA* si dimostra dunque come un passaggio cruciale, non solo al fine di individuare le dinamiche della storia della tradizione manoscritta dell'opera, ma anche e soprattutto per comprendere la composizione di quella ideale "biblioteca" storica in volgare che, lungo il Trecento e fino agli inizi del Quattrocento, dette vita a numerose compilazioni e florilegi proprio in area veneta : assieme all'*Historia destructionis Troiae* di Guido delle Colonne o alla *Fiorita* di Guido da Pisa, l'*HA* volgarizzata rappresentò un vero e proprio *livre de chevet* per compilazioni e adattamenti di taglio diverso, dalla pratica del volgarizzamento tipica di Vz al più complesso meccanismo di selezione e montaggio di episodi narrativi 'a intarsio' propri di Vp e V2, all'interno dei quali il copista-compilatore sceglie e profila i testi sulla base di un progetto definibile ed unitario. In questo quadro, risulta poi centrale la fisionomia di V1, imponente opera di compilazione e assemblaggio testuale intrapresa dall'anonimo estensore del testo : proprio in V1 si riconosce il risultato più complesso e insieme riuscito del riuso dell'*HA* volgarizzata, che diviene qui un testo accorpato ad altre prose storiche al fine di ricreare un'inedita "fiorita", a partire da testi oitanici, latini e volgari, sulla base di differenti tecniche compilative (traduzione, compilazione e giustapposizione di testi).

Proprio l'area veneta, insomma, dimostra, nel Trecento inoltrato, un interesse spiccato verso quelle prose storiche antico-francesi che conobbero nel Veneto un centro propulsore di nuovi orizzonti letterari[30] ; anche su questo terreno, ancora in larga parte inesplorato, saranno da ricercare non

30 Ampia e varia, ancorché in larga parte da indagare, risulta la circolazione dei romanzi di materia antica nel Veneto medievale : *cf.* Giuliana Carlesso, « La versione Sud del *Roman de Troie en prose* e il volgarizzamento di Binduccio dello Scelto », *Atti dell'Istituto Veneto di Scienze, Lettere ed Arti, Classe di Scienze Morali, Lettere ed Arti*, 124 (1966), p. 519-560 ; Maria Luisa Meneghetti, « Alessandro e famiglia. La circolazione dei romanzi di materia greca nell'Italia della prima metà del XIII secolo », *Mito e storia nella tradizione cavalleresca*, atti del XLII Convegno Storico Internazionale, (Todi, 9 – 12 ottobre 2005), CISAM, Spoleto,

soltanto le ragioni del successo dell'*HA* nel Veneto medievale, ma anche e soprattutto quei modelli e quei riferimenti letterari che portarono a rifondere e utilizzare i volgarizzamenti veneti dell'opera all'interno di un genere destinato a godere di un successo assai duraturo : quello della "cronaca universale".

Matteo CAMBI
Università di Pisa

2006, p. 347-362 ; Cambi, « Prime indagini », art. cité ; Alison Stones, « The Illustrated Alexander in French Verse : the Case of Italy », *Francigena*, 5 (2019), p. 229-255.

L'*HISTOIRE ANCIENNE JUSQU'À CÉSAR* E LE SUE RICOMPILAZIONI IN TOSCANA

In questo contributo intendo soffermarmi su due aspetti della ricezione toscana dell'*Histoire ancienne* : il primo è l'assetto che il testo attribuito a Wauchier de Denain doveva presentare quando pervenne ai volgarizzatori toscani, il secondo è invece rappresentato dalle modalità con cui l'opera, tradotta in Toscana, venne successivamente tràdita e fruita, attraverso combinazioni e ricompilazioni. Partirei da alcune coordinate introduttive sulla circolazione italiana di questa narrazione storiografica. La tradizione manoscritta dell'*Histoire ancienne* (d'ora innanzi *HA*) documenta ampiamente la presenza del testo in area italiana. Abbiamo infatti codici di origine pisano-genovese, codici di area padana e veneta, e un manoscritto napoletano (il codice di Londra, British Library, Royal 20 D I). Sarà forse utile, prima di passare in veloce rassegna il testimoniale, fornire un elenco dei manoscritti del testo francese che verranno citati, con le relative sigle[1] :

C = Carpentras, Bibliothèque Inguimbertine, 1260, fine XIII-inizio XIV sec.
Ch = Chantilly, Musée Condé, 726, fine XIII sec.

1 Indico i testimoni dell'*HA* con le sigle proposte in *Histoire ancienne jusqu'à César (Estoires Rogier)*, a c. di Marijke de Visser-van Terwisga, Orléans, Paradigme, 2 vol., 1995-1999, vol. 2, p. 12-14. Il manoscritto londinese della seconda redazione non è siglato dall'editrice, che si occupa soltanto dei testimoni della prima redazione. Non cito due codici di origine italiana, V (Vienna, Österreichische Nationalbibliothek, 2576, forse veneziano) e Ve (Venezia, Biblioteca Nazionale Marciana, Fr. II, copiato a Mantova), perché privi di rapporti con la tradizione dei volgarizzamenti, essendo non anteriori alla metà del Trecento e, nel caso di V, latori di una versione rimaneggiata del testo. Per una panoramica sulla tradizione dell'*HA*, con bibliografia pregressa, si vedano i contributi di Richard Trachsler, « L'Histoire au fil des siècles. Les différentes rédactions de l'*Histoire ancienne jusqu'à César* », *Transcrire et/ou traduire : variation et changement linguistique dans la tradition manuscrite des textes médiévaux*, a c. di Raymond Wilhelm, Heidelberg, Universitätsverlag Winter, 2014, p. 77-98, e *L'Histoire ancienne jusqu'à César ou Histoires pour Roger, châtelain de Lille, de Wauchier de Denain. L'histoire de la Perse de Cyrus à Assuérus*, a c. di Anne Rochebouet, Turnhout, Brepols, 2015, p. 9-47.

F = Firenze, Biblioteca Riccardiana, 3982, inizio XIV sec.
P = Parigi, Bibliothèque nationale de France, fr. 20125, terzo quarto del XIII sec.
P3 = Parigi, Bibliothèque nationale de France, fr. 168, 1375-1385
P10 = Parigi, Bibliothèque nationale de France, fr. 686, 1330 circa
P12 = Parigi, Bibliothèque nationale de France, fr. 821, inizio XIV sec.
P13 = Parigi, Bibliothèque nationale de France, fr. 1386, inizio XIV sec.
P16 = Parigi, Bibliothèque nationale de France, fr. 9685, fine XIII-inizio XIV sec.
P25 = Parigi, Bibliothèque nationale de France, n.a.fr. 6774, seconda metà del XIV sec.
T1 = Tours, Bibliothèque Municipale, 953, fine XIII-inizio XIV sec.
Vat = Città del Vaticano, Biblioteca Apostolica Vaticana, Vat. Lat. 5895, fine XIII sec.

Per l'area settentrionale (padano-veneta), un manoscritto assai significativo è P10, di probabile origine bolognese : l'*HA* è trascritta integralmente, secondo la forma "lunga" comunemente nota come versione α della prima redazione[2]. Dopo l'*HA*, senza soluzione di continuità, è copiata la prima parte dei *Faits des Romains*, comprensiva di prologo e di breve sintesi sulle vicende dei primi monarchi di Roma antica ; l'*incipit* dei *Faits* è marcato da una iniziale istoriata (c. 424 r°). Situazione differente in P3, anch'esso probabilmente bolognese, ma mutilo e contentente solo l'*HA* fino alla prima sezione romana. Anche in un altro manoscritto settentrionale, Ch, il testo dei *Faits* segue immediatamente quello dell'*HA*, è comprensivo di prologo ed è aperto da una grande iniziale riccamente miniata (c. 175 r°). Ancora, il codice P12, probabilmente

2 La classificazione dei testimoni dell'*HA* in due grandi famiglie, α (con testo più lungo e completo) e β (versione con abbreviazioni e tagli), si deve a Marc-René Jung, *La légende de Troie en France au Moyen Âge. Analyse des versions françaises et bibliographie raisonnée des manuscrits*, Basel-Tübingen, Francke, 1996, p. 353-356. Recentemente, però, sono state avviate indagini approfondite sulle caratteristiche testuali dei due raggruppamenti : si veda Craig Baker, « La version vulgate de l'*Histoire ancienne jusqu'à César* », *Revue belge de philologie et d'histoire*, 95/4 (2017), p. 745-771. Questo contributo porta a mettere seriamente in discussione l'idea che i due gruppi individuati da Jung corrispondano ad altrettanti rami stemmatici ; vengono infatti individuati dei tratti comuni che sembrano indicare un antecedente comune a tutto il gruppo β, mentre non risulta possibile compiere la stessa operazione con i manoscritti del gruppo α. Un recente contributo di Maria Teresa Rachetta, « Sull'*Histoire ancienne jusqu'à César* : le origini della versione abbreviata ; il codice Wien ÖNB cod. 2576. Per la storia di una tradizione », *Francigena*, 5 (2019), p. 39-69, giunge ad ulteriori, interessanti ipotesi circa i rapporti tra i due gruppi : secondo Rachetta la famiglia α non ha consistenza stemmatica, ma è costituita da due gruppi di testimoni appartenenti a due rami diversi dello stemma bipartito ; uno di questi due rami, contenente P, comprende anche la famiglia β ed è chiamato da Rachetta « prima tradizione ».

lombardo, contiene alcune porzioni dell'*HA*, inframezzate però a molti altri materiali di argomento classico, sia narrativo che sapienziale, in prosa e in versi, che costituiscono una sorta di compilazione antologica. Il manoscritto P25, invece, esemplato forse in area veneta, unisce parte del *Roman de Troie* alla sezione romana dell'*HA*. In breve : la tradizione padano-veneta dell'*HA* è caratterizzata da una spiccata tendenza al rimontaggio dei testi, creando delle nuove compilazioni, come ha già rilevato Matteo Cambi[3].

Diverso è però il caso della tradizione pisano-genovese : qui l'*HA*, anche se quasi sempre incompleta (abbiamo solo due manoscritti con testo pressoché integrale, F e P13), viaggia in solitaria, non accompagnata da altri testi. I codici pisano-genovesi sono raggruppabili in due famiglie : una è formata dai testimoni C, P16, il già citato F e Vat, cui si può forse aggiungere T1 (latore delle sole sezioni troiana ed eneadica), simili anche dal punto di vista iconografico ; l'altra famiglia è costituita dal solo codice P13. Questi due gruppi appartengono a due rami diversi dello stemma costruito da Marijke de Visser-van Terwisga, e divergono sensibilmente sia da altri testimoni della cosiddetta versione β, di cui fanno parte, sia tra loro[4].

Nella tradizione dei volgarizzamenti italiani notiamo una situazione ugualmente variegata. Escludo qui i manoscritti veneti, su cui vertono le ricerche di Matteo Cambi[5]. Se limitiamo lo sguardo alle traduzioni toscane, notiamo che sono tràdite da manoscritti che spesso le accompagnano ad altri testi. Il testimoniale è infatti costituito dai codici :

---

3 Matteo Cambi, « Note sull'*Histoire ancienne jusqu'à César* in area padano-veneta (con nuove osservazioni sul ms. Wien, ÖNB, 2576) », *Forme letterarie del Medioevo romanzo : testo, interpretazione e storia*, a c. di Antonio Pioletti e Stefano Rapisarda, Soveria Mannelli, Rubbettino, 2016, p. 145-161, in particolare p. 149.

4 Per lo stemma della tradizione manoscritta dell'*HA* si vedano le p. 200-211 dell'ed. de Visser-van Terwisga, vol. 2, da riconsiderare alla luce dei dati offerti da Baker e Rachetta (vedi n. 2). Uno studio della tradizione pisano-genovese dell'*HA*, con rinvio alla bibliografia pregressa, è nei contributi di Fabio Zinelli, « *je qui li livre escrive de letre en vulgal* : scrivere il francese a Napoli in età angioina », *Boccaccio angioino. Materiali per la storia culturale di Napoli nel Trecento*, a c. di Giancarlo Alfano, Teresa D'Urso e Alessandra Perriccioli Saggese, Bruxelles, 2012, p. 148-173, e « I codici francesi di Genova e Pisa : elementi per la definizione di una scripta », *Medioevo Romanzo*, 39 (2015), p. 82-127.

5 Un ampio studio sulla tradizione dell'*HA* in Italia, comprensivo di dati su manoscritti e traduzioni in area padano-veneta, è consultabile in Matteo Cambi, *L'*Histoire ancienne jusqu'à César *in Italia : manoscritti, tradizioni testuali e volgarizzamenti*, Pisa, Pacini, 2020 ; si veda inoltre il contributo dello stesso autore contenuto in questo volume.

Can = Oxford, Bodleian Library, Canonici 121, XIV sec.
Ga = Firenze, Biblioteca Medicea Laurenziana, Gaddi 88, prima metà del XIV sec.
Ham = Berlino, Staatsbibliothek, Hamilton 67, databile al 1313
N1 = Firenze, Biblioteca Nazionale Centrale, II I 146, metà del XIV sec.
N2 = Firenze, Biblioteca Nazionale Centrale, II IV 36, inizio del XV sec.
N3 = Biblioteca Nazionale Centrale di Firenze, II IV 107, seconda metà del XIV sec.
Pant = Roma, Biblioteca Nazionale Centrale, San Pantaleo 10, fine XIV-inizio XV sec.
Ricc = Firenze, Biblioteca Riccardiana, 1311, datato 1439
ZB = versione attribuita a Bencivenni, attualmente in collezione privata, prima metà del XIV sec.

Can, ZB, N1 e Ga trasmettono solo l'*HA* o alcune sue parti. Il testimone N2 contiene in successione una parte dell'*HA* e i *Fatti di Enea*, seguiti da alcuni componimenti in versi, copiati in un secondo momento. Situazione simile in Pant, che contiene *HA* e *Fatti di Enea*. Il codice N3 reca un sunto dell'*HA*, ma la prima parte, relativa alla *Genesi*, è tratta dal cosiddetto *Fioretto di Bibbia*, di cui sono noti altri testimoni, utilizzato anche da Antonio Pucci come fonte per il suo *Libro di varie storie*. Il manoscritto Ham, che è in realtà la prima metà di un codice vergato nel 1313 da Lapo di Neri Corsini (la seconda parte è il Riccardiano 2418), unisce ampie porzioni delle sezioni romane dell'*HA* ai *Fatti dei Romani* e ad altri testi volgari su Roma antica. Il codice Ricc fonde infine brani dell'*HA* a materiali di altra origine, su cui ci soffermeremo in seguito.

Ricordo rapidamente che questi manoscritti dell'*HA* sono raggruppabili in almeno due famiglie. Una, più compatta, comprende i codici N1 e Ga, e dipende da un testo francese quasi identico a quello testimoniato dal manoscritto P13 ; il codice Ham reca un testo rimaneggiato, ma pare avere punti di contatto con questo primo gruppo. L'altra famiglia comprende tutti gli altri manoscritti ed è invece vicinissima, per lezioni e sezioni contenute, agli altri manoscritti pisano-genovesi del testo oitanico[6].

6 Per una panoramica della tradizione manoscritta dell'*HA* tradotta in toscano, con bibliografia pregressa sui singoli testimoni, sia consentito il rimando a Luca Di Sabatino, *Une traduction toscane de l'*Histoire ancienne jusqu'à César *ou* Histoires pour Roger : *la fondation de Rome, la Perse et Alexandre le Grand*, Turnhout, Brepols, 2018, p. 8-34. Da quest'ultimo

Vediamo qualche esempio che permetta di cogliere le differenze tra queste versioni, confrontando il testo del *codex optimus* P con le due famiglie pisano-genovesi, rappresentate rispettivamente da C e P13. Cito dalla sezione VII, che segue la storia di Enea ; riporto anche i passi dei volgarizzamenti corrispondenti ai testi francesi[7].

P : Aprés regna as Assirieins Teutenus .xl. ans. Ou tens cestui funda Ascanius, li fiz Eneas, la cité d'Alba, dont Albaniein orent a non li peuple, quar bien sachés que cil de Laurente orent a non Latin por le roi Latinus qui fu lor sire, et cil d'Albe Albaniein, et Romain cil de Rome quant la cités fu fundee. Puis regna en Assire Tineus .xxx. ans. (c. 177 v°b)

C : Aprés regna es Assirens Terenus, puis regna es Assiriens Cineus .xxx. ans. (c. 101 v°b)

P13 : Aprés regna es Asiriens Tentenus .xl. ans. Au tenz cestui fonda Aschanus la cité d'Albe et furent les jens apellés Albatie. Pueis regna es Assiriens Rincus .xxx. ans. (c. 59 r°b)

Can : poi regna in Assire Terrenus, poscia regna in Assire Cineus .xxx. anni. (c. 52 r°a)

N1 : Apresso regnò agli Assirieni Tentenus .xl. anni : al tempo di costui fondò Ascamus la città d'Alba e fu chiamato quello popolo Albatien. Poi regnò agli Assirieni Rincus .xxx. anni. (c. 100 v°a)

Appare evidente come i manoscritti italiani, seguendo la ben nota tendenza della famiglia β, abbrevino il testo di P : soprattutto C (e Can con lui) snellisce il dettato, eliminando del tutto la menzione di Alba Longa ; analogo comportamento è in altri testimoni di β, ad esempio nel padano Ch, mentre lievemente meno sintetici appaiono P13 e il codice fiorentino N1. Un fenomeno diverso si verifica però in un altro punto, nella prima sezione romana : qui rileviamo che il codice C e i suoi affini pisano-genovesi, seguiti dal volgarizzamento di Can, sopprimono una breve digressione sui re persiani, probabilmente con il

---

lavoro traggo anche le sigle con le quali, per comodità, designo qui i testimoni dell'*HA* volgarizzata.

7 Per la ripartizione e numerazione delle sezioni dell'*HA* faccio riferimento a Jung, *La légende de Troie [...], op. cit.*, p. 337-340. Per il testo di P cito dall'edizione interpretativa pubblicata nel sito del progetto ERC *The Values of French*, coordinato da Simon Gaunt (https://tvof.ac.uk/textviewer/?p1=Fr20125/interpretive/section/6bis, consultato il 15/11/2020) ; in questa edizione digitale, l'unica che offra il testo integrale dell'*HA*, la parte iniziale della sezione VII, concernente Grecia e Assiria all'epoca dei successori di Enea, è numerata 6bis.

fine di semplificare il racconto[8] : la loro narrazione diventa così meno ricca, ma forse più lineare. Questo taglio non è operato nell'altro codice pisano-genovese, P13, né in Ch.

Solitamente è però proprio P13 a presentare una maggiore tendenza all'abbreviazione ; lo vediamo nel passo sullo sbarco di Enea in Italia :

> P : Quant Eneas et ses gens furent arivé et lor ancres furent getees, il issirent a terre : li pluisor aporterent laigne et si alumerent le fu por lor viandes cuire, et Eneas ala en la forest, a un mout riche temple que Dedalus avoit la fundé tres celui tans que je vos ai conté devant, et ens ou porche estoit tote painte cele estorie dou roi Minos que vos avés oïe. En celui temple prist respons Eneas qu'il alast a Sebile, qui en cele forest manoit vielle et decrepie, et cele l'en menroit a infer por veïr l'arme d'Anchisés son pere et de tote sa lignee qui de cest siecle trespassé estoient ; mais tot ce est mesonge, quar onques Eneas en infer ne fu tant com il fust en vie s'il n'i fust par songes, et aprés sa mort li sambla qu'il i venist trop tost, quar il a sa volenté ne s'en repaira mie ariere. Et qui oïr veut coment il i ala et coment l'i mena Sebile, si le quiere ou romans d'Eneas et de Lavine o de Virgile. Quant Eneas se parti [...]. (c. 159 r°a-b)

> C : Qant Eneas et ses jens furent arivé, il issirent a terre et Eneas ala en la foreste a un molt riche tenple que Dedalus avoit fondé. En cele tenple prist respost Eneas q'il alast a Sebile qi en cele forest menoit viele et crapice, et cele le meiroit (*sic*) en enfer par veoir l'almes d'Achises son pere et de toute sa ligniee qui trepassé estoit, mes ce fu mençonje, et qui le voudra trover sou quiere ou romains d'Eneas ou en Vergilie. Qant Eneas se parti [...]. (c. 92 v°b)

> P13 : Qant Heneas et ses jent furent ensamble il eisirent a terre et Heneas ala e la foreste a un riche temple qe Dydalus avoit fondé. Pueis se parti Heneas [...]. (c. 49 r°a)

> Can : (Q)uando Eneas e la sua gente fûr arrivati, elli scesero in terra. Eneas andò nel bosco ad un molto ricco tempio ke Dydalus avea fondato. In quel tempio prese risposta Enea k'elli andasse a Sibille, ke in quella foresta dimorava vecchia et viçça, e quella lo menerà in inferno per veder d'Anchises suo padre e di tutto suo lignaggio ke trapassati erano, ma questo fu mençogna, e ki 'l vuol trovar sì cerchi nel ramanzo d'Enea o nel Virgilio. Quando Enea si partì [...]. (c. 41 v°a)

> N1 : Quando Enea fu aportati, egli iscese in terra, egli e lla sua gente, ed Enea andò nella foresta, a uno ricco tenpio che Dedalus avea fondato. Poi si partì Enea [...]. (c. 91 v°a)

8 Di Sabatino, *Une traduction toscane [...]*, *op. cit.*, p. 258.

Anche qui osserviamo come C offra un testo assai scorciato, conservando però tutti gli elementi principali della narrazione ; la sua lezione è pressoché identica a quella di altri codici della versione β. P13 taglia invece in maniera più drastica, e meno felice, perché la menzione del tempio di Dedalo, senza i riferimenti ai responsi oracolari, alla Sibilla e al viaggio agli Inferi, diviene un dettaglio topografico privo di importanza, e non si comprende neppure perché sia stata mantenuta. La narrazione, in questo caso, è impoverita. Ancor più eloquente il caso, di cui ho fatto cenno in altra sede[9], di un capitolo sulla Seconda Guerra Sannitica, dove la rubrica di P (c. 196 v°) recita :

> Que li conceles Pompeius ne s'osa combatre as Sanitieins se fust repairés de Rome.

I codici genovesi, compreso P13, hanno tutti la medesima lezione, con minime varianti : il riferimento è al console Lucio Papirio Cursore (qui « Pompeius ») e al suo ritorno a Roma per chiedere rinforzi contro i Sanniti, evitando lo scontro immediato. Ora, il problema è che nel capitolo introdotto dalla rubrica che ho citato, P13 (e con lui il volgarizzamento di N1) taglia completamente questo episodio e passa direttamente alla battaglia : titolo e capitolo risultano quindi incongruenti tra loro.

Qualche annotazione merita anche la parte iniziale dell'*HA*, giacché, come rileva Maria Teresa Rachetta, l'attività di abbreviazione che caratterizza la famiglia β diviene manifesta e pervasiva a partire dalla sezione III, su Tebe[10]. Alcuni controlli a campione, che ho condotto sul manoscritto C nella sezione I (*Genesi*), evidenziano in effetti come anche il codice genovese resti piuttosto vicino alla versione lunga di P. Sarebbe interessante conoscere il comportamento della versione di P13, ma questo manoscritto inizia con la sezione tebana. Consultando il codice N1, il cui testo toscano deriva da un affine di P13, si evince, di nuovo, stretta vicinanza con il parigino P : anche per la versione abbreviata testimoniata da P13 e dal volgarizzamento, dunque, il rimaneggiatore pare aver preferito non intervenire sulla parte relativa alla Genesi. La situazione appare leggermente diversa per la sezione II, contenente la storia dell'Oriente. Qui, il codice N1 (e con lui, con ogni

9 *Ibid.*, p. 265.
10 Rachetta, « Sull'*Histoire ancienne jusqu'à César* [...] », art. cité, p. 35.

verosimiglianza, la sua fonte prossima a P13) reca un testo lievemente scorciato per i cap. 19-20 di P (secondo la numerazione dell'edizione de Visser[11]). Scelgo un esempio dal cap. 19 :

> P : Adonques funda Sisiphus Ephire, qui or est Corinte apelee. E en celui tans conte on et dist que Frixus et Elles, sa suer, s'en fuirent por lor marastre. Et si les enporta uns moutons a un visage d'or par mi la mer, andeus ensamble. Mes bien sachés que ce fu fable qu'il sor un mouton s'en alassent, mes il en alerent en une nef ou il ot paint o taillié un mouton doré o signé, et c'est ce c'on en doit meaus croire. Aprés Bellesparis regna en Assyre Lamprides [...]. (19, 4-10)
>
> N1 : Allora fondò Sisipus Epirre, che or'è Chorice. Appresso Belle Paris rengniò Assire Lapidens [...]. (c. 56 v°a)

Il medesimo taglio del codice fiorentino è nel manoscritto di Chantilly : doveva dunque trattarsi di elemento comune a diversi testimoni del gruppo β :

> Ch : Adonc fonda Sisiphus Ephire, qui or est Corinthe apelee. Aprés Balles Paris regna en Assyre Lamprides [...]. (c. 29 v°b)

La coincidenza tra Ch e il testo del volgarizzamento conferma che quest'ultimo è fonte attendibile per ricostruire la fisionomia di quella redazione dell'*HA* di cui P13 è testimone parziale. Quanto agli altri manoscritti pisano-genovesi, essi non presentano questo passo, perché eliminano drasticamente tutto quanto si trova tra la menzione del re assiro Astacade (P, 13, 38) e la vicenda di Dedalo (cap. 21); identica sfrondatura si riscontra, come è logico aspettarsi, nel testo toscano di Pant (c. 97 v°-98 r°)[12]. Si conferma dunque la tendenza di questo gruppo a sopprimere o abbreviare alcune digressioni e cronotassi non strettamente funzionali allo svolgimento della narrazione.

L'impressione, nel complesso, è che il gruppo C-F-P16-Vat abbrevi il testo β operando tagli, a volte piuttosto consistenti, su alcune digressioni, senza intaccare però la globale completezza e chiarezza del racconto,

11 Per il testo critico della sezione II, utilizzo la già citata ed. de Visser-van Terwisga, di cui mantengo la numerazione di capitoli e righe.

12 Non considero Can e N2, che non contengono la sezione II, mentre il codice N3 (c. 18 v°-19 r°) presenta una scorciatura analoga a quella di Pant, ma la circostanza è meno significativa, poiché il suo testo è complessivamente assai abbreviato e rimaneggiato. Anche Ricc sopprime molti capitoli, e non offre i passi che qui interessano.

mentre P13 interviene in modo più frequente e capillare, ma anche, in alcuni casi, piuttosto maldestro, sopprimendo elementi significativi della narrazione. Mi pare quindi che i due raggruppamenti pisano-genovesi siano latori di vere e proprie nuove versioni del testo, frutto non di abbreviazoni casuali, ma di sistematici piani di sintesi, secondo due progetti editoriali precisi e differenti, uno dei quali (quello di P13) più invasivo e meno felicemente realizzato. Rilevo, inoltre, come le particolarità del gruppo genovese cui appartiene C si trovino anche nel manoscritto Royal[13], capostipite di quella che viene considerata una seconda redazione dell'*HA*, e che pertanto potrebbe forse configurarsi come una versione interpolata del testo pisano-genovese di C e dei suoi affini ; questo aspetto richiederà però indagini più approfondite.

Acquisito qualche elemento in più circa la natura delle due versioni compendiose pisano-genovesi – e delle traduzioni toscane che ne derivano – passiamo ad esaminare come vengono reimpiegate e ricompilate le sezioni dell'*HA* in area italiana. Dal rapido panorama tracciato poc'anzi, emerge come i codici pisano-genovesi del testo francese rechino solo il testo dell'*HA*, mentre i testi toscani sono spesso accompagnati o interpolati con materiali di altra natura.

Passerei in rassegna i quattro casi più significativi di queste interpolazioni/combinazioni. Inizio dall'abbinamento *HA*/*Fatti di Enea* : lo troviamo nella versione padovana studiata da Cambi nella sua tesi di dottorato[14], ma anche in due codici toscani, dove essa appare in due

13 La vicinanza tra il gruppo di C ed il Royal è stata già notata da Baker, « La version vulgate [...] », art. cité, p. 767, n. 66. Tale prossimità non è ovviamente verificabile per le sezioni I-II, dato che il codice angioino inizia con la sezione tebana (III) ; un gruppo di codici della seconda redazione, tuttavia, contiene la sezione II, forse per l'intervento di un rimaneggiatore : si vedano in proposito Jung, *La légende de Troie [...]*, *op. cit.*, p. 506-507, e *L'Histoire ancienne jusqu'à César. Deuxième rédaction. Edition d'après le manuscrit OUL 1 de la Bibliothèque de l'Université Otemae (ancien Phillipps 23240)*, a c. di Yorio Otaka e Catherine Croizy-Naquet, Orléans, Paradigme, 2016 ; il testo della sezione assira contenuta nel codice giapponese non presenta la lunga lacuna di C e affini, ma ha anzi, al cap. 16, il breve taglio che ho individuato in Ch e N1. Per il codice Royal rimando ai lavori di Luca Barbieri, in particolare al recente « La versione "angioina" dell'*Histoire ancienne jusqu'à César*. Napoli crocevia tra cultura francese e Oriente latino », *Francigena*, 5 (2019), p. 1-26.

14 I primi risultati degli studi di Matteo Cambi sul codice marciano sono pubblicati nel saggio « Codice, immagine e paratesto nel ms. Venezia, Biblioteca Nazionale Marciana, It. VI 8 (5795) », *Carte Romanze*, 7/2 (2019/2), p. 347-374.

forme diverse. Il manoscritto N2 reca le sezioni III, IV e V dell'*HA* (storia di Tebe, Amazzoni e Troia) ; dopo una carta bianca, iniziano i *Fatti di Enea*, trascritti dall'inizio, con la prima rubrica che recita :

> Chome Enea si partì da Troya chon XX navi e arivò ne·regno di Tracia e chome Polidoro suo chugino esendo morto gli aparì e chome gli parlò capitolo .i.

Le due prose storiografiche (*HA* e Guido da Pisa) sono dunque semplicemente giustapposte, non fuse assieme.

L'altro testimone, il San Pantaleo, presenta invece un lavoro più raffinato : l'*HA* è trascritta fino al suicidio di Didone, seguono immediatamente i *Fatti di Enea*, iniziando dalla partenza di Enea per la Sicilia e l'Italia :

> Come Enea partendosi da Chartagine per venire in Italia chapitò in Cicilia. 222. (c. 177 r°)

Notiamo che la numerazione dei capitoli prosegue quella dell'*HA*.

Abbiamo dunque due manoscritti affini per contenuto, provenienza geografica (Toscana), data (fine '300 – inizio '400), grafia (sono entrambi vergati in mercantesca), ma che trattano i due testi con approccio differente : uno li mantiene nella loro autonomia, l'altro cerca di fonderli, senza soluzione di continuità, creando un abbozzo di "ricompilazione", o di nuova redazione dell'*HA* (se vogliamo assimilare la procedura adottata dal San Pantaleo a quella del manoscritto Royal per il testo francese).

È interessante notare che il San Pantaleo cuce i *Fatti di Enea* dopo la storia d'amore tra Enea e Didone, ossia dopo che è stato riferito alla regina il resoconto della caduta di Troia. Ricordiamo infatti che all'inizio della sezione VI il testo dell'*HA* si allontana dall'*Eneide*, in quanto contiene una lunga digressione sugli antenati di Enea e dei Troiani, ma abbrevia notevolmente, riducendolo a puro *flashback* nelle parole di Enea a Didone, il racconto delle peregrinazioni dei Troiani nel Mediterraneo[15] ; anche la caduta della città per opera dei Greci è narrata evitando qualsiasi riferimento al cavallo. Questi elementi si trovano invece nei *Fatti di Enea*, nella parte che il (ri)compilatore ha scelto di

---

15 Per il prologo della sezione eneadica e le sue fonti, si veda il contributo di Francesco Montorsi, « Les origines des Francs dans l'*Histoire ancienne jusqu'à César*. Sur une source inconnue de la première chronique universelle en français », *Medioevo romanzo*, 42/2 (2016/2), p. 415-426.

non inserire. L'assemblaggio *HA* + *Fatti di Enea* attuato nel San Pantaleo denota dunque la volontà di leggere la storia troiana e di Enea evitando alcuni elementi narrativi non indispensabili, per concentrarsi piuttosto sulla genealogia e la posterità di Enea e dei Troiani, di cui l'*HA* esplicita le implicazioni per la storia della Francia e di Roma.

Secondo caso, meno significativo : quello concernente la sezione *Genesi*. Qui rileviamo che si comporta in maniera simile al San Pantaleo il *Fioretto* del ms. N3, che, come accennato, fonde senza rotture una narrazione biblica, di incerta provenienza, con un testo compendiato dell'*HA*, fino alla genealogia dei re di Persia e Macedonia[16].

Il terzo caso riguarda la fusione testuale tra *HA* e *Fatti dei Romani*. I volgarizzamenti dei due testi, come abbiamo visto, coabitano in un solo manoscritto, lo Hamilton 67. Il codice copiato da Lapo di Neri Corsini costituisce una ricca compilazione di storia romana, allestita con materiali scelti tra quelli di maggior rilievo nel panorama mito-storiografico di inizio '300 ; sia il testo dell'*HA* che quello dei *Fatti* sono oggetto di un lavoro di revisione, correzione e micro-interpolazione. Nella parte relativa all'*HA*, ho già avuto modo di rilevare la fitta presenza di interventi capillari, volti a restaurare parole (soprattutto nomi propri) e concetti che la tradizione manoscritta dell'*HA* aveva consegnato guasti[17].

Per le sezioni tratte dai *Fatti dei Romani*, gli studi condotti da Papini avevano già messo in luce la presenza di sporadici interventi di riscrittura o contaminazione con altre versioni dei *Faits* volgarizzati[18]. In tempi più recenti, David Bénéteau e Sergio Marroni hanno nuovamente richiamato l'attenzione su questi interventi riscrittori, sottolineando che, accanto a quelli che accomunano il manoscritto di Lapo ad altri testimoni della medesima famiglia stemmatica, esistono anche delle modifiche

16 Ernesto Giacomo Parodi, « I rifacimenti e le traduzioni italiane dell'*Eneide* di Virgilio prima del Rinascimento », *Studi di filologia romanza*, 2 (1887), p. 97-368, in particolare p. 172-173.

17 Per alcuni interventi di correzione e integrazione presenti nel testo dell'*HA* volgarizzata nel codice di Corsini, rimando a Di Sabatino, *Une traduction toscane [...], op. cit.*, p. 26-30. Si attendono dati più abbondanti dall'edizione critica dell'*HA* rimaneggiata da Lapo che David Bénéteau sta approntando per le Edizioni dell'Orso, e che cercherà di gettare nuova luce sui rapporti tra il testo di Corsini e le altre versioni dell'*HA* volgarizzata.

18 Gianni Antonio Papini, « *I fatti dei Romani*. Per la storia della tradizione manoscritta », *Studi di filologia italiana*, 31 (1973), p. 97-155.

che paiono peculiari al codice di Corsini. In qualche punto, Bénéteau segnala addirittura la presenza di spazi bianchi in luogo di parole che il copista/compilatore si proponeva evidentemente di recuperare da altra fonte, ritenendo inattendibile o incomprensibile il suo antigrafo[19] ; Marroni ricorda invece la tendenza all'eliminazione dei sovrabbondanti gallicismi che, stando ad altri testimoni, dovevano caratterizzare il volgarizzamento primigenio[20] : questi elementi fanno pensare che Lapo abbia progettato e lavorato personalmente sulla silloge storiografica, riservandosi di intervenire capillarmente anche in sede di copia.

Esaminando ora le modalità con cui Corsini ha cucito le varie porzioni, riscontriamo l'uso di tecniche diverse, a seconda delle circostanze. In alcuni casi, Lapo conserva nella sua silloge le rubriche introduttive dei testi che sta assemblando, lasciando dunque loro un certo gradiente di autonomia e riconoscibilità : ad esempio, il *Bellum Iugurthinum* nel volgarizzamento di Bartolomeo da San Concordio si apre alla c. 47 r° del codice Hamilton con il prologo sallustiano, contenente una lunga esposizione di principî etici e politici, certamente non utili per seguire il filo della mera narrazione storiografica. Quando, alla c. 70 v°, Lapo conclude la copia della traduzione di Bartolomeo, appone un *colophon* datato (« Quie è finitto il Salustio giughurtino a Deo grazia dì .xxx. di magio [1]313 »), vergato in rosso, mentre la metà inferiore dello specchio di scrittura è occupato da una grande illustrazione ; all'inizio della carta seguente si riprende a trascrivere l'*HA* volgarizzata, rimarcando implicitamente il nuovo cambio di fonte con l'uso di una iniziale istoriata. Analogamente, Corsini apre la copia dei *Fatti dei Romani* con una grande iniziale miniata e con una lunga rubrica, quasi si trattasse di un vero *incipit*, anche se lo si trova alla c. 82 r° ; ugualmente mantenuto è il prologo dei *Fatti.* Ma soprattutto, cosa più sorprendente, Lapo resta fedele

19 Li fatti de' Romani. *Edizione critica dei manoscritti Hamilton 67 e Riccardiano 2418*, a c. di David P. Bénéteau, Alessandria, Edizioni dell'Orso, 2012, in particolare p. 26-54 per le caratteristiche della copia di Corsini ; esempi di spazi bianchi lasciati dal copista sono indicati in apparato alle p. 264, 271. Bénéteau ha studiato anche altri manoscritti dei *Fatti* ; segnalo il suo recente contributo « Un manoscritto de *Li Fatti de' Romani* a Napoli : BNN XIII.C.71 », *Schede umanistiche*, 33 (2019), p. 5-23.

20 Una disamina dei tratti salienti della copia di Corsini, nonché della personalità e cultura del compilatore, con rimandi alla bibliografia pregressa, è in Sergio Marroni, *I fatti dei Romani. Saggio di edizione critica di un volgarizzamento fiorentino del Duecento*, Roma, Viella, 2004, p. 16-21. Per il trattamento dei gallicismi, Marroni rimanda a Papini, « *I fatti dei Romani [...]* », art. cité, p. 123 e sgg.

al dettato dei *Fatti* al punto da trascriverne anche i capitoli iniziali, con il sunto di storia dei primi secoli di Roma, da Romolo alla nascita delle istituzioni repubblicane : narrazione assolutamente ridondante, dato che queste vicende sono ampiamente svolte nei capitoli desunti dall'*HA* e già trascritti nelle prime carte del volume. Questo comportamento è, come abbiamo visto, lo stesso che troviamo nei manoscritti che recano il testo francese dell'*HA* e dei *Faits des Romains* (come il codice di Chantilly o P10) ; tuttavia, in quei testimoni abbiamo semplici assemblaggi di grandi blocchi testuali o di intere compilazioni preesistenti, senza interventi di interpolazione o rimaneggiamento sui testi trascritti. I *Fatti* sono peraltro intessuti di brevi interpolazioni con passi del *Sallustio Catilinario*, altro volgarizzamento di Bartolomeo da San Concordio : in questo caso, le inserzioni non sono segnalate in maniera evidente. Ha invece una rubrica introduttiva, ma è priva di iniziale istoriata, la traduzione della prima *Catilinaria* di Cicerone (c. 92 r°-95 v°)[21] .

L'impressione è che il grande manuale di storia romana assemblato da Lapo, frutto di un lavoro ecdotico e critico-filologico di non poca fatica, presenti una sorta di dicotomia organizzativa. A fronte degli interventi di correzione puntuale delle lezioni guaste, di cui si è fatto cenno, riscontriamo infatti che la ricucitura delle varie componenti non sembra essere andata in profondità, se consideriamo appunto che Corsini non si è peritato di tagliare o armonizzare le parti ridondanti, come la duplice narrazione della fondazione di Roma cui ho appena fatto riferimento. E già Flutres notava in Lapo la tendenza a « ne rien perdre » dei testi trascritti, anche a costo di essere ripetitivo[22]. Per la giuntura *HA*-*Fatti* si potrebbe tuttavia anche ipotizzare che Lapo avesse ben presenti i manoscritti recanti *HA* e *Faits* (in francese) assieme, e che abbia deliberatamente scelto di mantenere i due testi uniti, senza sopprimere o rimaneggiare la parte iniziale dei *Fatti*, proprio come

21 *Cf.* Giuliano Staccioli, « Sul ms. Hamilton 67 di Berlino e sul volgarizzamento della "IV Catilinaria" in esso contenuto », *Studi di filologia italiana*, 42 (1984), p. 27-58, in particolare p. 33-38 ; Gianni Antonio Papini, « Cicéron en Toscane au XIIIe siècle : la traduction des *Catilinaires* », *Études de lettres*, s. IV, 4 (1981), p. 3-20. *Cf.* in particolare le p. 17-19 (sugli errori commessi dal traduttore).

22 Louis-Fernand Flutre, Li Fait des Romains *dans les littératures françaises et italiennes du XIIIe au XVIe* siècle, Paris, Hachette, 1932, p. 193. Anche Papini, « *I fatti dei Romani* [...] », art. cité, p. 98, sottolinea : « La volontà di non perdere nulla (o il meno possibile) dell'una e dell'altra opera ha prodotto un faticato collage, con molte ripetizioni logiche e mezzana attenzione ai nessi sintattici (di rado ricercati con inverventi del copista), etc. »

avviene nei testimoni in lingua d'*oil* : in questo caso la ripetitività del testo ricompilato sarebbe dovuta non a imperizia o fretta di Lapo, ma alla volontà di non allontanarsi del tutto dal modello prestigioso dei grandi codici contenenti le narrazioni transalpine.

Vengo al quarto e ultimo caso, quello più significativo sotto l'aspetto della "ricompilazione". Si tratta del codice Riccardiano 1311, sottoscritto nel 1439 dal copista Piero di Vaschino da Bergamo, contenente una storia universale che va dalla Creazione all'epoca di Giuliano l'Apostata, chiamata *Libro de la creatione del mondo.*

Questo manoscritto assembla materiale di origine disparata, passando da spiegazioni teologiche sulla Creazione e sull'origine degli angeli e di Lucifero, a narrazioni desunte dalla Bibbia, ad altre mutuate direttamente dall'*HA* volgarizzata, dai volgarizzamenti della *Historia destructionis Troiae*, e dell'*Historia de preliis*. Il contenuto del volume è esplicitamente organizzato secondo la tradizionale divisione delle sei età del mondo. Il testo presenta una chiara patina linguistica pisana (forse trecentesca), con alcuni sporadici elementi settentrionali, ascrivibili alla lingua del copista. L'*HA* è presente, in misura differente, in tutte le sezioni della compilazione, dalla Genesi fino ad Alessandro Magno. È tuttavia necessario chiedersi di quale volgarizzamento dell'*HA* si tratti. È stata Giuliana Carlesso, studiando la sezione troiana, ad evidenziare delle somiglianze tra il testo di Ricc e quello di Pant[23]. Come ricordato, la versione del San Pantaleo è assai prossima a quella del manoscritto Can e di N2 ; tutti questi codici, a loro volta, recano un testo assai simile a quello trasmessoci sotto il nome di Zucchero Bencivenni. Il testo del Riccardiano, sovente compendioso e sottoposto a riscritture profonde, almeno sul piano linguistico, per la pisanità di cui s'è detto, non è facile da collazionare con gli altri di questa famiglia. Qualche controllo a campione, tuttavia, permette di evidenziare alcuni dati interessanti. Utilizzo la sezione tebana, la sola pubblicata del manoscritto ZB[24].

---

23 Giuliana Carlesso, « Note su alcune versioni della *Historia destructionis Troiae* di Guido delle Colonne in Italia nei secoli XIV e XV », *Studi sul Boccaccio*, 37 (2009), p. 283-347. Altri dati sul codice, con rimandi alla bibliografia pregressa, in Luca Di Sabatino, « Il *Libro de la creatione del mondo* (ms. Riccardiano 1311) : sondaggi sulle fonti e le modalità di compilazione », « *Or vos conterons d'autre matiere* ». *Studi di filologia romanza offerti a Gabriella Ronchi*, a c. di Luca Di Sabatino, Luca Gatti, Paolo Rinoldi, Roma, Viella, 2017, p. 101-112.

24 Le citazioni dal Canoniciano e da ZB sono tratte da Gabriella Ronchi, « I volgarizzamenti italiani dell'*Histoire ancienne.* La sezione tebana », *Studi su volgarizzamenti italiani*

Ricc : Arifonas tornò in quel punto bene armato *sopra el suo dextrieri* in uno carro a quatro ruote per aiatare queli di Grecia. Quando eli fue ne la magior pressa de la bactaglia sì s'aperse la terra in tal maniera che Arifonas davanti a tucti cade in abiso et col caro et col cavalo et con molti di queli ch'erano co lui apreso et possa si richiuse la terra come davanti e Arifonas *fu trabuchato* in inferno. (c. 38 r°)

Can : in quella battaglia fu Amphoras montato in sun un carro molto ricco a .iiii. ruote, ben armato per aitare a quei di Grecia. E là ov'elli era ne la maggior pressa apritte la terra sì·cche Amphoras cadde dentro e lo carro e i cavagli che 'l menavano e molti altri intramazzarono, ke co·llui erano. Apresso questo la terra fu richiusa e serrata altressì come dinanzi ; Amphoras *traboccò* in inferno tutto vivo [...]. (cap. XVI, 9-10)

ZB : in quella battaglia fue Amphoras montato *sopra un ricco distriere*, sopra un carro a quattro ruote, bene armato per atare quelli di Grecia. E là ove era la magior pressa s'aperse la terra e'l carro e i cavalli ke 'l menavano e molti altri prefondaro con Amphoras. Apresso ciò rivenne la terra insieme e si richiuse com'era dinanzi, e Amphoras *kade* in inferno tutto vivo [...].

Ho già avuto occasione di notare come l'errore che vede Anfiarao montato a cavallo sul carro leghi il Riccardiano ad altri testimoni[25], ma preciso qui che esso rappresenta elemento in comune con il volgarizzamento attribuito a Zucchero. Nella parte finale dei brani riportati, la seconda lezione in neretto è quella con i verbi *trabuccare-cadere* : la prima forma è in Ricc e Can (ed è prossima al testo di P, « fu trebuchés »), la seconda solo in Zucchero. Il testo del Riccardiano appare quindi oscillante tra i due sottogruppi della famiglia (Canoniciano/S. Pantaleo da un lato, manoscritto di Zucchero dall'altro) ; sarà dunque necessario approfondire la questione per comprendere se il testo di Ricc è frutto di contaminazione tra versioni differenti dell'*HA* o se si tratta di una traduzione indipendente[26].

---

due-trecenteschi, a c. di Paolo Rinoldi e Gabriella Ronchi, Roma, Viella, 2005, p. 99-165 ; i tondi sono miei. Il S. Pantaleo non diverge significativamente dal Canoniciano e pertanto non ne segnalo le varianti. Il passo francese corrispondente, nella versione lunga di P e in quella rimaneggiata del codice viennese 2576 è consultabile nell'edizione de Visser-van Terwisga, cap. 112, p. 11-17.

25 Di Sabatino, *Une traduction toscane [...]*, *op. cit.*, p. 20.

26 Rimane problematica la parte alessandrina del codice riccardiano. Nessuno dei manoscritti affini che abbiamo sinora considerato giunge alla sezione su Alessandro Magno. I paragrafi alessandrini di Ricc, oltre a non avere riscontro negli altri codici toscani, non corrispondono neppure al testo francese dei manoscritti pisano-genovesi, rispetto ai quali Ricc offre maggiore dovizia di particolari ; *cf.* Di Sabatino, *Une traduction toscane [...]*, *op. cit.*, p. 30-32.

Per quanto concerne le altre fonti utilizzate dal compilatore, rilevo che la grande messe di materiale biblico e romano non trova corrispondenza nell'*HA*, e neppure nei *Fatti dei Romani*. Anzi, la sezione romana presenta la particolarità di omettere completamente la storia di Giulio Cesare e dei primi imperatori : dopo la vittoria di Pompeo su Mitridate e Tigrane di Armenia, la compilazione passa direttamente al periodo detto dei Quattro imperatori, e al regno di Vespasiano. Sono narrate le vite di alcuni imperatori, e qui troviamo un innesto singolare, di cui ho dato notizia in un contributo recente : il *Libro de la creatione del mondo* presenta alcuni brani, rimaneggiati e interpolati, dei *Fiori di filosafi* e della *Legenda aurea*, di cui abbiamo così un nuovo testimone. Troviamo infatti l'episodio celebre di Traiano e della vedova, desunto dal capitolo della *Legenda aurea* dedicato a san Gregorio Magno, e *Vita e detti di Secondo*, estratti dai *Fiori di filosafi*[27].

Ancora più singolare è però la parte del codice dedicata all'imperatore Marco Aurelio. Anche in questo caso, la fonte non può essere ravvisata nei *Fatti dei Romani*, ma nemmeno nei *Fiori di filosafi*, che non parlano di Marco Aurelio. Dopo aver narrato della vita e delle imprese dell'imperatore, il *Libro de la creatione* aggiunge :

> Ricc : or actendete la storia del figliuolo di questo re et de' .vii. savi. (c. 174 r°a)

E all'inizio della colonna successiva, senza indicare alcun cambio di soggetto, trascrive :

> Romae fuit praedictus imperator...

Incomincia così una versione in latino del *Libro dei Sette Savi ;* e mi pare essere l'unica in cui l'imperatore è Marco Aurelio. Il testo non coincide con quello edito da Mussafia, anzi presenta una serie di particolarità (come la sostituzione del cinghiale con un *dominus*, nella novella *Aper*) che ne dimostrano l'appartenenza ad una famiglia diversa ; una versione italiana di questo gruppo è stata studiata da Augusto Cesari[28]. La sto-

27 Per il testo dei brani in questione, con studio delle fonti, mi permetto di rinviare a Luca Di Sabatino, « La "Giustizia di Traiano" e i *Detti di Secondo* nel manoscritto Riccardiano 1311 », *Carte Romanze*, 7/2 (2019/2), p. 53-73.

28 *Cf.* Adolfo Mussafia, « Beiträge zur Literatur der "Sieben weisen Meister" », *Sitzungsberichte der philosophish-historischen Classe der Kaiserlichen Akademie der Wissenschaften zu Wien*, 57 (1867), p. 37-118 ; Augusto Cesari, *Il romanzo dei Sette Savi in Italia*, Bologna, Garagnani,

ria dei Sette Savi si apre con una grande iniziale decorata, di modulo maggiore rispetto alle altre, il che fa sì che questa parte del *Libro de la creatione*, anche se trascritta dalla stessa mano che copia il resto della compilazione, sia immediatamente riconoscibile. In tutti gli altri casi di interpolazione e saldatura di testi diversi manca qualsiasi elemento di riconoscimento, giacché le iniziali filigranate che costellano il manoscritto sono utilizzate solo per aprire i capitoli, a loro volta non coincidenti con blocchi desunti da singole fonti : all'interno di un medesimo capitolo, sono fusi e posti in totale continuità (sia sintattica che di *mise en page*) i brani provenienti dalle varie fonti utilizzate ; questo rende difficile l'identificazione dei segmenti e dei relativi ipotesti.

Credo che a questo punto si possano trarre alcune considerazioni finali e di sintesi. I volgarizzamenti toscani dell'*HA* derivano tutti da un gruppo di codici pisano-genovesi, copiati tra fine '200 e inizio '300, caratterizzati da assoluta omogeneità di contenuto : nessuno di questi manoscritti tramanda infatti altre opere, a parte l'*HA*. Quest'ultima è copiata in versioni più sintetiche rispetto a quella testimoniata dalla famiglia β, di cui pure il gruppo pisano-genovese fa parte.

Sul versante della lingua di *sì*, i testimoni delle traduzioni toscane, diversamente dai codici del testo francese da cui derivano, hanno spesso la tendenza ad unire l'*HA* ad altri testi, o a interpolarla. Per quest'ultima categoria, l'unico caso in cui l'*HA* volgarizzata è affiancata dai *Fatti dei Romani* (il codice Hamilton 67) presenta una situazione simile a quella dei codici franco-italiani che trasmettono il medesimo abbinamento : i *Fatti* sono infatti copiati senza eliminare né il prologo, né i primi capitoli sulla storia di Roma, creando un effetto di ridondanza. Il manoscritto con la situazione testuale più mossa, il Riccardiano 1311, spinge l'eclettismo delle fonti fino al plurilinguismo, interpolando a frammenti volgari di origine disparata una narrazione in latino sui Sette Savi.

Infine, tra tutte queste ricompilazioni, l'unica che abbia almeno in parte l'ambizione ad essere una cronaca universale è – di nuovo – il *Libro de la creatione del mondo*, il manoscritto Riccardiano, dove però la componente cronachistica dell'*HA* cede il passo a quella aneddotica e sapienziale. Nulla rimane, nel Riccardiano, dei passi moraleggianti che

---

1895. Della versione dei Sette Savi contenuta del Riccardiano mi prometto di fornire il testo in altra sede.

caratterizzavano l'opera di Wauchier de Denain. Per gli altri codici, la struttura universalistica dell'*HA* è bloccata all'epoca di Assuero (come nel Canoniciano) o tagliata e piegata per divenire parte di una lettura parziale della storia antica, solitamente in chiave italocentrica, come è comprensibile, soffermandosi su Enea e Roma. In questi testimoni parziali però il testo tradotto dell'*HA* è tramandato più fedelmente, senza fitti rimaneggiamenti come quelli del Riccardiano.

I manoscritti che "mettono in opera" l'*HA*, unendola ai *Fatti dei Romani*, ai *Fatti di Enea*, o ad altre cronache e raccolte, per costruire nuove compilazioni storiografiche, lo fanno dunque secondo strategie molto diversificate, che vanno dalla semplice giustapposizione alla fusione "a pettine" : questa creatività nell'architettura testuale delle ricompilazioni, che pare particolarmente vistosa nella tradizione italiana e soprattutto toscana del testo, documenta la mutevole percezione e fruizione dell'*HA* nel nostro Medioevo volgare.

Luca Di Sabatino
Alma Mater Studiorum –
Università di Bologna

TROISIÈME PARTIE

FIORITE ET COMPILATIONS HISTORIQUES EN ITALIE

IL CASO DELLA *FIORITA* DI GUIDO DA PISA

Tra filologia e fonti

VITA E OPERE DI GUIDO DA PISA

Riguardo la vita di Guido da Pisa si hanno pochissime informazioni che è lui stesso a fornire nelle sue opere : nel commento latino all'*Inferno*, alla chiosa ad *If.* XXIII, 88-89, l'autore testimonia infatti la sua origine pisana, dichiarandosi « *oriundus* » e « *civilis filius* » della città toscana, mentre dalla chiosa ad *If.* XXVIII, 15-17 si evince la sua affiliazione all'ordine dei frati carmelitani, quando, parlando della tomba di Corradino di Svevia, la colloca a Napoli « *apud locum nostrum Ordinis de Carmelo*[1] ». Per il resto, le informazioni sulla sua vita sono molto scarse, e questo a causa delle numerose omonimie incontrate nei documenti afferenti al periodo della sua attività. Tuttavia, in base anche alla cronologia delle sue opere, si può supporre con un buon margine di sicurezza che Guido da Pisa sia nato intorno alla seconda metà del '200 e fosse ancora attivo all'altezza degli anni '40 del XIV secolo[2].

1 Guido da Pisa, *Expositiones et glose. Declaratio super "Comediam" Dantis*, a cura di Michele Rinaldi, appendice a cura di Paola Locatin, Roma, Salerno Editrice, 2013, 2 vol., p. 958 e p. 832.

2 Gli anni in cui le fonti archivistiche maggiormente si condensano, e verosimilmente hanno più possibilità di riferirsi al nostro autore, possono essere circoscritti al 1326-1339. Al 1326 risalgono infatti sette rogiti compresi tra il 4 settembre e il 15 novembre che riguardano il lascito testamentario di Dea del fu Albisello Boni (Archivio degli agostiniani di S. Nicola di Pisa, pergamene nn. 452-458) in cui un frate Guido carmelitano viene indicato come nipote della defunta. In una pergamena datata 15 maggio 1335 e proveniente dalla Mensa arcivescovile di Pisa figura tra i beneficiari dell'eredità di Lemmo di Bartolemeo Panevino un « fratri Guidoni » affiliato al convento di S. Maria del Carmine (*cf.* Andrea Sabatini, « Fra Guido da Pisa. Una probabile identificazione », *Carmelus*, XIV (1967), p. 242-254). Infine, due registrazioni di atti rogati a Pisa dal notaio

Caratteristica peculiare della produzione letteraria di Guido da Pisa è la costante passione per Dante : il frate è noto infatti come uno dei primi e più originali commentatori della *Commedia*, e questo poiché egli è autore di ben due opere di esegesi dantesca, entrambe a commento dell'*Inferno*, vale a dire la *Declaratio super "Comediam" Dantis* e le *Expositiones et glose super "Comediam" Dantis*. La *Declaratio* è un breve componimento volgare in terza rima, accompagnato da delle chiose latine di commento allestite dall'autore stesso, che risale cronologicamente agli anni che intercorrono tra il 1321 e il 1333-1334[3].

Le *Expositiones* sono invece il vero e proprio commento latino alla prima cantica di Guido da Pisa, composto nel quinquennio 1335-1340 e trasmessoci dai due codici che tramandano anche la *Declaratio*, ossia da un codice della British Library e dal famoso manoscritto miniato di Chantilly[4].

Andrea di Pupo de' Peccioli (Firenze, Archivio di Stato, Notarile antecosimiano, n. 450) menzionano un omonimo frate Guido di S. Maria del Carmine, nel primo (20 luglio 1332) come erede di Beldies figlia di Landolfuccio, e nel secondo (20-21 luglio 1339) in quanto testimone di una *recognitio* (Arianna Terzi, s.v. « Guido da Pisa », *Dizionario Biografico degli italiani*, vol. 61, Roma, Treccani, 2004, p. 411-417).

3 Alcuni tratti comuni tra la *Declaratio* e il *Capitolo* di Bosone da Gubbio hanno fatto a suo tempo avanzare a Mazzoni la proposta di considerare come *terminus ante quem* dell'opera guidiana il 1328, anno in cui verosimilmente il *Capitolo* venne composto (si veda Guido da Pisa, *Declaratio super "Comediam" Dantis*, edizione critica a cura di Francesco Mazzoni, Firenze, Società Dantesca Italiana, 1970, p. 1 e n. 1); tuttavia, recenti studi condotti da Michele Rinaldi hanno evidenziato come si tratti piuttosto « di consonanze e di esiti probabilmente paralleli, e comunque non tali da permettere di stabilire delle oggettive priorità ; si aggiunga che la presenza di una "finestra" (cioè di una lacuna d'autore) nell'autocommento a *Decl.* I 61, farebbe pensare alla mancanza di una revisione finale : il che porterebbe a ridurre la distanza cronologica dalle *Expositiones*, che rivelano un analogo grado di incompiutezza » (Guido da Pisa, *Expositiones et glose*, ed. cit., p. 15, n. 19, con rinvio a Michele Rinaldi, « Per una nuova edizione della "Declaratio super Comediam Dantis" di Guido da Pisa », *Leggere Dante oggi. I testi, l'esegesi. Atti del Convegno-seminario di Roma, 25-27 ottobre 2010*, a cura di Enrico Malato e Andrea Mazzucchi, Roma, Salerno Editrice, 2012, p. 333-350, qui p. 342-343).

4 London, British Library, Additional 31918 (Br) e Chantilly, Bibliothèque du Château, 597 (Cha). Quest'ultimo è un manoscritto particolarmente significativo anzitutto perché trasmette anche il testo della prima cantica dantesca ed è uno dei codici studiati da Petrocchi per la sua edizione della *Commedia* secondo l'antica vulgata ; ma anche perché esso costituisce probabilmente l'esemplare di dedica per il dedicatario delle due opere guidiane, Lucano Spinola, un nobile genovese verosimilmente in rapporti col nostro autore. Il codice è inoltre impreziosito da un ricco apparato iconografico che affianca il testo : particolarmente degna di nota una miniatura in cui si ritrae un frate carmelitano non più nel fiore degli anni, Guido stesso, nell'atto di offrire un libro ad un giovane signore, Lucano Spinola.

È ormai acclarato, grazie soprattutto agli studi condotti da Paola Locatin, che, prima di giungere a questa versione definitiva, Guido abbia steso una precedente redazione del commento – che cautelarmente si può collocare nel decennio 1324-1334 (ma probabilmente conclusa già alla fine degli anni '20 visti dei possibili rapporti che il testo intrattiene con il commento del Lana) – che, per quanto più breve, raccoglieva però già *in nuce* i caratteri peculiari dell'esegesi delle *Expositiones* nella loro veste definitiva[5].

5 L'ipotesi di una redazione primitiva delle *Expositiones*, a suo tempo già avanzata da Michele Barbi (Michele Barbi, *Problemi di critica dantesca I serie* : *1893/1918*, Firenze, Sansoni, 1934, p. 29-85, a p. 57), è stata poi ribadita anche da Antonio Canal, *Il mondo morale di Guido da Pisa*, Bologna, Pàtron, 1981, p. 105-129 e Vincenzo Cioffari, « Did Guido da Pisa write a commentary on the "Purgatorio" and "Paradiso" ? », *Studi Danteschi*, LVII (1985), p. 145-160 e, soprattutto, da Saverio Bellomo nella sua edizione del commento di Filippo Villani (Filippo Villani, *Expositio seu comentum super "Comediam" Dantis Allegheri*, a cura di Saverio Bellomo, Firenze, Le Lettere, 1989, p. 21-24). Fondamentali poi, in tempi recenti, gli studi condotti da Paola Locatin, che a più riprese si è occupata dell'argomento : si veda Paola Locatin, « Una prima redazione del commento all'"Inferno" di Guido da Pisa e la sua fortuna (il ms. Laur. 40 2) », *Rivista di Studi Danteschi*, I (2001), p. 30-74 ; *Ead.*, « Sulla cronologia relativa degli antichi commenti alla "Commedia" (in margine alla recente edizione delle "Chiose Palatine") », *Rassegna europea di letteratura italiana*, vol. XXIX-XXX (2007), p. 187-204, in particolare p. 192-195 ; *Ead.*, *Una prima redazione del commento all'"Inferno" di Guido da Pisa tra le chiose alla "Commedia" contenute nel ms. Laur. 40.2*, edizione critica con saggio introduttivo delle chiose e del volgarizzamento della redazione guidiana. Tesi di Dottorato di ricerca, Università degli Studi di Trento-Facoltà di Lettere e Filosofia, 2009 (http://eprints-phd.biblio.unitn.it/177/, consultato il 14/04/2021); nonché l'appendice da lei curata in Guido da Pisa, *Expositiones et glose*, ed. cit., p. 1021-1052. Se, come si è detto, la versione definitiva delle *Expositiones* trova testimonianza nei codici della British Library e di Chantilly, questa prima redazione è trasmessa da due testimoni : il Laurenziano XL.2 (Firenze, Biblioteca Medicea Laurenziana, Pluteo XL.2) e il cosiddetto volgarizzamento Vernon. Quest'ultima è una testimonianza indiretta, ricostruibile attraverso tre manoscritti : il codice già Poggiali-Vernon (Ravenna, Biblioteca del Centro Dantesco dei Frati Minori Conventuali, 1 [già Ginori Conti, già Poggiali-Vernon]), il manoscritto già Phillipps 9589 (Ravenna, Biblioteca del Centro Dantesco dei Frati Minori Conventuali, 2 [già Phillipps 9589]) e il Laurenziano Strozz. 164 (Firenze, Biblioteca Medicea Laurenziana, Strozzi 164 [già Strozzi 246]).

LA *FIORITA*

Guido da Pisa è autore anche della *Fiorita*, una compilazione storico-mitologica in volgare, che intreccia al suo interno un'ampia varietà di argomenti, dalle storie bibliche a quelle mitologiche e dei primi cinque re d'Italia, sino al volgarizzamento dell'*Eneide*.

In linea con la restante produzione letteraria dell'autore, anche nella *Fiorita* la presenza di Dante è una costante, e questo non solo in quanto l'*incipit* stesso dell'opera è modellato e riprende molto da vicino il *Convivio*[6], ma anche perché nel fluire del testo vi sono continue intersezioni di passi danteschi tratti dalla *Commedia* (solo nel primo libro sono citati 231 versi della *Commedia*), che svolgono il compito di rafforzare e consolidare ciò che è stato appena esposto, tanto da suscitare spesso l'impressione che il dettato guidiano sia veicolato proprio in funzione della citazione dantesca. Il caso più emblematico è quello dei capitoli 115 e 116 del primo libro, dove sono gli stessi versi della *Commedia* a condizionare e suggerire all'autore l'argomento da trattare. Il capitolo 115, nel quale viene narrato il sacrificio della figlia del giudice di Israele Iefte[7], subito dopo aver riportato i versi 64-72 di *Pd.* V in cui Dante stesso accosta la vicenda di Iefte con quella di Agamennone, termina curiosamente in questo modo : « Ma imperciò che Dante quie aposta la ignoranza del re Agamenone cola ignoranza di Iepte, vegiamo la ystoria, la quale ocorse in questy medeximi tempy[8] ». Di conseguenza, il capitolo 116, sotto il suggerimento dei versi dell'Alighieri, prosegue quindi raccontando il sacrificio della figlia Ifigenia compiuto dal re Agamennone.

A lungo la *Fiorita* ha avuto come unici termini *post* ed *ante quos* le due date rilevabili all'interno dell'opera stessa, ovvero il 1321 (in quanto sono presenti citazioni degli ultimi canti del *Paradiso* dantesco) e il 1337 (anno

6 Si veda come dal modello di *Conv.* I 1 « Sì come dice lo Filosofo nel principio della *Prima Filosofia*, tutti li uomini naturalmente desiderano di sapere » dipenda l'*incipit* dell'opera guidiana « Tuti li huomini, segondo che dice Aristotile nel principio della *Metafisicha*, naturalmente desiderano di sapere » (tutte le citazioni dei passi della *Fiorita* sono tratte da Carla De Nardin, *La "Fiorita" di Guido da Pisa. Edizione critica e commento del primo libro*, Tesi di Dottorato di ricerca in Italianistica, Università Ca' Foscari Venezia, XXXI° ciclo, 2019).

7 *Iudc.*, 10, 15-18 ; 11.

8 *Fiorita*, ed. cit., 115 [11].

della morte di Federico II d'Aragona, ricordato in un capitolo del secondo libro come ancora in vita). Tuttavia, le indagini condotte da Paola Locatin sulla già citata prima redazione delle *Expositiones* hanno gettato nuova luce anche sul periodo di stesura della compilazione guidiana[9]. Infatti, *Fiorita* ed *Expositiones* in molti luoghi si possono seguire parola per parola e si configurano l'una come l'autotraduzione dell'altra. Proprio per questo, un esame sui luoghi paralleli tra prima e seconda redazione del commento dantesco e *Fiorita* permette di collocare la composizione di quest'ultima negli anni che intercorrono tra la fine della stesura della prima redazione e l'inizio del rimaneggiamento della seconda, poiché, se da un lato ci sono materiali non presenti nella prima ma comuni a *Fiorita* e seconda redazione (anzitutto il vasto impiego dell'*Historia scholastica* di Pietro Comestore su cui ci concentreremo a breve), dall'altro lato però qualche passo della *Fiorita* è diretta trasposizione volgare di alcune glosse della prima redazione, che divergono nella forma e nella sostanza dalle chiose della redazione definitiva. Degno di nota è il caso del capitolo 106, già a suo tempo individuato da Locatin, che corrisponde alla glossa ad *If.* XII, 67 :

> *Dum Hercules cum Deyanira coniuge sua pervenisset ad fluvium Acheloum et transire nequiret, Nessus centaurus in ripa existens inquit ad Herculem : « ego sciens vada istius fluminis transportabo Deianiram, tu vero tuis viribus utere in natando*[10]*.* » (1ª redazione)

> *Dum Hercules gygas cum Deianira coniuge sua, postquam domuit fluvium Acheloum, pervenisset ad alterum fluvium qui dicitur Ebenus – de quo Ovidius, VIIII Methamorphoseos : venerat Ebeni rapidas Iove natus ad undas – et propter aquarum abundantiam transire nequiret, Nessus existens in ripa fluminis ait ad Herculem : « ego scias vada istius aque, et ideo tuam coniugem potero transvadare ; tu autem tuis viribus utere in natando*[11]*.* » (2ª redazione)

> Venuto Hercule con Deyanira a questo fiume Acheloho e non potendo passare, Nesso essendo in su la ripa disse ad Hercule : « Io che so lo guado di questo fiume portrò Deyanira, e tu cola tua forza ti briga di notare[12]. » (*Fiorita*)

La *Fiorita* in questo luogo, come del resto nel prosieguo dell'intero capitolo, è vicinissima al dettato della prima redazione e da questa

9 Si veda Locatin, *Una prima redazione del commento all'"Inferno" di Guido da Pisa tra le chiose alla "Commedia"*, *op. cit.*, p. 111.

10 Guido da Pisa, *Expositiones et glose*, ed. cit., p. 1123.

11 Guido da Pisa, *Expositiones et glose*, ed. cit., p. 476.

12 *Fiorita*, ed. cit., cap. 106, par. 2.

eredita l'errore di identificare il fiume a cui giungono Ercole e Deianira con l'Acheloo e non con l'Eveno (come invece si dice nella redazione definitiva, a seguito di una evidente rilettura della fonte ovidiana che oltretutto viene inserita nel corpo del testo).

Pertanto, se la prima redazione delle *Expositiones* è stata stesa, come si è detto, tra il 1325 e il 1333, e la seconda tra il 1335 e il 1340, si può a ragione presumere che la *Fiorita* – il cui termine *ante quem* è il 1337 – sia stata composta negli stessi anni in cui Guido stava rivedendo il materiale del suo primigenio nucleo esegetico all'*Inferno* – presumibilmente in un lasso di tempo che può avvicinarsi indicativamente a cavallo della prima metà degli anni '30 – e che la sua stesura, dopo questo iniziale affiancamento delle due opere, si sia dovuta interrompere nel momento in cui le forze di Guido fossero state assorbite integralmente dalla revisione delle *Expositiones* – fatto questo che spiegherebbe inoltre l'interruzione della *Fiorita.*

Infatti, con ogni probabilità l'opera è rimasta incompiuta, e questo poiché nell'Antiprologo, nella sezione in cui vengono esposti i propositi di organizzazione della materia che verrà trattata nella *Fiorita*, l'autore afferma che :

> Et distingueremo questa opera per .vii. libri : nel primo tratteremo de' primi .v. re che regnonno in Italia; nel secondo tractaremo di Enea che fu il sexto re che regnò dopo quelli .v.*; nel terzo tractaremo di lui e di .xiiii. re che regnarono dipo' lui in Ytalia; nel quarto tractaremo della hedificatione di Roma e come per .vii. re fo inprima governata la Republica; nel quinto tractaremo de' consuli et trebuni li quali succedetteno a quelli .vii. re; nel sexto tractaremo di Iulio Cexare e di Ponpeo; nel septimo e ultimo tractaremo delli imperadori che succedettono a Iulio;* mescolando et inserendo per ciascuno tempo etiamdio le ystorie della divina scriptura, e altri memorabil fatti degni di memoria e di laude e dele altre natione che ocorseno in quelli tempi medeximi. Volendo tractare delli primi .v. re che regnarono in Ytalia, distingueremo il primo libro in .v. parte, sì che nella prima parte tractaremo di Iano che fo il primo re; e con ciò sia cosa che Moixè fu nel suo tempo, tractaremo in questa medexima parte delle istorie moxaiche; tractaremo etiamdio qui di Iob che fo in quey medeximi tempi. Nella seconda parte tractaremo di Saturno che fu il secondo re d'Italia; tractaremo etiandio di Iove che fu suo figluolo e di Minoy che fu figluolo di Iove. Vederemo etiandio in questa seconda parte le storie di Iosuè, che, come Saturno succedette a Iano, così Iosuè succedette a Moisè. Nella terza parte tractaremo di Pico figluolo di Saturno il qual fo terzo re di Ytalia. Porremo etiamdio qui le storie di Erchule e le istorie de' giudici d'Israel le quale ocorseno in quel tempo. Nella quarta parte tractaremo de Fauno figluolo di Pico, che fu il quarto re di Italia. *E qui poremo etiamdio le*

> *storie thebane, inperciò che in questo tempo fu la distruzione del regno di Tebe.* Nella quinta parte et ultima de questo libro tractaremo di Latino figluolo di Fauno che fu lo quinto re di Ytalia. Tractaremo etiamdio in questa ultima parte del re Evandro, el quale al tempo di questo Latino venne di Archadia ad habitare in Ytalia. Poremo anche qui le storie troiane, inperciò che regnante questo Latino in Ytalia fu il grande assedio di Troia e la sua distrutione[13].

Quindi, l'opera si sarebbe dovuta articolare originariamente in 7 libri : tuttavia la totalità della tradizione manoscritta superstite ci tramanda unicamente i primi due. Inoltre, anche per quanto riguarda le intenzioni di suddivisione di questi unici due libri si riscontrano alcune incongruenze : né le storie di Giosuè, né tantomeno quelle attinenti alla città di Tebe trovano riscontro nel testo a noi giunto. Tutto ciò lascia supporre che, dato il concorde silenzio della tradizione manoscritta dei libri da 3 a 7 e delle sezioni appena ricordate, l'ipotesi più verosimile è quella dell'incompiutezza della *Fiorita*, a fronte anche di una evidente mancata revisione dell'opera.

Sempre nell'Antiprologo, l'autore espone anche l'intento della *Fiorita*, ossia quello di « traslatare di latino in volgare certi memorabili fatti e ditti deli antichi, e spetialmente di Romani » per utilità di chi « vuole sapere solamente per sapere » ed anche « per non stare otioxo » lui stesso[14]. È quindi in questa prospettiva didattico-divulgativa – Guido da Pisa apparteneva pur sempre ad un ordine di frati predicatori – che si inserisce la materia trattata nella *Fiorita*. L'opera si struttura infatti in un primo libro (cap. 1-117), a sua volta articolato in tre sottosezioni, in cui la prima parte (cap. 1-56), compresa una manciata degli ultimi capitoli della terza (cap. 113-115), affronta la narrazione di alcune vicende tratte dall'Antico Testamento, mentre la seconda (cap. 57-88) e la terza (cap. 89-117) parte potrebbero essere idealmente riunite insieme sotto l'etichetta di « sezione mitologica », dal momento che si concentrato entrambe sul racconto di alcuni miti, compresa una parentesi relativamente lunga sulle 12 fatiche di Ercole (cap. 97-112). Segue poi il secondo libro (cap. 118-184), tutto incentrato sul racconto delle vicende di Enea, tanto da potersi configurare alla stregua di un compendio volgarizzato dell'*Eneide*.

Per quanto riguarda le fonti utilizzate da Guido nella sua compilazione, esse fanno emergere nitidamente i due principali poli di interesse del

13 *Fiorita*, ed. cit., Antiprologo, par. 9-12 ; il corsivo è aggiunto per mettere in evidenza le sezioni mancanti.

14 *Fiorita*, ed. cit., Antiprologo, par. 8.

nostro autore : da una parte la conoscenza approfondita dei testi sacri e patristici e dall'altra l'amore per i grandi autori latini della classicità.

In questo senso tutta la sezione relativa alle storie mosaiche (cap. 2-51), compresa l'estensione negli ultimi capitoli sui giudici d'Israele (cap. 113-115), si caratterizza quasi come un vero e proprio volgarizzamento dell'*Historia scholastica* di Pietro Comestore e principalmente del *Liber Exodi*, tanto che spesso persino le rubriche che danno il titolo al capitolo hanno una derivazione comestoriana. Dal Comestore Guido eredita anche un numero non indifferente di citazioni di seconda mano variamente riutilizzate : se un posto di rilievo rivestono certamente i frequenti riferimenti a Flavio Giuseppe che corrispondono a riprese *ad locum* dell'*Historia scholastica*, le citazioni tuttavia investono un ventaglio più variegato di autori, così come si può vedere dall'esempio che segue :

> *Augustinus dicit obstetrices venialiter peccasse. Gregorius videtur velle quod mortaliter. Dicit enim quod merces benignitatis earum potuit in aeterna vita retribui, sed pro culpa mendacii in terrenam compensationem declinata est*[15].
>
> « Santo Aghostino dice ch'elle pecharono venialmente ; ma santo Gregorio, perch'elle furono remunerate da Dio nelle chose temporale, dice ch'elle pechonno mortalmente[16]. »

Il riutilizzo dell'opera comestoriana non è però un passivo esercizio di trasposizione volgare, ma dà modo a Guido da Pisa di mettere in pratica tutto il suo acume nello scegliere all'interno della fonte le sezioni che più si prestano al suo intento didascalico e, ancor prima, narrativo. L'autore attinge poi anche agli *Incidentia*, ossia quei concisi inserti che intervallano la trattazione sacra dell'*Historia scholastica* per connetterla cronologicamente agli episodi pagani avvenuti parallelamente in quei medesimi tempi, di cui Guido da Pisa si serve a più riprese per il sapiente intreccio tra storia sacra e storia pagana che pervade la *Fiorita*.

I capitoli relativi alle storie di Giobbe (cap. 52-56) dipendono invece dai *Moralia in Iob* di Gregorio Magno, opera che il frate pisano dimostra di conoscere profondamente almeno per quanto riguarda la prefazione ed i primi tre libri, intrecciando il materiale esegetico gregoriano con ampie citazioni tratte dai primi due libri del testo sacro.

Per quanto riguarda poi la lunga parentesi dedicata alla narrazione delle dodici fatiche di Ercole dei capitoli 97-112, tale sezione è in larga

15 Petrus Comestor, *Historia scholastica* : *Liber Exodi*, PL, 198, 1855, III.

16 *Fiorita*, ed. cit., cap. 2, par. 6.

misura debitrice del commento alla *Consolazione della filosofia* di Boezio del domenicano Nicola Trevet da cui Guido attinge sensibilmente in più occasioni. Questa sezione è inoltre quella che maggiormente si caratterizza come autotraduzione volgare delle *Expositiones*, dal momento che anche nel commento all'*Inferno* è dedicato ampio spazio alla trattazione di questo argomento.

Tra le altre fonti a più riprese utilizzate vi è in primo luogo Isidoro di Siviglia con le sue *Etimologie*, e in particolar modo per la lunga carrellata sugli dèi pagani che occupa i capitoli 64-82, per la quale gran parte del materiale, soprattutto per quanto riguarda gli attributi delle divinità, è attinto dal capitolo XI *De diis gentium* dell'VIII libro delle *Etimologie*. Le occasioni in cui Isidoro viene esplicitamente nominato nella *Fiorita* sono poco più di una trentina, ma in quasi altrettante è rintracciabile la sua influenza, così come ad esempio nel passo che segue :

> *(Cyclades) Sunt autem numero quinquaginta tres [...]. Metropolis earum Rhodus. Delos insula in medio Cycladum sita. Et dicta Delos fertur, quod post diluvium, quod Ogygi temporibus notatur, cum orbem multis mensibus continua nox inumbrasset, ante omnes terras radiis solis illuminata est ; sortitaque ex eo nomen, quod prima manifestata fuisset visibus. [...] In hac insula Latona enixa est Apollinem, et Dianam*[17].

> Diana fue una femina et fu suor charnale di Apoline, li quali ambedue a uno parto partorì la lor madre Latona in una ysola di Grecia, cioè in Delo, et quinci favolegiano li poeti che Latona in quella ysola partorisse lo Sole et la Luna. La veritade fu che essendo le ysole, che si chiamavano Ciclade, le quali sono .liii. e 'l chapo loro è Rodi, tucte coperte di acqua per uno grande diluvio che fu in quello paese, la prima di queste ysole che si scoprisse et che fusse ylluminata dal Sole fu Delo, e perciò poetizano li poeti che quine nascesse lo Sole et la Luna[18].

Altra opera enciclopedica sfruttata più volte nel corso della compilazione guidiana è il *De rerum Proprietatibus* del francescano Bartolomeo Anglico, un trattato scientifico del Duecento da cui il frate pisano ricava alcune nozioni come quelle relative alle cicogne ed ai cani (*Fiorita* cap. 3 ~ *De prop.*, XII 8) ed agli idoli di Saturno (*Fiorita* cap. 65 ~ *De prop.*, VIII 23), Giove (*Fiorita* cap. 67 ~ *De prop.*, VIII 24) e Marte (*Fiorita* cap. 68 ~ *De prop.*, VIII 25).

---

17 Isidorus Hispalensis, *Etymologiarum sive originum libri XX*, ed. par W. M. Lindsay, Oxford, Clarendon Press, 1911, XIV, 6, 20-21.

18 *Fiorita*, ed. cit., cap. 2, par. 1-2.

Tra i Padri della Chiesa un posto di rilievo è destinato a Girolamo, nominato dall'autore in ben undici occasioni, tra le quali si distinguono quanto a presenza i passi prelevati dalle *Epistulae*, ma non mancano citazioni tratte anche dall'*Adversus Iovinianum*, dal commento ad Isaia e dalla *Vita Pauli eremitae.* Dopo Girolamo, l'altro autore cristiano maggiormente citato è l'Agostino del *De civitate Dei*, ma si riscontra un riferimento anche al *Contra Faustum* e due alle *Quaestionum in Heptateuchum Libri* 7 (benché questi ultimi di seconda mano in quanto ricavati da Comestore). È poi presente una citazione dal *De Nabuthae* di Ambrogio ed un richiamo ad un passo dei *Sermones* di Bernardo di Chiaravalle, che offre a Guido lo spunto per la divisione dei saperi che occupa le prime battute della *Fiorita.*

Tra le fonti classiche, l'autore latino che maggiormente si incontra nel primo libro della *Fiorita* è Ovidio, di cui Guido da Pisa dimostra di conoscere a fondo le *Metamorfosi* ed i *Fasti*, ma non manca un riferimento anche alle *Epistulae ex Ponto* che rappresentano la fonte dell'intero capitolo 117. Consistente è anche la presenza di Virgilio, sia con le *Georgiche* sia soprattutto con l'*Eneide* – così come d'altronde era prevedibile dal momento che il secondo libro della *Fiorita* si configura come un volgarizzamento di quest'opera. Più di qualche citazione è poi dedicata anche a Valerio Massimo, Seneca, Boezio, Macrobio, Cicerone, Fulgenzio, Stazio e Lucano. Diversamente – oltre al già nominato Flavio Giuseppe, mutuato dalla lettura del Comestore – un'assimilazione di seconda mano hanno le citazioni di Platone, Plinio, Terenzio e Persio, mentre il sospetto di una medesima conoscenza mediata da altre opere hanno gli unici riferimenti a Sallustio, Vegezio, Galeno, Giustino, Marziale, Orazio, Omero, Darete e Almansore. Che questi continui rimandi alla letteratura latina che pervadono la *Fiorita* siano effettivamente di prima o di seconda mano, ciò che importa è l'attenzione che Guido sempre rivolge a queste opere, citandole ogniqualvolta ne intravede l'occasione.

La *Fiorita* ha goduto di un considerevole successo : l'opera vanta infatti una ingente tradizione manoscritta, la cui entità dichiara la notevole fortuna incontrata sin dai primi secoli. Tale fortuna, associata alla « sicura toscanità dell'autore », ha reso inoltre « questo testo di lingua una fonte di lemmi non secondaria per i compilatori del Vocabolario della Crusca[19] ». La *Fiorita* ha potuto beneficiare poi di un rinnovato

19 Saverio Bellomo, *Censimento dei manoscritti della "Fiorita" di Guido da Pisa*, Trento, Dipartimento di Scienze filologiche e storiche, 1990, p. 15.

interesse a partire dalla seconda metà dell'Ottocento, quando il secondo libro è stato smembrato dal resto dell'opera per venire invece utilizzato in forma indipendente come testo adottato nelle scuole dell'Italia appena unificata sotto il titolo di *Fatti d'Enea*. Paradossalmente però solo due sono le edizioni a stampa dell'opera nella totalità dei suoi due libri, ovvero la *princeps* bolognese del 1490 impressa dai torchi di Ugo de' Rugeri[20] e la ottocentesca edizione approntata da Luigi Muzzi nel 1824[21], un'edizione questa che, oltre a non essere condotta seguendo un razionale metodo filologico, si rifà sostanzialmente alla *princeps* del 1490.

Lo scopo del lavoro condotto durante il mio progetto di dottorato è stato proprio quello di proporre l'edizione critica del primo libro della *Fiorita*, per iniziare in qualche misura a colmare il vuoto ecdotico che orbitava intorno ad un'opera che senza dubbio è da inserire nel novero dei componimenti in prosa più conosciuti della nostra letteratura delle origini. Si fornisce di seguito una breve panoramica circa la metodologia condotta ed i risultati ecdotici raggiunti[22].

L'EDIZIONE CRITICA DEL PRIMO LIBRO DELLA *FIORITA*

Come coordinate generali, la *Fiorita* è trasmessa da 73 testimoni, la maggior parte dei quali ascrivibile al '400 e gravitante principalmente attorno ad un ambiente mercantile, di lettori e di copisti 'per passione'. La netta maggioranza dei manoscritti è di provenienza toscana, anche se non manca una propaggine riconducibile alla zona settentrionale della penisola, nonché un testimone napoletano isolato, codice questo particolarmente significativo. Tenendo conto dei dovuti distinguo derivanti da evidenti fattori come formato del manufatto, grafia, specchio di scrittura e colonne di trascrizione, la lunghezza media del testo presente nei manoscritti che riportano l'opera per intero si aggira intorno al centinaio

20 Bologna, Inc. *Incomincia il libro chiamato fiore de Italia* [...] Ex. *Impresso ne lalma (et) inclita citade de Bologna p(er) mi Ugo d(e) / rugerij [...] / neli anni del signore miser Jesu christo.M.cccclxxxx. a dì / xxv de octobre.*

21 Guido da Pisa, *Fiore d'Italia*, a cura di Luigi Muzzi, Bologna, Turchi, 1824.

22 De Nardin, *La "Fiorita" di Guido da Pisa*, *op. cit.*

di carte. Dei 73 codici, poco meno di una quarantina tramanda l'opera per intero, o comunque con lacune inferiori alla ventina di capitoli. Se poi si considera lo stato e la modalità di trasmissione dell'opera, non si può prescindere dal fatto che la struttura stessa della *Fiorita*, la quale si articola in un susseguirsi coeso di nuclei tematici più o meno estesi, si presta non solo alla rielaborazione – alle volte di intere sezioni, altre invece solo di brevi periodi –, ma anche all'omissione e/o all'aggiunta di alcune parti, come ad esempio le citazioni dantesche.

Di fronte ad una tradizione testuale così ampia ed intricata il metodo di Lachmann ha dimostrato fin da subito degli evidenti limiti di applicazione. A fronte di ciò è stata quindi elaborata una strategia di lavoro capace di coniugare i paradigmi lachmanniani con la necessità di condurre un diverso, e più sintetico, esame della documentazione. Il momento della collazione è stato quindi suddiviso in due fasi differenti ma strettamente connesse tra loro. Senza la pretesa di voler minare in alcun modo la validità del fondamentale precetto ecdotico enunciato da Pasquali, secondo cui « *recentiores non sunt deteriores* », una prima manovra di scrematura della tradizione è consistita nell'introdurre il parametro dell'anzianità testuale del codice come criterio di selezione all'interno della tradizione manoscritta della *Fiorita*. Sono stati quindi considerati unicamente i manoscritti completi per quanto riguarda il primo libro – quello di cui appunto mi sono occupata – la cui datazione fosse ascrivibile entro la fine del '300, ed in questo senso sono stati isolati 8 testimoni. Per orientarsi all'interno dell'analisi stemmatica della trasmissione testuale della *Fiorita*, si è ritenuto opportuno procedere approntando una prima collazione che coinvolgesse gli snodi principali entro cui si articola l'opera. In questo modo sono stati confrontati tra loro gli *incipit* e gli *explicit* di tutti i capitoli, dal momento che, in linea teorica, le porzioni iniziali e finali dei capitoli, oltre ad essere quelle che meglio aiutano nell'indagare la seriazione del testo, sono anche quelle più sensibili, poiché possono essere maggiormente sottoposte a modificazioni, come eventuali omissioni e/o aggiunte di materiali testuali e contaminazione/interpolazione con altri testi. Inoltre, l'analisi è stata perfezionata confrontando tutti gli otto manoscritti per interi nove capitoli (Antiprologo, Prologo I, 1, 39, 52-55, 121) scelti a campione tra i 184 della *Fiorita* in base a lunghezza (prendendo in esame dei capitoli che potessero vantare una porzione di testo abbastanza estesa), presenza di citazioni più o meno dirette da una fonte rintracciabile (come è stato il caso dei capitoli 52-55 che hanno come argomento le storie di Giobbe, rispetto ai quali, come si è detto, la base testuale di riferimento sono i *Moralia in Iob* di Gregorio Magno) e posizione all'interno dell'opera (considerando quei capitoli che potessero corrispondere a delle sezioni rilevanti e marcate rispetto al normale flusso del testo, ossia, per l'appunto, i capitoli incipitari, quelli centrali del primo libro e uno di quelli iniziali del secondo).

A seguito di questo primo confronto eseguito sui codici trecenteschi, grazie agli errori così individuati, si è proceduto sondando la presenza o meno di questi *loci* critici nella totalità dei manoscritti della tradizione, purché essi non fossero gravemente mutili per quanto riguarda la porzione di testo inerente al primo libro. La collazione, a partire da questi *loci* critici, ha interessato, oltre agli otto manoscritti trecenteschi, altri 26 testimoni che riportano in maniera relativamente completa la sezione di testo in questione[23]. In aggiunta, si è ritenuto opportuno tenere conto anche della copia della *princeps* bolognese (Bol) nell'esemplare conservato

23 Gli otto codici trecenteschi sono : Laur LXI.33 (Firenze, Biblioteca Medicea Laurenziana, LXI.33), Laur LXXII.26 (Firenze, Biblioteca Medicea Laurenziana, LXXII.26), LaurAsh 994 (Firenze, Biblioteca Medicea Laurenziana, Ashburnham 994), FN 124 (Firenze, Biblioteca Nazionale Centrale, fondo nazionale II II 124), Ric 1647 (Firenze, Biblioteca Riccardiana, 1647), Ric 2273 (Firenze, Biblioteca Riccardiana, 2273), Vat 4838 (Città del Vaticano, Biblioteca Apostolica Vaticana, Vat. Lat. 4838) e Vat 5840 (Città del Vaticano, Biblioteca Apostolica Vaticana, Vat. Lat. 5840). I 26 altri manoscritti collazionati nella seconda fase sono invece : Can 2 (Oxford, Bodleian Library, Canoniciano It. 2), Can 210 (Oxford, Bodleian Library, Canoniciano It. 210), Laur LXXXIX.66 (Firenze, Biblioteca Medicea Laurenziana, LXXXIX.inf.66), LaurAsh 1677 (Firenze, Biblioteca Medicea Laurenziana, Ashburnham 1677), LaurGad 11 (Firenze, Biblioteca Medicea Laurenziana, Gaddi Reliqui 11), LaurGad 20 (Firenze, Biblioteca Medicea Laurenziana, Gaddi Reliqui 20), LaurPal 111 (Firenze, Biblioteca Medicea Laurenziana, Palatino 111), FN 125 (Firenze, Biblioteca Nazionale Centrale, fondo nazionale II II 125), FN 126 (Firenze, Biblioteca Nazionale Centrale, fondo nazionale II II 126), FN 188 (Firenze, Biblioteca Nazionale Centrale, fondo nazionale II II 188), FNCS (Firenze, Biblioteca Nazionale Centrale, Conventi Soppressi C 7.2668), FNPal 458 (Firenze, Biblioteca Nazionale Centrale, Palatino 458), FNPal 579 (Firenze, Biblioteca Nazionale Centrale, Palatino 579), Ric 1581 (Firenze, Biblioteca Riccardiana, 1581), Ric 1898 (Firenze, Biblioteca Riccardiana, 1898), Ric 2198 (Firenze, Biblioteca Riccardiana, 2198), Ric 2232 (Firenze, Biblioteca Riccardiana, 2232), Ric 2254 (Firenze, Biblioteca Riccardiana, 2254), Ric 2507 (Firenze, Biblioteca Riccardiana, 2507), Ma (Manchester, John Rylands University Library, Italian 3), Mo 481 (Modena, Biblioteca Estense Universitaria, It. 481), Mo (Modena, Biblioteca Estense Universitaria, γ.O.5.8), PNAr (Paris, Bibliothèque Nationale de France, Arsenal 8542), PN 130 (Paris, Bibliothèque Nationale de France, Italien 130), VatBarb 3951 (Città del Vaticano, Biblioteca Apostolica Vaticana, Barberiniano Lat. 3951) e VM 47 (Venezia, Biblioteca Nazionale Marciana, Italiano VI 47).

a Firenze, e questo alla luce del fatto che l'edizione Muzzi – la quale, salvo qualche leggera modifica, dipende sostanzialmente da questa prima edizione a stampa – ha dimostrato un certo grado di correttezza ed affidabilità durante la collazione condotta sui manoscritti trecenteschi in cui è stata utilizzata come esemplare di collazione.

Dall'esame così eseguito, a partire da un archetipo x, i testimoni sono risultati suddividersi nettamente in due famiglie, rispettivamente α e β, di cui la prima è testimoniata da un solo codice, Vat 4838 (quell'unico manoscritto napoletano accennato prima), mentre la seconda, ossia β, accoglie al suo interno la totalità dei manoscritti. Dalla famiglia β discendono poi i due rami collaterali γ (a sua volta tripartito in Mo-Bol-ε [VM 47 + FN 126]) e δ (all'interno del quale sono individuabili più che delle vere e proprie famiglie gerarchicamente strutturate, due sottoinsiemi di testimoni – δ_1 e δ_2 – accomunati fra loro da almeno un errore congiuntivo).

Per quanto riguarda la scelta dei testimoni su cui fondarsi per allestire il testo critico, ci si è attenuti ai piani superiori dello stemma : Vat 4838 per α, dal momento che appunto tale famiglia è rappresentata unicamente da questo codice ; per γ la scelta ha interessato Mo e Bol, scartando quindi ε in quanto più corrotto rispetto agli altri due ; mentre per δ i codici che hanno dimostrato una maggiore affidabilità nell'avvicinarsi alla lezione dell'antigrafo sono stati Ma e Can 210.

Il testo critico ricostruito è stato generalmente fondato sulla concordanza tra α e almeno un manoscritto tra δ e γ. Quando invece, in mancanza di criteri interni che facessero propendere per una variante o per l'altra, ci si è trovati ad affrontare casi di adiaforia tra α e β, per evitare un'inutile contaminazione privilegiando, in sede di ricostruzione testuale, varianti adiafore appartenenti ora all'uno ora all'altro ramo della tradizione, è stato adottato il criterio di attenersi ad un unico ramo, e nella fattispecie si è accolto a testo, laddove possibile, la lezione riportata da α in virtù del suo isolamento e della sua antichità. Il codice Vat 4838 è infatti non soltanto l'unico testimone superstite della famiglia α, ma anche il solo manoscritto di area napoletana[24] ; oltretutto il codice,

24 A conferma dell'appartenenza partenopea del codice, oltre alla veste linguistica caratterizzata da spiccati meridionalismi, interviene anche la sottoscrizione autografa del copista a c. 77v°, dove si legge : « Finisce la terza parte di questo libbro lo qual à trattato dei primi cinque re che rengnoro in Ytalia e dela natività di Moysè e del beatissimo Iob e

datato 1387, è uno di quegli otto testimoni trecenteschi collazionati nella prima fase. L'unicità di Vat 4838 potrebbe pertanto attestare una fase di trasmissione del testo ancora estranea al processo di copia che ha invece investito la restante parte della tradizione. Una maggiore luce sui rapporti stemmatici potrà essere sicuramente gettata proseguendo nel lavoro ecdotico e ricostruendo criticamente anche il secondo libro dell'opera, nella speranza che possa venire così ulteriormente chiarito il ruolo peculiare rivestito da Vat 4838.

Carla DE NARDIN
Università Ca' Foscari Venezia

del valente Hercule e de molte altre minrabele cose compilato e fatto per lo honorabile hom Nufrillo de Agulia de Neapoli scripto de sua propria mano. A honor Dei. Amen ».

LA *FIORITA* DI ARMANNINO DA BOLOGNA

Ogni relazione su Armannino si apre obbligatoriamente con un'amara constatazione sulla scarsa conoscenza odierna, anche presso un pubblico di specialisti, della sua *Fiorita*[1] : la ricchezza della tradizione manoscritta, la confusione con la *Fiorita* di Guido da Pisa, il pregiudizio sulle *compilazioni* sono senz'altro motivazioni reali, che non spiegano del tutto la singolare sfortuna di un testo noto e studiato da tempo ma, a differenza di molti affini, largamente inedito. Poiché da alcuni indizi par di capire che i tempi siano maturi per un rinnovato studio dell'opera[2], ho optato per un taglio generale che affrontasse i nodi problematici dando conto dell'avanzamento degli studi, senza rinunciare a qualche affondo e spunto di lettura, devo confessare ancora abbastanza acerbo ; le difficoltà che avevo individuato prima di cominciare il lavoro si sono manifestate puntualmente, mentre le speranze che nutrivo sono, come vedremo, in parte sfumate.

La biografia di Armannino è solidamente abbozzata da Mazzatinti (che è un punto di arrivo e equilibrio della bibliografia precedente), poi da Ghinassi[3], e non occorre ripercorrerla qui, se non per evidenziare alcuni

1 Basterebbe a dimostrarlo la fuggevole menzione in Riccardo Gualdo et Massimo Palermo, « La prosa del Trecento », *Storia della letteratura italiana. X. La tradizione del testo*, a c. di Claudio Ciociola, Roma, Salerno Editrice, 2001, p. 359-414, p. 362.

2 Mi riferisco a una tesi magistrale discussa presso l'Università Ca' Foscari di Venezia, che fornisce un utile panorama bibliografico e anche la trascrizione dei paragrafi iniziali del testo secondo il testimone It.IX.11 della Marciana : Elisa Quarello, *La « Fiorita » di Armannino giudice da Bologna*, rel. Saverio Bellomo, a.a. 2012.2013, scaricabile *online* (http://dspace.unive.it/bitstream/handle/10579/4171/800127-1162198.pdf?sequence=2, consultato il 14/04/2021).

3 Giuseppe Mazzatinti, « La *Fiorita* di Armannino giudice », *Giornale di Filologia Romanza*, vol. 3, 1881, p. 1-51 ; Ghino Ghinassi, voce « Armannino da Bologna », *Dizionario Biografico degli Italiani*, IV, Roma, Istituto della Enciclopedia italiana, 1962, p. 224-245 (http://www.treccani.it/enciclopedia/armannino-da-bologna_(Dizionario-Biografico)/, consultato il 14/04/2021). Sul versante della presenza dantesca, che noi lasceremo da

snodi essenziali : figlio di un giudice[4] e giudice egli stesso, Armannino visse lungamente a Bologna prima di stanziarsi a Fabriano (Ancona) attorno al 1320, e fu quasi sicuramente itinerante, almeno in certi periodi della sua vita. Ho detto 'abbozzata' non a caso : osservando la bibliografia si ha l'impressione che gli studiosi ricorrano sempre meno agli archivi (l'ultimo ad averlo fatto estensivamente per Armannino è probabilmente Zaccagnini negli anni Venti[5]) e che nelle ricostruzioni ci sia un certo margine di arbitrio (ad esempio la congettura di un autoesilio[6]), ma si deve ammettere che una campagna di studio in archivio alla ricerca di approfondimenti e rettifiche documentarie sarebbe molto dispendiosa e non necessariamente proficua[7].

Possiamo collocare Armannino con certezza in una cornice culturale ormai nota, quella di podestà, giudici e notai itineranti, che fra Due e Trecento hanno contribuito tanto alla formazione di una classe politica di qualità (che ha nella parola pronunciata e nell'uso della documentazione scritta i suoi cardini di funzionamento) quanto alla circolazione di

parte, si veda la voce di Eugenio Ragni, *Armannino da Bologna*, *Enciclopedia dantesca*, I, Roma, Istituto della Enciclopedia italiana, 1970, p. 377-379. Rimando a Quarello, *La « Fiorita » di Armannino*, *op. cit.*, per un panorama ragionato di storia della bibliografia (p. 7-18) e un riassunto dettagliato della vita (p. 19-28).

4 Il padre, Tommasino, fu autore di un manuale di retorica noto come *Microcosmus*, edito da Giulio Bertoni, « Il *Microcosmo* di Tommasino di Armannino », *Archivum Romanicum*, vol. 5 (1921), p. 19-28. La voce su Tommasino è di prossima pubblicazione per le cure di Armando Antonelli nel *Dizionario biografico degli Italiani.*

5 Guido Zaccagnini, « *Poeti e prosatori delle origini. Spigolature d'archivio* », *Giornale dantesco*, vol. 28 (1925), p. 167-175.

6 Mazzatinti, « La *Fiorita* », art. cité, p. 2-3.

7 Ho condotto un piccolo sondaggio, con l'aiuto di Armando Antonelli che qui ringrazio, almeno per verificare (e nell'occasione sfatare) un'asserzione di Mazzatinti perdurante nella bibliografia. Lo studioso afferma (Mazzatinti, « La *Fiorita* », art. cité, p. 3) che è impossibile determinare se l'Armannino Giudice e Vicario del Podestà, cui è attribuito un libro di *Precetti* e sono intitolate sette denunzie del 1306 esistenti tra i documenti giudiziali di quell'anno, sia il nostro Armannino oppure Armannino di Parma, giudice di Bernardino da Polenta, podestà bolognese. Il riferimento a Armannino giudice del podestà fa ritenere che esso *non* sia identificabile con il bolognese, ma con un giudice come di regola forestiero (così come il podestà). Vari Armannini affiorano dai documenti : ad es. nel 1306 troviamo un *Armaninus de Zambelis de Parma*, che redige dei registri per l'ufficio del Tribunale penale durante la podesteria di *Simone de Ferapecoris* di Parma, ma si tratta di un notaio e non di un giudice (ASBo, Curia podestà. Giudici ad Maleficia, libri Inquisitionum, b. 65, gen-mar. 1306). Il giudice nominato da Mazzatinti è quell'*Armaninus de Parma* che lavora nel corso del 1306 per il podestà *Bernardinus da Polenta* (ASBo, Curia podestà. Giudici ad Maleficia, libri Inquisitionum, b. 66 : varie *inquisiciones* ai fascicoli nn. 2, 3, 5, 6, 8, 9). Non sono però riuscito a identificare il suo libro di *Precetti.*

una cultura retorico-giuridica, ma aperta a altre suggestioni e letture, anche volgari (bastino, un po' alla rinfusa, i nomi di Percivalle Doria, Albertano da Brescia, Rambertino Buvalelli, Bono Giamboni).

La *Fiorita* è inedita e datata agli anni 1325-1329/1330 o 1335[8]. Si tratta di un *prosimetrum*[9] boeziano in 33 *conti* (almeno secondo la maggioranza dei codici) dedicato a Bosone novello[10], abbastanza scucito in alcune sezioni ma di impianto tradizionale : dopo un lungo Proemio, la vicenda si snoda lungo il percorso ben noto che va dalla storia sacra veterotestamentaria a Tebe e Troia, poi a Enea, a Roma e ai fatti dei Romani fino a Cesare, per concludersi abbastanza rapidamente con gli imperatori successivi[11]. Il tutto è condito da una patina moraleggiante, affidata normalmente agli interventi di Poesia, inframmezzato da vari aneddoti e da un'attenzione costante alla nascita e all'etimologia delle città più importanti, soprattutto dell'Italia centrale e dell'Emilia[12].

Il regesto di manoscritti più aggiornato si deve a Quarello, che segnala 24 codici[13]. La lista necessita di alcuni incrementi. A margine, e per dovere di completezza, segnalo alcuni estratti : nel ms. Firenze, BNC, II.IX.137[14] ; all'interno di tre manoscritti della *Fiorita* di Guido da Pisa,

---

8 Secondo le date divergenti dei manoscritti, cosa che non stupisce : *cf.* qui n. 33 e Quarello, *La « Fiorita » di Armannino*, *op. cit.*, p. 29-30.

9 Come la coeva (probabilmente di poco posteriore) *Fiorita* di Guido da Pisa, sulla quale si veda l'articolo di Carla De Nardin nel presente volume.

10 Su *Bosone novello* o *Bosonello*, figlio di un altro Bosone con cui è spesso confuso, *cf. L'avventuroso ciciliano attribuito a Bosone da Gubbio : un "centone" di volgarizzamenti due-trecenteschi*, nuova edizione commentata a c. di Cristiano Lorenzi, Pisa, Edizioni ETS, 2010, p. 44-49.

11 Quarello, *La « Fiorita » di Armannino*, *op. cit.*, p. 50-82.

12 Anna Imelde Galetti, « Mitografie della memoria urbana », *Storiografia e poesia nella cultura medievale. Atti del Colloquio (Roma 21-23 febbraio 1990)*, Roma, Istituto storico italiano per il Medioevo, 1999, p. 299-324, p. 318-321 ; Carla Gambacorta, « Paraetimologie nei nomi di luogo nella *Fiorita* di Armannino Giudice », *il Nome nel testo*, vol. 11 (2009), p. 271-285.

13 Quarello, *La « Fiorita » di Armannino*, *op. cit.*, p. 96-118, 146-147. Sono digitalizzati, nei siti ben noti delle rispettive biblioteche, i mss. Firenze, Biblioteca Medicea Laurenziana, Pluteo LXII.12 ; Firenze, Biblioteca Medicea Laurenziana, Pluteo LXXXIX.inf.50 ; Parigi BnF, It. 6 ; Madrid, Biblioteca Nacional de España, Osuna 10414 ; Città del Vaticano, BAV, Vat. Lat. 4811.

14 *Cf.* Lucia Bertolini, « Censimento dei manoscritti della *Sfera* del Dati. I manoscritti della Biblioteca Nazionale Centrale e dell'Archivio di Stato di Firenze », *Annali della Scuola Normale Superiore di Pisa. Classe di Lettere e Filosofia*, s. III, vol. 18 (1988), p. 417-588, a p. 500-501 ; Emanuela Scarpa, « Le scelte di un amanuense : Niccolò di Bettino Covoni, copista della *Fiorita* », *Studi di filologia italiana*, vol. 46 (1988), p. 87-130, p. 129-130.

censiti da Saverio Bellomo e trascurati da Quarello, forse di proposito (il relatore della tesi di Quarello è Bellomo stesso) : Firenze, BNC, II.II.124, Palatino 458 (solo una minima variante attinta a Armannino) e Palatino 579[15]. Un altro manoscritto completo, che merita una piccola scheda in attesa di più attenta valutazione, è conservato alla Biblioteca dell'Archiginnasio di Bologna, con la segnatura ms. 2926. Si tratta di un codice cartaceo di 285 x 210 mm., composto di carte I, 234, I e scritto su due colonne di circa 36 righe da una sola mano in corsiva di base mercantesca del sec. XV ex. Il *colophon*, a c. 234r°, è il seguente[16] : « Explicit liber florite (com)positus / … / deo gratias / Retracto (et) (com) plito i(n) la mala fo/ssa[17] p(re)gione ~~di sa(r)razane~~[18] in lo ca/stiello[19] de …~~se del~~…~~ya~~ a di / p(re)mo di fe(n)baro[20] nellani de Ihu / xpo M° … ». A c. 1r°, nel marg. sup. una mano del XVIII sec. scrive : « Ego †…† de filippiis / cancellarius de Rossi » ; nel marg. inf. una mano più antica (XVII sec. ?) : « De Rossi » ; a c. 234v° sono varie prove di penna e una mano del XVI sec. verga alcuni versi « Se in questo libro fosse qualche errore / non ve maravigliate de tal difetto… ». Sul piatto interno, 88 15659/19 riferito probabilmente al lotto di vendita.

Il codice è stato acquistato nel 1996[21] da Sotheby, dal cui catalogo riproduco la seguente scheda[22] :

---

15 Saverio Bellomo, *Censimento dei manoscritti della* Fiorita *di Guido da Pisa*, Trento, Dipartimento di scienze filologiche e storiche, 1990, rispettivamente p. 55-57, 74-76, 77-78.

16 Nella trascrizione i tre punti indicano porzioni di testo illeggibili perché cassate con un frego ; altre parti cassate con un frego ma leggibili sono trascritte con una riga in mezzo. Fra *cruces* porzioni di testo indecifrabili. Ringrazio Sandro Bertelli e Clio Ragazzini che hanno cercato di sciogliere con me le difficoltà di lettura del *colophon*.

17 *malafo* corretto su *magn(i)f(ic)a* ?

18 Questa mi pare la lettura più probabile, che allude alla città di Sarzana, ma lo stato della sottoscrizione permette altre congetture : da frare Zanne oppure di sa(ra)gine. Nel Schoenberg Database Sarzana è nominata (e *cf.* anche la scheda di Sotheby qui sotto), come zona di origine (o provenienza ?) del codice, ma senza riferimenti al *colophon* (https://sdbm.library.upenn.edu/entries/15138, consultato il 14/04/2021).

19 *ie* ritoccato.

20 Il copista aveva scritto *ge(n)aro* al posto di febbraio, poi ha corretto *f* – su *g* – lasciando il *titulus*.

21 Ringrazio Armando Antonelli di avermene segnalato la presenza. Non esiste al momento in Archiginnasio un catalogo aggiornato delle nuove accessioni, sicché si può rintracciare il volume solo attraverso una richiesta specifica al personale e un database interno.

22 *Libri pregiati, una collezione di vedute, fra i quali Armannino da Bologna … Francesco Bartolozzi … Benedetto Bordone …* Data dell'asta venerdì 22 marzo 1996, [Milano] Palazzo Broggi, Milano, Sotheby's, 1996, p. 27.

Armannino da Bologna. *La fiorita* [Sarzana, metà del sec. xv], in folio (mm. 285x210) ; manoscritto in volgare su 234 carte, completo, testo a 2 colonne, 36 linee, scrittura cancelleresca corsiva di un'unica mano ; pergamena del secolo xviii [*sic*], qualche alone e leggere macchie su alcune carte, quella numerata 42 strappata senza perdita di testo. Si tratta di una narrazione storica dalla Creazione alla morte di Pompeo. A differenza degli altri manoscritti conosciuti, questo termina con l'estinzione degli Hohenstaufen e la morte di Corradino (1268). Questo esemplare è stato probabilmente scritto nella prigione di uno dei castelli Malaspina.

Al di là di qualche refuso, la menzione dei Malaspina è dubbia, a meno che le parti erase a me illeggibili siano risultate ad altri chiare ; anche l'unicità della continuazione fino a Corradino è errata, perché condivisa dai ms. del gruppo D (di cui subito appresso), cui il nostro manoscritto andrà senz'altro avvicinato (contiene anche, a tacer d'altro, l'interpolazione in ottave sulla morte d'Ettore[23] tipica e congiuntiva di D e si chiude appunto con i capitoli sulla fine degli Svevi e l'avvento di Carlo d'Angiò). La lingua del manoscritto presenta molti tratti dialettali e va quindi studiata alla luce dell'ipotesi abruzzese-veneta dei manoscritti del gruppo (v. *infra* n. 30).

L'incremento del testimoniale è sempre motivo di soddisfazione, ma il problema della tradizione della *Fiorita* non è l'inopia, quanto l'analisi. Come ho già detto, siamo largamente debitori alla bibliografia di fine Ottocento-inizio Novecento, globalmente solida ma che meriterebbe una revisione. Non è qui la sede per ripercorrere nel dettaglio storia e evoluzione degli studi[24] : basterà ricordare che i primi interventi di Parodi individuavano già nel gruppo L1 / L2 / F7[25] la redazione migliore ; gli studiosi successivi operano significativi ritocchi : Savj-Lopez e Medin indicano alcuni nuovi testimoni e individuano una versione veneta e una abruzzese, Flutre aggiunge alcuni manoscritti[26] ; nella seconda metà

23 *Cf.* Dario Mantovani, *La guerra di Troia in ottava rima*, Milano, Ledizioni, 2013, p. 14-15.

24 Si veda la tavola riassuntiva in Quarello, *La « Fiorita » di Armannino*, *op. cit.*, p. 144-145.

25 Ernesto Giacomo Parodi, « I rifacimenti e le traduzioni italiane dell'*Eneide* di Virgilio prima del Rinascimento », *Studi di filologia romanza*, vol. 2 (1887), p. 101-130, p. 125 n. 1. Le sigle sono quelle di Quarello.

26 *Storie tebane in Italia.* Testi inediti illustrati da Paolo Savj-Lopez, Bergamo, Istituto italiano d'arti grafiche, 1905 ; Antonio Medin, « Una redazione abruzzese della *Fiorita* di Armannino », *Atti del reale Istituto Veneto di Scienze, Lettere ed Arti*, vol. 77 (1917-1918), p. 485-547 ; Louis-Ferdinand Flutre, *Les manuscrits des Faits des Romains*, Paris, Hachette, 1932.

degli anni Ottanta i lavori di Emanuela Scarpa[27] operano un significativo incremento dei testimoni e una sistemazione ragionata dell'insieme dei manoscritti in quattro gruppi : il primo (A) individuato fin dai tempi di Parodi come il migliore, il secondo (B), che discende probabilmente dal primo, caratterizzato da alcune scorciature e da un tono popolare e aggiunte licenziose[28], il terzo (C) cui appartengono il famoso ms. di Covoni e codici affini[29], il quarto (D), probabilmente discendente da C, facilmente riconoscibile perché caratterizzato da una versione interpolata che porta il racconto fino alla morte di Corradino di Svevia[30].

Si vede bene che uno stemma non esiste, ma solo alcuni raggruppamenti di manoscritti, con qualche individuo oscillante. Senza nulla togliere alla qualità del lavoro fin qui esperito, è ovvio che ulteriori sondaggi sono necessari : il gruppo C ha l'aria di gruppo 'in negativo', vale a dire un serbatoio dei manoscritti che non si possono includere negli altri gruppi[31] ; l'eccellenza del gruppo A, riconosciuta da tutti gli studiosi e probabilmente corretta, è comunque affidata a sondaggi[32] ; resta ancora da studiare la possibilità di due redazioni d'autore, avanzata da Parodi[33].

27 Emanuela Scarpa, « Digressioni lessicali intorno ad un ramo della *Fiorita* di Armannino », *Studi di filologia italiana*, vol. 44, 1986, p. 5-63 e Ead., « Le scelte di un amanuense », art. cité.

28 Scarpa, « Digressioni lessicali », art. cité.

29 Scarpa, « Le scelte di un amanuense », art. cité.

30 Sono i mss. F8, P, V2. I primi due sono i rappresentanti della versione chietina del testo per cui rimando solo, anche per la bibliografia pregressa, alla scheda http://casvi.sns.it/index.php?type=opera&op=fetch&id=822 (consultato il 14/04/2021) e a Carla Gambacorta, « Per una edizione critica della *Fiorita* chietina di Armannino giudice. Sondaggi sulla lingua », *Actes du XXV Congrès International de Linguistique et de Philologie Romanes*, éd. Maria Iliescu, Heidi M. Siller Runggaldier, Paul Danler (Innsbruck, 3-8 septembre 2007), Berlin – New York, Walter de Gruyter, 2010, vol. II, p. 711-720.

31 Questo gruppo è oggetto della tesi di Giulia Barison in corso presso il Dottorato internazionale in Filologia e critica dell'Univ. di Siena, dal titolo *Studio ed edizione del gruppo C della Fiorita di Armannino giudice da Bologna*.

32 Pare comunque sufficientemente stabile per dare almeno, in attesa di un'edizione critica, un'edizione di servizio della *Fiorita* che sia di base per le successive indagini, e che si dovrà fondare sul ms. F7 (Firenze, BNC, Magl. II.III.139), rappresentante della tradizione antica (*cf.* nota 25). Saverio Bellomo, « *Fiori, fiorite* e fioretti : la compilazione storico-mitologica e la sua diffusione », *La parola del testo*, vol. 4 (2000), p. 217-231, p. 221, annunciava un'edizione in preparazione a cura di Emanuela Scarpa, evidentemente decaduta.

33 Ernesto Giacomo Parodi, « Le storie di Cesare nella letteratura italiana dei primi secoli », *Studi di filologia romanza*, vol. 4 (1889), p. 237-503, p. 431-458 (e p. 456-458 per le due redazioni d'autore). L'ipotesi occhieggia qua e là in altri studi (ad es. Scarpa, « Le scelte

L'altra tradizionale pista di ricerca è, fin dagli albori della bibliografia, quella sulle fonti, quasi ovvia per un'opera che si fa forte, a partire dal titolo, della sua natura compilatoria. La storiografia otto-novecentesca ha prodotto anche in questo caso una serie di ottimi studi, che ripercorro succintamente, con una premessa : i sondaggi cui mi sono dedicato per le fonti romanze hanno mostrato, contro le mie aspettative[34], quanto sia difficile aggiungere o precisare rispetto ai nostri predecessori, anche in quei casi in cui disponiamo di edizioni, repertori (a stampa e *online*) cui essi non avevano accesso.

Più che il riconoscimento o la delimitazione di un testo-fonte mi interessa qui sottolineare che Armannino, come era scontato, non pratica la monogamia e nemmeno si accontenta della semplice alternanza, bensì predilige spesso l'intreccio di fonti, il che produce alcune conseguenze teoriche abbastanza banali, ma che nella bibliografia più antica, diciamo quella positivisticamente adamantina, non sono sempre messe a fuoco :

- la necessità di accoppiare il riconoscimento delle fonti a un'indagine sulle modalità d'uso. In alcuni casi si riconosce una fonte principale (testi latini) + fonti accessorie (romanze ?) ; in altri (forse soprattutto fra le storie troiane) si ha la tentazione di parlare di un assemblaggio.
- assemblaggio è parola che implica la difficoltà di riconoscere questi intrecci (soprattutto nel caso si proceda, come è quasi d'obbligo fare in caso di testi inediti, per sondaggi), anche perché la fonte può essere anche usata solo per un breve tratto o decontestualizzata.

Diamo dunque uno sguardo[35], limitandoci per ragioni di spazio e competenza personale al settore delle fonti francesi[36], cioè precisamente

di un amanuense », art. cité, p. 100-101 n. 2 per l'idea che le diverse date dell'opera nei manoscritti corrispondano a stratificazione redazionale), ma, come tutto il capitolo ecdotico di Armannino, merita approfondimento.

34 Ma non inaspettatamente : la pratica mostra sempre più spesso che l'accesso agli strumenti, soprattutto digitali, tende a ridurre le letture estensive, con la conseguenza di preoccupanti distorsioni e carenze.

35 Per le osservazioni che seguono, mi affido per comodità ai due esemplari del gruppo A digitalizzati (http://mss.bmlonline.it/catalogo.aspx?Collection=Plutei&Creator=Dominus+Armanninus, consultato il 14/04/2021) : L1 (Laurenziano Plut. LXII.12) e L2 (Laurenziano Plut. LXXXIX.inf.50)

36 La scelta di fonti francesi, accanto a quelle latine, non stupisce, ma non è scontata : si ricordi che ad esempio nella *Fiorita* di Guido da Pisa le opere d'oltralpe « sono del tutto snobbate » (Bellomo, « *Fiori, fiorite* e fioretti », art. cité, p. 221). Rimangono fuori dalla

quelle che Armannino *non* esibisce nel suo catalogo di *auctores* (in cui compaiono scontati autori latini come Virgilio – e Omero –, Stazio, Lucano, Ditti e Darete, Boezio, Cassiodoro, ecc.[37]).

LE STORIE TEBANE

Già Mazzatinti sostiene che la fonte principale è costituita dai poemi di Stazio (che è del resto uno degli *auctores* citati da Armannino stesso). Il giudizio è sostanzialmente confermato vent'anni dopo da Savj-Lopez[38], ma lo studioso si cura anche di sfumarlo : a p. xix egli parla dell'*Histoire ancienne* (d'ora in poi *HA*, da lui chiamata *Edipus*) come fonte secondaria, anche se le prove allegate sono tutt'altro che certe ; per altri dettagli (come ad esempio il fatto che Edipo appeso nella foresta sia trovato da Polibo e non dai suoi uomini) Armannino sembra avvicinarsi al *Roman de Thèbes*, ma si tratta di « indizi lievi : troppo lievi forse[39] ». Più sicuro lo studioso quando rintraccia una serie di dettagli o episodi in cui Armannino non dipende da nessuna delle fonti note : i baroni congiurano contro Laio e si servono in questo di Edipo ; la Sfinge ha notizia da un indovino che Edipo l'ucciderà ; la descrizione delle battaglie è ricca di dettagli originali[40]. Alla fine lo studioso, più che di fonte intermedia e sconosciuta (v. *infra* l'ipotesi di Parodi per le Storie di Enea), pensa a modifiche dovute a Armannino medesimo, con una certa dose di « distrazione o trascuraggine[41] ».

Fra le storie tebane della *Fiorita* c'è una sezione in cui è più facile andare in caccia di fonti secondarie, vale a dire la biografia di Edipo : una parte assente (tolti alcuni cenni) nella *Tebaide*, per la quale disponiamo

nostra indagine i *Faits des romains* segnalati da Parodi e studiati da Louis-Ferdinand Flutre, *Li fait des Romains dans les littératures française et italienne du* XIII*e au* XVI*e siècle*, Paris, Hachette, 1932, p. 373-400.

37 Mazzatinti, « La *Fiorita* », art. cité, p. 15.

38 *Ibid.*, p. 21 ; Savj-Lopez, *Storie tebane in Italia*, *op. cit.* p. xvi-xxi.

39 Savj-Lopez, *Storie tebane in Italia*, *op. cit.*, p. xix (a proposito del rapporto con l'*HA*, ma il giudizio vale per il *Roman de Thèbes*).

40 *Ibid.*, p. xix-xx.

41 *Ibid.*, p. xx.

dell'accurata sinossi di testi procurata da Messerli e Punzi[42] . Ripercorriamo gli snodi del testo :

- la predizione a Laio del destino del figlio, fatta *prima* della nascita di Edipo dal dio Apollo, non trova riscontro in *HA* ma solo in *Thèbes*, e consuona anche con materiali scoliastici, i Mitografi Vaticani e Igino[43] ;
- in Armannino non si capisce chi dei due genitori ordini di uccidere il bimbo ; viene aggiunto un commento misogino su Giocasta ;
- Edipo viene affidato con pianti ai due sergenti che lo portano nella foresta, nelle terre di Phoca, dove viene trovato da Polibo. Qui Armannino concorda bene con il *Roman de Thèbes* piuttosto che con l'*HA*. Delle due versioni di *Thèbes*, solo in *x* si specifica che Polibo è re *de Phoces la cité*[44] (la versione *y* è molto più ricca di dettagli, ma diversi rispetto a quelle di Armannino ; per *HA* era re d'Arcadia) ;
- in Armannino la rivelazione a Edipo della sua nascita arriva da un barone « maligno e malvagio » ; Edipo chiede lumi a Polibo e dopo varie esitazioni questi confessa e gli dà i panni in cui era stato avvolto ; anche in *HA* c'è prima il dialogo col padre, mentre in *Thèbes* Edipo si reca subito all'oracolo di Apollo ;
- l'uccisione del padre, l'incoronazione da parte dei baroni, l'incontro con la Sfinge e l'arrivo a Tebe sono ricche di dettagli esclusivi di Armannino ;
- l'agnizione da parte di Giocasta avviene durante un bagno (come in *Thèbes* e nell'*Argumentum* dell'Ambrosiana e poi nell'*Ovide moralisé*[45]).

Anche da questo scarno riassunto si riconosce bene la trama della cosiddetta versione medievale[46], ma con molti dettagli condivisi solo

42 Sylviane Messerli, *Œdipe enténébré. Légendes d'Œdipe au* XII*e siècle*, Paris, Champion, 2002 (soprattutto le *Appendices*, p. 245-333) ; Arianna Punzi, *Oedipoedae confusa domus. La materia tebana nel Medioevo latino e romanzo*, Roma, Bagatto, 1995, p. 175-230 (la *Fiorita* non è fra i testi scrutinati).

43 Punzi, *Oedipoedae confusa domus*, *op. cit.*, p. 178-179.

44 Per *Phoces*, *cf.* Luca Di Sabatino, « Spigolature sulle fonti del *Teseida* », *Boccaccio in versi. Atti del convegno di Parma, 13-14 marzo 2014*, a cura di Pantalea Mazzitello, Giulia Raboni, Paolo Rinoldi, Carlo Varotti, Firenze, Cesati, 2016, p. 89-100, p. 93-94.

45 Messerli, *Œdipe enténébré*, *op. cit.*, p. 104-105 ; Punzi, *Oedipoedae confusa domus*, *op. cit.*, p. 224 e 226.

46 Punzi, *Oedipoedae confusa domus*, *op. cit.*, p. 210, 218-227.

con alcuni testi o del tutto nuovi ; la possibilità di attingere a materiali di confronto ordinati e già studiati non ha condotto a risultati diversi o più approfonditi rispetto a quelli della bibliografia di un secolo fa.

LE STORIE TROIANE

Anche per le vicende troiane, come per quelle tebane, la bibliografia è evoluta rapidamente negli ultimi decenni a prescindere da Armannino, il che pone teoricamente nella posizione ideale per una migliore valutazione delle sue fonti. Purtroppo anche in questo caso i risultati sono deludenti. Darete e Ditti, autori delle due prose di materia troiana meglio conosciute nel Medioevo, sono esplicitamente citati nella *Fiorita*, ma in modo contraddittorio, sicché già Mazzatinti avverte di non potersi affidare unicamente a loro e decide di seguire la prosificazione di Guido delle Colonne : le sue osservazioni restano però superficiali[47]. Nella sua monografia, Gorra analizza il testo di Armannino e riproduce anche l'inizio del conto XI secondo la lezione del plut. LXXXIX.inf.50 della Laurenziana, uno dei rappresentanti della prima redazione[48] : ancora una volta, come per Tebe, si deve ammettere che accanto alle fonti latine Armannino si è servito del *Roman de Troie* in versi[49], con il solito atteggiamento combinatorio e il solito numero di dettagli che sembrano frutto di invenzione. Rispetto ai tempi di Gorra disponiamo oggi di un

47 Mazzatinti, « La *Fiorita* », art. cité, p. 15, 21.

48 Egidio Gorra, *Testi inediti di storia trojana. Preceduti da uno studio sulla leggenda trojana in Italia*, Torino, Loescher, 1887, rispettivamente p. 214-239 e 532-561 (edizione di estratti).

49 Armannino cita espressamente il « Troyano volgare lo quale fece Benedecto oltramontano » (cioè Benoît de Sainte-Maure, l'autore del *Roman de Troie*) e fornisce uno scarno ma preciso riassunto del prologo del *Roman de Troie*, come ha scoperto e indicato Jacques Monfrin, « L'histoire d'Énée dans la *Fiorita* d'Armaninno Giudice », *Entre fiction et histoire. Troie au Moyen Âge*, éd Emmanuèle Baumgartner, Laurence Harf-Lancner, Paris, Presses de la Sorbonne Nouvelle, 1997, p. 237-250, p. 246 ; anzi, nello stesso passaggio Armannino indica candidamente che « de li facti troiani parte ne tocha de quella storia varia [quella di Benedetto oltramontano] e parte de Dare e del buon Dite » (*ibidem*, p. 246) ; prudentemente sfumata ma scettica la posizione in merito di Davide Cappi, « La leggenda troiana ne *L'intelligenza*. I Rapporti col *Roman de Troie* », *Medioevo romanzo*, vol. 31 (2007), p. 286-318, p. 314 note 91-92.

formidabile strumento, vale a dire la monografia di Jung[50], che non si occupa di Armannino ma descrive e in parte edita altri testi francesi, segnatamente le numerose *mises en prose* del *Roman* : chi cerca però di trovare qui la fonte di Armannino rimane inevitabilmente deluso[51].

LE STORIE DI ENEA

Parodi affronta da par suo la *Fiorita* nel saggio sulle storie di Enea, in cui rettifica alcune ipotesi di Mazzatinti e deduce che l'*Eneide* sia la fonte principale, ma con elementi che derivano dal *Roman d'Eneas*[52] : solo in quest'ultimo, infatti si trova l'episodio del messaggio che Lavinia invia all'eroe avvolto nella freccia (Plut. LXII.12, c. 174v°-175r° ; Plut. LXXXIX.inf.50, c. 164r°-v°). Si tratta di un episodio ben noto e molto caratteristico del testo in versi (non compare ad esempio nella sezione di Enea dell'*Histoire ancienne*[53]). Nonostante Parodi individui altri

50 Marc-René Jung, *La légende de Troie en France au Moyen Âge. Analyse des versions françaises et bibliographie raisonnée des manuscrits*, Basel – Tübingen, Francke, 1996 ; si veda anche Arianna Punzi, « Le metamorfosi di Darete Frigio : la materia troiana in Italia (con un'appendice sul ms. Vat. Barb. lat. 3953) », *Critica del testo*, vol. 6 (2004), p. 163-211 e Dario Mantovani, « *Cum Troie fu perie* : il *Roman de Troie* e le sue *mises en prose* », *Il Medioevo degli antichi* : *i romanzi francesi della "Triade classica"*, a c. di Alfonso D'Agostino, Milano, Mimesis, 2013, p. 169-197 e 211-215.

51 Davide Cappi, « La leggenda troiana ne *L'intelligenza* II. Altri intertesti », *Medioevo romanzo*, vol. 32 (2008), p. 53-84, a p. 74-75, rintraccia alcuni riscontri con *Prose 1*, che mi sembrano però abbastanza vaghi.

52 Parodi, « I rifacimenti », art. cité, p. 108-109 per le differenze fra Armannino e l'*Eneide*.

53 Su cui *cf.* Jacques Monfrin, « Les *translations* vernaculaires de Virgile au Moyen Âge », *Études de philologie romane*, Genève, Droz, 2001, p. 859-917 (ed. or. « Lectures médiévales de Virgile », *Actes du colloque de Rome (25-28 octobre 1982)*, Rome, École Française de Rome, 1985, p. 189-249), p. 887-909 per l'analisi della sezione di Enea dell'*HA*. Il testo si legge anche, secondo la versione di due codici, nel sito *The Value of French* (https://tvof.ac.uk/, consultato il 14/04/2021). Sull'*HA* come antecedente 'strutturale', modello piuttosto che fonte della *Fiorita*, insiste Monfrin, « L'histoire d'Énée », art. cité, ma una comparazione anche sommaria manca e sarebbe degna di interesse. La bibliografia recente sull'*HA* è molto ricca e mi limito a due saggi rilevanti per la fortuna toscana del testo, utili anche per una ricognizione bibliografica : Luca Di Sabatino, « Per l'edizione critica dei volgarizzamenti toscani dell'*Histoire ancienne jusqu'à César* (*Estoires Rogier*) : una nota preliminare », *Carte romanze*, vol. 4 (2016), p. 121-143 (online all'indirizzo : https://riviste.unimi.it/index.php/carteromanze/article/view/7698/7639, consultato il 14/04/2021) ; Maria

punti possibili di contatto[54], questo è il più sicuro e principale prestito da *Eneas* : è vero che, presumibilmente a partire proprio da *Eneas*, il motivo del 'messaggio femminile nella freccia' ha goduto di una certa fama soprattutto in Francia, ma sarebbe ben strano che Armannino l'abbia conosciuto altrove (riferito ad altre eroine) e lo abbia casualmente ri-attribuito qui a Lavinia ; difficile anche che potesse ricordarsi di testi, come *Flamenca*, in cui l'episodio è attribuito esplicitamente alla principessa italica[55]. Propendo quindi per ammettere *Eneas* come fonte puntuale, dato che la memoria degli autori funziona anche al di fuori di un principio di stretta economia. Poiché però « se la fonte d'Armannino è, oltre all'*Eneide*, il *Roman d'Eneas*, una quantità di piccoli fatti restano senza spiegazione[56] », Parodi pensa come fonte a una prosificazione latina perduta dell'*Eneide*[57] sia in forza di una *reductio ad unum* delle fonti, sia perché egli recalcitra di fronte all'idea che Armannino possa aver lavorato di fantasia allontanandosi dal venerando testo virgiliano[58].

Più duttilmente, Monfrin evoca Virgilio, *HA* e naturalmente *Eneas*, oltre ad altre probabili fonti ignote. Lo studioso deduce[59] dal comportamento di Armannino nelle sezioni troiane e cesariane, studiate da Gorra e Flutre, un'operazione di smontaggio e rimontaggio di fonti diverse applicabile anche alla sezione di Enea e sufficiente a spiegare il testo italiano senza pensare a fonti perdute.

Teresa Rachetta, « Sulla sezione storica del *Tresor* : Brunetto Latini e la sezione storica dell'*Histoire ancienne jusqu'à César* », *Medioevo romanzo*, vol. 42 (2018), p. 284-311.

54 Parodi, « I rifacimenti », art. cité, p. 112, 122-123. Le sue ipotesi su questo punto vanno sottoposte a verifica.

55 Mi permetto di rimandare a Paolo Rinoldi, « La lettre autour de la flèche. Message féminin entre épopée et roman », *Le souffle épique. L'Esprit de la chanson de geste. Études en l'honneur de Bernard Guidot*, éd. Sylvie Bazin-Tacchella, Damien De Carné et Muriel Ott, Dijon, Éditions Universitaires de Dijon, 2011, p. 159-168.

56 Parodi, « I rifacimenti », art. cité, p. 113-114.

57 Parodi, « I rifacimenti », art. cité, p. 114-115, ipotesi rifluita poi in Brian Woledge, *Bibliographie des romans et nouvelles en prose française antérieurs a 1500. Supplément 1954-1973*, Genève, Droz, 1975, p. 38 e in Bellomo, « *Fiori, fiorite* e fioretti », art. cité, p. 220.

58 Parodi, « I rifacimenti », art. cité, p. 113. Lo studioso alle p. 128-130 individua nel ms. di Covoni un altro paio di dettagli che sembrano rimontare a *Eneas* : l'utilizzo del venerando romanzo in versi da parte di un copista nel tardo Trecento sembra poco verosimile e fornisce puntello all'ipotesi di una fonte intermedia, ma dei due elementi allegati da Parodi uno (la menzione del nome di Lavinia nel messaggio) è abbastanza generico, l'altro (le parole di Lavinia all'arciere) non è identico nei due testi. Occorre ricordare che su molti dettagli evocati da Parodi Monfrin non prende posizione, sì che un serio riesame punto per punto è ancora da fare.

59 Monfrin, « L'histoire d'Énée », art. cité, p. 244-245.

Il problema metodologico che emerge dalla lettura della bibliografia è duplice : da un lato tenere ben saldo il timone fra Scilla (rigidità nel voler trovare un testo-fonte unico, non necessariamente l'ipotesi più economica) e Cariddi (servirsi inconsciamente dell'idea di assemblaggio e pluralità di fonti per riconoscimenti frettolosi sulla base di un solo dettaglio) ; dall'altro cercare di distinguere e sovrapporre, ove possibile, le risultanze di un'analisi già così frastagliata con la carta culturale dei testi che sappiamo aver circolato in Italia fra Due e Trecento : per il *Roman de Troie* la presenza è certa, per *Thèbes* e *Eneas* la bibliografia stenta a riconoscere chiari segni di presenza[60]. Su questo terreno ha buon gioco Monfrin[61] nel tirare le fila e ipotizzare fra le fonti di Armannino un manoscritto francese ciclico che unisce i tre romanzi di antichità, in cui *Eneas* (romanzo, com'è noto, anonimo e senza prologo) sia stato attribuito al *benedetto ultramontano* responsabile di *Troie*, ciò che spiegherebbe la mancata menzione di *Eneas* da parte dell'autore toscano. Il colpo è da maestro, anche se dei manoscritti ciclici esistenti nessuno è di origine italiana.

Analizzare *come* siano utilizzate le fonti dovrebbe essere logicamente impresa successiva a un'accurata delimitazione delle stesse, ma accade di rado che gli studi procedano in maniera così rigida ; d'altro canto, individuare, sia pure in modo imperfetto, alcune modalità operative di Armannino aiuta anche a gettare fondamenta più solide nella fase di riconoscimento dei testi da lui usati. Allego alcuni esempi che spero dimostreranno come Armannino si muova con disinvoltura fra testi diversi non solo attingendo da essi liberamente, ma combinando i dati in un modo che mi pare conforme alla spregiudicata norma di un *compilator*, rivelando dunque un atteggiamento vicino all'elaborazione autoriale.

Prendo come primo esempio il caso appena evocato dell'episodio del messaggio nella freccia. La fonte, come ho detto, è qui probabilmente

---

60 Per la materia tebana, *cf.* Punzi, *Oedipoedae confusa domus*, *op. cit.*, p. 129-146 ; la circolazione precoce del *Roman d'Eneas* in Italia è testimoniata dall'aggiunta di alcuni versi di mano probabilmente italiana della metà del sec. XIII in calce al più antico testimone del testo (Firenze, Biblioteca Medicea Laurenziana, Plut. LXI.44), *cf.* Gabriele Giannini, « Une ébauche méconnue de *salut* occitan et le nœud ovidien *Eneas-Cligés* en Italie », *L'Occitanie invitée de l'Euregio, Liège 1981, Aix-la-Chapelle 2008. Bilan et perspectives, Actes du Neuvième Congrès International de l'Association Internationale d'Études Occitanes*, Aix-la-Chapelle, 24-31 août 2008, éd. Angelica Rieger avec la collaboration de Domergue Sumien, Aachen, Shaker Verlag, 2011, p. 391-402.

61 Monfrin, « L'histoire d'Énée », art. cité, p. 246-247.

il *Roman d'Eneas*, ma nemmeno per questo segmento Armannino segue perfettamente il testo francese : Lavinia confessa ad Enea di amarlo, come in *Eneas*, ma contemporaneamente lo avverte del tradimento progettato a suo danno ; Enea chiede a un *pecoraro* informazioni sull'identità della fanciulla[62]. Sono piccoli aggiustamenti per cui non trovo fonte, probabilmente con intento razionalizzante, che in ogni caso dimostrano già una certa dose di autonomia.

Nel caso del personaggio di Merlino assistiamo a una rielaborazione più profonda. Merlino trova posto nella parte finale della *Fiorita*, quella più scucita e affastellata, in cui si parla fra l'altro del Graal e della Tavola Rotonda ; Armannino anche in questo caso si appoggia a testi ben noti e studiati[63]. L'incantatore bretone ha anche una vita testuale parallela come profeta, e Armannino non solo lo cita insieme a Daniele e Gioachino (ms. LXII.12, c. 12r°), ma lo nomina in altre occasioni[64], fra cui trascelgo la catena di episodi del Conto III[65]. Dopo aver narrato la storia di Sodoma, Armannino racconta che al posto della città sorge ora un lago mefitico, che esala una tremenda puzza, in cui pesci e uccelli non possono dimorare e in cui tutte le cose non vanno al fondo ma restano a galla (l'autore lo identifica con il lago di Aspaltite, vicino a Sodoma, ricordato nelle *Storie giudaiche*). Subito dopo Armannino lo affianca (e sembra considerarli tutt'uno) al lago dell'Averno dell'*Eneide* (VI, 236 sgg.) : « di questo parla Virgilio nello *Eneida* et pone che questo è una bocca infernale[66]... » Nella *Admonitione magistrale* che segue, Poesia ricorda, per affinità, un lago in Italia di cui parla Merlino, fra la città

62 Mazzatinti, « La *Fiorita* », art. cité p. 39-40 (il ms. utilizzato da Mazzatinti è quello di Gubbio, Bibl. Sperelliana, II B 20, che ho controllato con il Plut. LXII.12, c. 174v°-175r° e Plut. LXXXXIX.inf.50, c. 164r°-v°). *Cf.* anche Parodi, « I rifacimenti », art. cité, p. 117-118. Monfrin, « L'histoire d'Énée », art. cité, p. 241-242 nota già l'autonomia nel gestire il racconto degli amori di Enea e Lavinia.

63 Daniela Delcorno Branca – Oriana Visani, « Fortuna quattrocentesca di Merlino. I. Appunti sui romanzi di Merlino in Italia fra Tre e Quattrocento », *Schede umanistiche*, vol. 1 (1993), p. 5-30, p. 20-26 (con bibliografia). Branca riproduce in Appendice il testo dei ms. Firenze, BNC, Magl. II.III.139 e II.IX.137 (p. 27-30) e nota la conoscenza da parte di Armannino sia del *Merlin en prose* che delle *Prophécies de Merlin* (queste ultime non citate esplicitamente nella versione antica del II.III.139).

64 Mazzatinti, « La *Fiorita* », art. cité, p. 16.

65 Ms. Plut. LXXXIX.inf.50, 17v°-18r° (il Plut. LXII.12, acefalo, comincia dopo) ; Mazzatinti, « La *Fiorita* », art. cité, p. 16. Si veda anche Paolino Pieri, *Storia di Merlino*, edita e illustrata da Ireneo Sanesi, Bergamo, Istituto italiano d'arti grafiche, 1898, p. CXIII.

66 Ms. Plut. LXXXIX.inf.50, 17v.

dei buoni marinai e quella in cui regna Phisi[67], anch'esso talmente puzzolente che gli abitanti devono allontanarsene ; ad esso è associata la menzione di un lago di Guascogna, chiamato lago di Diana, da cui usciranno orribili serpenti per punire i peccati degli uomini. Questo lago di Guascogna sembra derivare dalle celebri *Prophécies de Merlin*, ed è probabilmente un incrocio fra il capitolo delle *Prophécies* dedicato alle *quatre fumées que sortyront de quatre lacs* e un'altra profezia ambientata nel monte Gargano (da cui forse l'alterazione Guascogna[68]). Se questo intreccio risponde al vero, siamo di fronte ad un esempio da manuale di lavoro combinatorio : Armannino ha proceduto per accumulo di fonti diverse, inserendo e fondendo in un contesto veterotestamentario e classico profezie merliniane originariamente distinte fra loro.

L'ultimo esempio riguarda la figura di *Pel(l)icane/Pulicane*. Questo personaggio compare nella *Fiorita* fra i combattenti che Reso invia in soccorso dei Troiani e viene presentato come un mostro mezzo uomo e mezzo cane, abilissimo arciere, di cui più avanti Armannino descrive la nascita : Therbis, figlia del re d'Egitto, possedeva un cane molto affezionato cui, su istigazione del Maligno, si unì carnalmente generando il Pellicane, uomo nella metà superiore e cane in quella inferiore ; in fuga dal padre, la principessa col figlio trovò rifugio nelle terre di Reso in cui il Pellicane crebbe mostrando eccezionali doti di abilità e cortesia, unite però a scoppi di rabbia feroce[69]. L'episodio risale probabilmente al *Roman de Troie*, ma con moltissime varianti : a tacer d'altro, Benoît parla di un Sagittario tradizionale, mezzo uomo e mezzo cavallo, che giunge in aiuto dei Troiani[70]. Un primo indizio viene dal nome *Pellicane*, non certo ignoto : in un bel saggio dedicato ai *Buovi* italiani (a partire

67 Secondo il dettato del plut. LXXXIX.59. Nel riassunto di Mazzatinti si parla di un lago che apparirà nella città dei marinai, « cioè la città pisana », il che sembra erroneo : i *bon mariniers* nelle *Prophécies* sono notoriamente i veneziani, in perenne lotta con i Toscani, sineddoche che nasconde i Pisani, nemici per eccellenza dei Veneziani (*Les prophécies de Merlin*, edited from ms. 593 in the Bibliothèque municipale of Rennes by Lucy Allen Paton, New York – London, Heath and Company – Oxford University Press, 1926-1927, 2 vol., II, p. 62)

68 Per cui *cf. Les prophécies de Merlin*, *op. cit.*, I, p. 110-111 e II, nota p. 30.

69 Plut. LXII.12, c. 83r° (il ms. ha una lacuna in corrispondenza del racconto della nascita) ; Plut. LXXXIX.inf.50, c. 86r° e 111r°-v°.

70 *Le roman de Troie par Benoit de Sainte-Maure*, publié d'après tous les manuscrits connus par Léopold Constans, Paris, Firmin Didot, 6 vol., 1904-1912, v. 6900-6906 et 12353-12379. Sulla figura del Sagittario *cf.* Francis Dubost, « L'autre guerrier : l'archer – cheval. Du Sagittaire du *Roman de Troie* aux Sagittaires de *La Mort Aymeri de Narbonne* », *Senéfiance*

da quello franco-italiano della *Geste Francor*) Daniela Delcorno Branca[71] riconosce che il personaggio di *Achopart* delle versioni francesi del *Bueve* diventa, per alterazione dell'aggettivo *popeliqant* con cui è spesso caratterizzato, il *Pelicane/Pulicane* : personaggio caratterizzato da abilità in guerra, ferocia e allo stesso tempo cortesia, gigante nelle versioni francesi e poi ibrido cane/uomo in quelle italiane. La presenza di *Pelicane* nel *Buovo*, nei *Reali di Francia* e nella *Fiorita* era già stata riconosciuta da Gorra[72], il quale notava anche la somiglianza fra la storia della *Fiorita* e la nascita di Attila e ne traeva deduzioni circa l'italianità della fonte di Armannino : secondo un filone testuale diffuso in Italia, rappresentato dai testi franco-italiani delle *Estoire d'Atile* e dell'*Attila* di Niccolò da Casola[73], il condottiero è il frutto della libidinosa cinofilia della principessa Clarie, esattamente come Pulicane[74]. Di tutta questa trafila complessa (e ancora da studiare nel dettaglio[75]) preme qui non solo sottolineare la

(=*De l'Etranger à l'Etrange ou la Conjointure de la Merveille*), vol. 25 (1988), p. 173-188 ; *La Mort Aymeri de Narbonne*, a c. di Paolo Rinoldi, Milano, Unicopli, 2006, p. 451-453.

71 Daniela Delcorno Branca, « Fortuna e trasformazioni del *Buovo d'Antona* », *Testi, cotesti, contesti del franco-italiano. Atti del 1 simposio del franco-italiano (Bad Homburg, 13-16 aprile 1987)*, a c. di Günter Holtus, Henning Krauss, Peter Wunderli, Tübingen, Niemeyer, 1989, p. 285-306, a p. 287-288, 300-304. In particolare a p. 301 la studiosa riconosce in Pulicane la fusione di Açopart e Bonnefoi del *Bueve* francese.

72 Gorra, *Testi inediti*, *op. cit.*, p. 223-225 e 234-235, 237-238, anche per la bibliografia precedente. Per una sinossi riassuntiva si vedano le tavole onomastiche in *La Geste Francor. Edition of the Chansons de geste of MS. Marc. Fr. XIII (=256)*, With glossary, introduction and notes by Leslie Zarker Morgan, Tempe, Arizona Center for Medieval and Renaissance Studies, 2009, 2 vol., I, p. 101.

73 *Estoire d'Atile en Ytaire*. Testo in lingua francese del XIV secolo a c. di Virginio Bertolini, Povegliano (VE), Editrice Gutenberg, 1976 ; Andrea Beretta, « Sviluppi plurilingui dell'*Atile en prose*. Prolegomeni ad un'edizione », *Francigena*, vol. 3 (2017), p. 137-172. Niccolò da Casola, *La guerra d'Attila. Poema franco-italiano pubblicato dall'unico manoscritto della R. Biblioteca Estense di Modena*. Testo, introduzione, note e glossario di Guido Stendardo, Modena, Società tipografica modenese, 1941 ; Andrea Beretta, *L'"Attila Flagellum Dei" di Nicolò da Casola. Edizione del libro primo e studio della tradizione testuale su Attila in Italia*, Università degli studi di Siena, Dottorato di Ricerca internazionale in "Filologia e critica", Curriculum "Filologia romanza", a.a. 2015-2016.

74 Rinvio solo, anche per altra bibliografia, a Gianfelice Peron, « "Filz au livrier". Attila nell'epica franco-italiana », *Epica e cavalleria nel Medioevo. Atti del Seminario internazionale (Torino, 18-20 novembre 2009)*, a c. di Marco Piccat e Laura Ramello, Alessandria, Edizioni dell'Orso, 2011, p. 27-53.

75 Richard Trachsler, che qui ringrazio, mi segnala la presenza del mostro *Pellican* in *Floriant et Florete* : *Floriant et Florete*. Édition bilingue établie, traduite, présentée et annotée par Annie Combes et Richard Trachsler, Paris, Champion, 2003, vv. 1442-1491 ; *Floriant et Florete*, a c. di Mariateresa Prota, Alessandria, Edizioni dell'Orso, 2019, vv. 1442-1491. Che *Pellican* sia imparentato con *Pelicane* è questione che merita un approfondimento in

precocità della testimonianza di Armannino, più o meno coeva alla *Geste Francor* del Marciano XIII[76], ma anche dedurre quel che è possibile sul modo di lavorare dell'autore toscano : la novella della nascita richiama da vicino quella di Attila e forse punta ad un testo-fonte inedito, come sosteneva Gorra (lo farebbero pensare alcuni dettagli, come ad esempio l'esplicitazione del nome proprio della madre, Thebris) ; l'inserimento del personaggio nel bel mezzo delle guerre troiane, invece, ha l'aria di una trovata di Armannino, spinto dalla convergenza di due tratti centrali del Sagittario e del Pelicane, vale a dire la natura semiferina e la qualità di infallibile arciere. Così, una storia che forse, se guardiamo al bacino dei racconti su Attila, Armannino aveva orecchiato a Nord degli Appennini, viene isolata, sbozzata e incastonata in un racconto di tutt'altra origine e tutt'altra filiera testuale, illustrando le possibilità dell'*inventio* di un autore medievale, e le difficoltà per noi di riconoscerne i passi.

Paolo RINOLDI
Università di Parma

---

altra sede : i tratti ferini comuni ai due personaggi sono molto generici (*Pellican* ha testa d'orso, due corni sulla fronte, orecchie pelose, zampe di leone, coda di drago, corpo simile a un cavallo), ma l'autore di *Floriant* conosce molte leggende italiane (la canzone è del resto ambientata in Italia) e riesce difficile spiegare altrimenti il nome (M. Prota, ed. cit., p. 124-125 pensa a un participio da *pelic(i)er* : il nome varrebbe dunque 'lo Squartatore'). La datazione del *Floriant* è controversa, fra la fine del XII e il pieno XIII sec. (va da sé che il legame con il *Pelicane* indurrebbe a preferire la datazione bassa). *Cf.* anche Richard Trachsler, « *Floriant et Florete* », *The Arthur of the French : The Arthurian Legend in Medieval French and Occitan Literature*, éd. Glyn S. Burgess et Karen Pratt, Cardiff, University of Wales Press, 2006, p. 432-434 ; Eliana Creazzo, « *En Sesile est un mons mout grans* ». *La Sicilia medievale fra storia e immaginario letterario* (XI-XIII sec.), Soveria Mannelli, Rubbettino, 2006, p. 103-109.

76 Il ms. ha però sicuramente un antecedente in terra italiana da cui dipendono le redazioni peninsulari : *cf.* Cesare Mascitelli, *La Geste Francor nel cod. marc. V13. Stile, tradizione, lingua*, Strasbourg, ELiPhi, 2020, p. 144-160. V13 è stato variamente datato fra la fine del XIII e inizio del XIV secolo (con spostamento recente verso la data più tarda, *cf.* https://www.rialfri.eu/rialfriWP/manoscritti/venezia-biblioteca-nazionale-marciana-fr-z-13-256, consultato il 14/04/2021, e la bibliografia ivi indicata), ma una recente ipotesi sposta le miniature alla metà del secolo (Mascitelli, *La Geste francor*, *op. cit.*, p. 18-21).

QUATRIÈME PARTIE

LA CHRONIQUE UNIVERSELLE ET LES MISES EN RECUEIL

LE CONTINUAZIONI STORIOGRAFICHE NEI MSS. DEI *FATTI DI CESARE*

Il *Fioretto di croniche degli imperadori* e il *Libro Fiesolano*

Nel suo celebre contributo del 1985 *I canzonieri : definizione di genere e problemi di edizione*, D'Arco Silvio Avalle proponeva una tipologia di studio delle raccolte medievali di lirica secondo cui

> alle varie operazioni di disintegrazione e di ricomposizione del libro medievale finalizzate all'edizione critica di singoli autori, andrà affiancata un'altra operazione, forse più modesta, ma non meno produttiva di senso, e cioè il riconoscimento della verità delle singole antologie, indipendentemente da quella, occulta e molto spesso problematica, degli autori in esse compresi[1].

Si tratta di una prospettiva di ricerca particolarmente produttiva nello studio dei canzonieri medievali, ma che potrebbe venire applicata con profitto anche a generi diversi dalla lirica, soprattutto se in presenza di tradizioni testuali poco quiescenti e inclini per natura a operazioni di selezione e rimontaggio delle fonti entro nuove unità codicologiche e testuali. Un'operazione che, d'altra parte, come già avvertiva Avalle, sebbene più modesta rispetto alla tradizionale e fondamentale *recensio*, permette di affiancare alla cosiddetta critica del testo una storia della tradizione in grado di riflettere sui complessi meccanismi di ricezione e fruizione di un'opera medievale a seconda delle differenti istanze ideologico-culturali di ciascuna operazione di copia. A partire da questi presupposti teorici vorrei dunque proporre un'analisi della tradizione manoscritta dei *Fatti di Cesare* (d'ora in avanti *FdC*) nel tentativo di svelare

---

1 D'Arco Silvio Avalle, « I canzonieri : definizione di genere e problemi di edizione », *La critica del testo.* Atti del Convegno di Lecce, 22-26 ott. 1984, Roma, Salerno Editrice, 1985, p. 363-382 (poi in *Idem*, *La doppia verità. Fenomenologia ecdotica e lingua letteraria nel Medioevo romanzo*, Tavernuzze – Impruneta, Edizioni del Galluzzo, 2002, p. 155-173).

in che modo, nella trasmissione di questo testo fortunatissimo, ai *FdC* vengano talvolta associate alcune continuazioni di natura storiografica, con livelli di aderenza tra i due testi che raggiungono in certi casi la perfetta fusione entro la medesima unità testuale. Mi riferisco nello specifico al *Fioretto di croniche degli imperadori* (d'ora in avanti *Fioretto*) e al *Libro fiesolano* (d'ora in avanti *Libro*), testi tra loro molto diversi – contraddistinto il primo da un dichiarato intento universalizzante, più legato invece alle dinamiche della cronaca cittadina il secondo –, che permettono di cogliere due differenti tipologie di ricezione e adattamento degli stessi *FdC*, oscillanti, potremmo dire, tra cronaca universale e cronaca cittadina.

Luciano Banchi dava per la prima volta alle stampe nel 1863, per la *Collezione di opere inedite e rare dei primi tre secoli della lingua*, un testo che, già noto come *Volgarizzamento di Lucano* e più volte citato con questo nome dagli Accademici della Crusca nel loro Vocabolario, egli ribattezzò *Fatti di Cesare*[2] : una versione toscana dei *Faits des Romains* (d'ora in avanti *FdR*)[3], tradizionalmente definita breve (o abbreviata) poiché ridotta di circa l'ottanta per cento rispetto all'estensione del testo francese[4]. I *FdR*, monumentale compilazione storiografica concepita in Francia intorno alla prima metà del XIII sec., conobbero una vasta fortuna in Italia già a partire dalle prime fasi della loro trasmissione manoscritta e suscitarono molto precocemente un'intensa attività di traduzione in lingua italiana, testimoniata ad oggi da numerosi volgarizzamenti, non soltanto toscani[5].

2 *I Fatti di Cesare. Testo di lingua inedito del secolo XIV*, pubblicato a cura di Luciano Banchi, Bologna, Romagnoli, 1863.

3 *Li Fet des Romains. Compilé ensemble de Saluste et de Suetoine et de Lucan. 1. Texte critique*, publié pour la première fois, d'après les meilleurs manuscrits, par Louis-Fernand Flutre et Kornelis Sneijders de Vogel, Paris, E. Droz, Groningue, J.-B. Wolters, 1935-1938. *Cf.* anche Louis-Fernand Flutre, *Les manuscrits des* Faits des Romains, Paris, Hachette, 1932.

4 Giovanni A. Papini, « *I Fatti dei Romani.* Per la storia della tradizione manoscritta », *Studi di filologia italiana*, 31 (1973), p. 97-155, a p. 107.

5 La classificazione delle numerose testimonianze manoscritte e lo studio delle differenti tipologie di ricezione e trasformazione dei volgarizzamenti italiani dell'opera francese sono oggetto della mia tesi di dottorato *I* Fatti di Cesare *nel Veneto e le* Zesarie batalie romane *del ms. Canon. Ital. 136 di Oxford* (Tutori : prof. Alfonso D'Agostino, Roberto Tagliani, Johannes Bartuschat), Università degli Studi di Siena-Universität Zürich, XXXII ciclo. Per un quadro complessivo dei volgarizzamenti italiani dei *FdR* si vedano Vincenzio Nannucci, *Manuale della letteratura del primo secolo della lingua italiana*, Firenze, Barbera, 1856², vol. II, p. 172-192 ; *I Fatti di Cesare [...]*, ed. cit. ; Aldolfo Mussafia, [rec. a], « I fatti di Cesare. Testo di lingua inedito del secolo XIV, pubblicato a cura di Luciano Banchi, Bologna, Romagnoli, 1863 », *Jahrbuch für romanische und englische Literatur*, 5 (1865), p. 109-113 ; Paul Meyer, « Les premières

Composti da un anonimo chierico di provenienza parigina fra il 1213 e il 1214, i *FdR* vedono come protagonista la figura storica di Giulio Cesare, considerato nel Medioevo fondatore dell'Impero Romano e primo imperatore[6]. L'opera si presenta divisa in quattro parti ben distinte tra loro e individuabili sulla base delle quattro fonti classiche principali che sono servite per la compilazione di questo testo : il *De Catilininae coniuratione* di Sallustio, i *Commentarii de bello Gallico* dello stesso Cesare (a quel tempo attribuiti a Iulius Celsus), la *Pharsalia* di Lucano e il *De vita Caesarum* di Svetonio (limitatamente alla sola vita di Giulio Cesare). Numerose altre sono in realtà le fonti classiche, mediolatine e romanze confluite all'interno dell'opera, tra cui le *Antichità giudaiche* di Giuseppe Flavio, le *Ethymologiae* di Isidoro, nonché la memoria dei romanzi bretoni e arturiani[7].

---

compilations françaises d'histoire ancienne », *Romania*, 14 (1885), p. 1-81, alle p. 1-36 ; Adolfo Gaspary, *Storia della letteratura italiana*, tradotta dal tedesco da Nicola Zingarelli, con aggiunte dell'autore, Torino, Loescher, 1887, vol. I, p. 149, p. 437-438 ; Ernesto Giacomo Parodi, « Le storie di Cesare nella letteratura italiana dei primi secoli », *Studj di filologia romanza*, 4 (1889), p. 237-503 ; G. Ciccone, « Redazioni e fonti della *Farsaglia in ottava rima* », *Studj romanzi*, 6 (1909), p. 137-175 ; Louis-Fernand Flutre, *Li Faits des Romains dans les littératures française et italienne du* XIII*e* *au* XVI*e* siècle, Paris, Hachette, 1932 ; *Volgarizzamenti del Due e Trecento*, a cura di Cesare Segre, Torino, Utet, 1953, p. 87-110 ; *Testi fiorentini del Dugento e dei primi del Trecento*, con introduzione, annotazioni linguistiche e glossario a cura di Alfredo Schiaffini, Firenze, Sansoni, 1954, p. 202-213 ; Giorgio Brugnoli, « Frammento di una nuova versione italiana dei *Faits des Romains* », *Cultura neolatina*, 14/1 (1954), p. 91-98 ; Mario Marti, « I fatti di Cesare », *La prosa del Duecento*, a cura di Cesare Segre e Mario Marti, Milano-Napoli Ricciardi, 1959, p. 453-488, p. 1083-1088 ; Papini, « *I fatti dei Romani* [...] », art. cité, p. 107 ; David P. Bénéteau, « Per un'edizione critica dei *Fatti dei Romani* », *Italianistica*, 26/3 (1997), p. 401-411 ; Alfonso D'Agostino, « La prosa delle origini e del Duecento », *Storia della letteratura italiana*, diretta da Enrico Malato, vol. X : *La tradizione dei testi*, coordinatore Claudio Ciociola, Roma, Salerno Editrice, 2001, p. 91-135, a p. 108-109 ; Giuliana Carlesso, « Le *Istorie romane* del ms. 47 scaff. II della Biblioteca Antoniana di Padova e *I Fatti di Cesare* nel Veneto », *Il Santo*, 41/2-3 (2001), p. 345-394 ; Sergio Marroni, *I fatti dei Romani. Saggio di edizione critica di un volgarizzamento fiorentino del Duecento*, Roma, Viella, 2004 ; *Li Fatti de' Romani. Edizione critica dei manoscritti Hamilton 67 e Riccardiana 2418*, a cura di David P. Bénéteau, Alessandria, Edizioni dell'Orso, 2012 ; Xenia Skliar, « *Li fatti de' Romani* : un volgarizzamento di secondo livello. Alcune istantanee della "creatività d'emergenza" su entrambi i livelli », *Volgarizzamenti : il futuro del passato*, a cura di Roman Sosnowski e Giulio Vaccaro, Firenze, Franco Cesati Editore, 2018, p. 59-71 ; Valentina Nieri, « Raccontare *Comment Cesar conquist France* nella Toscana del Trecento : le guerre di Gallia nella versione intermedia dei *Fatti dei Romani* », *Volgarizzamenti : il futuro del passato*, *op. cit.*, p. 71-89.

6 Stando a quanto si legge nello stesso prologo dei *FdR* il progetto iniziale doveva però essere più ampio, comprendendo, secondo il modello svetoniano, anche le vite degli undici imperatori successivi (fino cioè a Domiziano compreso) ; *cf.* *FdR*, Prol., § 3.

7 Per un quadro completo e dettagliato delle fonti si rimanda a *Li Fet des Romains [...]*, ed. cit., *2. Introduction, commentaire, index des noms propres, glossaire.*

La versione breve dei *FdC*, pur drasticamente ridotta in certe sue parti rispetto al testo francese, presenta comunque la stessa successione delle principali fonti classiche, e cioè Sallustio, Cesare, Lucano e Svetonio, rispettivamente scorciate (ad eccezione dello Svetonio, che si mantiene pressoché inalterato) di circa il 25 %, l'87 % e il 40 %[8]. L'edizione Banchi del 1863 fu condotta sulla base del ms. Siena, Biblioteca Comunale degli Intronati, I.VII.6, un codice linguisticamente senese e databile tra la fine del sec. XIII e l'inizio del sec. XIV[9], la cui lezione è riprodotta con una certa fedeltà fin quasi alla fine della sezione cesariana[10], dove, a causa della perdita di due carte, essa viene sostituita, fino al passaggio relativo all'ingresso a Rimini di Cesare dopo il fatale attraversamento del Rubicone[11], da quella del ms. Siena, Biblioteca Comunale degli Intronati, I.VII.5, databile al pieno Quattrocento. Il testo del ms. I.VII.5 è infine nuovamente sostituito a quello del codice più antico a partire dal celebre episodio dell'incontro tra Sesto Pompeo e la maga Eritone fino alla conclusione dell'opera[12], essendo il senese I.VII.6 gravemente mutilo in finale. L'intero testo è stato infine collazionato con i mss. Firenze, Biblioteca Nazionale Centrale, N.A.207 (ex codice Grassi) e Siena, Biblioteca Comunale degli Intronati, I.VII.4, entrambi di provenienza senese, ma si riducono quasi a nulla, in realtà, le varianti segnalate dall'editore, che indica soltanto la presenza di errori manifesti nell'uno o nell'altro codice posto a base del testo. L'edizione Banchi non ci consente dunque di apprezzare la complessità di questa tradizione né dal punto di vista della *recensio codicum* né da quello, strettamente connesso al primo, della *restitutio textus*. I *FdC* godettero infatti di una diffusione manoscritta molto consistente, comprendendo ad oggi una cinquantina di mss. tra completi e frammentari, distribuiti tra i secc. XIII e XIV[13].

8 Le percentuali sono state calcolate sulla media delle parole presenti per pagina nelle rispettive edizioni di riferimento dei due testi.

9 *Cf. I Fatti di Cesare [...]*, ed. cit., p. VIII.

10 *Ibid.*, p. 66.

11 *Ibid.*, p. 74.

12 *Ibid.*, p. 188.

13 La più aggiornata *recognitio codicum* si legge nella scheda relativa a questa versione nel portale *TLIon, Tradizione della Letteratura Italiana online*, consultabile in rete all'indirizzo http://tlion.sns.it/index.php?op=fetch&type=opera&status=pub&lang=it&id=6985, che recupera, ampliandola, la precedente bibliografia sulla questione; *cf. I Fatti di Cesare [...]*, ed. cit., p. LVI-LXXV; Parodi, « Le storie di Cesare [...] », art. cité, p. 321-328; Pietro

Non esiste ancora, al momento, uno studio completo della *recensio* di questo testo e soltanto parziali, benché solidi, sono stati i tentativi di classificazione. I lavori di Parodi, Flutre e Papini proverebbero infatti l'esistenza di due grandi rami nella tradizione[14] : il primo, famiglia A (Parodi) = "classe B" (Flutre) = ramo Ba1 (Papini) ; il secondo, famiglia B (Parodi) = "classe C" (Flutre) = ramo Bb (Papini). All'interno della famiglia A (Parodi) è stato poi riconosciuto il sottogruppo "classe B" (Flutre) = ramo Ba2 (Papini), mentre la famiglia B (Parodi) sarebbe a sua volta suddivisibile nei due sottogruppi "classe C 1° (Flutre) = Bb1 (Papini) e "classe C 2° (Flutre) = ramo Bb2 (Papini)[15]. Utilizzando per maggiore chiarezza la nomenclatura proposta da Papini, la versione breve si presenterebbe pertanto bipartita in due famiglie : Ba1 da un lato (all'interno del quale si isolerebbe il sottogruppo Ba2) ; Bb dall'altro (a sua volta bipartito nei sottogruppi Bb1 e Bb2). Di seguito le caratteristiche di ciascuno di questi sottogruppi così individuati :

> Ba1 : la moglie di Cesare (*Cossucia* nei *FdR*) è chiamata *Casuccia* (*FdC*, Svetonio, I, capo, II, p. 3) ; Catilina pronuncia in Senato un lungo discorso diretto per discolparsi dalle accuse rivoltegli (*FdC*, Svetonio, I, capo, XII, p. 16-17) ; le genti incontrate da Catone nel deserto di Libia, chiamate *Psylles* nei *FdR*, sono nominate *Erossilles* (*FdC*, Lucano, VII, capo XXIX, p. 236) ; Rancellina, venuta a conoscenza della morte dell'amato Igneo, si getta « dalle finestre » (*FdC*, Lucano, VII, capo XXXVI, p. 252) ; i trionfi di Cesare elencati sono quattro (*FdC*, Lucano, VII, capo XXXVII, p. 253-254) ; è presente la porzione svetoniana (*FdC*, Lucano, VII, capo XXXVIII-LXIX, p. 255-304) ;

Santini, *Quesiti e ricerche di storiografia fiorentina*, Firenze, Seeber, 1903, p. 61-79 ; Flutre, *Li Faits des Romains dans les littératures [...], op. cit.*, p. 206-208.

14 Parodi, « Le storie di Cesare [...] », art. cité, p. 323-328 ; Flutre, *Li Faits des Romains dans les littératures [...], op. cit.*, p. 204-209 ; Papini, « *I fatti dei Romani* [...] », art. cité, p. 116-122. Si veda inoltre anche Brugnoli, « Frammento di una nuova versione [...] », art. cité ; Bénéteau, « Per un'edizione critica [...] », art. cité, p. 403 ; D'Agostino, « La prosa delle origini e del Duecento », *op. cit.*, p. 108 ; Carlesso, « Le *Istorie romane* [...] », art. cité, p. 348-349 ; Marroni, *I fatti dei Romani [...], op. cit.*, p. 16-17 e *Li Fatti de' Romani [...]*, ed. cit., p. 9-10.

15 Dal momento che ciascuno dei due rami così individuati trasmetterebbe errori propri rispetto alla lezione del modello francese, Flutre ipotizzò l'esistenza di una famiglia di codici priva di questi errori – e per questa ragione più aderente al testo dei *FdR* –, che definì "classe A" ; *cf.* Flutre, *Li Faits des Romains dans les littératures [...], op. cit.*, p. 296-309. La suggestione di una famiglia di codici più vicina ad una sorta di "originale", peraltro già avanzata da Parodi per le medesime ragioni, è stata messa in discussione dai lavori di Papini ; *cf.* Parodi, « Le storie di Cesare [...] », art. cité, p. 323-324 e Papini, « *I fatti dei Romani* [...] », art. cité, p. 119-122.

Ba2 : tutte le caratteristiche di Ba1 ; inserimento del volgarizzamento della Prima Catilinaria.

Bb1 : la moglie di Cesare (*Cossucia* nei *FdR*) è chiamata *Casuccia* (*FdC*, Svetonio, I, capo, II, p. 3) ; il discorso che Catilina pronuncia in Senato per discolparsi dalle accuse rivoltegli è riportato in forma indiretta così come nei *FdR* (*FdC*, Svetonio, I, capo, XII, p. 16-17) ; le genti incontrate da Catone nel deserto di Libia, chiamate *Psylles* nei *FdR*, sono nominate *Erossilles* (*FdC*, Lucano, VII, capo XXIX, p. 236) ; Rancellina, venuta a conoscenza della morte dell'amato Igneo, si getta « dalle mura » (*FdC*, Lucano, VII, capo XXXVI, p. 252) ; i trionfi di Cesare elencati sono cinque (*FdC*, Lucano, VII, capo XXXVII, p. 253-254) ; è omessa integralmente la porzione svetoniana ; in alcuni mss. ai *FdC* segue il *Libro fiesolano* ovvero il *Fioretto di croniche degli imperatori* ;

Bb2 : la moglie di Cesare è chiamata *Cesarina* (*FdC*, Svetonio, I, capo, II, p. 3) ; il discorso che Catilina pronuncia in Senato per discolparsi delle accuse rivoltegli è riportato in forma indiretta così come nei *FdR* (*FdC*, Svetonio, I, capo, XII, p. 16-17) ; le genti incontrate da Catone nel deserto di Libia, chiamate *Psylles* nei *FdR*, sono nominate *Corsilensi* (*FdC*, Lucano, VII, capo XXIX, p. 236) ; Rancellina, venuta a conoscenza della morte dell'amato Igneo, si getta « dalle mura » (*FdC*, Lucano, VII, capo XXXVI, p. 252) ; i trionfi di Cesare elencati sono cinque (*FdC*, Lucano, VII, capo XXXVII, p. 253-254) ; è omessa integralmente la porzione svetoniana ; ai *FdC* segue il *Fioretto di croniche degli imperatori*.

Tralasciando gli aspetti più strettamente ecdotici, ai fini della nostra indagine converrà soffermarsi sul solo ramo Bb risultante dalla classificazione proposta che, per quanto parziale, permette comunque il riconoscimento di un dato di grande peso, e cioè la totale omissione della sezione svetoniana, caratteristica principale di questo ramo. Non essendo possibile approfondire in questa sede la conformazione del ramo Bb nella sua interezza, mi limiterò alla sola analisi dei codici contenenti le continuazioni storiografiche che sono l'oggetto principale della presente indagine. Si tratta nello specifico, per quanto riguarda il *Fioretto*, dei mss. Fi BML Gaddi rel. 35 [L_6], Gaddi rel. 45 [L_7], BR 1550 [R_3], appartenenti al gruppo Bb1, e Fi BML Plut. LXI.22 [L_2], BNC II.II.49 [N_2], II.II.74 [N_3], Panc. 65 [N_{16}], appartenenti al gruppo Bb2 ; risalgono invece tutti al gruppo Bb1 i mss. Fi BML Plut. XLIV.28 [L_1], Ashb. 549 [L_5], BNC Panc. 52 [N_{12}] e Br 1566 [R_8], che trasmettono il *Libro*[16]. All'interno di questa costellazione si concentrano alcune delle principali operazioni di adattamento delle fonti

16 Per motivi di sintesi si è deciso di adottare delle sigle identificative per riferirsi più agevolmente ai codici presi in esame.

cui facevamo prima riferimento. Tali codici, dopo la disfatta di Pompeo a Farsalo e il succinto resoconto delle guerre di Alessandria, Africa e Spagna, con la menzione dei relativi trionfi attribuiti a Cesare dopo la vittoria definitiva sui figli di Pompeo, fanno seguire ai *FdC* una breve appendice di ispirazione svetoniana, che dà conto della morte di Cesare e del successivo operato di Ottaviano Augusto[17]. Si tratta di un testo molto breve, che occupa in media poco più di mezza carta di ms., la cui aggiunta è resa però necessaria dal fatto che, essendo completamente omessa la sezione svetoniana, nei codici appartenenti a questo gruppo viene a mancare ogni menzione relativa all'operato di Cesare dopo la vittoria sui pompeiani nonché il racconto della sua morte. Tale appendice corrisponde all'inizio di un testo noto come *Fioretto di croniche degli imperadori*, una compilazione storiografica che dalla morte di Giulio Cesare, ritenuto nell'ottica medievale il primo imperatore di Roma, giunge fino ai primi anni del Trecento, più precisamente fino alla morte di Arrigo VII di Lussemburgo, e cioè all'anno 1313. Il *Fioretto* è attualmente consultabile nell'edizione del 1858 a cura di Leone Del Prete, che si riduce però di fatto alla trascrizione del solo codice Firenze, Biblioteca Nazionale Centrale, II.II.49[18]. Si tratta di un testo influenzato da una ideologia di tipo ghibellino che si propone di riconnettere le sorti del Sacro Romano Impero alle origini imperiali della Roma antica e quindi, in ultima istanza, allo stesso Giulio Cesare. Il *Fioretto* meriterebbe senz'altro un'edizione filologicamente più accurata che tenga quantomeno conto dell'intero testimoniale manoscritto, dal momento che questo testo si contiene in realtà in ben sette codici, più un ottavo che ne rappresenta un adattamento veneziano :

1. Firenze, Biblioteca Medicea Laurenziana, Pluteo LXI.22 [L_2]
Cart., misc., sec. XV. Contiene : 1) *Fatti di Cesare* (c. 1r°-91v°) ; 2) *Fioretto di croniche degli imperadori* (c. 92r°-114v°) ; 3) *Lettere di Giovanni dalle Celle di Vallombrosa* (c. 115r°-142v°).

2. Firenze, Biblioteca Medicea Laurenziana, Gaddi reliqui, 35 [L_6]
Cart., misc., mutilo e frammentario, fine del sec. XIV o princ. del XV. Contiene : 1) *Fatti di Cesare* (c. 1r°-36r°) ; 2) *Fioretto di croniche degli imperadori* (c. 36r°-47v°) ; 3) Guido delle Colonne, *Historia destructionis Troiae*, volgarizzamento, nella "versione di anonimo" (c. 52r°-132v°).

---

17 *I Fatti di Cesare*, ed. cit., p. 305-307.

18 Leone Del Prete, *Fioretto di croniche degli imperadori, testo di lingua del buon secolo ora per la prima volta pubblicato*, Lucca, Tip. dei figli di G. Rocchi, 1858.

3. Firenze, Biblioteca Medicea Laurenziana, Gaddi reliqui, 45 [L_7]
Cart., misc., fine del sec. XIV o princ. del XV. Contiene : 1) *Fatti di Cesare* (c. 1r°-66v°) ; 2) *Fioretto di croniche degli imperadori romani* (c. 67r°-77v°) ; 3) Guido delle Colonne, *Historia destructionis Troiae*, volgarizzamento, nella "versione di anonimo" (c. 78r°-195v°).

4. Firenze, Biblioteca Nazionale Centrale, II.II.49 [N_2]
Cart., misc., sec. XV. Contiene : 1) *Fatti di Cesare* (c. 1r°-95v°) ; 2) *Fioretto di croniche degli imperadori* (c. 96r°-118v°) ; 3) Marsilio Ficino, *Pistola consolatoria* (c. 119r°-121v°) ; 3) Francesco Petrarca, *Epistola XII 2* delle *Familiares*, volgarizzamento (c. 129r°-136r°) ; 4) Leonardo Bruni, *Orazione per Niccolò da Tolentino* (c. 136r°-139r°) ; 5) Leonardo Bruni, *Lettera al popolo della città di Volterra* (c. 139r°-140v°) ; 6) Leonardo Bruni, *Epistola al Senato di Mantova* (c. 140v°-141r°) ; 7) Franco Sacchetti, *La battaglia delle belle donne di Firenze colle vecchie* (c. 149r°-188r°) ; *Cantare di Piramo e di Tisbe* (redazione A) (c. 188r°-194v°) ; 8) *Frottola contro all'amore e risposta* (c. 194v°-196r°).

5. Firenze, Biblioteca Nazionale Centrale, II.II.74 [N_3]
Cart., misc. sec. XV (1453). Contiene : 1) *Fioretto di croniche degli imperadori* (c. 1r°-23v°) ; 2) *Fatti di Cesare* (c. 24r°-130v°).

6. Firenze, Biblioteca Nazionale Centrale, Panciatichiano 65 [N_{16}]
Cart., misc., sec. XV (1474). Contiene : 1) Martino di Braga, *Trattato delle quattro virtù*, volgarizzamento (c. 1r°-4r°) ; 2) Dichiarazioni e sentenze morali tratte da poeti e filosofi latini (c. 4r°-7r°) ; 3) Albertano da Brescia, *Trattati morali*, volgarizzamento (c. 7r°-40v°) ; 4) Amaretto Mannelli, *Cronichetta dalla creazione del mondo fino all'imperatore Zenone* (c. 101r°-173v°) ; 5) *Fatti di Cesare* (c. 101r°-160r°) ; 6) *Fioretto di croniche degli imperadori* (c. 160r°-173v°) ; 7) Zibaldone di detti e fatti notabili (c. 177r°-254r°) ; 8) Fazio degli Uberti, *I peccati mortali* (solo *Superbia* e 9 v. di *Avaritia*) (c. 254v°).

7. Firenze, Biblioteca Riccardiana, Riccardiano 1550 [R_3]
Cart., misc., sec. XIV. Contiene : 1) *Fatti di Cesare* (c. 1r°-60v°) ; 2) *Fioretto di croniche degli imperadori* (c. 60v°-71v°).

8. Oxford, Bodleian Library, Canonicianus Italicus 136 [Z]
Cart. sec. XV (1454). Contiene : *Zesarie batalie romane* (c. 1r° – 69v°).

Nei codici L_6 L_7 R_3, l'inizio del *Fioretto* costituisce la sola conclusione dei *FdC* e rimane slegata dal testo del *Fioretto* stesso, che si apre dunque, segnalato da apposita rubrica, con l'elezione di Tiberio imperatore. Questi tre codici trasmettono inoltre una versione *brevior* del *Fioretto*, che si interrompe con la morte di Carlo I d'Angiò, e cioè all'anno 1285. Diverso il comportamento dei codici L_2 N_3 N_{16}, dove tale appendice è presente sia come conclusione dei *FdC* sia come inizio del *Fioretto*, che secondo la lezione di questi codici comincia appunto con il racconto della morte di Cesare e la successiva elezione di Ottaviano Augusto (in N_3 il *Fioretto* precede però i *FdC*). Un caso a sé è rappresentato invece dal codice N_2, in cui i *FdC* si concludono con l'elenco dei trionfi attribuiti a Cesare e ad essi segue, segnalato da apposita rubrica, il *Fioretto* comprensivo del suo inizio. Z, infine, contenente un adattamento veneziano dei *FdC* noto come *Zesarie batalie romane*, si presenta come altrove fortemente rimaneggiato anche in questa sezione del testo[19]. Propongo di seguito un prospetto sintetico delle differenti tipologie associative dei due testi :

L_6, L_7, R_3
FdC (Sallustio, Cesare, Lucano) + *Appendice* (morte di Cesare, elezione di Ottaviano Augusto) + *Fioretto* privo di *Appendice* (elezione di Tiberio –> morte di Carlo I d'Angiò)

L_2, N_{16}
FdC (Sallustio, Cesare, Lucano) + *Appendice* (morte di Cesare, elezione di Ottaviano Augusto) + *Fioretto* con *Appendice* (morte di Cesare –> morte di Arrigo VII)

N_2
FdC (Sallustio, Cesare, Lucano) + *Fioretto* con *Appendice* (morte di Cesare –> morte di Arrigo VII)

N_3
Fioretto con *Appendice* (morte di Cesare –> morte di Arrigo VII) + *FdC* (Sallustio, Cesare, Lucano) + *Appendice*

Il *Fioretto* è in massima parte una riscrittura della sezione storiografica del primo libro del *Tresor volgarizzato* nella sua redazione α, il cui testo è stato recentemente oggetto di ricerca da parte di Marco Giola[20]. Tale redazione costituisce probabilmente la più antica *vulgata*

19 *Cf.* Flutre, *Li fait des Romains dans les littératures*, *op. cit.*, p. 403-412. Lo studio di questo testo inedito e la sua edizione critica sono oggetto della mia tesi di dottorato.

20 Vedi Marco Giola, *La tradizione dei volgarizzamenti toscani del Tresor di Brunetto Latini : con un'edizione critica della redazione* α *(I. 1-129)*, Verona, QuiEdit, 2010, che rappresenta una rielaborazione della sua tesi di dottorato *Sul volgarizzamento italiano del 'Tresor' di Brunetto Latini*, Tesi di Dottorato in Modelli, Linguaggi e Tradizioni nella Cultura Occidentale (tutore : Paolo Trovato), Università di Ferrara – XIX ciclo, a. a. 2005-2006. Per quanto riguarda gli studi sui volgarizzamenti del *Tresor* si vedano Adolfo Mussafia, « Sul testo del *Tesoro* di Brunetto Latini », *Della vita e delle opere di Brunetto Latini*, monografia di Thor Sundby, tradotta dall'originale danese per cura di Rodolfo Renier, con appendici di Isidoro del Lungo e Adolfo Mussafia, Firenze, Successori Le Monnier, 1884, p. 279-390,

del *Tresor volgarizzato* ed è contraddistinta da una serie di caratteristiche macrostrutturali che si ritrovano anche nel testo del *Fioretto*. Più precisamente sono tre gli elementi macroscopici che distinguono α dalle altre redazioni italiane del *Tresor* e che tali ritroviamo anche nel *Fioretto* : 1) l'ampliamento della sezione storiografica del primo libro, che secondo questa redazione si estende fino alla morte di Carlo d'Angiò nel 1285, corrispondendo in parte alla "seconda redazione" del *Tresor* francese, che tuttavia si arresta a circa un ventennio prima con la battaglia di Tagliacozzo del 1268[21] ; 2) l'aggiunta dopo il cap. I.88 di un capitolo interamente dedicato alla leggenda di Maometto corrispondente alla storia del monaco Niccolò[22] ; infine 3) l'aggiunta al paragrafo I.87.3 di un episodio relativo alla vita di Costantino secondo cui l'imperatore, al fine di trattenere con sé nella nuova Roma i nobili romani con cui si era recato a Bisanzio per rifondare la città, avrebbe fatto trasportare per nave della terra dall'Urbe e l'avrebbe fatta spargere per la città in modo da non contravvenire al giuramento fatto ai suoi uomini di ricondurli « in terra di Roma ». Un rapido confronto tra questo passaggio del *Tresor volgarizzato* e la porzione corrispondente del *Fioretto* basterà a dimostrare la stretta vicinanza tra i due testi[23] :

---

a p. 281-286 ; Concetto Marchesi, « Il compendio volgare dell'*Etica* aristotelica e le fonti del VI libro del *Tresor* », *Giornale storico della letteratura italiana*, 42 (1903), p. 1-74, a p. 15-35, Cesare Segre, « Il *Trésor* di Brunetto Latini », *Volgarizzamenti del Due e Trecento*, *op. cit.*, p. 59-84, a p. 63 ; *Id.*, « Versione del *Tresor* di Brunetto Latini », *La prosa del Duecento*, *op. cit.*, p. 311-344, 1071-1079, a p. 1072.

21 *Cf. Li livres dou tresor de Brunetto Latini*, édition critique par Francis James Carmody, Berkeley-Los Angeles, University of California Press, 1948 (University of California Press Publications in Modern Philology, 22), p. XXXVI-XXXVII ; Pietro G. Beltrami, « Per il testo del "Tresor" : appunti sull'edizione di F. J. Carmody », *Annali della Scuola Normale Superiore di Pisa. Classe di lettere e Filosofia*, s. III, 18/3 (1988), p. 961-1009, a p. 965-969 e *passim* ; *Idem*, « Tre schede sul "Tresor" », *Annali della Scuola Normale Superiore di Pisa. Classe di lettere e Filosofia*, s. III, 23/1 (1993), p. 115-190, a p. 134-138 e *passim* ; Brunetto Latini, *Tresor*, a cura di Pietro G. Beltrami, Paolo Squillacioti, Plinio Torri e Sergio Vatteroni, Torino, Einaudi, 2007, p. XXVII-XXIX.

22 Si veda a tal proposito Alessandro D'Ancona, *La leggenda di Maometto in Occidente*, a cura di Andrea Borruso, Roma, Salerno, 1994, p. 65-95.

23 Il testo del *Tresor volgarizzato* è quello offerto da Giola, *La tradizione dei volgarizzamenti toscani*, *op. cit.*, p. 261-378. Per quanto riguarda invece il testo del *Fioretto* si propone una trascrizione interpretativa del codice L_6 con scioglimento delle abbreviature, resa 'et' della nota tironiana, separazione delle parole, interpunzione e uso delle maiuscole secondo la norma contemporanea. Gli stessi criteri interessano infine anche il testo delle inedite *Zesarie*, di cui si offre una trascrizione del codice Z. In corsivo si è dato evidenza alle lezioni prese in esame.

Tresor volgarizzato (ed. Giola)

[I.87.3] Poi ch'elli e' questo facto, pogo istecte elli ch'elli passò in Romània là uve fece Gostantinopoli che per lo suo nome fue chiamata Gostantinopoli, che imprima era chiamata Biçans. E però ch'elli avea giurato e promesso ai suoi baroni di ritornarli in terra di Roma, ché altramente non lo voleano seguire, fec'elli venire le nave charichate de la terra dentro da Roma e fecela ispargere in una piassa. E fece parlamento e disse ai suo' baroni com'elli era isciolto del suo sacramento, conciosiacosa ch'elli erano in terra di Roma. Allora si voitò Roma di molto buono gente in questo modo. Costantino fue imperadore di Grecia e signoreggiò grande parte del mondo, elli e l'imperadori che ffuno appresso di lui, e quello imperio non soctomise d'alcuna chosa a l'apostolico né a la Ecclesia, segondo che fece quello di Roma.

Fioretto (L_6)

[c. 35v°-36r°] E poco stette dopo queste cose che passò i·Romània e fece a·ssuo nome cresciere Costantinopoli che prima era chiamata Bisanza. E perch'elli aveva giurato a·ssuoi baroni e promesso di ritornare in terra di Roma, consapiendo che altrimenti no 'l vuoleno seguitare, fece torre le navi e charichare della terra di Roma. E fecela spargiere pe·lle piaze e propiamente per una. Ed ivi fece suo parlamento e disse com'elli era sciolto del saramento il quale elli aveva loro fatto, conciosiacosa che era in terra di Roma. E sappiate c'allora divotò Roma di molta buona giente. E in questo modo fue anche Constantino inperadore di Grecia. E sappiate che signoreggiò gran parte del mondo elli e gli altri inperadori che furono presso a·llui. E questo inperio sottomise alla Chiesa di Roma.

A ulteriore conferma di questo dato notiamo inoltre la presenza nel *Fioretto*, e quindi nelle *Zesarie*, di due errori d'archetipo propri ed esclusivi della redazione α del *Tresor volgarizzato* :

a)

Tresor volg. : [I.91.3] Or disseno li mastri che feno lo 'Libbro de le vite e dei facti de l'imperadori', sì scrisseno in de le storie, che quello Beringieri fue malvagio a dDio e al mondo ché una donna, che ffue mollie d'uno imperadore lo quale ebbe nome † *quales* †, lo quale fue ansi di lui .III. imperadori, questo Berringhieri la prese e misela in pregione e in charcere e ffaceali molte diversitade e molte crudele cose.

Fioretto : [c. 38v°] Or dicono le storie che questo inperadore Berlinghieri sì fue molto malvagio contro a Iddio e al mondo ché una donna vedova la quale era suta moglie d'uno inperadore il quale ebe nome † *quales* †, e questi era suto a tre anni innanzi a Berlingieri, e questi la prese e missela in prigione e facele molto crudeli cose in carciere.

Zesarie : [c. 60v°-61r°] Or dichono le storie che 'sto inperatore Belenziero fu molto chativo e nemicho de Dio e del mondo; et una dona vedoa che era stata moier d'uno inperatore, la qualle avea † *equalles* †, che fu avanti inperatrize de Belengiero, questo inperatore Belenziero la feze meter in prisone e crudelmente la tenia.

In questo passaggio relativo ad Adelaide di Borgogna, vedova di Lotario II imprigionata a Como da Berengario II nel 950, l'intera tradizione manoscritta di α concorda significativamente in errore. Così il testo francese : « Or disent li maistre ki la cronike firent et ki misent en escrit les istoires de cel tens, ke Berengier fu malvais tyrans et cruel a Dieu et au monde, et k'il prist une grant dame ki avoit esté feme Lotier empereor devant lui[24] ». La lezione *quales* si spiega probabilmente come una glossa di copista prodottasi di fronte a un antigrafo lacunoso che, mancante del riferimento all'imperatore Lotario, potrebbe aver provocato un'annotazione a margine (qualcosa come *qualis ?*), successivamente integrata a testo nella forma *quales*[25]. Si tratta di un'innovazione di grande peso che, se davvero si fosse prodotta solo e soltanto all'altezza della redazione α, possiederebbe di per sé caratteristiche indubbiamente congiuntive. Non è da escludere, tuttavia – anche se nessuna delle edizioni critiche del *Tresor* attualmente a disposizione la annovera tra la *varia lectio* relativa a questo passaggio –, che tale corruttela si sia prodotta già all'altezza della tradizione francese, potendo quindi giustificare sia la lezione del *Tresor volgarizzato* sia quella del *Fioretto.*

b)
Tresor volg. : [I.124.1] E quando lo rei Curado connove che morire li convenia, elli fece suo testamento e lassà l'Ecclesia † *dotore* † d'uno suo filliolo piccolo ch'elli avea in de Lamangna, lo quale avea nome Curradino.

Fioretto : [c. 42r°] E sapiate che 'l detto re Currado sentì che llì il conveniva morire. A forza fece testamento e lasciò la Chiesa di Roma *tutore* di suo figliuolo. E questo era molto picchoIo ed era nella Magnia ed avea nome Curradino.

Zesarie : [c. 63r°] E sapiando re Corado che el dovea morire, esendo infermo in Zezillia feze testamento e lasò la Grexia de Dio *todore* e chomesarii d'un suo fiollo che era pichollino, lo qualle lui avea lasato in Allemagna et avea nome Churandino.

---

24 *Li livres dou tresor* [...], ed. cit., I.91.3.

25 *Cf.* Giola, *La tradizione dei volgarizzamenti toscani [...], op. cit.*, p. 152 : « È possibile forse interpretare la lezione *quales* come una corruzione avvenuta per contatto con il successivo *lo quale* ».

Anche in questo caso, la variante *tutore/todore* del *Fioretto* e delle *Zesarie* rispecchia un probabile guasto d'archetipo risalente alla tradizione del *Tresor volgarizzato*, i cui codici presentano tutti la lezione erronea *dotore*, con l'eccezione dei codici Fi BML Ashb.540 (As) e Fi BNC II.II.47 (Fα), che leggono rispettivamente *tutore* (As) e *tuttore e dottatore* (Fα), tentativi autonomi di emendazione[26]. La comunanza in lezioni caratteristiche tra il *Fioretto* e le *Zesarie* da un lato e i codici As e Fα dall'altro andrà probabilmente letta come una poligenetica convergenza prodottasi nel tentativo di reagire ad una lezione d'antigrafo ritenuta guasta.

La precisa disamina ecdotica offerta da Giola ci permette di riconoscere ancora una lunga serie di errori di traduzione, insieme ad altri dall'eziologia più incerta, riferibili soltanto a questa redazione del *Tresor volgarizzato*, che palesano per α una lezione meno fedele al testo francese rispetto alle altre redazioni italiane di questo. Riporto di seguito alcune occorrenze in cui è possibile osservare come alcune innovazioni proprie della redazione α del *Tresor volgarizzato*, non attestate nel testo francese e in nessuna delle altre redazioni italiane, si ripercuotano anche sul testo del *Fioretto* e delle *Zesarie*[27] :

1)

Tresor (ed. Beltrami) : [I.89.1-2] Et ensi estoient li empereor touzjors li un aprés l'autre, tel foiz bons et tel foiz mauvais, *et tenoient l'un empire et l'autre*, jusques au tens Lion empereor. [...] *et fist encontre lui une conjuroison.*

Tresor volg. red. α (ed. Giola) : [I.89.1-2] Et così erano tucto giorno l'imperadori, l'uno appresso l'altro, tali vichata buoni et tali malvagi, *poi tornono malvagi, l'uno pigiore dell'altro* infine al tenpo di Leone imperadore [...] et fece *contra l'apostolico una guerra.*

Fioretto : [c. 37v°] E così furono gl'inperadori l'uno presso de l'altro tali buoni e tali malvagi. Or venne tanto di detti inperadori *che ll'uno diventò piggiore che l'altro* infino al tempo di Leone inperadore. [...] Ancora fece *una grande guerra contra il papa.*

di detti inperadori [...] tempo di L_6 L_7 R_3] che lli imperadori tale buono e tale rio insino a tanto che venne N_2 L_2 N_3 N_{16}

26 *Ibid.*, p. 153.

27 Quando possibile, il testo del *Tresor* francese è quello dell'edizione Beltrami (*cf.* Brunetto Latini, *Tresor*, ed. cit.), affiancato, laddove la famiglia di codici su cui l'edizione Beltrami si fonda risultasse manchevole di certe porzioni, a quello di Carmody (*cf. Li livres dou tresor*, ed. cit.).

Zesarie : [c. 59v°] Dapoi Constantino vene alguni altri inperatori che chi fu amico de Santa Grexia e chi fu suo nemico. Fono de quelli che se aveseno posuto averebe ritratato tuto quelo che avea fato Constantino, ma Dio non volse e de tenpo in tenpo li tolse el potere. Durò in alguni questo suo mal vollere infina al tenpo de Lione inperatore. [...] *Dapoi vene in devisione chon el papa e mandolli a far guera*

2)
Tresor (ed. Beltrami) : [I.89.6] Et sachiez que devant lui avoient esté .xvi. empereour de *Justiniien.*

Tresor volg. red. α (ed. Giola) : [I.89.6] Et sappiate che dinansi da lui erano stati .xvi. imperadori da fine lo tempo di *Gostantino.*

Fioretto : [c. 38r°] E sappiate che dinanzi da lui infino a *Constantino* erano issuti inperadori .xvi.

Zesarie : [c. 60r°] E sapiati che da *Constantino* fidele, che fu quello che cresé Constantinopolli, infina questo Charllo fu .xxxii. inperatori[28].

3)
Tresor (ed. Carmody) : [I.91.1] A son tens començа une divisions en l'empire, car un en estoit empereour en Ytaile et un autre en *Alemaigne.*

Tresor volg. red. α (ed. Giola) : [I.91.1] Al suo tenpo incumincioe una diviçione de lo 'mperio che uno imperadore era inn Italea e un altro in *Francia.*

Fioretto : [c. 38v°] E nel suo tenpo si cominciò una divisione nello inperio che uno inperadore era a Roma per lli Taliani e un altro n'avea in *Francia.*

Zesarie : [c. 60v°] e a 'sto modo erano do inperatori, uno in *Franza* e l'alltro in Itallia.

4)
Tresor (ed. Carmody) : [I.92.1] por la malvasité *Berengier* li preudome de sante eglise [...] manderent a Octe de Saissoigne [...] k'il les venist aider contre *cel diable.* [...] Il vint puissamment en Ytalie, et venki *Berengier, et le chacha hors de la terre.*

Tresor volg. red. α (ed. Giola) : [I.92.1] che per la malvagitade *di Berringhieri e d'Alberto suo figluolo,* li prodduomini di sancta Ecclesia [...] mandono a Otto di Sassongna [...] che venisse add aitarli contra *quelli diversi signori.* [...] Ed elli venne possentemente in Italea et vinse *questo Berringhieri et Alberto e caccioli de la signoria.*

28 La lezione delle *Zesarie* è qui come altrove molto rimaneggiata rispetto a quella del *Fioretto*, il cui dettato non è sempre seguito con la stessa fedeltà.

Fioretto : [c. 39r°] pe·lla malvagità *del detto inperatore Berlinghieri e d'Alberto suo figluolo* e per Giovanni papa suo figluolo, i produomini di santa chiesa [...] mandarono per Otto di Sansognia [...] che venisse in Roma ad atargli incontro *a' diversi signori* di Roma. Ed e' vi venne possentemente e fecie battaglia *co·llo inperadore Berlinghieri e con Alberto suo figluolo e chacciolli della signoria.*

Zesarie : [c. 61r°] per le chativitade *de Belenziero e de Alberto suo fiollo* e per lo papa Iohanni, li gardenalli e prinzipalli omeni de la Grexia e lo chomuno di Roma sì fero una belisima anbasaria in Allemagna a lo re Oto, signor de Sansogna e re de alemani, a pregarllo che el venise a Roma ad aiutarlli de le mane de l'inperator Belenziero e *alltri signori* che danizava la Gresia de Dio. Onde, inteso la chausa, lo dito re Otto posentemente chon oste vene in Itallia *contra l'inperator Belenziero e chontra Alberto suo fiollo. E con loro ebero batallia e vinsilli e chazolli de signoria.*

5) *Tresor* (ed. Carmody) : [I.92.2-3] pour la quel chose aucun des cardenaus et des preudomes de Rome envoierent priveement a Octe meismes, k'il venist aidier l'eglise et preist le governement de l'empire *et de la terre*, ançois k'il le destruisist du tout. Et quant il ot oï ce, il se mist a la voie, et vint en Lombardie et en Toscane, et entra en Rome, et fu receu par tout honoreblement et fu coronés a roi et empereor de Rome en l'an Nostre Signor .ix^{c}. et .lv. [...] et maintes fois revint a Rome, por les biens de l'une terre et de l'autre.

Tresor volg. red. α (ed. Giola) : [I.92.2-3] Per la quale cosa, alquanti dei cardinali e dei buoni homini di Roma mandono privadamente a Otto medesmo ch'elli ne venisse ad aitare sancta Eccreçia e prendesse la dingnità de lo 'mperio *e di tucto lo paeçe* in tale ch'elli distrugiesse quelli che cteneano la signoria in tutto. 3. Quando questo Octo intese questo, *sì 'n de li pesò molto et, sì come homo di grande bontade, si mosse molto possentemente e fue per li Lunbardi et per li Toschani molto bene riceuto, et similliantemente per li Romani che lo ricevetteno molto altamente;* e fue coronato a rrei de Lamangna [e] imperadore dei Romani in delli anni domini .VIIII^{c}LV. [...] *Et fece molti beni*, e molte volta andava *in de Lamangna* e ritornava a Roma per bene *et per utilitade dello 'mperio e dde le terre.*

Fioretto : [c. 39r°] Per la qual cosa alquanti de' cardinali e altri buoni uomini di Roma i quali reggievano la Santa Chiesa sì rimandarono nella Magnia al detto Otto di Sansognia che tornasse ad atare la Santa Chiesa e prendesse la degnità dello inperio *e di tutto il paese* a tale ch'elli in tutto distrugiesse coloro che teneano la signioria di Roma. Quando Otto intese queste, *sì gli ne pensò molto, sicome uomo giusto e di grande bontà, e mossesi incontanente della Magnia molto posente e ffu per li lonbardi e toschani altamente ricevuto e giunto a Roma; sì fu incontanente incoronato re della Magnia e inperadore di Roma e allora core anni domini .dcccclv.* [...] *E fece grandi bontade*, e molte volte andava *nella Magna* e tornava a Roma *per utilità dello inperio.*

Zesarie : [c. 61r°] Per la qual cosa mollti gardenalli e altri boni omeni romani sì remandono per lo re otto in Alemagna che lui tornase a riconzar la Santa Grexia e prendesse la denignitade de lo inperio *e de tuto el paexe* e venise a destruzer queli che usurpava li beni de Santa Grexia. Quando lo re Otto sape sifate novelle *si pensò molto suso come omo iusto e de gran bontade. E mosese incontinente de Alemagna con gran oste. E fu rezevuto da li lonbardi e toschani altamente; e iunto in Roma* fu incoronato inperatore di Roma. Et alora corea li ani de l'incharnazione del signore .v^{c}ccclv. [...] *e fu di gran bontade* e molte volte andò *in Alemagna e* tornava a Roma *per la utilitade de l'inperio.*

6) *Tresor* (ed. Carmody) : [I.94.1-2] Aprés ce fu esleus a roi et empereor Henris en l'an de grace *.mcc. et .iii.* Et puis k'il fu deviés fu esleus Octes dus de Saissoigne, et ot guerre a sainte eglise, et se combati a Phelippe roi de France, et fu desconfit, et puis fu desposées par sainte eglise. Aprés fu li secons Frederis.

Tresor volg. red. α (ed. Giola) : [I.94.1-2] Appresso questo fue electo a·rrei e a 'mperadore Arrigo in de li anni domini *.M[CC]III.* E poi ch'elli fue passato di questa vita, funo .x. altri Alamanni che ffuno *in*peradori fine al segondo Federigo.

MCCIII] miii α

Fioretto : [c. 39v°] Apresso a queste cose si fue eletto inperadore Aricho della Magnia nella dizione anni domini .miii. E come piacque a dDio questi passò di questa vita e dopo a costui furono dieci inperadori della Magnia l'uno dopo l'altro infino a Federicho.

Zesarie : [c. 61v°] Poi, morto Oto inperatore el terzo, el fu eleto inperatore di Roma per li eletori diti Aurico d'Alemagna in li ani de la incharnazion *.miii.* E chome piaque a Dio costui pasò de questa vita. E dapoi lui fo .x. inperatori l'un dapoi l'altro fine a Ferigo.

7)

Tresor (ed. Carmody) : [I.93.1-2] Mais puis ke la autece et la seignorie de l'empire de Rome crut et enhaucha sor totes les dignités des crestiens, et ke l'envie crossoit et engendroit maintes haines entre les nobles lombars, et nus n'estoit ki se mellast de mantenir la chose commune se li prince d'Alemaigne non, fu establi aussi comme par necessité plaine de droit que la naissance et la election de l'empire fust faite par ciaus ki en estoient deffendeours et gardes. [...] Et ensi vint *la hautesce de eslire* empereor as .vii. princes d'Alemagne.

Tresor volg. red. α (ed. Giola) : [I.93.1-2] Da poi che l'altessa e la singnoria de lo 'nperio di Roma *era molto abbassato per le grandi discordie et divisioni ch'erano in tra i Lunbardi en diverse parte, lo quale solea sormontare di grandessa e di singnoria tutti li altri imperi, e però che molte grandi brighe s'ingeneravano in mote parti che non trovavano* chi ssi ne intramectesse se non lo princi de Lamangna, e però fue stabilito quaçi come per *necessitade proveduta* e ppiena di diricto che la *chiamata et la nasciensia* de lo 'mperio fusse facta per quelli ched erano difenditori e guardatori [...]. Et cosìe avenne che *l'altessa de [eleggere]* l'inperadori à .VII. princi de Lamangna, che sso' oficiali de lo 'mperio.

l'altessa de eleggere] l'altessa b, la chiamata de a-α^2

Fioretto : [c. 39v°] Dappoi che l'alteza e lla signoria dello inperio di Roma *era molto abassato pe·lle discordie e divisioni le quali erano in tra lonbardi e altre diverse parti il quale solea sormontare di grandezza e di signoria tutti gli alti inperii del mondo. E perché molte brighe se ne generavano non si trovava* chi ssi intrametesse per loro se nno i principi della Magnia e però fu proveduto dopo la morte d'Otto inperadore sicome per grande *necesità proveduta* e piena di diritto che lla *chiamata* dello inperio di Roma fosse fatta per coloro ch'erano difenditori di Santa Chiesa. [...] È così *la chiamata* della Magna. E sapiate che *lla chiamata* è di sette principi li quali elegonno gl'inperadore e que' cotali sono chiamati oficiali dello inperio.

Zesarie : [c. 61v°] Dapoi che l'altareza e superbia de li romani, zentilomeni e zitadini, *fu arbasata per le suo dischordie [e] devixione (ché prima solleano signorizar tuto el mondo e mo eran venuti che·lli alemani li signorizava), perché per le suo devisione non se trovò* alguno che se vollese inpazare in le suo divisione non ma' li signori de allemagna, i qualli in ogni suo pericolloso chaso li secorea, e per questo el papa e la Chiexia contentò che l'inpero stese in Alemagna e fose elleto da allemani e per ellectori de Allemagna. E conmandò la Chiexia che a questa *elezion* deli inperadori sete foseno quelli che li *elezese* l'inperatore, i qual sete fo statuiti e ordenati chi i dovesse esser.

Le varianti *la chiamata* del *Fioretto* e *elezion* delle *Zesarie* sembrano dipendere da un errore di archetipo del *Tresor volgarizzato*, dal momento che nessun testimone della redazione α rende con esattezza la lezione corrispondente al testo francese : « Et etsi vint *la hautece d'eslire* enpereour as.vii. princes d'Alemaigne ». In particolare, i codici del subarchetipo α^2 risultante dalla *recensio* offerta da Giola, oppongono a questo guasto d'archetipo del *Tresor volgarizzato* soluzioni varie ed oscillanti : « E sappiate che *la chiamata* è che sono sette i quali sono prencipi li quali eleggono il detto imperadore de la Magna » (C), « Et cosi è *la chiamata* de Lamagna e cosi fatta come udirete che son sette i prencipi li quali alleggono lo 'mperadore » (L_1 S), « Et cosi è *la chiamata* de lLamagna che (E sappiate che Ar G_1 V_1) sono sette principi li quali alleggono l'imperadore de la Magna » (Br Ar G_1 V_1). Non stupisca l'elevato tasso di varianza all'interno di α^2, nonché la profonda differenza di lezione rispetto al testo critico offerto da Giola, dal momento che i codici appartenenti a questo subarchetipo presentano i tratti di una vera e propria vulgata "editoriale" in cui il testo « è frequentemente investito da vigorose perturbazioni nella struttura originale, che si riconoscono nella frantumazione e nella ricomposizione della sintassi, senza tuttavia alterazioni del senso complessivo[29] ». La lezione caratteristica *la chiamata*, che secondo la classificazione di Giola ricorre anche in codici dipendenti da subarchetipi in concorrenza rispetto ad α^2, risalirebbe ai piani alti della redazione α, e il suo ripercuotersi anche nel testo del *Fioretto* sembra confermare ancora una volta un rapporto di stretta dipendenza. Più problematico è invece giustificare la lezione delle *Zesarie*, dato che *elezion*, salvo ipotizzare un improbabile ricorso al testo francese, rappresenterebbe un felice tentativo di emendazione nei confronti di un luogo percepito come erroneo. Si prenda ancora il seguente passaggio :

> 8)
> *Tresor volg.* : [I.87.4-5] molti imperadori appresso Gostantino e molti rei di Lunbardia funo correcti di malcredensa fine al tenpo di *Giusti[ni]ano* che fue imperadore appresso la 'ncarnassione .dxxxviiii. anni. Questo *Giusti[ni] ano* fue homo di molta sapiensa et di grande podere. [...] a la fine conobbe il suo errore *Giustiniano* [...] per lo consiglio d'Aghabite.
> Giustiniano] Ghostantino α^2
>
> *Fioretto* : [c. 36r°] E molti inperadori e re per male esenpio sono corotti. E sappiate che questo *Constantino* fue uomo di grande sapienzia [...]. E dopo la morte di santo Silvestro cadde *Constantino* in alchuno errore e poi si richonobbe [...] per lo consiglio di papa Agapito.
>
> *Zesarie* : [c. 58r°] E molti inperatori e re, per lo malle exenpio sono coroti. E sapiati che 'sto *Constantino* fu omo de grande sapienzia [...]. E dapoi la morte de santo Silvesto, *Constantin* chazete in grande erore e poi per el consegio del papa Achapito tornò ala Santa Via.

Come è possibile notare, la variante erronea *Ghostantino* per *Giustiniano*, esclusiva del subarchetipo α^2, si ripercuote, secondo modalità difficilmente poligenetiche, anche nel testo del *Fioretto*, che potrebbe dunque derivare proprio da questo preciso subarchetipo. Per le caratteristiche innovative di questo ramo della tradizione, la lezione di α^2 è purtroppo scarsamente rappresentata nelle edizioni del *Tresor volgarizzato* attualmente a disposizione e pertanto resta difficile esprimersi con sicurezza a favore

29 Giola, *La tradizione dei volgarizzamenti toscani*, *op. cit.*, p. 173 ; *cf.* inoltre *Idem*, « Per il testo del *Tresor* volgarizzato. Le interpolazioni di una famiglia delle versioni toscane », *Filologia italiana*, 5 (2008), p. 25-52.

di questa ipotesi. Collazioni più estese tra i vari testimoni del *Fioretto*, nonché una sua nuova edizione critica, potranno senz'altro consentirci indagini più approfondite sulla natura di questo testo, che riveste certo un valore documentario meritevole di maggiore attenzione, specie in funzione delle interessanti implicazioni politiche contenute in esso.

La versione in volgare toscano della leggenda fiorentino-fiesolana nota con il titolo di *Libro fiesolano* è un volgarizzamento della latina *Chronica de origine civitatis Florentiae*, una compilazione anonima duecentesca che fonde il racconto di Sallustio con passi di Orosio e della *Historia Romana* di Paolo Diacono, oggi disponibile nell'edizione critica di Riccardo Chellini[30]. La *Chronica* inizia con la menzione di Nino (vissuto 3184 anni dopo Adamo) e la costruzione della torre di Babele. Prosegue poi con il mito della fondazione di Fiesole, la prima città, *fiat sola* per l'appunto, costruita dopo il diluvio universale ad opera di Atalante, e giunge finalmente al nucleo della leggenda fiesolano-fiorentina attraverso uno stringato racconto della vicenda troiana e della fuga di Enea fino alla fondazione di Roma. Il nucleo principale del *Libro* si inserisce dunque nel quadro dei racconti di fondazione urbana trasmessi da gran parte della tradizione cronachistica tardomedievale, e risiede nella narrazione della leggenda fiesolano-fiorentina, con il mito cioè della fondazione di Firenze ad opera di Giulio Cesare in seguito alla campagna contro Catilina, rifugiatosi a Fiesole con i suoi seguaci. Vantare ascendenze romane o troiane è come noto tendenza comune a molte città d'Italia (e non solo) ; a Firenze, però, il motivo politico riveste un particolare valore di riconoscimento di continuità. Nella leggenda, la storia di Firenze assume un andamento curiosamente simmetrico, scandito dalla costruzione, distruzione e ricostruzione, ad intervalli di tempo regolari, della città : fondata da Cesare, a somiglianza della Roma pagana, dopo la sconfitta di Catilina e dei Fiesolani, la città sarebbe stata distrutta cinquecento anni dopo da Totila, re degli ostrogoti, che avrebbe favorito la rinascita di Fiesole ; ricostruita una seconda volta sul modello della Roma cristiana, dopo altri cinquecento anni Firenze sarebbe riuscita, con uno stratagemma, a distruggere di nuovo la città rivale nel 1125. L'analisi di questo testo nonché lo studio dei suoi rapporti con i *FdC*,

30 *Chronica de origine civitatis Florentiae*, a cura di Riccardo Chellini, Roma, Istituto storico italiano per il Medioevo, 2009.

può giovarsi delle recenti ricerche di Laura Mastroddi, che ha fornito una nuova edizione critica del *Libro* preceduta da un dettagliato studio delle fonti latine[31]. Il *Libro* è complessivamente trasmesso da sei codici, tutti di sede fiorentina :

1. Firenze, Biblioteca Medicea Laurenziana, Ashburnhamiano 549 [L_5]
Cart., misc., sec. XV. Contiene : 1) *Fatti di Cesare* (c. 1r°-125r°) ; 2) *Libro Fiesolano* (c. 127r°-138r°) ; 3) *La morte di Cesare per rima* (c. 139v°-147r°).

2. Firenze, Biblioteca Riccardiana, 1566 [R_8]
Cart., misc., sec. XIV. Contiene : 1) *Fatti di Cesare* (c. 1r°-79v°) ; 2) *Libro fiesolano* (c. 80r°-86r°).

3. Firenze, Biblioteca Medicea Laurenziana, Pluteo XLIV.28 [L_1]
Membr., misc., sec. XIV. Contiene : 1) *Fatti di Cesare* (c. 1r°-89r°) ; 2) *Libro Fiesolano* (c. 89r°-93v°).

4. Firenze, Biblioteca Nazionale Centrale, Panciatichiano 52 [N_{12}]
Cart., misc., sec. XV. Contiene : 1) *Fatti di Cesare* (c. 6r°-56v°) ; 2) *Libro fiesolano* (c. 56v°-58r°) ; *Capitolo alla Vergine*, in terza rima (c. 58v°-59r°) ; 3) Giovanni Boccaccio, *Trattatello in laude di Dante* (c. 62r°-82v°) ; 4) *Canzone morale* (c. 82v°-83v°) ; 5) *Fiore di virtù* (c. 84r°-104v°) ; 6) *O bigholo dond'era iscialaquato*, sonetto caudato (c. 104v°) ; 7) *Vita di Giannozzo Manetti*, in terza rima (c. 105r°-110v°) ; 8) Giovanni di Neri di Cino Rinuccini, *Protesto fatto in Palagio* (c. 119r°-119v°).

5. Firenze, Biblioteca Nazionale Centrale, Magliabechiano XXV.505
Cart., composito, misc., sec. XIV. Contiene : 1) *Libro fiesolano* (c. 1r°-21r°) ; 2) *Cronaca della città di Firenze* (c. 24r°-55v°) ; 3) Goro Dati, *Cronaca della guerra del Comune di Firenze con il Conte di Virtù duca di Milano* (c. 1r° – 23v°) ; 4) Goro Dati, *Descrizione della festa che si faceva in Firenze il giorno di S. Giovanni Battista* (c. 24r° – 25v°) ; 5) *Birria e Geta*, in ottava rima (c. 26r°-42v°).

6. Firenze, Biblioteca Marucelliana, C.300
Cart., misc., sec. XIV. Contiene : 1) *Trattato teologico* (c. 1r°-23r°) ; 2) *Sette salmi penitenziali*, in volgare (c. 23v°-31v°) ; 3) *Libro fiesolano* (c. 97r°-123v°) ; 4)

31 Laura Mastroddi, *Redazioni e testimonianze volgari della leggenda fiesolano-fiorentina*, Tesi di Dottorato in Civiltà del Medioevo e del Rinascimento (tutore : Giuliano Tanturli), Università di Firenze, XVII ciclo, a. a. 2004-2005 ; *cf.* anche Colette Gros, « La plus ancienne version de "Il libro fiesolano" (la *Légende des origines*) », *Letteratura italiana antica*, 4 (2003), p. 11-28 ; Marco Giola, « Un episodio esemplare di storia romana nel *Tesoro* toscano : Catilina a Fiesole », *Volgarizzamenti : il futuro del passato, op. cit.*, p. 35-47. Questo testo fu edito per la prima volta con questo nome a cura di G. T. Gargani, e pubblicato in appendice alle *Letture di famiglia*, con il titolo *Il Libro fiesolano. Leggenda del buon secolo della lingua*, Firenze, Galileiana, 1854 ; *cf.* inoltre Otto Hartwig, *Quellen und Forschungen zur ältesten Geschichte der Stadt Florenz*, Marburg, N. G. Elwert'sche Verlagsbuchhandlung, 1875, p. 36-64.

Epistole di Lentulo al Senato romano e di Pilato all'imperatore Claudio (c. 124r°-126v°) ; 5) *Disputa di S. Pietro e S. Paolo contro Simon Mago* (c. 127r°-155r°).

I codici che presentano l'associazione *FdC-Libro* sono in particolare L_5 R_8 da un lato e L_1 N_{12} dall'altro, appartenenti tutti al gruppo Bb1 risultante dalla classificazione dei *FdC*. Diverse però sono le tipologie di associazione dei due testi per ciascuna di queste coppie. I codici L_5 R_8 giustappongono il *Libro* ai *FdC*, facendo iniziare la nuova sezione nel *recto* della carta successiva, senza che vi sia un confine netto tra le due unità testuali. Più curioso invece il comportamento dei codici L_1 N_{12}, i quali, onde evitare un passaggio troppo brusco tra la materia dei *FdC* e quella del *Libro*, fanno iniziare questa parte con la menzione di Rea Silvia, omettendo dunque tutta la porzione di testo precedente. In questo caso si assiste a una fusione perfetta tra i due testi, un'operazione di ristrutturazione e adattamento delle fonti molto interessante e che assume i connotati di una vera e propria redazione. Di seguito un prospetto delle differenti tipologie associative dei due testi :

L_5, R_8 : *FdC* (Sallustio, Cesare, Lucano) + *Appendice* (morte di Cesare, elezione di Ottaviano Augusto) + *Libro Fiesolano* (versione ampia)

L_1, N_{12} : *FdC* (Sallustio, Cesare, Lucano) + *Appendice* (morte di Cesare, elezione di Ottaviano Augusto) + *Libro Fiesolano* (versione breve)

Non trattandosi, a quanto sembra, di un semplice e casuale affiancamento dei due testi, per ciascuno dei casi qui osservati varrà la pena di chiedersi quali possano essere le ragioni di questa associazione *FdC-Libro*. Il nucleo centrale del *Libro*, tanto nella sua versione integrale contenuta in L_5 R_8 quanto in quella *brevior* di L_1 N_{12} è la narrazione delle vicende legate alla congiura di Catilina e dei successivi e plurisecolari scontri tra Firenze e Fiesole. La leggenda fiesolano-fiorentina offre infatti ai cronisti medievali un antecedente storico a cui riconnettere e con cui legittimare la distruzione di Fiesole del 1125, un evento centrale per la storia di Firenze, che sancisce di fatto l'inizio della sua grandezza comunale. Allo stesso tempo, inoltre, tale leggenda garantirebbe a Firenze dei legami forti con Roma : marchio di romanità con cui giustificare le pretese egemoniche di Firenze sul resto della Toscana. Patricia Osmond, in un suo contributo sulla fortuna di Catilina a Firenze fra il Duecento e il Quattrocento, rileva nelle varie cronache fiorentine del Due-Trecento una curiosa ambiguità nei confronti di Catilina, oscillante tra un ideale che la studiosa definisce « classical or civic », incentrato su un'immagine di questo quale malvagio nemico di Roma, attentatore delle libertà repubblicane, e un ideale invece « feudal or chivalric », che ne fa il cavaliere protettore di Fiesole e rappresentante di una sorta di resistenza anti-romana e quindi anti-fiorentina[32]. Tale ambivalenza si manifesta all'interno del *Libro fiesolano*, e specialmente all'interno dell'organismo *FdC-Libro*, in maniera ancor più concreta. Se da un lato, infatti, il legame coi *FdC* – e dunque il filo diretto con cui riallacciare il presente politico di Firenze alla sua fondazione romana – sembrerebbe far propendere per un atteggiamento di totale condanna nei confronti del congiuratore, dall'altro, la menzione finale di Catilina « gentilissimo uomo [...] grande cittadino di Roma » sembra invece di segno completamente opposto. Si veda a tal proposito come il capitolo conclusivo del *Libro* fornisca una genealogia catilinaria, da cui discenderebbero gli Uberti di Firenze e, tramite questi, la dinastia imperiale degli Ottoni :

> [XIV.16-21] Advenne che ll'antigrado della Magna diede a Uberto Catellina figliuolo d'Uberto Cesare una sua figliuola per moglie, et di costui nacque il lignaggio del buono Otto di Sansogna. Et molti sono che dicono che questi Uberti di Firenze sono nati dello 'mperadore della Magna, ma lla veritade è questa, che llo imperadore è nato di loro, imperciò che Otto fue lo primo imperadore della Magnia, et poi furon due Otti imperadori, il figliuolo del primo Otto e 'l figliuolo del secondo Otto. Questi tre imperadori sono nati del ligniaggio delli Uberti di Firenze, et perciò sono molti che dicono che ssono nati della Magna, ma a ricontare la verace storia elli sono nati del nobilissimo Catellina re di Roma, et Catellina fue nato dei nobili scacciati di Troya. E di questi Uberti sono nati molti lignaggi nella Magna, ma alla perfine ei fecero capo di loro nel miluogo di Firenze, et quivi dimorarono un tempo con molta allegrezza[33].

La particolare connessione tra Catilina e gli Uberti, e i legami così stabiliti con Giulio Cesare e gli Ottoni, farebbero pensare dunque, come nel caso del *Fioretto*, ad un atteggiamento di stampo ghibellino. Secondo quanto riferisce ancora una volta Patricia Osmond, è possibile che queste genealogie romane e germaniche siano state elaborate durante la seconda metà del Duecento, quando i conflitti tra guelfi e ghibellini

32 Patricia Osmond, « Catiline in Fiesole and Florence : The After-Life of a Roman Conspirator », *International Journal of the Classical Tradition*, 7/1 (2000), p. 3-38.

33 Mastroddi, *Redazioni e testimonianze*, *op. cit.*, p. 201.

avevano raggiunto il parossismo, per rinforzare le pretese degli Uberti e le ambizioni politiche della loro fazione. Le diverse possibilità di riuso e adattamento cui i *FdC* si offrono nel corso della loro trasmissione manoscritta, ci permettono insomma di cogliere differenti e complesse tipologie di ricezione della storia antica, che vanno al di là sia di un semplice fascino letterario, sia di un interesse esclusivamente documentario, per rivestire, in conclusione, una decisa volontà di attualizzazione politica di quella materia.

Filippo PILATI
Università degli Studi di Siena-
Universität Zürich

LE *STORIE DE ROMA* DI EUTROPIO E PAOLO DIACONO

nel codice Aug. Fol. 83.10 della Herzog-August-Bibliothek di Wolfenbüttel[1]

Il codice Aug. Fol. 83.10 della Herzog-August-Bibliothek di Wolfenbüttel (siglato W) contiene una miscellanea di testi in volgare italoromanzo esemplati da un'unica mano che si sottoscrive a c. 123r° come *Petrus de Bononia*. Si tratta di un testimone straordinario non solo per la fattura generale e per l'apparato iconografico, ma anche per la selezione di testi che esso tramanda : oltre a una consistente porzione del *Tesoretto*, che chiude la raccolta e che rappresenta l'unico testo in versi, vi sono infatti trascritti un volgarizzamento della *Historia romana* di Eutropio-Paolo Diacono, un compendio di storia universale e i *Fiori e vita di filosafi e d'altri savi e d'imperadori*[2]. Descritto brevemente da Otto von Heinemann nel suo catalogo della HAB[3], il testimone di Wolfenbüttel rappresenta un'importante acquisizione per lo studio della storiografia e la letteratura medievali sotto vari aspetti : i primi due testi ivi trasmessi, infatti, sono attestazioni uniche e la miscellanea nel suo complesso permette di avanzare qualche ipotesi anche su una possibile committenza. Nell'ambito degli studi sulla diffusione e la fortuna delle cronache universali nel Medioevo, questo contributo vuole fornire qualche pista

1 Ringrazio di cuore Johannes Bartuschat, Anna Chisena, Pär Larson, Francesco Montorsi e Marco Robecchi per i controlli bibliografici, le riletture e i preziosi suggerimenti.

2 Descrizione, indice e considerazioni preliminari in Sara Ferrilli, « Il *Tesoretto* in un malnoto codice di volgarizzamenti della HAB di Wolfenbüttel », *Filologia e Critica*, 42/2 (2017), p. 318-327. Il presente contributo costituisce un ampliamento delle prospettive di ricerca ivi emerse nonché una necessaria rettifica di alcune erronee informazioni che avevo rapidamente fornito in questa prima pubblicazione.

3 Otto von Heinemann, *Die Handschriften der Herzoglichen Bibliothek zu Wolfenbüttel*, II. *Die Augusteischen Handschriften*, Wolfenbüttel, Verlag von Julius Zwissler, 1900, vol. IV, p. 58-59 (ristampa anastatica : Frankfurt, Vittorio Klostermann, 1966).

di indagine sul volgarizzamento di Paolo Diacono che apre la raccolta, in quanto la testimonianza di W arricchisce il panorama della diffusione romanza di una tra le opere storiografiche più popolari del Medioevo, come dimostrato dalla sua copiosa tradizione manoscritta. Attraverso il confronto con il testo latino, si procederà dunque a una descrizione generale della struttura interna e delle caratteristiche del testo di W, per poi procedere ad alcune riflessioni sulle fonti e sull'antigrafo. Infine, l'accostamento con le altre traduzioni medievali di Paolo Diacono permetterà di individuare le peculiarità della versione italiana rispetto a quelle in aragonese e francese, e al contempo di formulare qualche ipotesi di massima sulla miscellanea guelferbitana in sé e sulla fortuna di Paolo Diacono nel corso del XIV secolo.

IL VOLGARIZZAMENTO NEL CODICE W E LA TRADIZIONE DELL'*HISTORIA ROMANA*

Il volgarizzamento della *Historia Romana* (d'ora in poi *HR*) di Eutropio e di Paolo Diacono occupa le c. 1r°-85v° del codice della HAB e viene annunciato da una rubrica in rosso che recita : « Qui se come(n)ça el primo libr(o) de le storie de Roma [de Paulo et] de Eu<t>ropio[4] ». L'*Historia Romana* è infatti una continuazione del *Breviarium* di Eutropio, originariamente suddiviso in 10 libri che giungevano fino all'anno 363 d. C., cioè fino a un'epoca contemporanea alla vita del suo autore ; Paolo Diacono integra le informazioni di questa prima parte e aggiunge altri 6 libri, arrivando fino alla riconquista dell'Italia da parte di Giustiniano e all'uccisione di Totila, ovvero fino all'anno 552. La trasmissione latina dell'*HR* è generalmente caratterizzata da due macrofenomeni : innanzitutto, anche i codici più antichi vennero copiati frequentemente

4 Per le trascrizioni, preciso che qui e altrove le abbreviazioni saranno sciolte tra parentesi tonde, verranno inseriti i segni di punteggiatura, le maiuscole saranno adattate secondo l'uso moderno e verranno introdotte la separazione tra le parole e la distinzione tra *u* e *v*. Gli interventi del copista e della seconda mano saranno invece indicati come segue : tra parentesi uncinate le espunzioni, tra quadre le integrazioni a margine del manoscritto. In questa fase preliminare, anche considerati i problemi relativi alla patina linguistica del codice, limito al massimo gli emendamenti al testo, che verranno segnalati in corsivo.

con un diciassettesimo libro, interpolato, che contiene un sunto degli avvenimenti narrati nell'*Historia Langobardorum*, l'opera maggiore di Paolo ; tale libro viene normalmente pubblicato dagli editori sulla base di testimoni diversi rispetto a quelli impiegati per l'*HR*[5]. In secondo luogo, anche il testo di Paolo Diacono ebbe a sua volta una continuazione nella cosiddetta *Historia Miscella*, opera del compilatore probabilmente napoletano Landolfo Sagace[6], il quale integrò il testo paolino e vi aggiunse altri 10 libri, inserendovi la traduzione di Anastasio Bibliotecario della *Chronographia Tripartita* di Teofane e portando quindi l'opera, in 26 libri, a un'estensione cronologica che tocca l'anno 813. Poiché Landolfo ingloba il testo dell'*HR* nella sua interezza, per la ricostruzione testuale della compilazione di Paolo Diacono si deve quindi ricorrere anche a questa testimonianza indiretta[7]. Infine, bisognerà fin da ora notare come la

5 Per la questione filologica *cf.* Pauli Diaconi *Historia romana*, a cura di Amedeo Crivellucci, Roma, Tipografia del Senato, 1914 (Istituto Storico Italiano, Fonti per la Storia d'Italia, 51), p. XLVIII-LI.

6 Perlomeno sembra napoletana o beneventana – ma comunque sicuramente meridionale – la localizzazione del codice principale dell'*Historia Miscella*, ovvero il Pal. lat. 909 della Biblioteca Apostolica Vaticana, talvolta considerato autografo o idiografo. Un sunto sulle varie proposte di localizzazione è in Paolo Chiesa, « Storia romana e libri di storia romana fra IX e XI secolo », *Roma antica nel Medioevo. Mito, rappresentazioni, sopravvivenze nella 'Respublica Christiana' dei secoli IX-XIII*, Atti della quattordicesima settimana internazionale di studio, Mendola, 24-28 agosto 1998, Milano, V&P Università, 2001, p. 231-258, alle p. 247-250, a cui si rimanda anche per la bibliografia, ma si veda anche Hartmut Hoffmann, « Das Skriptorium von Corvey im 10. und 11. Jahrhundert », *Schreibschulen und Buchmalerei. Handschriften und Texte des 9.-11. Jahrhunderts*, Hannover, Hahnsche Buchhandlung, 2012 (Monumenta Germaniae Historica. Schriften, 65), p. 1-36, alle p. 27-28.

7 Schede riassuntive per quanto riguarda l'opera di Paolo e la sua trasmissione manoscritta sono in Alfred Ebenbauer, « Historiographie zwischen der Spätantike und dem Beginn volkssprachlicher Geschichtsschreibung im Mittelalter », *La littérature historiographique des origines à 1500*, directeurs Hans Ulrich Gumbrecht, Ursula Link-Heer, Peter-Michael Spangenberg, Heidelberg, Carl Winter Universitätsverlag, 1986 (Grundriss der romanischen Literaturen des Mittelalters, XI/1), t. 1. *Partie historique*, p. 85-89 ; Lars Boje Mortensen, « The Diffusion of Roman Histories in the Middle Ages. A List of Orosius, Eutropius, Paulus Diaconus, and Landolfus Sagax Manuscripts », *Filologia Mediolatina*, 6-7 (1999-2000), p. 101-200, alle p. 115-117 ; Paolo Chiesa, « Paulus Diaconus », *La trasmissione dei testi latini del Medioevo / Mediaeval Latin Texts and their Transmission Te.Tra. 2*, a cura di Paolo Chiesa e Lucia Castaldi, Firenze, Sismel-Edizioni del Galluzzo, 2005, p. 482-506 (per l'*Historia Romana cf.* p. 486-491) e quelle disponibili online su *Geschichtsquellen des deutschen Mittelalters*, con bibliografia aggiornata. Sulla cronologia delle sue opere, e in particolare per l'*Historia Langobardorum*, si veda anche Rosamond McKitterick, *History and Memory in the Carolingian World*, Cambridge, Cambridge University Press, 2004, p. 60-83.

diffusione dell'*HR* sia legata a doppio filo all'Italia meridionale, come dimostrano non solo la provenienza del suo principale continuatore, ma anche la quantità di codici localizzabili nel Sud Italia nonché la patina linguistica della traduzione francese tràdita dal ms. Paris, BnF, fr. 688 (già 7135), realizzata, come avremo modo di notare oltre, da uno scrivente napoletano.

La configurazione del testo latino dell'*HR* e le peculiarità della sua trasmissione si ripercuotono, in qualche modo, anche sul volgarizzamento di Wolfenbüttel. Riguardo alla porzione di testo trasmessa, si può notare che il testo di W non contiene l'interpolazione finale e dunque si rifà ai 16 libri canonici di Paolo Diacono nonostante, come si vedrà a breve, le rubriche interne annuncino la presenza di 15 libri e vi siano alcuni smottamenti rispetto al testo latino. Nel codice si constata inoltre la presenza di una seconda mano che corregge e integra in più punti tutti e quattro i testi e che, già nella rubrica incipitaria, introduce segni di cassatura a inchiostro nero sul nome di Paolo Diacono. Tale fenomeno potrebbe indicare che l'annotatore o non riconobbe le aggiunte di Paolo Diacono, oppure preferì evidenziare solo la presenza del *Breviarium* di Eutropio, una tendenza in realtà piuttosto comune in epoca medievale e umanistica, come testimoniato da molti codici in cui i primi dieci libri del testo paolino vengono fatti circolare come di paternità eutropiana[8]. La diffusione meridionale dell'*Historia Romana* potrebbe essere alla base di alcune caratteristiche riscontrabili in W. Il secondo titolo del codice, copiato alle c. 85v°-95v°, è infatti una compilazione adespota che si apre con l'origine dei Goti e procede per accostamento progressivo di elenchi genealogici. Essa è chiusa da un compendio geografico, consistente in una serrata lista di province e territori, il quale non sembra presentare alcun legame con la trattazione storiografica che precede. Il *terminus ad quem* dello scritto è la metà del XII secolo, in quanto si fa riferimento alla conquista normanna del Sud Italia, all'assedio di Milano da parte di Federico Barbarossa e al regno di Ruggero II di Sicilia, elogiato in più punti del testo. La compilazione viene aperta da una rubrica rossa a

8 « *In the textual tradition we only rarely meet Paulus' dedication to Adelperga, and often the medieval reader must have believed to have Eutropius before him, at least until he reached the end of the tenth book where a transition formula was usually found explaining that the remaining six books were the responsibility of Paulus* » (Mortensen, « The Diffusion of Roman Histories [...] », art. cité, p. 116). Si veda anche Chiesa, « Paulus Diaconus », in *La trasmissione dei testi latini [...]*, *op. cit.*, p. 486-487.

c. 85v°b che recita « Qui s'acome(n)ça a narare de' regname dei Gotthi et de tucti li lor desendenti. E dei facti e de la grande ventura de lo 'mperadore Iustiniano ». La rubrica riprende quasi alla lettera le parole che chiudono le *Storie de Roma*, dove si annuncia una nuova trattazione dedicata nello specifico al regno giustinianeo[9] e, malgrado la menzione dei Goti a livello cronologico si situi leggermente indietro rispetto alla chiusa dell'*HR*, la restante parte del testo ne rappresenta difatti una continuazione. La sopravvivenza di rimaneggiamenti e compendi attesta che « il manuale paolino venne riscritto e riutilizzato, in forme librarie diverse[10] » ; in tal senso, la compilazione presente nel codice di Wolfenbüttel sembra proprio rispecchiare tale tipo di versatilità, mentre l'evidente spirito filomeridionale del testo, nonostante la provenienza bolognese del codice, pare confermare il legame privilegiato che l'opera dello storico friulano intrattenne con l'Italia in generale e con il Sud in particolare[11].

Per stabilire i rapporti del testo guelferbitano con l'originale latino bisogna però fare i conti anche con le condizioni in cui è stato trasmesso il testo di Paolo Diacono e coi numerosi problemi che la sua ricostruzione stemmatica pone. Dell'*HR* abbiamo due edizioni principali : quella realizzata nel 1879 da Droysen per i *Monumenta Germaniae Historica*, fondata su 6 codici completi, 3 codici frammentari e sulla continuazione

9 La fine del volgarizzamento recita (c. 85v°b) : « Ma qui facemo fine et l'altre cose che sono da narrare dei facti et de la grande ventura de lo 'mperadore Iustiniano sì proporremo e(n) ll'altr(o) libro et determenaremo de q(ui)l sufficienteme(n)te co(n) ll'aiutorrio de l'alto Dio », segue la rubrica a inchiostro rosso : « *Amen. Feniti è qui lo .xv. libro de le enstorie de Roma. Amen* ». Non è mia intenzione occuparmi del compendio in questa sede, per cui riservo ulteriori considerazioni e precisazioni a una prossima pubblicazione.

10 Chiesa, « Storia romana e libri di storia romana [...] », art. cité, p. 251. Un celebre esempio di riscrittura è il codice Bamberg, Staatsbibliothek, Hist. 3, una miscellanea organica di testi storiografici in cui è contenuto una rifacimento dell'*Historia Romana*, recentemente edito da Marek Thue Kretschmer, *Rewriting Roman History in the Middle Ages. The 'Historia Romana' and the Manuscript Bamberg, Hist. 3*, Leiden-Boston, Brill, 2007. Anche dell'*Historia Miscella* si conservano delle versioni compendiate : una di esse è stata pubblicata nuovamente da Marek Thue Kretschmer, « Una versione abbreviata e parafrasata della *Historia Romana* di Landolfo Sagace. Edizione del codice Paris, Bibliothèque nationale, n. a. lat. 1523-II », *Symbolae Osloenses*, 78/1 (2003), p. 71-128.

11 Si tratta di caso non comune se confrontato con ciò che accade all'opera paolina e ai volumi di storia romana nel resto d'Europa, per cui *cf.* Paolo Chiesa, « Le vie della cultura attraverso le Alpi fra VII e XI secolo », *Le Alpi porta d'Europa. Scritture, uomini, idee da Giustiniano al Barbarossa*, Atti del Convegno di studi di Cividale del Friuli (5-7 ottobre 2006), a cura di Laura Pani e Cesare Scalon, Spoleto, CISAM, 2009 (Associazione italiana paleografi e diplomatisti. Studi e ricerche, 4), p. 1-21.

di Landolfo[12], e il testo approntato da Amedeo Crivellucci nel 1914, tuttora considerato l'edizione di riferimento, dove vengono collazionati 11 codici per il testo principale, 5 per il diciassettesimo libro e 13 per la lettera dedicatoria ad Adelperga. Rispetto a Crivellucci, che dà valore autonomo al testo di Paolo, il lavoro di Droysen è strutturato in maniera sinottica poiché riproduce in primis il *Breviarium* di Eutropio e poi le sue due principali continuazioni ; l'editore dei *MGH* fornisce inoltre alcune indicazioni, come la bipartizione della tradizione, che saranno poi accolte anche da Crivellucci. Quest'ultimo, nonostante la scelta limitata di testimoni per la *constitutio textus*, aveva schedato complessivamente 113 mss.[13], ma non conosceva un codice piuttosto antico (Paris, BnF, Baluze 270), segnalato solo successivamente da Beeson, che si rivela invece un ottimo testimone tanto per Eutropio quanto per Paolo Diacono[14]. Infine, il più recente inventario realizzato da Mortensen ha incrementato la lista a 163 codici, i quali trasmettono l'opera in forma integrale, compendiata o parafrasata[15].

---

12 Eutropi *Breviarium ab urbe condita*, cum versionibus Graecis et Pauli Landolfique additamentis, recensuit et adnotavit H. Droysen, Berolini, apud Weidmannos, 1879 (*MGH*, Auctores Antiquissimi, II).

13 La lista sarebbe stata pubblicata postuma in Amedeo Crivellucci, « Per l'edizione della *Historia Romana* di Paolo Diacono », *Bullettino dell'Istituto Storico Italiano*, 40 (1921), p. 7-103. L'autore dichiara di aver esaminato 115 codici, ma in realtà due di essi non contengono l'opera di Paolo Diacono (*cf.* p. 103).

14 Charles Henry Beeson, « The Oldest Manuscript of Paulus Diaconus' *Historia Romana* », *Memorie Storiche Forogiuliesi*, 25 (1929), p. 15-22, e si vedano anche Nino Scivoletto, « La tradizione manoscritta di Eutropio », *Giornale Italiano di Filologia*, 14 (1961), p. 129-162 ; Eutropii *Breviarium ab urbe condita*, recognovit Carolus Santini, Leipzig, Teubner, 1979.

15 A tale lista andrebbero sottratti i codici contenenti riscritture e compendi schedati da Kretschmer, *Rewriting Roman History [...], op. cit.*, p. 19-25, che figurano tutti anche nell'elenco di Mortensen. Attraverso un rapido riscontro su *Manus* e sul portale *Mirabile* è possibile aggiungere alla lista dei codici contenenti l'*HR* anche i seguenti manoscritti (che però non verranno considerati in questo contributo) : Brescia, Biblioteca civica Queriniana, A.VII.19 (segnalato da Achille Beltrami, « Index codicum classicorum latinorum qui in Bybliotheca Quiriniana Brixiensi adservantur », *Studi di filologia italiana*, 14 (1906), p. 17-96, a p. 67, n. 19) ; Firenze, Biblioteca Riccardiana, 881 (con bibliografia relativa reperibile su *Manus*) ; Wien, Österreichische Nationalbibliothek, 3225 (ora Trento, Biblioteca Comunale, W.3225 [n. 137 dell'elenco Mortensen]) ; Zagreb, Sveucilisna Knjiznica, MR 59 (codice incompleto, segnalato da Louis Faivre D'Arcier, *Histoire et géographie d'un mythe. La circulation des manuscrits du 'De excidio Troiae' de Darès le Phrygien (VIIIe-XVe siècles)*, Paris, École nationale des Chartes, 2006, p. 95). Tra i codici contenenti estratti da Paolo Diacono risulta anche Trento, Biblioteca del Castello del Buonconsiglio, Monumenti e collezioni provinciali, Fondo Manoscritti, 1358 (*cf. Manoscritti medievali di Trento*

Malgrado questi ultimi inventari permettano di ripensare la trasmissione dell'*HR*, bisogna ricorrere ancora alle classificazioni di Droysen e Crivellucci su una porzione limitata della tradizione per avere un'idea della configurazione dei manoscritti e dei loro rapporti. Già Droysen, il quale dichiarava di aver reperito una cinquantina di copie totali, suddivideva l'intera tradizione in due rami in base a una lacuna in *HR*, XV, 6 e sceglieva di privilegiare la prima "classe", recante la lacuna, perché portatrice di lezioni migliori. Crivellucci, invece, fonda la *constitutio textus* sui codici della seconda classe per la completezza testuale e perché essi tramandano anche l'epistola dedicatoria ad Adelperga, un fenomeno che ha fatto ipotizzare una seconda redazione del testo paolino. Difficilmente dimostrabile risulta invece l'esistenza dell'archetipo (o degli archetipi), e infatti nella sua definizione vi sono notevoli incongruenze non solo in Droysen, ma anche nell'edizione di Crivellucci, che elenca una serie di errori forse non cogenti e in vari casi poligenetici[16]. Infine, si deve a quest'ultimo anche l'ipotesi che i testimoni di entrambi i raggruppamenti siano affetti da contaminazioni di Landolfo Sagace, come mostrato dallo stemma che pone il testimone principale dell'*HM* – ovvero il Vat. Pal. Lat. 909 – come anello di congiunzione tra i due rami[17].

Essendo quindi il lavoro di *collatio* e *recensio* incompleto e non ben definito, è difficile stabilire come si comporti il testo delle *Storie de Roma* rispetto alla *varia lectio* e stabilire da quale esemplare latino esso sia derivato. Da una prima analisi è tuttavia possibile almeno verificare che il volgarizzatore aveva a disposizione un testo in cui non era presente

---

e provincia, a cura di Adriana Paolini con la collaborazione di Marina Bernasconi, Leonardo Granata, Firenze, Sismel-Edizioni del Galluzzo, 2010, p. 105-106), mentre il codice Berlin, Staatsbibliothek zu Berlin – Preußischer Kulturbesitz, Phillipps 3075 è ora parte della Schøyen Collection di Oslo-Londra (n. 217 dell'elenco Mortensen), e quello denominato su *Mirabile* Berlin, Staatsbibliothek zu Berlin – Preußischer Kulturbesitz, lat. 4° 1-1017 corrisponde probabilmente al codice Krakow, Biblioteka Jagiellońska, berol. lat. quart. 1 (n. 66).

16 *Cf.* Pauli Diaconi *Historia romana*, ed. cit., p. XVII-XVIII, ma si veda ora Chiesa, « Paulus Diaconus », *La trasmissione dei testi latini [...]*, *op. cit.*, p. 489, che definisce le prove dell'esistenza dell'archetipo « fenomeni di importanza modesta, e del resto l'esistenza di un archetipo in testi prettamente compilativi è in genere molto difficile da dimostrare ».

17 Su questo, oltre alla prefazione dell'edizione di Paolo Diacono, si veda anche Landolfi Sagacis *Historia romana*, a cura di Amedeo Crivellucci, Roma, Tipografia del Senato, 1912-1913 (Fonti per la Storia d'Italia, 49-50), vol. I, p. LIII-LIV.

la lacuna, ovvero uno dei codici della seconda classe individuata da Droysen e Crivellucci[18] :

> Paolo Diacono, *HR*, XV, 6 (p. 211) :
> Temporibus Valentiniani superioris Augusti, cum intra Traciae fines Gothorum tunc populi communiter habitarent, bifarie per Alaricum ac Fridigernum divisi decreverunt, ut utramque rempublicam, id est Frigidernus cum suis orientalem, Alaricus vero cum suo exercitu occidentalem opprimeret. Hi ergo qui cum Fridigerno in orientali remanserant parte, lingua patria ab oriente Ostrogothe id est orientales Gothi sunt dicti ; isti vero qui occiduas petierant regiones, ab occidente Wisigothe id est occidentales sunt appellati[19].

> HAB, Aug. Fol. 83.10, c. 77r°a :
> Donqua a li te(m)pi de Vale(n)tiniano maiore, del q(ua)le dicto avemo de sopre, li populi dei Gotthi abetavano tucti comuname(n)te entra le fine de Trachia. Alora aveano doi re : l'uno avea nome Alarico e l'altro Frigiderio. Quisti doi [re partiro el popolo en doi] parti (et) fermaro entra loro d(e) [de]videre amedori l'i(m)perii, çoè q(ui)llo de Costantinopoli che se chiama lo '(m)perio de occide(n)te, et ciascheduno prese lo suo. Frigiderio[20] cola sua gente prese a vencere quello de oriente (et) Allarico quello de occidente. Quelli donqua che remase(r)o en orie(n)te cu(m) Frigiderio fuoro chiamati da la gente <delagente> de la co(n)trada Ostrogotthi, çoè Gotthi de orie(n)te, (et) q(ue)lli che venero cu(m) Alarico en occidente fuoro chiamati Guisagotthi[21], occide(n)tali.

Ulteriori incertezze riguardano l'insieme di testi tramandati nel codice di Wolfenbüttel : in base allo schedario di Mortensen, infatti, nessun testimone dell'*HR* presenta contemporaneamente gli altri testi inclusi nella miscellanea in volgare[22], laddove invece il *Fiore di filosafi* in alcuni codici compare accanto a opere di Brunetto o a lui attribuite[23]. Poiché, inoltre, le integrazioni ed espunzioni a margine che caratterizzano i testi

---

18 La lista, che andrebbe ovviamente aggiornata con le nuove acquisizioni, è stata pubblicata in Crivellucci, « Per l'edizione della *Historia Romana* [...] », art. cité, p. 57-103.

19 Il testo di Paolo Diacono verrà sempre citato dall'ed. Crivellucci, a cui si riferiscono anche i numeri di pagina tra parentesi. Per una disquisizione filologica sul passo si veda anche nell'ed. Droysen, p. LII.

20 Corretto su *Frigiderno*.

21 Corretto su probabile *Guisigotthi*.

22 Bisogna tuttavia rilevare che alcuni codici tramandano anche compendi storiografici adespoti che potrebbero essere accostati al secondo testo della nostra miscellanea, ma mi pare che nessuno di questi manoscritti si spinga cronologicamente oltre la metà del XII secolo, *terminus post quem* per datare la cronichetta genealogica in questione. L'ipotesi avrebbe bisogno di ulteriori indagini, che rimandiamo però ad altra sede.

23 *Cf.* Ferrilli, « Il *Tesoretto* [...] », art. cité, p. 325.

di W, e che infatti sono presenti anche nel brano appena trascritto, sono di un'unica mano diversa da quella del copista e coinvolgono tutti e quattro i testi ivi contenuti, si può avanzare l'ipotesi che il testo venga corretto sulla base di un antigrafo in cui venivano tramandati tutti i titoli qui presenti. D'altronde, anche a una preliminare indagine linguistica, nel codice guelferbitano emergono tratti del bolognese di primo Trecento, su un fondo presumibilmente toscano[24], alcuni tratti che sembrano puntare verso l'area mediana o meridionale, nonché un'omogeneità linguistica della seconda mano, che parrebbe settentrionale. Tali ipotesi andrebbero vagliate con maggiore attenzione e verificate sulla totalità dei testi tramandati da W, ma rappresentano di sicuro una delle possibili piste di indagine per lo studio della raccolta della HAB.

LA STRUTTURA INTERNA DELLE *STORIE DE ROMA*
Qualche indizio sulle fonti

Come si è già accennato, una prima analisi delle rubriche che scandiscono la suddivisione in libri fa pensare che il traduttore abbia avuto a disposizione un testo che presentava alcune sezioni compendiate e una diversa organizzazione del testo in libri rispetto a quella canonica. Innanzitutto, il testo di W non volgarizza la lettera ad Adelperga a differenza, come vedremo, della traduzione francese dell'*Historia Romana*, e non viene trascritta nemmeno l'iscrizione conclusiva che annuncia la continuazione paolina dopo il libro X. Tuttavia, le integrazioni a margine tendenzialmente non coinvolgono le aggiunte di Paolo al *Breviarium*, segno che il testo base del volgarizzatore per i primi dieci libri era già quello dell'*Historia Romana*, come dimostrano anche le strette corrispondenze testuali tra W e il testo latino di Paolo Diacono[25].

24 Lo sostiene Mirko Volpi, « Il *Flore de vertù et de costume* secondo il codice S. II. Studio linguistico », *Bollettino dell'Opera del Vocabolario Italiano*, 24 (2019), p. 195-284, a p. 254, n. 131, sulla base di alcuni rilievi di c. 1r° del codice di Wolfenbüttel.

25 Però si vedano anche alcuni casi come c. 10r°b, dove l'integrazione si colloca all'interno di una sezione che risulta aggiunta da Paolo Diacono (segnalata nell'edizione Crivellucci dalle parentesi aguzze, alle p. 25-26), ma non coinvolge la totalità del brano paolino, mentre a c. 12v°b e 13v°a dei segni angolari delimitano una porzione di testo che corrisponde più

La delimitazione dei singoli libri è affidata a iniziali decorate corredate da rubriche a inchiostro rosso, che annunciano la fine di una sezione e l'avvio della successiva e che sono esemplate sul modello di quella che apre il secondo libro : « Finito è quie lo primo <lo primo> libro de l'emstorie de Roma. Mo s'encome(n)ça lo secondo libro de quelle medesme » (c. 8v°). Esse si trovano rispettivamente alle c. 1r° (libro I) ; 8v° (libro II) ; c. 16r° (libro III) ; c. 22r° (libro IV) ; c. 29r° (libro V) ; c. 32r° (libro VI) ; c. 39r° (libro VII) ; c. 49r° (libro VIII) ; c. 54v° (libro IX)[26] ; c. 59r° (libro X) ; c. 63v° (libro XI) ; c. 67r° (libro XII) ; c. 69v° (libro XIII) ; c. 75v° (libro XIV) ; c. 80v° (libro XV), mentre l'explicit dell'intera opera è a c. 85v°. Le altre rubriche che indicano le varie porzioni interne del testo sono raggruppabili in due tipologie : la prima serie giunge fino a c. 30r° e segnala, a testo o a margine, la presenza di digressioni mediante la formula « Lo encidente[27] » ; il secondo tipo prende avvio dal libro dal libro VIII, 6 (da c. 50v°a : « De Elio Adriano ») e comprende titoli a carattere riassuntivo che delimitano paragrafi tematicamente omogenei lungo tutta la seconda parte del testo[28]. Tendenzialmente queste ultime rubriche permettono

---

o meno a quella aggiunta da Paolo Diacono nel libro II, 16 (p. 32 dell'ed. Crivellucci). A c. 17r°a invece il testo racchiuso tra un segno di paragrafo rosso e sottostante la rubrica *Lo e(n)cide(n)te* corrisponde all'aggiunta di Paolo a *HR*, III, 7 (ed. Crivellucci, p. 42).

26 Si segnala un errore di cartulazione tra le c. 53 e 54, invertite nella numerazione e nella fascicolazione, per cui l'ordine del testo procede da c. 52v° a c. 53r°, prosegue a c. 54v°, c. 54r°, e c. 53v°, per poi riprendere regolarmente a c. 55r°.

27 Esse si trovano integrate nel testo principale e in rosso alle c. 2r°ab ; 3r°a ; 5r°ab ; 7r°a ; 11r°a ; 15r°b ; 15v°b ; 17r°a ; 21r°a ; 23r°b ; a margine alle c.12v°a ; 13v°b ; 27r°b ; 28v°b ; 30r°b.

28 Le altre rubriche così classificabili sono : c. 50v°b : « De Adrian(o) Marco Antonio Fulvio Boiono lo q(ua)le fo chiamato Pio » ; c. 51r°b : « De Antonio et Severo » ; c. 51v°a : « De A(n)tonio solo » ; c. 52r°b : « De Lucio Antonio (Com)modo suo filliolo » ; c. 52v°a : « De Salvio Iuliano » ; « De Settimio Severo » ; c. 53r°a : « De Marcho Aurelio Antonio » ; c. 53r°b : « De Opilio Macrino et Dediano » ; « De Aurelio et Anthonio » ; c. 53v°a : « De Cicinio Valeriano » ; c. 53v°b : « De Postumo » ; c. 54r°a : « De doi Filippi, lo padre e lo filliolo » ; c. 54r°b : « De Decio de Bubalia » ; « De Gallo Ostelliano (et) Volusiano suo filliolo » ; c. 54v°a : « De Aurelio Alexandro » ; c. 54v°b : « De Puppieno e Balbino et Gurdiano » ; c. 55r°a : « De Mario » ; « De Viturino » ; « De Te[rico] » (testo integrato e corretto su rasura da un precedente *Tercio* ?) ; c. 55r°b : « De Claudio » ; c. 55v°a : « D(e) Q(ui)ntili(o) » ; « De Aureliano » ; c. 56r°b : « De Tacito » ; « De Probo » ; c. 56v°a : « De Caro Augusto » ; c. 56v°b : « De Carin(o) » ; c. 57r°a : « De Diocli[ti]ano » ; c. 57v°b : « De Masimiano Agusto » ; c. 58r°b : « De Erculio » ; c. 59r°b : « De Galerio » ; c. 59v°b : « De Licinio lo fo nato de Datia » ; c. 60r°a : « Como Maxemino mosse guera a Licinio e(n) Orie(n)te » ; c. 61v°a : « De Vetranio » ; c. 62r°a : « De Costa(n)ci(o) » ; c. 62r°b : « De Iuliano » ; c. 65v°a : « De Gratiano » ; c. 67v°a : « Del conte Andragatio come ello e(n)tese la morte de Maximo (con) dolo(r)e » ; c. 73v°a : « De Joh(ann)i emp(er)adore » ; c. 73v°b :

di rintracciare facilmente nel testo la successione degli imperatori e danno quindi rilevanza a questa parte della storia romana[29], forse anche per ragioni di tipo materiale, considerando che molto spesso nei codici l'opera viene copiata insieme a liste di imperatori romani.

La suddivisione del testo in quindici libri mostra incongruenze con quella canonica in sedici – o diciassette, considerando il libro interpolato – dell'opera paolina. Lo sfasamento prende avvio da c. 69v°a, dove il libro XII si interrompe in corrispondenza di *HR*, XII, 8 (p. 167), e la porzione successiva del libro (*HR*, XII, 9-17) viene posta in apertura del l. XIII (da c. 72r°b). Il testo segue l'ordine di Paolo Diacono fino a c. 75v°a e a *HR*, XIII, 17 (p. 188), per poi proseguire a partire da *HR*, XIV, 19 (p. 202-203) fino alla fine del quattordicesimo libro, con conseguente lacuna testuale di *HR*, XIII, 18 e di buona parte del libro XIV. A c. 75v°b un'iniziale ornata segnala quindi l'inizio del l. XIV, in realtà corrispondente al l. XV, e il testo prosegue poi indisturbato fino alla fine, con il consueto errore di ripartizione interna. Tali difformità potrebbero risalire già all'antigrafo e, d'altronde, non rappresentano gli unici punti in cui il volgarizzatore si discosta dal testo di Paolo Diacono secondo l'edizione Crivellucci sebbene, in linea di massima, la corrispondenza sia pressoché omogenea. Oltre ai problemi finora individuati, sembra infatti che il codice dell'*Historia Romana* che funse da modello per W o per il suo antigrafo in alcuni punti fosse soggetto alla contaminazione con l'*Historia Miscella* di Landolfo Sagace e anche con altre fonti, e che presentasse alcune piccole omissioni. Si tratta di due fenomeni che già caratterizzano il testimoniale di Paolo Diacono e che risultano paradossalmente opposti, poiché essi prevedono un'espansione del testo o la sua contrazione ; entrambi meriterebbero ulteriori approfondimenti, ma in questa sede, per ragioni di spazio, mi concentrerò unicamente sulle interpolazioni malgrado, giova ripeterlo, anche in questo caso il confronto necessariamente non potrà prendere in considerazione le varie forme che ha assunto nel tempo il testo latino dell'*HR*, cosa che non consente di escludere l'eventualità che il testo-base di W fosse diverso da quello edito da Crivellucci.

« De Valentiniano e(m)p(er)adore » ; c. 80r°a : « De Theodorico » ; c. 81v°b : « De Iustino emperadore » ; c. 82r°b : « Del re Theodorico lo q(ua)le era co(r)recto de la p(er)fidia arriana » ; c. 82v°b : « De lo emperadore Iustiniano ».

29 Ma ad esempio a c. 56r°b sono omessi il testo, e conseguentemente la rubrica, riguardanti l'imperatore Floriano (*HR*, IX, 16, p. 132).

Partiamo dal sesto libro, ovvero dalla porzione ancora eutropiana dell'opera : già qui si notano brani reperibili nell'*Historia Miscella*, ma anche fenomeni indipendenti, come l'errore di datazione e la lacuna riguardante la figura di Lucio Bibulo :

> HAB, Aug. Fol. 83.10, c. 35v°a :
> Depò el come(n)çame(n)to de Roma sei cento novanta (et) octo anni Gaio[30] Iuli[o] Cesare, che fo facto enperadore sì como diremo apresso, ello fo ma(n)dato dal senato en Galli[a] Transalpina et ella Cisalpina et e(n) lla Comata (et) en(n) Ellirico e menò (con)seco molto millitie de chavaliere.

> *HR* VI, 17 (p. 89) :
> Anno Urbis conditae sexcentesimo nonagesimo tertio Gaius Iulius Cesar, qui postea imperauit, cum Lucio Bibulo consul est factus. Decreta est ei Gallia et Hylliricum cum legionibus denis.

> *HM*, VI, 16 (vol. I, p. 151)[31] :
> Anno ab Urbe condita sexcentesimo nonagesimo tertio Gaius Iulius Cesar, qui postea imperauit, cum Lucio Bibulo consul est factus, Decreta est ei Gallia transalpina et cisalpina et illyricum cum legionibus denis in quinquennium date.

Più avanti, nella lode di Augusto del l. VII, la narrazione di Paolo Diacono viene interrotta da un aneddoto che si richiama a un episodio descritto poco prima, ovvero le ambascerie di Indi e Scizi presso Ottaviano Augusto (la sottolineatura della parte aggiunta è mia) :

> HAB, Aug. Fol. 83.10 :
> (c. 42v°a) E lo emp(er)adore lo doma(n)dò per che chagione lo facea ; lo chavaliere respuose e disse : « Perçò ch'io no(n) posso sostenire lo lume de li tuoi occhi ». Molto fo gracioso (et) amato e tenuto. A llui venero li legati de I(n)dia et de Sithia li quali revoltaro quasi tuto el mondo dava(n)te che gio(n)gessero a lui e sì lu trovaro e(n)n Espangnia a una citade che à nome T[ar]ra<n>cona. E sì risomeliaro la grandeça de Octaviano a quella d'Alexandro. Cha sì como li legati de Spa(n)gia et de Gallia andaro ad Alexa(n)dro en Ba<u>bellonia a farli rev(er)entia e(n)n Oriente, chosì venero li legati de I(n)dia et de Scithia a fare revere(n)tia ad Octaviano en Occide(n)te. Ma emperçò ch(e) nullo homo no(n) fo ancora se(n)ça macula se(n)no(n) solo Dio, questo <fo> cotanto e cotale homo n(on) fo ancora sença alcuno vitio, (c. 42v°b) cha ello fo um pocheto i(m)paciente et alqua(n)to fo iroso ma l'ebe cela[ta]me(n)ti e che tosto li passava. E

---

30 Corretto su rasura su un probabile *Gneo*.

31 Si cita sempre dal testo di Crivellucci : Landolfi Sagacis *Historia romana*, ed. cit., a cui si riferiscono anche i numeri di volume e di pagina indicati di volta in volta tra parentesi.

fo envidioso ma molto nascostame(n)te e palleseme(n)te fo facioso, cioè obrob(r)iuso e co(n)sentidore de enganare altrui.

HR, VII, 10 (p. 103) :
Averteret et interrogaretur ab eo cur ita faceret, respondit : « Quia fulmen oculorum tuorum ferre non possum ». Nec tamen vir tantus vitiis caruit ; fuit enim paululum inpatiens, leniter, iracundus, occulte invidus, palam factiosus.

HR, VII, 10 (p. 102) :
Scythae et Indi, quibus antea Romanorum nomen incognitum fuerat, munera et legatos ad eum miserunt.

Il volgarizzamento contiene maggiori dettagli rispetto al testo latino, e anche in questo caso il brano è reperibile quasi integralmente nell'*Historia Miscella*, da cui deriva anche l'ordine in cui le informazioni vengono fornite :

HM, VII, 14 (vol. I, p. 188-189) :
Interea Caesarem apud Terraconem citerioris Hispaniae urbem legati Indorum et Scytharum toto orbe transmisso tandem ibi inuenerunt, ultra quod iam querere non possent ; refuderuntque in Cesarem Alexandri Magni gloriam, quem sicut Hispanorum Gallorumque legatio in medio Oriente apud Babylonas contemplatione pacis adiit. Ita hunc apud Hispaniam in Occidentis ultimo suplex cum gentilicio munere eum Indus et Scytha boreus orauit.

Di nuovo, il modello landolfiano emerge in un passo che potremmo definire "schierato", ovvero quello riguardante la passione e crocifissione di Cristo, avvenuta durante l'impero di Tiberio. Paolo Diacono appare piuttosto laconico nel descrivere il carattere dell'imperatore, mentre Landolfo Sagace è più minuzioso, segno che, come si evince dal confronto tra le *Storie de Roma* e i due testi latini, l'antigrafo probabilmente combinava alcune sezioni dell'*Historia Miscella* e dell'*Historia Romana*. La non completa corrispondenza tra testo volgare e i brani di Landolfo e di Paolo Diacono fa però pensare che il volgarizzatore possa aver attinto anche ad altre compilazioni :

HAB, Aug. Fol. 83.10 :
(c. 43v°b) Una stagione ve(n)ne a lo[y] Pontio Pilato lo quale era preside de Pelest(i)na e sì recitò dava(n)ti lui e davante al senato la vita e lla passione e la morte de (Iesu) (Cristo) e la sua resurectione e de li suoi descepoli e le mera(c.44r°a)velliose operatione che faceano al suo nome e como <n> molte genti credevano che ello fosse verace Dio. Et Tiberio l'ascoltò diligenteme(n)te e piacquelli molto e co(n) grande favore disse entra lo senato che (Cristo) fosse

venerato sì como Dio da tuta gente. Ma lo senato prese grande endegnatione de quisto co(n)ma(n)dame(n)to e dissero a l'e(m)p(er)adore che no(n) voleano remutare la lor lege antica per questa novitade che a lor pareva niente, ma voleano tenere la fe' a(n)ticha e quelli coma(n)damenti che li aveno mostrati li padri loro. Et emperçò recusaro e deschifaro lo coltivamento e la co(n)secratione de (Cristo), e fiero ordename(n)to preciso che li (crist)iani devessero essere destructi et despianati lau(n)q(ue) fossero trovati. El emperad[o]re menacçò e promise la mo(r)te a qualu(n)q(ue) homo offe(n)desse ad alcuno (crist)iano né en p(er)sona, né enn avere. Ma depò questo tempo Tiberio començò a pegiorare (et) a poco [a poco] la sua mansuetudine e la sua benegnitate se ve(n)ne remutando. E sì como ello era stato deprima un umelissem[o] e ma(n)suetissemo p(ri)ncepo, così deve(n)tò crudelissemo e(n) lla (c. 44r°b) fine e sença nulla pietança che, q(ua)ndo ello ve(n)ne ello tenpo de setanta e nove anni (et) ave[a] già segnoregiato .xxiii. a(n)ni, era sì crudelissemo che ello p(ri)ma e cho(n) colpa e sença colpa [torme(n)tava e ocidiva] çascheduno homo e sì li suoi amici como li altri. Ello lassò usança de cavalaria né n(on) se enbrigava de far guera né *de* defendere le regioni[32] de l'e(m)perio. Et emperçò se perdiero al suo tempo molte terre e molte provence, cha li Parti presero tucta Armenia e li Daci presero Moesia e li Sarmati presero Pannonia. E Gallia fo tucta soppresa da la ge(n)te che co(n)finano dentorno ad essa. Et emperçò concitò co(n)tra de sé l'odio de tucta la gente. Et e(n) llo qui(n)to decim(o) anno del suo emperio lo n(ost)ro segnore (Iesu) (Cristo) come(n)çò a predicare a la ge(n)te la salute de l'a(n)neme. Et en capo de diceocto a(n)nni del suo enperio ello fo crocefixo p(er) li nostri peccati e p(er)ché noi fossemo de le pene de l'e(n)ferno liberi. Dico donqua che Tiberio emperadore visse ell'e(m)perio de Roma .xxxiii. a(n)ni. E depò questo tempo ello morìo en Ca(m)pagia et emperçò ch'era deventato tanto perverso e(n) lla fine sì (c. 44v°a) fo de la sua morte grande alegreça a tucta gente. Ma che giovò s'ello morìo così tosto che apresso lui fo un altro e(m)peradore molto peior ch(e)[33] lui ? E questo fo Gaio, lo quale fo facto emp(er)adore depò la mo(r)te de Tiberio. E questo Gaio ave doi nomi, cha ello fo chiamato Gaio Gallicola, e questo fo filliolo de Druso, filliastro de Octaviano Agusto e nepote de Tiberio.

HM, VII, 23 (vol. I, p. 196) :

At postquam passus est dominus Christus atque a mortuis resurrexit et discipulos suos ad predicandum dimisit, Pilatus preses Phalestine prouincie ad Tiberium imperatorem atque ad senatum rettulit de passione et resurrectione Christi consequentibusque uirtutibus, que uel per ipsum palam facte fuerant uel per discipulos ipsius in nomine eius fiebant et de eo quod certatim crescente plurimorum fide deus crederetur. Tiberius cum suffragio magni fauoris rettulit ad senatum ut Christus deus haberetur. Senatus indignatione motus cur non sibi prius secundum morem delatum esset ut de suscipiendo cultu prius ipse

32 Presenti tracce di inchiostro più scuro sulla *e*, forse per correggere in *ragioni*.

33 La *h* corregge su rasura un'altra lettera non leggibile.

decerneret, consecrationem Christi recusauit edictoque constituit exterminandos esse Urbe Christianos, precipue cum et Seianus prefectus Tiberii suscipiende religioni obstinatissime contradiceret. Tiberius tamen edicto accusatoribus Christianorum mortem comminatus est. Nam et plurimos senatorum proscripsit et mortem coegit ; biginti sibi patricios uiros consilii causa legerat ; horum uix duos incolumes reliquid, ceteros diuersis causis necauit ; Seianum prefectum suum res nouas molientem interfecit.

HR, VII, 11-12 (p. 105-106) :
Hic tertio et vicesimo imperii anno, aetatis septuagesimo octavo et mense quarto, cum inmani furore insontes, noxios, suos pariter externosque puniret, resolutis militiae artibus, Armenia per Parthos, Moesia a Dacis, Pannonia a Sarmatis, Gallia a finitimis gentibus direptae sunt. Ipse ingenti omnium gaudio mortuus est in Campania. Huius imperii quinto decimo anno dominus Iesus Christus praedicationis suae sumpsit initium, octavo quoque et decimo eiusdem anno Iesus Christus filius Dei pro nobis sese morti offerens crucifixus est.
Successit Tiberio Gaius Caesar cognomento Galicula, Drusi privigni Augusti et ipsius Tiberii nepos, sceleratissimus et qui etiam Tiberii dedecora purgaverit.

Un altro inserto che si distacca dal testo paolino e landolfiano e che riprende il motivo encomiastico in senso cristiano è posto, non a caso, all'interno del ritratto di Costantino, elogiato come costruttore di chiese :

HAB, Aug. Fol. 83.10 :
(c. 60v°b) Costantino fo alto (et) glorioso principe (et) esso fo lo primo emperadore (crist)iano lo quale fo batiçato da Selvestro, um vescovo de Roma. Ello honorò et arrichì[o] la clesia de Dio de molti modi. Ello fe' fare la clesia de s(an)c(t)o Pietro (c. 61r°a) (et) de S(an)c(t)o Paulo tucte a le suoi spese (et) sì pusi le prime pietre dei fo(n)damenti co(n) le suoi mano et altre clesie sença numero p(er) tucto lo 'mperio de Roma.

Sempre in tal senso, alcune piccole inserzioni orientano il testo del volgarizzamento verso un'interpretazione della grande storia romana come realizzazione dell'ideale cristiano, come ad esempio l'elogio di Agostino d'Ippona, non presente nel testo latino :

HAB, Aug. Fol. 83.10, c. 72v°a :
E in quil paese alora en una citade che se chiama Ypponireggio viveia, a(n)çi aveia et resplendea, lo buono s(an)c(t)o Agostino, lo savissimo, lo catholico, che fo sovrano magistro de tucta la eccl(es)ia de Dio.

HR, XIII, 1 (p. 177) :
In qua fulgentissimus tunc apud Ipponeregium totiusque magister Ecclesiae florebat Augustinus.

O l'insistenza sulla punizione divina su Teodorico nell'ultimo libro (il quindicesimo, nella scansione del volgarizzamento) :

> HAB, Aug. Fol. 83.10, c. 82v°b :
> Do(n)qua da puoi che Theodorico fo così punito da Dio per lo suo mal fare e p(er) lo suo peccato, li Gothi, li quali erano en Ytalia levaro et chiamaro re Allarico, de cui nui avemo parlato dena(n)ti, el quale fo nato de la filliola de Theodorico che ebbe nome Amalasiunta, lo qual nome ello regnò co(n) llui ensiememe(n)te.
>
> *HR*, XVI, 11 (p. 230-231) :
> Igitur Theodorico tali modo punito Gothi sibi Athalaricum, de quo praemissum est, ex Theodorici regis filia procreatum, cum eadem Amalaswinta matre sua in regnum praeficiunt.

Si potrebbe dunque sostenere che tali inserti "cristiani" del volgarizzatore, reperibili solo in alcuni casi nell'*Historia Miscella*, vadano anche al di là delle stesse intenzioni di Paolo Diacono nel lavoro di integrazione e continuazione di Eutropio. Come ha rilevato Sestan, tra i due maggiori storici delle antichità romane il monaco friulano sceglie di prendere a modello il pagano Eutropio, anziché il cristiano Orosio, e dichiara di voler espandere il *Breviarium* solo perché in esso egli intravede due difetti, ovvero « eccessiva brevità e omissione di qualunque riferimento alla storia sacra[34] ». Malgrado ciò, giusta ancora Sestan, « le notizie aggiunte di storia sacra sono incredibilmente scarse, misere e spesso poco significanti », ed è forse per questo motivo che tali segmenti testuali paiono risentire maggiormente di interpolazioni da altre fonti, almeno nel codice W.

Un ulteriore indizio della pluralità di fonti confluite nelle *Storie de Roma* è reperibile all'interno della biografia dell'imperatore Claudio trascritta alle c. 45r°a-45v°b, che viene intercalata con un volgarizzamento dell'*Epistola Pilati ad Claudium*. Il testo in questione appartiene al celebre dossier apocrifo degli *Acta Pilati*, trasmesso per più vie, sia indipendentemente, sia all'interno di altre miscellanee apocrife, tra cui gli *Atti di Pietro e Paolo* detti « dello pseudo-Marcello », nonché in coda al cosiddetto *Evangelium Nicodemi* « in quasi tutti i manoscritti precedenti

---

34 Ernesto Sestan, « Qualche aspetto della personalità di Paolo Diacono nella sua *Historia Romana* », *Idem*, *Italia Medievale*, Napoli, Edizioni Scientifiche Italiane, 1966, p. 50-75, a p. 60.

il secolo XI[35] », ovvero in circa metà del testimoniale[36], e in altri contesti. Se i materiali che compongono il ciclo di Pilato furono impiegati da numerosi cronachisti medievali, tra i quali vanno ricordati almeno Vincenzo di Beauvais e Iacopo da Varazze[37], anche l'*Epistola* godette di una certa fortuna nella letteratura storiografica, come dimostrano le sue menzioni nelle cronache di Ivo di Chartres, Martino Polono e Matteo da Parigi[38].

Nonostante ne siano state schedate anche delle versioni in volgare[39], la presenza dell'*Epistola Pilati* nelle *Storie de Roma* mi pare un fenomeno estremamente interessante e finora non segnalato nell'opera di Paolo

35 Alessio Collura, « Dagli *Acta Pilati* all'*Evangelium Nicodemi*, dall'*Evangelium Nicodemi* a *Sens et razos d'una escriptura*. Sulla fonte principale del *Vangelo occitano di Nicodemo* », *Annali della Scuola Normale Superiore. Classe di Lettere e Filosofia*, serie 5, 8/1 (2016), p. 37-72, a p. 46.

36 Il testo, greco e latino, si legge all'interno dell'edizione *Acta Apostolorum apocrypha*, post Constantinum Tischendorf, denuo ediderunt Ricardus Adelbertus Lipsius et Maximilianus Bonnet, I : *Acta Petri, Acta Pauli, Acta Petri et Pauli, Acta Pauli et Theclae, Acta Thaddaei*, edidit Ricardus Adelbertus Lipsius, Lipsiae, apud Hermannum Mendelssohn, 1891, p. 135-137. Per un rapido sunto sulla tradizione della lettera, oltre all'introduzione al volume appena citato, *cf. Clavis apocryphorum Novi Testamenti*, cura et studio Mauritii Geerard, Turnhout, Brepols, 1992 (Corpus Christianorum), p. 49, n. 64 ; Jean-Daniel Dubois – Rémi Gounelle, *Lettre de Pilate à l'empereur Claude*, in *Écrits apocryphes chrétiens*, édition publiée sous la direction de Pierre Geoltrain et Jean-Daniel Kaestli, Paris, Gallimard, 2005 (Bibliothèque de la Pléiade 516), t. II, p. 355–367 ; Alberto D'Anna, « La *Lettera di Pilato a Claudio* : uno scritto antigiudaico latino ? », *Apocrypha*, 27 (2016), p. 111-135 ; Zbigniew Izydorczyk, « The Unfamiliar *Evangelium Nicodemi* », *Manuscripta*, 33 (1989), p. 169-191.

37 Una lista dei testi medievali influenzati dall'*Evangelium Nicodemi* è nel fondamentale *The Medieval Gospel of Nicodemus : Texts, Intertexts and Contexts in Western Europe*, edited by Zbigniew Izydorczyk, Tempe, Medieval and Renaissance Texts and Studies, 1997, p. 485-489 e le aggiunte sono schedate da Rémi Gounelle – Zbigniew Izydorczyk, « Thematic Bibliography of the *Acts of Pilate* : Addenda and Corrigenda », *Apocrypha*, 11 (2000), p. 259-292, alle p. 281-282. Si vedano anche Anne-Catherine Baudoin – Zbigniew Izydorczyk, « The Oldest Manuscript of the *Acts of Pilate* : A Collaborative Commentary on the Vienna Palimpsest », *Proceedings of the International Summer Schools on Christian Apocryphal Literature*, Strasbourg, EA 4378, 2019, vol. II, disponibile online all'URL : https://hal.archives-ouvertes.fr/hal-02378821, p. 29, n. 51 (consultato il 10/04/2021), e *cf.* anche Collura, « Dagli *Acta Pilati* [...] », art. cité, p. 47-48.

38 *Cf. The Medieval Gospel of Nicodemus [...], op. cit.*, p. 55-57.

39 La lista dei codici è in Anna Cornagliotti, *I volgarizzamenti italiani degli apocrifi neotestamentari*, in *Actes du XIIIe congrès de linguistique et philologie romanes*, Québec, Presses de l'Université de Laval, 1976, vol. II, p. 669-687 (alle p. 681 e 681-682), ma sarebbero necessarie ulteriori precisazioni sulle epistole tramandate, sulla tipologia di codici e sulla collocazione dei testi al loro interno.

Diacono, ma che dovrebbe essere sottoposto a maggiori indagini, non solo per definire l'antigrafo del nostro volgarizzamento, ma anche per vagliare eventualmente come il volgarizzatore operava e se aveva accesso a più testi e compilazioni, coerentemente integrati nella traduzione. Solo uno scavo a tappeto nella complessa tradizione dell'*HR* potrà eventualmente definire l'origine e la rilevanza di tale interpolazione nella trasmissione del testo di Paolo Diacono, ma va da sé che grazie a tale inserto le *Storie de Roma* diventano una preziosa testimonianza anche per lo studio degli apocrifi neotestamentari, per definire la loro diffusione in contesti diversi da quelli già documentati nonché il loro valore intrinseco per la scrittura storiografica.

PAOLO DIACONO IN ITALIANO E NELLE ALTRE LINGUE ROMANZE

Come si è detto, il testimone della Herzog-August-Bibliothek è l'unica attestazione dell'*Historia Romana* volgarizzata in italiano in epoca medievale. Finora, infatti, si conoscevano solo due traduzioni cinquecentesche ad opera di Andrea Arrivabene (1544) e di Benedetto Egio da Spoleto (1548)[40], per cui il codice in questione arretra i termini per la diffusione vernacolare dell'opera di Eutropio-Paolo Diacono in Italia di circa due secoli. Per la sua collocazione trecentesca, il testo tràdito da Aug. Fol. 83.10 può essere cronologicamente accostato agli altri due volgarizzamenti romanzi integrali finora conosciuti dell'opera : la versione aragonese del codice parigino BnF, Bibliothèque de l'Arsenal, ms. 8324, promossa,

40 *Le vite, i costumi et fatti de gl'imperatori romani parte tratte da Sesto Aurelio Vittore, parte scritte da Eutropio et da Paolo Diacono*, novellamente dalla latina alla italiana lingua tradotte, in Vinegia, per Comin de Trino di Monferrato, 1544 e *L'historie di Paolo Diacono seguenti à quelle d'Eutropio, de' i fatti de' Romani imperatori*, nuovamente tradotte di latino in italiano, co' l privilegio del sommo Pontefice Paolo III, & de l'illustrissimo Senato Veneto per anni X, in Venezia, per Michele Tramezzino, 1548. Si vedano anche Jacopo Maria Paitoni, *Biblioteca degli autori antichi greci, e latini volgarizzati*, che abbraccia la notizia delle loro edizioni : nella quale si esamina particolarmente quanto ne hanno scritto i celebri Maffei, Fontanini, Zeno, ed Argellati, in Venezia, appresso Gaspare Storti, 1774, t. III, p. 99-101 ; Alberto Tinto, *Annali tipografici dei Tramezzino*, Roma-Venezia, Istituto per la collaborazione culturale, 1968, p. 31.

o forse realizzata, da Juan Fernández de Heredia, tramandata insieme all'*Historia Langobardorum* e databile al XIV secolo[41], nonché la traduzione francese conservata nel ms. Paris, BnF, fr. 688 (già 7135) che presenta, come *terminus post quem*, il 1343[42]. Quest'ultimo codice in particolare ha ricevuto non poche attenzioni dalla critica, specialmente per la presenza dell'unica testimonianza dell'*Historia Normannorum* di Amato da Montecassino, di cui è andato perduto l'originale latino. Il volume, opera di un traduttore meridionale rimasto anonimo ed esempio significativo del cosiddetto "francese di Napoli", è però il frutto di un'operazione organica in cui sono presenti anche l'*Historia Langobardorum* (*HL*) dello stesso Paolo Diacono, nonché la *Chronica maiora* di Isidoro di Siviglia e l'*Historia sicula* dell'Anonimo Vaticano[43], per un totale di cinque testi,

41 Alla bibliografia che avevo segnalato in Ferrilli, « Il *Tesoretto* [...] », art. cité, p. 322, n. 12 si aggiunga anche *Catalogue des manuscrits de la Bibliothèque de l'Arsenal*, par Henry Martin, Paris, Plon, 1892, vol. 6, p. 456-457.

42 Sulla datazione del codice e sul contesto di produzione si vedano in particolare i lavori di Marianne Gasperoni – Sabina Maffei, « Considerazioni sul manoscritto f. fr. 688 della Biblioteca nazionale di Parigi : l'*Ystoire Romane* e l'*Ystoire de li Longobart* di Paolo Diacono », *Francofonia*, 30 (1996), p. 53-80 ; Jakub Kujawiński, « Alla ricerca del contesto del volgarizzamento della *Historia Normannorum* di Amato di Montecassino : il manoscritto francese 688 della Bibliothèque nationale de France », *Bullettino dell'Istituto Storico italiano per il Medio Evo*, 112 (2010), p. 91-135.

43 Il testo di Isidoro e la *Historia Romana* di Paolo Diacono sono stati oggetto della tesi di dottorato di Nathalie Moreau, di cui si può leggere un riassunto in : « Le manuscrit Bibl. nat. de France, fr. 688 et son traducteur. Édition de la *Chronique universelle* et de l'*Histoire romaine* », *Positions des thèses de l'École des Chartes*, 2001, p. 127-133. L'edizione più recente dell'*Historia Normannorum* è Aimé du Mont-Cassin, *Ystoire de li Normant*, édition du manuscrit BnF, fr. 688, par Michèle Guéret-Laferté, Paris, Champion, 2011 (fondamentale è anche la severa recensione di Françoise Vielliard, « La traduction de l'*Historia Normannorum* d'Aimé du Mont-Cassin. Une nouvelle (mais inutile) édition et un état de la recherche récente », *Bibliothèque de l'École des chartes*, 169 (2011), p. 269-283) ; per una traduzione moderna *cf. Histoire des Normands*, traduction en français moderne, introduction, notes par Michèle Guéret-Laferté, Paris, Champion, 2015. Per la bibliografia generale sul codice, si faccia riferimento ai titoli segnalati in Ferrilli, « Il *Tesoretto* [...] », art. cité, p. 322-323, n. 13, cui vanno aggiunti almeno lo studio linguistico di Luciano Formisano – Charmaine Lee, « Il "francese di Napoli" in opere di autori italiani dell'età angioina », *Lingue e culture dell'Italia meridionale (1200-1600)*, a cura di Paolo Trovato, Roma, Bonacci, 1993 (I volgari d'Italia, 6), p. 133-162 ; l'ampia introduzione storica di Loud alla traduzione inglese del testo (Amatus of Montecassino, *The History of the Normans*, translated by Prescott N. Dunbar, revised with introduction and notes by Graham A. Loud, Woodbridge, Boydell, 2004) ; Laura Minervini, « Il francese a Napoli (1266-1421). Elementi per una storia linguistica », *Boccaccio e Napoli. Nuovi materiali per la storia culturale di Napoli nel Trecento*, Atti del Convegno *Boccaccio angioino. Per il VII centenario della nascita di Giovanni Boccaccio*, Napoli-Salerno, 23-25 ottobre 2013, a cura

tutti di carattere storiografico e della stessa mano. Il prologo generale e i prologhi alle singole opere individuano nel non ancora identificato conte *de Militrée*[44] il committente e destinatario di questa raccolta, che dunque viene connotata dallo stesso collettore come progetto unitario e organico[45]. Per quanto riguarda invece la traduzione aragonese, essa costituisce una rarissima testimonianza della precoce circolazione di Paolo Diacono in terra spagnola, un fenomeno anomalo poiché, « da quanto risulta per il momento, l'unico testimone ora là conservato, il manoscritto 8184 della Biblioteca Nacional di Madrid, vi giunse non prima del XVII secolo, essendo stato copiato in Friuli nel XV[46] ».

---

di Giancarlo Alfano, Emma Grimaldi, Sebastiano Martelli, Andrea Mazzucchi, Matteo Palumbo, Alessandra Perriccioli Saggese, Carlo Vecce, Firenze, Cesati, 2014, p. 151-174.

44 Menzionato dalla rubrica a c. 1r°a. Le proposte avanzate finora non hanno mai raccolto consenso unanime presso gli studiosi e si riassumono in tal modo : per Champollion-Figeac si tratterebbe di un conte « Rogier de Mélit », in Calabria (*L'Ystoire de li Normant et la Chronique de Robert Viscart*, par Aimé, moine du Mont-Cassin, publiées pour la première fois d'après un manuscrit françois inédit du XIIIe siècle par M. Champollion-Figeac, Paris, chez Jules Renouard, 1835, p. XCVIII-XCIX), De Bartholomaeis sospende il giudizio, mentre per Léonard bisognerebbe pensare piuttosto a un conte di Malta, identificabile con Angelo Acciaiuoli, figlio di Niccolò, morto nel 1361 (un sunto delle varie ipotesi coi dovuti richiami bibliografici è in Vielliard, « La traduction de l'*Historia Normannorum* [...] », art. cité, p. 274-275).

45 « Si noti come i testi raccolti formino un'esposizione ben pensata della storia universale, che inizia con una presentazione sommaria e cronografica dell'antichità (Isidoro), poi torna indietro fino alle origini di Roma per esporre dettagliatamente la storia dell'Impero fino a Giustiniano (Eutropio-Paolo Diacono), si concentra infine per l'epoca postromana sulla storia dell'Italia (*Historia Langobardorum*), e soprattutto su quella meridionale del primo periodo normanno (*Historia Normannorum* e *Historia Sicula*) » (Jakub Kujawiński, « "No se troue que cestui capitule die plus, toutes uoiez la rubrica plus demostre". Alcuni problemi della ricerca sui rapporti fra volgarizzamento e tradizione del testo latino (esempio della collezione storiografica del codice Paris, BnF, fr. 688) », *Coexistence and Cooperation in the Middle Ages*, IV European Congress of Medieval Studies F.I.D.E.M (Fédération Internationale des Instituts d'Études Médiévales), 23-27 June 2009, Palermo (Italy), a cura di Alessandro Musco e Giuliano Musotto, Palermo, Officina di Studi Medievali, 2014, p. 745-761, a p. 747).

46 Laura Pani, « Aspetti della tradizione manoscritta dell'*Historia Langobardorum* », *Paolo Diacono : uno scrittore fra tradizione longobarda e rinnovamento carolingio*, Atti del Convegno internazionale, Cividale del Friuli-Udine, 6-9 maggio 1999, a cura di Paolo Chiesa, Udine, Forum, 2000, p. 367-412, p. 380. Aggiungo solo che, stando agli inventari di Mortensen, « The Diffusion of Roman Histories [...] », art. cité, in Spagna sono presenti altri 3 codici che tramandano l'*Historia Romana*, sebbene ben due di essi, (n. 33 e n. 214, secondo la numerazione adottata nell'elenco), vengano datati al XV sec., ovvero dopo la realizzazione del volgarizzamento aragonese. Essi sono : El Escorial, Real Biblioteca de San Lorenzo, E.III.19 – II (n. 32) e H.II.2 (n. 33) ; Zaragoza, Biblioteca del Seminario Sacerdotal de San Carlo, A.4.2 (n. 214).

Un primo sguardo d'insieme può essere rivolto alla lista di testi tramandata nei tre esemplari, in quanto il testimone italiano non solo è l'unico a non contenere anche una traduzione dell'*Historia Langobardorum*, ma anche il solo a includere testi non prettamente storiografici, come i *Fiori di filosafi* e il *Tesoretto*. Benché, secondo le liste di codici redatte da Mortensen e Pani[47], il testo latino dell'*HR* si associ spesso ad altre opere storiche, si può osservare che esso non compare mai insieme agli altri titoli trasmessi da W mentre, scorrendo parallelamente l'indice di Paris, BnF, fr. 688, si nota che in soli quattro casi Paolo Diacono e Isidoro vengono trasmessi insieme, ma in codici compositi, ovvero in cui i due testi appartengono a unità codicologiche distinte[48]. Stranamente, non è frequente nemmeno l'accostamento tra le due principali opere storiografiche di Paolo Diacono, che caratterizza tanto la traduzione francese quanto quella aragonese. Tra testimoni completi o contenenti versioni abbreviate ed *excerpta*, la coppia *Historia Romana-Historia Langobardorum* ricorre in tutto solo sedici volte, un numero piuttosto esiguo se si considera la mole complessiva del testimoniale di entrambi i testi[49]. Tutto ciò rende alquanto difficile stabilire l'esistenza o meno di collezioni storiografiche o di sillogi monografiche dedicate a Paolo Diacono da cui i volgarizzatori potrebbero aver attinto, ma permette di riflettere più genericamente sul posizionamento dell'opera in tali collezioni e sulla maniera in cui l'*HR* venne recepita nel Medioevo volgare. In tal senso, il codice W rappresenta, per ampiezza dei temi presenti, rielaborazione

47 Il rinvio è ancora a Pani, « Aspetti della tradizione manoscritta [...] », art. cité e a Mortensen, « The Diffusion of Roman Histories [...] », art. cité.

48 *Cf.* Kujawiński, « "No se troue que cestui capitule die plus, toutes uoiez la rubrica plus demostre" [...] », art. cité, p. 747-748.

49 Stando alla lista di Mortensen, i codici in cui sono presenti entrambe le opere sono : Bamberg, Staastbibliothek, Hist. 3 (n. 7 ; contenente una versione abbreviata dell'*HR* ed edito da Kretschmer, *Rewriting Roman History [...], op. cit.*) ; Firenze, Biblioteca Medicea Laurenziana, Plut. 65.35 (n. 37) ; London, British Library, Royal 15.C.VI-II (n. 94) ; Milano, Biblioteca Ambrosiana, C 72 inf. (n. 101) ; Oxford, Magdalen College, 14 (n. 122 ; l'*HR* è in versione abbreviata) ; Paris, BnF, lat. 5692 (n. 132 ; contiene solo i primi 11 libri dell'*HR* e degli *excerpta* dell'*HL*) ; Paris, BnF, lat. 6815 (n. 141) ; Paris, BnF, lat. 14693-II (n. 144 ; contiene *excerpta* dell'*HL*) ; Paris, BnF, lat. 17568 (n. 146) ; Parma, Biblioteca Palatina, 2934 + 2933 (n. 152 ; ma si tratta di un codice molto lacunoso dell'*HR*) ; Salisbury, Cathedral Library, 80 (n. 163) ; Città del Vaticano, BAV, Ottob. lat. 1702 (n. 172), Vat. lat. 1983 (n. 193), Vat. lat. 1984-II e 1984A (n. 194, con una versione abbreviata dell'*HR* ed excerpta dell'*HL*) ; Wien, Österreichische Nationalbibliothek, 104 (n. 204) ; Wien, Österreichisches Staatsarchiv, 771 (n. 210 ; contenente solo i libri XI-XVI dell'*HR*).

interna del testo paolino e varietà dei titoli, un *unicum* assoluto tra i manoscritti contenenti volgarizzamenti e traduzioni.

Il ms. Aug. Fol. 83.10 si configura quindi come una preziosa *summa* enciclopedica poiché la trattazione coinvolge la storia romana antica, le genealogie delle grandi stirpi antiche e contemporanee della seconda compilazione la quale, gioverà ricordarlo, è chiusa da una breve trattazione geografica, per poi aggiungere una raccolta di detti dei filosofi antichi e un poemetto allegorico-didattico in volgare. Poiché abbiamo già osservato che aspetti come la fattura generale del codice e del suo apparato decorativo, nonché l'uniformità di scrittura e delle correzioni marginali fanno pensare a un possibile antigrafo che conteneva già i quattro testi, dietro la miscellanea di Wolfenbüttel, al pari di BnF, fr. 688, potrebbe esserci l'intenzione di rendere accessibile in lingua volgare una pratica raccolta di testi, variamente celebri, che coprivano più discipline.

Ulteriori considerazioni possono essere avanzate sulla porzione dell'*Historia Romana* che viene tradotta nei tre manoscritti. Come hanno dimostrato Braccini e Princi, nell'esemplare aragonese della Bibliothèque de l'Arsenal non viene volgarizzato il *Breviarium* di Eutropio, come precedentemente indicato, ma il testo di Paolo Diacono[50] con alcune sezioni compendiate e interventi, sebbene limitati, del traduttore, che portano a qualche discrepanza con il testo latino e ad errori nella resa in aragonese. Nel codice francese l'opera è invece accompagnata dalla lettera ad Adelperga e viene preceduta da un prologo redatto dal volgarizzatore, in cui egli spiega il progetto generale della raccolta. Per quanto riguarda il rapporto col testo latino, Kujawiński ha inoltre dimostrato che sia per l'*Historia Romana* che per l'*Historia Langobardorum* BnF, fr. 688 è molto vicino al compendio trasmesso dal codice Hist. 3 della biblioteca di Bamberga, sebbene non si possa affermare che esso ne sia l'antigrafo. Infatti, se per i primi dieci libri dell'*HR* il traduttore cerca di conciliare la versione abbreviata con quella latina di Eutropio-Paolo

50 *Cf.* Mauro Braccini – Giovanna Princi, « Il volgarizzamento aragonese inedito della *Historia Romana* e della *Historia Langobardorum* di Paolo Diacono nel cod. 8324 della Bibliothèque de l'Arsenal », *Quaderni del Dipartimento di Linguistica dell'Università degli Studi di Firenze*, 11 (2001), p. 269-300. I due studiosi correggono quanto affermato erroneamente da Alfred Morel-Fatio, « Une version aragonaise d'Eutrope faite sous les auspices de Juan Fernandez de Heredia », *Romania*, 18 (1889), p. 491-493 e in *Trésors de la Bibliothèque de l'Arsenal*, Paris, Bibliothèque de l'Arsenal, 1980, n. 373, p. 200.

Diacono, la sezione propriamente paolina appare molto concisa e dunque vicina al compendio di Bamberga, ma si intuisce la presenza di altre forme di interpolazione[51]. L'analisi condotta nel paragrafo precedente mostra invece che il codice guelferbitano, pur essendo a tutti gli effetti una trasposizione volgare dell'*Historia Romana*, prevede delle estensioni interpolate, come accade per i brani dell'*Historia Miscella*, per le integrazioni riguardanti la storia sacra, nonché per l'*Epistula Pilati ad Claudium*. In sostanza, benché in base allo stato attuale della ricerca non si possa stabilire una filiazione diretta tra volgarizzamento italiano e uno dei numerosi testimoni latini dell'opera, sembra palese che le tre traduzioni romanze abbiano a che vedere con modelli diversi dell'*HR* e che dunque confermino i dati sulla circolazione molto variegata del manuale paolino.

L'ultimo aspetto di questo confronto a tre che vorrei sottolineare riguarda la differente distribuzione geografica di tali esemplari manoscritti e il loro rapporto con la diffusione dell'*Historia Romana*. Si è già parlato della straordinaria fortuna dell'opera di Paolo Diacono che, difatti, insieme alle *Historiae* di Orosio, divenne tra i più fortunati manuali medievali di storia antica, trovando una precoce diffusione in Italia e, specialmente, nel Meridione[52], soprattutto nel XII e nel XV secolo[53]. Si è anche parlato di come l'esistenza di un volgarizzamento aragonese rappresenti un caso straordinario rispetto ai pochi codici individuabili in Spagna e di come la traduzione in francese si inserisca sia nella scia della circolazione meridionale

51 Per un raffronto testuale di alcuni campioni dell'*HR* si veda Kujawiński, « "No se troue que cestui capitule die plus, toutes uoiez la rubrica plus demostre" [...] », art. cité, p. 755-761.

52 « Della quindicina di manoscritti dell'*Historia Romana* di Paolo scritti fra IX e XI secolo almeno i due terzi sono italiani. La diffusione di Paolo Diacono in Italia, e soprattutto nell'Italia del sud, trovava terreno favorevole nella persistenza nelle biblioteche locali di libri classici, quegli stessi libri che avevano fornito il materiale per la compilazione dell'opera » (Chiesa, « Storia romana e libri di storia romana [...] », *op. cit.*, p. 247). Più variegata appare invece la fortuna europea dell'*Historia Langobardorum*, per la quale *cf.* Walter Pohl, « Paulus Diaconus und die *Historia Langobardorum* : Text und Tradition », *Historiographie im frühen Mittelalter*, herausgegeben von Anton Scharer und Georg Scheibelreiter, Wien-München, Oldenbourg, 1994 (Veröffentlichungen des Instituts für Österreichische Geschichtsforschung, 32), p. 375-405.

53 « *This certainly indicates a greater interest for Roman history in these two renaissances, but it also reflects a more general pattern of book production, i.e. the great expansion of the written word in the twelfth century and the new situation created by the paper codex in the fourteenth and especially fifteenth centuries* » (Mortensen, « The Diffusion of Roman Histories [...] », art. cité, p. 106).

dell'*HR*, sia tra le testimonianze riguardanti l'impiego del francese presso la corte napoletana. Il codice di Wolfenbüttel meriterebbe certamente di essere sottoposto a un'analisi linguistica molto più approfondita, ma finora le sue peculiarità dimostrano la diffusione dell'opera di Paolo Diacono dentro – e forse oltre – l'asse tra Bologna e la Toscana, ovvero in un'area che, specialmente tra XIII e XIV secolo, spicca per la produzione di testi e traduzioni in lingua volgare.

CONCLUSIONI

Con questo contributo si sono volute tracciare alcune linee-guida per uno studio complessivo della miscellanea di Wolfenbüttel e delle *Storie de Roma*. Il volgarizzamento di Paolo Diacono rappresenta sicuramente un cantiere aperto del codice, non solo perché esso colma un vuoto nella diffusione romanza di quest'opera, ma anche perché, come credo di aver mostrato, riserva numerose sorprese testuali, dalla contaminazione con Landolfo fino all'inedito e insolito inserimento di apocrifi neotestamentari in volgare e di espansioni o contrazioni testuali di varia natura. Considerazioni più ampie sui passi che risentono dello spirito d'iniziativa del volgarizzatore saranno possibili solo quando la tradizione latina dell'*Historia Romana* riceverà uno studio complessivo che analizzi nella maniera più esaustiva possibile i singoli codici, malgrado l'edizione Crivellucci rimanga un validissimo punto di riferimento per il confronto. Maggiori indizi sulla natura della miscellanea conservata a Wolfenbüttel deriveranno inoltre da un'indagine più dettagliata dei singoli testi e, in particolare, del compendio che segue immediatamente nell'indice le *Storie de Roma*. L'ipotesi che ho avanzato sul fatto che i due testi siano complementari nell'offrire una panoramica storica dall'antichità fino al Regno di Sicilia andrebbe ulteriormente approfondita mediante degli affondi più decisi nel testo di tale opera e nella ricerca delle sue fonti. Infine, qualsiasi studio futuro sulla porzione del codice di Wolfenbüttel dedicata a Paolo Diacono dovrà necessariamente prendere in considerazione non solo il manufatto nel suo complesso, ma anche i suoi corrispettivi in altre lingue romanze e la selezione di testi che essi tramandano, al fine di confrontare da un punto di vista ecdotico e contenutistico l'opera dei vari traduttori e definire i confini della ricezione e della fortuna dello storico friulano lungo il XIV secolo, nella Napoli angioina così come nel Nord Italia e in Spagna.

Sara FERRILLI
Universität Zürich

CINQUIÈME PARTIE

LES CHRONIQUES À FLORENCE

L'AVÈNEMENT DE L'HUMANISME

I CRONISTI FIORENTINI E LA SCELTA DEL VOLGARE

Una nota

In due passi del *De vulgari eloquentia* (I, ix, 11 e I, x, 2) Dante ha individuato nel latino – che permette di conoscere le gesta degli antichi – e nella lingua d'*oïl* – per la sua facilità e piacevolezza – gli idiomi in cui erano composte le opere storiografiche[1]. L'Alighieri, mentre scriveva quelle affermazioni, non pensava alle cronache cittadine che erano state redatte numerose e in latino nei comuni italiani dalla metà del secolo XII, ma alle storie dell'antichità romana e, molto probabilmente, alle compilazioni sia altomedievali sia più recenti in latino – come il *Chronicon* di Martino Polono – oltre che ai testi in francese stilati nel primo Duecento che godettero presto di larga circolazione pure in Italia, come *Les Faits des Romains* o l'*Histoire ancienne jusqu'à César*[2]. I commentatori del *De vulgari eloquentia* individuano in entrambi i passi, e nel secondo in particolare, un debito di Dante con Brunetto Latini e ritengono molto probabile che nel secondo di quei brani l'Alighieri avesse in mente anche il *Tresor* perché accostano il dantesco « faciliorem ac delectabiliorem vulgaritatem » che giustifica l'uso del francese al « plus delitable et plus comune a touz languaiges » utilizzato da Brunetto con lo stesso fine verso il 1265[3].

---

1 L'attenzione su *De vulgari eloquentia* I, x, 2 è stata richiamata già da Ernesto Monaci : *cf. Storie de Troja et de Roma altrimenti dette "Liber ystoriarum Romanorum"*, testo romanesco del secolo XII preceduto da un testo latino da cui deriva, edito con note e glossario da Ernesto Monaci, Roma, Società romana di storia patria, 1920 (Miscellanea della R. Società romana di storia patria, 5), p. XXIV.

2 Su Dante lettore di Orosio e Martino Polono piuttosto che di cronache cittadine ha scritto una pagina definitiva Arsenio Frugoni, « Manfredi per Dante : lettura del Canto III del Purgatorio », *Incontri nel medioevo*, Bologna, Il Mulino, 1979, p. 389-409, a p. 403-404.

3 Rimando solo a due autorevoli edizioni recenti che per i passi in questione ripropongono lo stesso testo : *cf.* Dante Alighieri, *De vulgari eloquentia*, a cura di Enrico Fenzi con la collaborazione di Luciano Formisano e Francesco Montuori, Roma, Salerno Editrice,

Ai commentatori del *De vulgari eloquentia* non è sfuggito il fatto che parole analoghe – « lengue franceise cort parmi le monde et est la plus delitable » – compaiono anche nelle *Estoires de Venise* composte da Martino da Canal negli anni Settanta del Duecento[4]. Martino forse conobbe il *Tresor* che ebbe larga e rapida fortuna, ma è probabile che la sua scelta del francese – di questo autore però si sa veramente troppo poco – fosse dipesa, piuttosto che dal modello fiorentino, dall'influenza di testi storiografici prodotti sia in originale sia attraverso volgarizzamenti già dai primi anni del Duecento nell'Oriente crociato con il quale Venezia era in stretto rapporto. Dante non ebbe modo di leggere le *Estoires de Venise*, un testo che circolò pochissimo, conosceva però bene il *Tresor* e, forse, in *De vulgari eloquentia* I, x, 2 ha pensato anche alla cronaca universale contenuta nel primo libro dell'enciclopedia di Brunetto[5].

Il breve profilo di storia redatto da Brunetto in francese incontrò notevole fortuna e, oltre a essere veicolato dai numerosi manoscritti del *Tresor*, fu all'origine di nuove compilazioni[6]. Segno di questo favore è anche il fatto che nessuna delle altre parti del *Tresor* ricevette un simile

---

2012 (Nuova edizione commentata delle opere di Dante, volume 3), p. 68-69 ; e Dante Alighieri, *De vulgari eloquentia*, a cura di Mirko Tavoni, Milano, Mondadori, 2017 (Oscar classici, 85), p. 110-114.

4 Martin da Canal, *Les estoires de Venise*, cronaca veneziana in lingua francese dalle origini al 1275, a cura di Alberto Limentani, Firenze, Olschki, 1972 (Civiltà veneziana. Fonti e testi, 12), p. 2. Su questo autore *cf.* da ultimo Serban Marin, « A Chanson de Geste in the 13th Century Venice : the Chronicle Written by Martino da Canal », *Medieval and Early Modern Studies for Central and Eastern Europe*, 2 (2010), p. 71-122.

5 La sezione storiografica si può leggere in Brunetto Latini, *Tresor*, a cura di Pietro G. Beltrami, Paolo Squillacioti, Plinio Torri e Sergio Vatteroni, Torino, Einaudi, 2007, cap. 19-93, p. 37-127. Pietro G. Beltrami, « Per il testo del "Tresor" : appunti sull'edizione di F. J. Carmody », *Annali della Scuola Normale Superiore di Pisa. Classe di lettere e Filosofia*, s. III, 18/3 (1988), p. 961-1009, a p. 975-978, non ritiene si debbano a Brunetto i cap. 94-98 del *Tresor* e decide di non pubblicarli nell'edizione da lui curata (*cf.* Brunetto Latini, *Tresor [...]*, ed. cit., p. XXIII). Si possono leggere in *Li livres dou tresor de Brunetto Latini*, édition critique par Francis James Carmody, Berkeley-Los Angeles, University of California Press, 1948 (University of California Press Publications in Modern Philology, 22), p. 75-81.

6 Come, ad esempio, il *Fioretto di croniche degli imperadori*, testo di lingua del buon secolo ora per la prima volta publicato a cura di Leone Del Prete, Lucca, Tipografia dei figli di G. Rocchi, 1858. Sull'argomento è ancora insostituibile Adolfo Mussafia, *Sul testo del "Tesoro" di Brunetto Latini*, Vienna, Imperiale regia tipografia di corte e di stato presso il figlio di Carlo Gerold, 1869, poi in Tohr Sundby, *Della vita e delle opere di Brunetto Latini*, a cura di Rodolfo Renier, Firenze, Le Monnier, 1884, p. 279-390, in particolare alle p. 343-366, ma vedi ora Filippo Pilati, « Le continuazioni storiografiche nei mss. dei *Fatti di Cesare* », in questo volume.

numero di interpolazioni : sia nei codici in francese sia nelle traduzioni italiane la compilazione fu accresciuta con alcune continuazioni e anche arricchendo il testo con altre notizie[7]. Tuttavia le aggiunte ospitate da quelle revisioni non hanno mutato la natura del profilo che ha mantenuto sempre l'impronta di storia universale che gli aveva dato Brunetto, e non si è mai aperto ad accogliere note di cronaca cittadina neppure recente[8]. Sul finire del XIII secolo, quindi, a Firenze e più in generale in Toscana – probabilmente la prima stesura in toscano del *Tresor* venne realizzata a Pisa – il volgare italiano si affiancava al francese come lingua di testi di storia universale prima di diventare, accanto al latino, la lingua delle cronache cittadine.

Nei primi anni del Trecento, quando Dante mise mano al *De vulgari eloquentia* – il trattato si ritiene composto tra il 1302 e il 1305 – l'ingresso del volgare fiorentino nelle compilazioni di storia universale era un processo ancora in svolgimento, ma importanti passi in quella direzione erano già stati compiuti e di lì a breve – poco dopo il 1312 – Dino Compagni avrebbe composto la sua splendida *Cronica*, tutta volta alla registrazione dei fatti recenti[9]. Negli anni precedenti – dai Settanta del XIII secolo – si era avuta una storiografia fiorentina in volgare che prediligeva la storia universale : subito dopo la stesura dell'originale in latino, vi erano state almeno due traduzioni in fiorentino del *Chronicon* di Martino Polono, una piuttosto fedele all'originale che funse da punto di partenza per una cronaca erroneamente attribuita a Francesco Petrarca, l'altra, con qualche aggiunta, ad opera del giudice Pietro Bonfante. Qualche anno dopo – nell'ultimo decennio del secolo – un'altra traduzione di Martino servì come asse portante per la compilazione di una

7 Sulle traduzioni toscane del *Tresor* vedi Marco Giola, *La tradizione dei volgarizzamenti toscani del "Tresor" di Brunetto Latini. Con un'edizione critica della redazione* α *(I.1-129)*, Verona, QuiEdit, 2010, con la sezione storiografica che è continuata sino alla morte di Carlo I nel 1285, edita alle p. 272-343.

8 Sulle caratteristiche della sezione storiografica del *Tresor* vedi Maria Teresa Rachetta, « Sulla sezione storica del "Tresor" : Brunetto Latini e l'"Histoire ancienne jusqu'à César" », *Medioevo romanzo*, 62/2 (2018), p. 284-311 ; e *Ead.*, « Brunetto Latini, la storia universale e la letteratura francese di matrice erudita del primo XIII secolo », *Dante e la cultura fiorentina. Bono Giamboni, Brunetto Latini e la formazione intellettuale dei laici*, a cura di Zygmunt Barański, Theodore J. Cachey e Luca Lombardo, Roma, Salerno editrice, 2019 (La navicella dell'ingegno, 8), p. 101-132.

9 Ma è con un richiamo alle opere storiografiche dell'antichità – le « ricordanze dell'antiche istorie » – che l'opera si apre. *Cf.* Dino Compagni, *Cronica*, a cura di Davide Cappi, Roma, Carocci, 2013 (Classici, 28), p. 31.

cronaca in cui note di storia locale trovavano posto in un contesto di storia universale[10]. Negli anni Novanta del Duecento cominciò anche la grande stagione dei volgarizzamenti di opere storiografiche latine dell'antichità nel volgare fiorentino e la prima opera resa accessibile a un più largo pubblico furono le *Storie contro i pagani* di Orosio, uno dei pilastri della cultura storiografica medievale, tradotte dal giudice Bono Giamboni[11]. In quegli anni si tradusse la cronaca universale di Isidoro di Siviglia[12], ma nessuno pensava di investire impegno nel volgarizzamento delle cronache cittadine scritte in latino – prassi di cui in tutto il corso del basso medioevo italiano si possono riscontrare solo rari e tardi casi[13]. Invece fu volgarizzata già nel Duecento la *Chronica de origine civitatis Florentie*, il cui rimaneggiamento toscano più noto, il *Libro fiesolano*, risale probabilmente agli stessi anni in cui fu composto il *De vulgari eloquentia*[14]. La *Chronica de origine* è un testo dal livello culturale modesto, rientra però in quel canone di opere in cui si parla della storia di Troia e di Roma diffuso dai volgarizzamenti e come tale fu utilizzata anche da Brunetto nel *Tresor*, che, venendo incontro al gusto del tempo, dedicò qualche attenzione alla fondazione di Firenze.

La sezione storiografica del *Tresor* richiama la compilazione di storia universale che trova posto nella vita di papa Pelagio I contenuta nella *Legenda aurea* di Iacopo di Varazze[15]. Le similitudini tra la sintesi di

10 Sulla fortuna della cronaca di Martino Polono volgarizzata a Firenze nel Duecento è intervenuto di recente Davide Cappi, « Strategie autoriali nelle cronache volgari del Trecento », *Scrivere storia nel medioevo. Regolamentazione delle forme e delle pratiche nei secc.* XII-XV, a cura di Fulvio Delle Donne, Paolo Garbini e Marino Zabbia, Roma, Viella, 2020, p. 113-131.

11 Su questo volgarizzamento vedi da ultimo Enrico Faini, « *Uno nuovo stato di felicitade.* Bono Giamboni volgarizzatore di Orosio », *Dante e la cultura fiorentina [...], op. cit.*, p. 61-78 ; e *Id.*, « Vegezio e Orosio : storia, cavalleria e politica nella Firenze del tardo Duecento », *Storia sacra e profana nei volgarizzamenti medioevali. Rilievi di lingua e di cultura*, a cura di Michele Colombo, Paolo Pellegrini, Simone Pregnolato, Berlin-Boston, De Gruyter, 2019, p. 237-254.

12 *Cf.* Matteo Luti, « Un nuovo volgarizzamento del "Chronicon maius" di Isidoro di Siviglia (Firenze, BNC, Magl. XXXVIII 127) », *Carte romanze*, 7/1 (2019), p. 11-59.

13 Uno, di grande rilievo, riguarda la Toscana : che il volgarizzamento della cronaca pisana di Bernardo Maragone risalga alla metà del Trecento è opinione di Alfredo Stussi riportata da Maria Luisa Ceccarelli Lemut, « Bernardo Maragone "provisor" e cronista di Pisa nel XII secolo », *Medioevo Pisano. Chiesa, famiglie, territorio*, Pisa, Pacini, 2005 (Percorsi, 13), p. 121-144, a p. 142.

14 *Cf.* Colette Gros, « La plus ancienne version de "Il libro fiesolano" (La Légende des origines) », *Letteratura italiana antica*, 4 (2003), p. 11-28.

15 Iacopo da Varazze, *Legenda aurea*, edizione critica a cura di Giovanni Paolo Maggioni, Firenze, Sismel-Edizioni del Galluzzo, 1998 (Millennio medievale, 6), vol. II, p. 1256-1282.

storia presente nella *Legenda aurea* e quella ospitata nel *Tresor* – due opere coeve – sono note agli studiosi, ma meritano maggiori attenzioni perché questi brevi testi, così fortunati entrambi, mostrano quale fosse la principale richiesta culturale in ambito storiografico diffusa nelle città italiane. A quanto sappiamo in base agli studi più recenti, sia la cronaca universale di Brunetto sia quella di Iacopo sono opere originali, compilazioni condotte dai due autori su una base di fonti che ancora non individuiamo con precisione anche se è probabile che, al tempo in cui pose mano alla versione ampliata della *Legenda*, Iacopo conoscesse già il *Chronicon* di Martino Polono[16]. L'indipendenza di queste due brevi compilazioni da modelli già definiti costituisce un aspetto di rilievo soprattutto se consideriamo quanto il *Tresor* come la *Legenda aurea* per molte pagine riprendano le loro fonti con poche modificazioni. A ciò si aggiunga che pure della *Legenda aurea* sono disponibili almeno due volgarizzamenti toscani del Trecento, anche se pare che queste versioni dell'opera non ebbero fortuna, o almeno non diedero vita a una tradizione manoscritta paragonabile a quella del *Tresor* toscano[17].

Gli anni in cui si procedette alle traduzioni dal latino all'italiano – i volgarizzamenti veri e propri – coincisero con quelli in cui alcune opere storiografiche redatte in francese vennero tradotte nei volgari italiani. L'ultimo quarto del Duecento è probabilmente il periodo in cui fu realizzata la versione toscana dei *Faits des Romains*, anche se i più antichi testimoni di questa traduzione risalgono all'inizio del XIV secolo[18], e negli stessi anni si procedette pure alla traduzione in toscano dell'*Histoire ancienne jusqu'à César*[19]. Il volgare toscano – che già aveva raggiunto alti livelli culturali nella prosa di metà XIII secolo e naturalmente anche nella poesia del secondo Duecento – alle soglie del Trecento è ormai in grado

16 Per qualche cenno a proposito dell'opera di Iacopo *cf.* Giovani Paolo Maggioni, *Ricerche sulla composizione e sulla trasmissione della "Legenda aurea"*, Spoleto, Centro italiano di studi sull'alto medioevo, 1995 (Biblioteca di medioevo latino, 8), p. 74, 86 et 96.

17 *Cf.* Speranza Cerullo, *I volgarizzamenti italiani della "Legenda aurea". Testi, tradizioni, testimoni*, Firenze, Sismel-Edizioni del Galluzzo, 2018 (Archivio romanzo, 34), in particolare p. 119-160.

18 *Cf. Li fatti de' Romani. Edizione critica dei manoscritti Hamilton 67 e Riccardiano 2418*, a cura di David P. Bénéteau, Alessandria, Edizioni dell'Orso, 2012 (Studi e ricerche, 108), p. 14-15.

19 Per le traduzioni dell'*Histoire ancienne jusqu'à César cf.* Luca Di Sabatino, « Per l'edizione critica dei volgarizzamenti toscani dell'"Histoire ancienne jusqu'à César" (Estoires Rogier) : una nota preliminare », *Carte romanze*, 4/2 (2016), p. 121-143.

di offrirsi come lingua scritta efficace anche per i cronisti cittadini e come tale viene impiegato con sempre maggiore frequenza a Firenze prima e poco dopo in altre città toscane[20]. I cronisti fiorentini che scrivevano all'inizio del XIV secolo sentivano probabilmente con maggior forza il peso dei modelli trasmessi dai volgarizzamenti piuttosto che quello delle compilazioni duecentesche in latino e quindi inserirono con naturalezza la storia universale nel testo delle loro opere in volgare.

Anche nelle altre città italiane le fortunate compilazioni di storia universale della seconda metà del Duecento interagirono con la cronachistica cittadina, ma di norma questo incontro coinvolse autori laici di cronache e compilazioni in latino dovute a frati francescani e soprattutto domenicani[21]. Unicamente a Firenze, oltre a portare contenuti e tecniche storiografiche, le sintesi favorirono l'affermazione del volgare e nel quadro cittadino il rilievo assunto dal *Tresor*, a mio avviso, ha contribuito direttamente a questa affermazione, non solo perché l'autorevole notaio è stato il primo a Firenze a usare un volgare per scrivere di storia, ma anche perché soltanto la sezione di storia universale contenuta nell'opera di Brunetto ebbe una larga e solida diffusione di contro ad altri tentativi tutti molto meno fortunati. Ma, oltre a constatare la larga circolazione di quest'opera in francese e in toscano, possiamo fare qualche sondaggio nelle cronache posteriori per vedere se le notizie raccolte nelle pagine di Brunetto sono state recepite dagli altri cronisti. In questa direzione è inevitabile il confronto con la *Nuova cronica* di Villani in cui la memoria storiografica di Firenze venne codificata[22].

---

20 Sulla cronachistica universale in volgare nella Firenze d'inizio Trecento vedi Elisa Brilli, « Firenze, 1300-1301. Le cronache antiche », *Reti Medievali. Rivista*, 17/2 (2016), p. 113-151. Per maggiori dati sulla situazione in Toscana *cf.* Cecilia Iannella, « Pisa, secc. XIII-XIV : autori, modelli, testi, testimoni », *Scrivere storia nel medioevo [...], op. cit.*, p. 97-112.

21 *Cf.* le ancora imprescindibili osservazioni di Girolamo Arnaldi, « Andrea Dandolo doge-cronista », *La storiografia veneziana fino al* XVI secolo. Aspetti e problemi, a cura di Agostino Pertusi, Firenze, Olschki, 1970 (Civiltà veneziana. Saggi, 18), p. 127-268, a p. 178-182.

22 Per un primo quadro sulle fonti del Villani vedi Marino Zabbia, « Prima del Villani. Note sulle cronache universali a Firenze tra l'ultimo quarto del Duecento e i primi anni del Trecento », *Le scritture della storia. Pagine offerte dalla Scuola nazionale di studi medievali a Massimo Miglio*, a cura di Fulvio Delle Donne e Giovanni Pesiri, Roma, Istituto storico italiano per il Medioevo, 2012 (Quaderni della Scuola nazionale di studi medievali, 1), p. 139-162 ; qualche osservazione sul tema anche in Zabbia, « Villani, Giovanni », in *Dizionario biografico degli italiani*, Roma, Istituto della Enciclopedia italiana, 2020, vol. 99, p. 333-338.

Già Francis Carmody si era mosso in questa direzione e nella sua edizione del *Tresor* sono indicati in nota tutti i passi dell'opera di Brunetto che ricompaiono in quella di Villani[23]. Poiché la *Nuova cronica* riporta più dettagli e maggiori informazioni a proposito di episodi che sono presenti anche nel *Tresor*, lo studioso americano ha ipotizzato che tali coincidenze non derivino dalla diretta dipendenza di Giovanni dal Latini ma si debbano a una fonte comune ai due testi ora perduta. L'ipotesi di Carmody, generalmente accolta anche in studi recenti, non è inverosimile : Brunetto che per tanta parte della sua opera dipese da testi già disponibili a Firenze alla metà del Duecento – basti ricordare il debito con il *Liber de regimine civitatum* di Giovanni da Viterbo che segna il terzo libro del *Tresor* – avrebbe utilizzato anche una cronaca che circolava in città prima della diffusione dell'opera di Martino Polono e questa sintesi, oggi perduta, sarebbe stata ancora disponibile al tempo del Villani. Ma il confronto tra la *Nuova cronica* e le versioni toscane del *Tresor* dimostra come l'ipotesi di Carmody sia infondata : i rapporti tra le due opere, infatti, non mutano aspetto nelle pagine che mancano nell'originale francese.

Qualche esempio può essere utile per chiarire la situazione e portare anche un piccolo contributo alla ricostruzione delle fonti della *Nuova cronica*. Converrà partire con un passo di storia universale che contiene un singolare errore – Bosone di Vienne che da re di Provenza diventa re di Puglia – di cui non trovo traccia nelle cronache che avrebbero potuto essere fonte di Brunetto (ma di quale codice, ad esempio, del *Pantheon* di Goffredo da Viterbo egli disponesse non sappiamo)[24].

Ecco il testo originale secondo l'edizione curata da Beltrami :

> Cil Loys vesqui en son empire II anz ; et quant il fu deviez il ne laissa que une fille qui fui mariee au roi de Puille. Lor vint a Rome Charle Chauve le roi de France et fue empereor un an. Mes por que les guerres crurent diversement en Ytalie, laissa Charles Chauves l'empire de Rome a Loys le Juene, qui estoit fiz a sa niece, la feme au roi de Puille de cui l'estoire parole ci devant[25].

23 *Cf.* anche Francis James Carmody, « Latin Sources of Brunetto Latini's World History », *Speculum*, 11/3 (1936), p. 359-370, in particolare le conclusioni a p. 370.

24 In questo passo del *Tresor* la confusione è aumentata dal fatto che Ludovico III di Provenza probabilmente è scambiato con suo nonno Ludovico II, che in alcune fonti è detto Ludovico il Giovane.

25 Brunetto Latini, *Tresor […]*, ed. cit., p. 122. Si può ipotizzare che in qualche passaggio della tradizione di memorie storiche l'intitolazione a *dux Italie* che Bosone ha in alcuni

Il passo fu modificato già nella stesura in francese che Carmody suppone d'autore e Beltrami invece ritiene apocrifa :

> Cil Loys vesqui en son empire II ans. Et quant il fu deviés il ne laissa k'une fille ki fu mariee au roi de Puille. Lors vint a Rome Karle Chauf le roi de France et fue empereor mains de II ans. Mais por çou ke les guerres crurent diversement en Ytalie, et ke li empereour ki estoient françois n'aidoient mie les romains contre les lombars et contre les autres ki les damagoient sovent et menu, avint il ke par sentence de romains la dignité de l'empire fu tolue as françois et revint as ytaliiens ; dont li premiers fu Loys le joene, ki estoit fiz au roi de Puille et de sa feme, ki fu filie Loys, de cui l'estoire parole ci devant[26].

Dalla versione francese più ampia dipende il volgarizzamento toscano α pubblicata da Marco Giola :

> Luis visse in del suo imperio meno di due anni, e quando elli passò di vita non lassò se non una figluola che ffue maritata allo rei di Pullia. Allora venne a Roma Carlo, ched era rei di Francia, e ffue imperadore meno di III anni. Ma però che lle guerre crevveno diversamente in 'Talea, e che l'imperadori ched erano Franceschi non aiutavano di neiente li Romani contra li Lumbardi e contra li altri che lli danmeggiavano, e questo vedeano bene elli, unde male d'avenne loro che, per sentensia dei Romani, la dignitade de lo 'nperio fue tolto loro e ritornò ai Taliani ; unde lo primo fue Lois lo Giovane ched era figliuolo del rei di Pullia e de la sua mollie che ffue filliola de lo 'nperadore Luis, di cui la storia a pparlato dinansi[27].

Così infine si legge in Giovanni Villani :

> E perché [i Franceschi] non poteano aiutare la Chiesa e' Romani dalle ingiurie e forze de' possenti Lombardi, sì ordinaro per dicreto che.lla degnità dello 'mperio non fosse più de' Franceschi, ma tornasse al'Italiani. E 'l primo imperadore italiano fu Luigi figliuolo del re di Puglia, nato per madre della figliuola di Luigi secondo imperadore che fue de' Romani e re di Francia, onde adietro è fatta menzione[28].

---

documenti, sia diventata prima *dux* e poi *rex Apulie*, considerando che con *Apulia* si può indicare l'Italia. Davide Cappi – che ringrazio per questa e per tante altre indicazioni – mi segnala che nel volgarizzamento di Martino Polono tramandato dal manoscritto Firenze, Biblioteca Medicea Laurenziana, Ashburnham 552, di norma *Langobardus* viene reso con *Pulliese*.

26 *Li livres dou Tresor de Brunetto Latini [...]*, ed. cit., p. 71.

27 Giola, *La tradizione dei volgarizzamenti toscani [...]*, *op. cit.*, p. 323-324.

28 Giovanni Villani, *Nuova cronica*, a cura di Giuseppe Porta, Parma, Fondazione Pietro Bembo-Guanda, 1990 (Biblioteca di scrittori italiani), vol. I, p. 152.

Per comprendere questo passo è necessario proporre anche la principale fonte di Giovanni, Martino Polono :

> Istius tempore ceperunt Ytalici imperare. Exempto enim imperio a Francis, fertur ad Ytalicos secundum sentenciam Romanorum, quia Francigene non adiuvabant Romam contra Longobardos rebellantes et multa ipsis iniurias inferentes, propter quam causam tempore istius Lodoyci dividi cepit imperium[29].

Nella versione più ampia il sintetico testo della nota originale del *Tresor* è arricchito, in maniera abbastanza confusa, con informazioni provenienti dal *Chronicon* di Martino che ormai circolava ampiamente a Firenze in originale e volgarizzato. Ricorrendo probabilmente a un volgarizzamento, il Villani ha ripreso quasi alla lettera la cronaca universale del domenicano che riporta i fatti correttamente (i *possenti Lombardi* sono da identificare con i duchi di Spoleto e papa Benedetto IV fu tra i fautori di Ludovico III di Provenza). Vi ha però aggiunto – e poteva trarla solo dal *Tresor* – l'inverosimile notizia per cui Ludovico III sarebbe stato figlio del re di Puglia e ha terminato la nota con un rinvio a quanto « adietro è fatta menzione » che – pur essendo una formula di rimando consueta nell'opera di Giovanni – non trova sicura conferma nella *Nuova cronica*, ma piuttosto ripropone la chiusa della notizia nel *Tresor*.

Ancora maggiore vicinanza al *Tresor* si riscontra nelle pagine della *Nuova cronica* dedicate a Manfredi[30]. Queste informazioni mancano nella stesura originale della compilazione di Brunetto, compaiono però nella versione in francese ritenuta apocrifa da Beltrami e nelle traduzioni, dove l'attenzione per l'Italia meridionale si rivela anche con la presenza in un codice che conserva il *Tresor* in toscano della *Leggenda di Messer Gianni da Procida*, confluita poi in forma sintetica nella *Nuova cronica*[31]. Alla fine del Duecento a Firenze si era ormai codificato il racconto della fine

29 Martini Oppaviensis *Chronicon pontificum et imperatorum*, edidit Ludewicus Weiland, *Monumenta Germaniae Historica*, *Scriptores*, 22, Hannoverae, Impensis Bibliopolii Aulici Hahniani, 1872, p. 463.

30 L'edizione del *Tresor* curata da Giola porta elementi nuovi alla ricostruzione proposta in Marino Zabbia, « Manfredi di Svevia nella cultura storiografica delle città italiane tra Due e Trecento », *Scritti per Isa. Raccolta di studi offerti a Isa Lori Sanfilippo*, a cura di Antonella Mazzon, Roma, Istituto storico italiano per il Medioevo, 2008 (Nuovi studi storici, 76), p. 897-914, a cui comunque rimando per un quadro generale.

31 *Cf. Cronache volgari del Vespro*, a cura di Marcello Barbato, Roma, Istituto storico italiano per il Medioevo, 2012 (Fonti per la storia dell'Italia medievale. *Rerum Italicarum Scriptores*, serie terza, 10), p. 11 e 210.

degli Svevi nella forma che la traduzione del *Tresor* nella redazione α pubblicata da Giola e il *Fioretto di croniche degli imperadori* trasmettono con qualche variante, ma che altre opere di poco precedenti – come la cronaca di Tommaso Tosco – ancora ignoravano. L'omicidio di Borello d'Anglona, ad esempio, non compare nella continuazione del *Tresor* francese, ma lo si trova sia nella versione italiana, sia nel *Fioretto.* Lo stesso vale per il bel racconto del tradimento di Riccardo di Sanseverino, conte di Caserta, a Ceprano che dal *Tresor* toscano sembra sia confluito nell'opera di Villani, e per la descrizione del comportamento assunto da Manfredi quando ormai la sconfitta definitiva gli fu chiara e la morte da valoroso in battaglia gli parve l'unica soluzione rimasta. Basta il confronto puntuale di un solo luogo per comprendere il carattere del rapporto tra la *Nuova cronica* e le continuazioni del *Tresor.* Scelgo un passo presente solo nel *Tresor* toscano in cui la forma, impreziosita dall'uso del discorso diretto, è più curata che nelle altre pagine :

> E quando elli fue al ponte a Ciperana, ed elli vi trovò lo conte di Chaçerta e lo conte Giordano che doveano guardare lo passo con du' milia cavallieri. E quando doveano vietare lo passo, e llo conte di Chaçerta li lassò passare dicendo al conte Giordano : « Quando ne fino passati alquanti, el noi ne faremo quello che noi vorremo ». E quando ne furono passati alquanti, el conte Giordano disse : « Fieriamo. Nonde lassiamo piò passare ». E 'l conte di Chaçerta disse : « Non este tempo, ché troppo ne sono passati », e girò co la sua schiera e andosine in Chaçerta. E questo non fece se non per tradimento perch'elli aveva certa convensione col papa che 'l dovea fare lassare quella terra ched elli tenea[32].

Questa la versione della *Nuova cronica :*

> Avenne che giunto il re Carlo con sua oste a Fresolone in Campagna, iscendendo verso Cepperano, il detto conte Giordano che a quello passo era a guardia, veggendo venire la gente del re per passare, volle difendere il passo ; il conte di Caserta disse ch'era meglio a lasciarne prima alquanti passare, sì gli avrebbono di là dal passo sanza colpo di spada. Il conte Giordano credendo che consigliasse il migliore, aconsentì, ma quando vide ingrossare la gente, ancora volle assalirgli con battaglia ; allora il conte di Caserta, il quale era nel trattato, disse che lla battaglia era di gran rischio, imperciò che troppi n'erano passati. Allora il conte Giordano veggendo sì possente la gente del re, abandonarono la terra e 'l ponte, chi dice per paura, ma i più dissono per lo trattato fatto da re al conte di Caserta, imperciò ch'egli nonn-amava

32 Giola, *La tradizione dei volgarizzamenti toscani [...], op. cit.*, p. 337.

> Manfredi, però che per la sua disordinata lussuria per forza aveva giaciuto colla moglie del conte di Caserta, onde da llui si teneva forte ontato, e volle fare questa vendetta col detto tradimento[33].

Nella *Nuova cronica* la causa del tradimento di Riccardo dipende dalla violenza che Manfredi avrebbe fatto alla moglie del conte – che Villani sembra non sapere fosse sorella del re – mentre nel *Tresor* toscano si rimanda a più verosimili accordi tra il Sanseverino e il papa. Ma, tolto questo dettaglio pur non irrilevante che dipende dai sentimenti ghibellini che segnano l'anonima continuazione, le due opere trasmettono la medesima versione dei fatti al punto che il Villani, in genere bene informato, non conosce il nome del conte di Caserta. Giovanni era solito riprodurre le sue fonti con qualche aggiustamento formale ; non si può quindi affermare senza ombra di dubbio che qui dipenda direttamente dal *Tresor* toscano, certo però che la versione offerta dalla *Nuova cronica* somiglia più a questa che a tutte le altre conservate.

Nelle continuazioni della storia universale ospitata nel *Tresor* di Brunetto la storia universale si evolve e, grazie anche al ruolo di Federico II, diventa con naturalezza storia del regno svevo e angioino. Il ruolo prima di Manfredi e poi di Carlo d'Angiò nelle vicende fiorentine era ben chiaro a Brunetto che dopo Montaperti fu esiliato e che con i vicari angioini collaborò. Non sappiamo con sicurezza se proprio a lui si devono le pagine del *Tresor* che raccontano quelle vicende, ma l'influenza della sua compilazione, continuata e tradotta nell'ultimo quarto del Duecento, ancora si sente nelle pagine della grande sintesi di Villani. E il ruolo pratico – da « deniers contans » – che alla storia universale ha assegnato Brunetto, riconoscendone l'utilità per l'uomo di governo, si continua ad avvertire nelle numerose note in cui Giovanni ribadisce come le vicende fiorentine possano essere comprese solo se inserite in un quadro di storia universale.

Marino ZABBIA
Dipartimento di Studi storici
Università di Torino

33 Giovanni Villani, *Nuova cronica [...]*, ed. cit., p. 413-414.

CIA UBALDINI,
LA *MULIER CLARA* DI MATTEO VILLANI

Il ritratto che lo storico Matteo Villani traccia di Marzia Ubaldini, moglie di Francesco Ordelaffi, signore di Forlì, e della sua virtù muliebre occupa alcune delle pagine più notevoli della sua *Cronica*. La critica non ha infatti mancato di rilevare da una parte come la Ubaldini rappresenti l'unica figura risolutamente virtuosa descritta nell'opera, e dall'altra il gusto per l'invenzione romanzesca che contraddistingue il resoconto degli eventi di cui la nobildonna toscana è protagonista[1].

Il presente contributo vuole proporre un'analisi approfondita dei brani su Marzia Ubaldini contenuti nella *Cronica* e tentare di chiarire la loro importanza all'interno del discorso storiografico del secondo Villani.

Prima di rivolgere la nostra attenzione al testo villaniano, non sarà superfluo fornire qualche elemento sulla Ubaldini e sulle vicende che l'hanno resa « di memoria degna » e che, peraltro, ci vengono trasmesse quasi esclusivamente da cronache, delle quali quella del Villani è la più esaustiva[2]. Pochi sono infatti i dati biografici in nostro possesso desumibili da altri tipi di fonti : nata con ogni probabilità all'inizio del Trecento da Vanni degli Ubaldini e sua moglie Andrea di Maghinardo Pagani,

---

1 Eugenio Duprè Theseider, « Cia degli Ordelaffi », *Studi romagnoli*, 16 (1965), p. 113-122, alle p. 120-121 ; Matteo Villani, *Cronica. Con la continuazione di Filippo Villani*, a c. di Giuseppe Porta, Parma, Guanda, 1995, 2 vol., vol. 1, p. XI-XII ; Andrea Zorzi, *Le signorie cittadine in Italia (secoli XIII-XV)*, Milano, Mondadori, 2010, p. 132 ; Francesco Pirani, « Ubaldini, Cia », *Dizionario Biografico degli Italiani*, 97, Roma, Istituto della Enciclopedia italiana, 2020, versione online : http://www.treccani.it/enciclopedia/cia-ubaldini_%28Dizionario-Biografico%29/ (consultato il 21/09/2020) ; Marino Zabbia, « Villani, Matteo », *Dizionario Biografico degli Italiani*, 99, Roma, Istituto della Enciclopedia italiana, 2020, versione online : https://www.treccani.it/enciclopedia/matteo-villani_%28Dizionario-Biografico%29/ (consultado il 23/06/2021). Ringrazio il Prof. Marino Zabbia per avermi gentilmente messo a disposizione in anteprima la voce dedicata al secondo Villani.

2 Maria Chiara Pepa, « Marzia Ubaldini. Una guerriera medievale nella mitografia medievalistica », *Medievalismi italiani (secoli XIX-XXI)*, a c. di Tommaso di Carpegna Falconieri e Riccardo Facchini, Roma, Gangemi, 2018, p. 115-130, a p. 119 e n. 30 ; Pirani, « Ubaldini, Cia », art. cité.

Marzia Ubaldini sposò Francesco di Sinibaldo Ordelaffi, signore di Forlì, nel 1334, anno in cui questi annesse la città di Cesena ai propri domini personali[3]. Gli Ordelaffi, insediatisi a Forlì a partire dalla seconda metà del XII secolo, consolidarono le proprie ambizioni signorili nel corso del Duecento, facendo leva sullo stretto rapporto che intercorreva tra la città romagnola e l'Impero, con il quale si erano schierati fin dai tempi di Federico II. In particolare, sfruttarono a proprio beneficio non solo le lotte di fazione interne alla città, ma pure quelle con i comuni vicini, e specialmente con Faenza, governata dai Manfredi, di parte guelfa[4]. Con Francesco, che assunse il controllo sulla signoria nel 1331, il *dominatus* ordelaffesco raggiunse il massimo della sua estensione, inglobando le città di Forlì, Forlimpopoli, Bertinoro, Cesena e altri centri minori[5]. Molte di queste località furono sottratte al controllo della Chiesa, con il sostegno di Bernabò Visconti[6]. Marzia Ubaldini – o Cia, il diminutivo con cui è identificata nelle fonti – contribuì in prima persona al mantenimento e alla difesa del *dominatus* del marito e la sua fama nella storiografia è quindi intimamente legata alle sorti della signoria ordelaffesca. In particolare, gli avvenimenti tramandatici dai cronisti che vedono la Ubaldini protagonista si inseriscono nella cornice del conflitto tra i signori delle città romagnole e il cardinale Egidio Albornoz, che nel 1353 fu nominato legato papale in Italia e vicario generale dei domini della Chiesa da Papa Innocenzo VI. Durante il periodo avignonese, il papato aveva perso progressivamente il controllo diretto sui territori che componevano lo Stato Pontificio in Italia. La provincia Romandiola, di cui la Romagna

---

3 Per un profilo biografico dettagliato della Ubaldini, si vedano Duprè Theseider, « Cia degli Ordelaffi », art. cité, p. 114 e s., e Pirani, « Ubaldini, Cia », art. cité.

4 Sulla signoria degli Ordelaffi, si vedano Augusto Vasina, « Il dominio degli Ordelaffi », *Storia di Forlì. II : Il Medioevo*, a c. di Augusto Vasina, Bologna, Nuova Alfa, 1990, p. 155-183, e José Villa Prieto, « Geografía de la cronística romandiola : fundamentos comunes y particulares de la historiografía en la Romaña pontificia durante la Baja Edad Media », *Studia historica. Historia medieval*, 35 (2017), p. 145-175, a p. 160.

5 Alma Poloni, « Ordelaffi, Francesco di Sinibaldo », *Dizionario Biografico degli Italiani*, 79, Roma, Istituto della Enciclopedia italiana, 2013, p. 418-422 ; versione online : http://www.treccani.it/enciclopedia/francesco-di-sinibaldo-ordelaffi_(Dizionario-Biografico) / (consultato il 21/09/2020) ; Zorzi, *Le signorie cittadine*, *op. cit.*, p. 132.

6 Ce ne dà notizia l'Anonimo Romano : « Era in Romagna un perfido cane patarino, rebello de Santa Chiesia [Francesco Ordelaffi] [...] Moite terre teneva occupate della Chiesia, la citate de Forlì, la citate de Cesena, Forlimpuopolo, Castrocaro, Brettonoro, Imola e Giazolo » (*Cronica* XXVI, 215-220). Il testo proviene da : Anonimo Romano, *Cronica*, a c. di Giuseppe Porta, Milano, Adelphi, 1979. Tutte le citazioni dall'opera dell'Anonimo sono tratte da quest'edizione.

faceva parte, era stata amministrata dallo Stato della Chiesa dal 1278, dopo essere stata oggetto di aspra contesa tra Papato e Impero ; gli scontri per l'egemonia sul territorio si erano però protratti anche nel Trecento a causa della nascita e della proliferazione dei regimi a carattere personale, venuti a riempire il vuoto d'autorità lasciato dalla Curia dopo il trasferimento in Provenza[7]. Su ordine del collegio cardinalizio, tra il 1353 e il 1367 l'Albornoz condusse una delicata missione militare, politica e diplomatica mirata a riassoggettare i territori dello Stato della Chiesa al diretto controllo del Papato e a riaffermare l'autorità pontificia. La riconquista della Romagna rappresentò l'ultima fase della missione del cardinale e consistette principalmente nella soppressione dei signori più influenti della regione, i Manfredi di Faenza e Francesco Ordelaffi, contro i quali Innocenzo VII bandì una crociata nel gennaio 1356 (che fu poi rinnovata nel 1357 e nel 1359) dopo averli scomunicati nel 1352[8].

Nella lotta contro le truppe del legato, Francesco Ordelaffi affidò a Marzia Ubaldini il presidio di Cesena, una delle città più rilevanti dal punto di vista strategico per l'equilibrio della sua signoria, poiché si trovava al confine con i territori dei filopapali Malatesta e rappresentava la prima città che l'Albornoz si sarebbe trovato a dover assoggettare risalendo dalle Marche[9]. Cia, in veste di condottiera, giocò un ruolo di primo piano in due eventi della guerra contro il Papato. Nell'agosto del 1354 respinse con i suoi uomini un'incursione delle truppe pontificie, capitanate dal conte Carlo di Dovadola, che avevano razziato il cesenate e raggiunto le mura di Cesena, e recuperò il bottino. Il conte rimase ferito mortalmente nello scontro, mentre molti dei suoi soldati furono presi in ostaggio : tra questi figuravano due figli di Ramberto Malatesta, conte di Ghiaggiolo. È attraverso la narrazione di questo episodio che Matteo Villani introduce il personaggio di Cia nella *Cronica*[10] :

---

7 Villa Prieto, « Geografía de la cronística romandiola », art. cité, p. 147.

8 Eugenio Duprè Theseider, « Albornoz, Egidio de », *Dizionario Biografico degli Italiani*, 2, Roma, Istituto della Enciclopedia italiana, 1960, p. 45-53 ; versione online : http://www.treccani.it/enciclopedia/egidio-de-albornoz_(Dizionario-Biografico), (consultato il 21/09/2020). Sulla crociata contro l'Ordelaffi : Leardo Mascanzoni, *La crociata contro Francesco II Ordelaffi (1356-1359) nello specchio della storiografia*. Exurgant Insuper Christi Milites, Bologna, Pàtron, 2017, p. 11-37 e Poloni, « Ordelaffi, Francesco di Sinibaldo », art. cité.

9 Duprè Theseider, « Cia degli Ordelaffi », art. cité, p. 117 e s. ; Pirani, « Ubaldini, Cia », art. cité.

10 L'edizione critica di riferimento è Matteo Villani, *Cronica*, ed. cit. Nel contributo i brani della *Cronica* saranno indicati in forma abbreviata come segue : numero del libro e del

Come il conte da Doadola fu sconfitto e morto dal capitano di Furlì.

> Avendo il legato rivolto tutto suo intendimento di volere abbattere la tirannia di Francesco delli Ordilaffi [...], il conte Carlo di Doadola con due figliuoli del conticino da Ghiaggiuolo [...] si misse in preda con cento cavalieri e con assai masnadieri, e corsono infin presso alle mura di Cesena [...]. E avendo questo sentito madonna Cia moglie del capitano a·ccui elli avea acomandata la guardia di quella città, non come femina, ma come vertudioso cavaliere montò a·ccavallo coll'arme indosso gridando, e smovendo i cavalieri soldati che v'erano che·lla dovessono seguire contra i nimici [...]. I cavalieri inanimati, vedendo tanto ardire in una femina, [...] la seguitarono, e aboccatosi co' nimici per forza li sconfissono, e fuvi fedito il conte Carlo [...] che poco appresso morì, e presi i due figliuoli del conticino da Ghiaggiuolo, e la maggior parte di cavalieri e assai masnadieri furono prigioni [...]. (*Cronica* V, 77 ; I, p. 700)

Descrivendone la reazione alla scorreria delle truppe pontificie, il cronista rimarca che la nobildonna toscana si comporta « non come femina, ma come un vertudioso cavaliere », esibendo quindi caratteristiche associate al sesso maschile. In particolare, Villani riporta che Cia risponde senza esitazione alla minaccia incombente, montando a cavallo vestita della sua armatura e gridando per esortare i suoi uomini a seguirla in battaglia e difendere Cesena. L'ardimento di cui Cia dà prova, reso ancora più straordinario dal fatto che sia una donna a mostrarlo (« vedendo tanto ardire in una femina »), infervora le truppe, che riportano una netta vittoria sull'esercito papale. La Ubaldini è qui rappresentata come una condottiera che impone la propria autorità sui suoi soldati, che non la mettono in discussione. Questo perché, come ci ricorda il cronista, Cia fa le veci di Francesco Ordelaffi, che le « avea acomandata la guardia » di Cesena, e attua nell'interesse della signoria e del marito, con cui è totalmente identificata (come si deduce anche dalla rubrica, in cui la sconfitta e la morte del conte di Dovadola sono attribuite al capitano).

La caratterizzazione della Ubaldini è costruita su una serie di elementi che si ripresentano sistematicamente in tutti i brani della *Cronica* che le sono dedicati, a formare quasi uno specifico *modus describendi*[11].

---

capitolo ; numero del volume dell'edizione critica e intervallo delle pagine.

11 I capitoli, di cui si consiglia la lettura in sequenza per rilevare come la caratterizzazione di Cia quale donna virile sia impiegata in maniera sistematica dal secondo Villani, sono i seguenti : *Cronica* V, 77 ; I, P. 700 ; VII, 58 ; II, P. 80-81 ; VII 59 ; II, P. 81-82 ; VII, 64 ; II, P. 86-87 ; VII 68 ; II, P. 91-92 ; VII, 69 ; II, P. 92-94 ; VII, 77 ; II, P. 102-104.

Della donna sono messi in risalto il coraggio e la risolutezza, che trovano la loro origine nella sua lealtà incondizionata al marito e alla causa ordelaffesca[12]. Benché il Villani sia uno strenuo oppositore dei regimi a carattere signorile e, più in generale, della tirannia, e un sostenitore della causa guelfa e repubblicana[13], la figura di Cia, moglie di un signore locale, è descritta positivamente. Per rappresentare in modo plastico l'eccezionalità della Ubaldini, il cronista ricorre al topos della *mulier virilis*, su cui si avrà modo di tornare in seguito : sebbene sia una donna e ne espleti le funzioni tradizionali di moglie e di madre, Cia riesce a superare i vincoli della dimensione strettamente femminile. Il Villani esprime con vividezza il contrasto tra apparenza muliebre ed essenza virile usando abilmente un costrutto correlativo sostitutivo, che vuole mettere in guardia i suoi lettori perché non si lascino ingannare dalla natura apparentemente inequivoca del referente extratestuale e, forse, dalle proprie esperienze empiriche : « madonna Cia » non agisce come una « femina », come ci si potrebbe aspettare, ma come un cavaliere, di cui possiede la dignità. Sempre al topos della *mulier virilis* va ricondotto

12 È notevole che l'integrità di guerriera di Cia, la sua fedeltà a Francesco Ordelaffi e alla causa della difesa della patria sono i medesimi tratti che l'hanno resa una delle eroine medievali per eccellenza riscoperte e promosse dalla mitografia risorgimentale. La vicenda e le virtù personali di Cia – note agli autori ottocenteschi attraverso i lavori del Muratori e del Sismondi sulle cronache medievali e, soprattutto, su quella villaniana – vengono rielaborate e offerte come un modello di comportamento esemplare per le donne che prendono parte alle battaglie per l'unità nazionale (ad esempio nella commedia sentimentale *Marzia degli Ubaldini* di Giovan Francesco Gambara del 1822). Per una trattazione approfondita, si veda : Pepa, « Marzia Ubaldini. Una guerriera medievale », art. cité, e in particolare a p. 121 e s.

13 In almeno in tre luoghi della *Cronica* Matteo delinea compiutamente i due estremi dell'opposizione libertà guelfo-repubblicana e tirannia ghibellino-signorile, identificando in Firenze il baluardo della prima e in Milano quello della seconda (*Cronica* IV, 77 e 78 ; I, p. 586-589, che vanno considerati insieme ; *Cronica* VIII, 24, 38-44 ; II, p. 164). La questione della presenza o meno di una riflessione politica nel secondo Villani è intrigante, ma esula i fini di questo contributo : essa è tuttavia stata a suo tempo oggetto di due studi di Green, che ha dimostrato come il Villani, sviluppando la sua dettagliata difesa del sistema repubblicano, contribuisca di fatto al mutamento semantico del termine "guelfo", che passa dal designare gli alleati della Chiesa all'identificare i difensori della *romana libertas* (che il cronista associa con i fiorentini), ponendolo in diretta opposizione con il termine "ghibellino", che, mutando di significato a sua volta, viene a indicare gli alleati dei regimi tirannici (Louis Green, *Chronicle into History. An Essay on the Interpretation of History in Florentine Fourteenth-Century Chronicles*, Cambridge, Cambridge University Press, 1972, p. 80 e s. ; Id., « The Image of Tyranny in Early Fourteenth-Century Italian Writing », *Renaissance Studies*, 7, 4 (1993), p. 335-351, alle p. 348-350). Per approfondimenti si rimanda a questi studi.

il motivo del travestimento – nel caso di specie, sotto forma di armatura – che manifesta sul piano dell'esteriorità fisica la forza virile o *andreia* interiore della Ubaldini[14].

Il secondo evento che vede Cia protagonista, assai più trattato nella storiografia dell'epoca, fu l'assedio di Cesena condotto dal cardinale Albornoz, durato circa due mesi, dall'aprile al giugno del 1357. Anche in questo caso è il Villani a offrirne il resoconto più dettagliato, che occupa molteplici capitoli del settimo libro della *Cronica*. Preparandosi ad affrontare l'offensiva del legato in Romagna, nel settembre del 1356 Francesco Ordelaffi organizzò un consiglio di guerra a Forlì, in cui comunicò la decisione di rigettare qualsiasi trattativa di pace e la volontà di difendere i propri domini fino alla morte, incitando i soldati i sudditi a essergli leali e fare altrettanto. Francesco decise di rimanere a Forlì e di supervisionarne l'apparato difensivo e delegò nuovamente il presidio di Cesena alla moglie. Il cronista prosegue poi la sua registrazione degli eventi descrivendo con minuzia come l'esercito papale accerchiò Cesena e, in particolare, le gesta di Cia durante le diverse fasi dell'assedio, fino alla capitolazione della città.

Riprendendo le fila della narrazione degli eventi cesenati, il cronista ne richiama rapidamente gli antefatti, un procedimento che adotta abitualmente per organizzare la multiforme materia della *Cronica*, specie quando un medesimo evento o nucleo di eventi si estende su più libri. Nell'aprile del 1357 l'Albornoz decide di assediare Forlì, dove l'Ordelaffi si è barricato per predisporne la difesa. Francesco affida quindi il compito di presidiare Cesena a sua moglie, mettendo a suo servizio duecento uomini tra cavalieri e fanti – ai quali intima di ubbidire agli ordini di Cia come se fosse stato lui stesso a impartirli – e affiancandole uno dei suoi consiglieri di fiducia, Sgaraglino da Pietracuta. Per la prima volta il Villani fornisce informazioni più dettagliate su Cia, menzionandone la paternità e la famiglia di origine (« madonna Cia, figliuola di Vanni Susinana delli Ubaldini » ; VII, 58 ; II,

14 Il motivo del travestimento come espressione più immediata dei tratti di *andreia* o *virilitas* da parte delle donne è centrale nella costruzione della figura della *mulier virilis*, nella tradizione sia classica sia cristiana. Si vedano Elena Giannarelli, *La tipologia femminile nella biografia e nell'autobiografia cristiana del* IV *secolo*, Roma, Istituto Storico italiano per il Medio Evo, 1980 (Studi storici 127), p. 86-87 ; Umberto Mattioli, Astheneia *e* andreia. *Aspetti della femminilità nella letteratura classica, biblica e cristiana antica*, Roma, Bulzoni, 1983 (Università degli Studi di Parma, Istituto di Lingua e Letteratura latina 9), p. 158, e Gerry Milligan, *Moral Combat. Women, Gender, and War in Italian Renaissance Literature*, Toronto, University of Toronto Press, 2018.

p. 81). Questa apposizione è significativa : da una parte mette in rilievo il personaggio in apertura di una sezione tematicamente compatta di cui sarà protagonista ; dall'altra ne delinea con precisione l'identità, in quanto Cia è presentata come discendente della famiglia ghibellina degli Ubaldini, uno dei casati illustri che controllavano l'Appennino tosco-romagnolo[15]. Il padre di Cia, Giovanni di Tano di Castello degli Ubaldini, è indicato con il nome di Vanni da Susinana, che assunse dopo essere diventato il signore del castello eponimo tramite il suo matrimonio con Andrea Pagani, che lo aveva ereditato nel 1302 dal padre Maghinardo, il medesimo condannato da Dante per il suo agire spregiudicato in politica e in guerra (*Inf.* XXVII, 49-51) ed esaltato da Giovanni Villani come « grande e savio tiranno [...] ; savio [...] di guerra e bene aventuroso in più battaglie » (*Nuova Cronica* VIII, 149, 10-14)[16]. Il riferimento permetteva dunque ai lettori contemporanei di cogliere in filigrana l'origine dell'abilità e del valore militare della Ubaldini, cresciuta con ogni probabilità in uno dei castelli del *dominatus* familiare sull'Appennino e istruita da genti abituate al mestiere delle armi[17]. Secondo il resoconto villaniano, Cia si dimostra infatti una capace donna d'arme, che organizza e supervisiona in modo meticoloso le difese di Cesena e agisce con decisione e spietatezza pur di mantenere la città sotto controllo. Quando alcuni cesenati, temendo la superiorità delle truppe pontificie e, probabilmente, la lunghezza dell'assedio, permettono ai soldati del cardinale di entrare nel cerchio delle mura inferiori e di stabilirvisi come « terrazzani », la Ubaldini è costretta a ritirarsi con i suoi uomini nella cittadella, o « murata » (VII, 58 ; II, p. 81). Nonostante sia stata colta di sorpresa dall'insurrezione, Cia non mostra la minima esitazione : dopo aver fatto catturare e decapitare i tre cittadini colpevoli di essere scesi a patti con le truppe nemiche, fa gettare

15 Per un profilo più dettagliato della famiglia Ubaldini, si vedano Paolo Pirillo, « Signorie dell'Appenino tra Toscana ed Emilia-Romagna alla fine del Medioevo », *Poteri signorili e feudali nelle campagne dell'Italia settentrionale fra Tre e Quattrocento : fondamenti di legittimità e forme di esercizio*, Firenze, Firenze University Press (Quaderni di Reti Medievali 1), 2004, p. 211-226 ; Laura Magna, « Gli Ubaldini del Mugello : una stirpe feudale nel contado fiorentino », *I ceti dirigenti dell'età comunale nei secoli XII e XIII.* Atti del II Convegno Firenze 14-15 dicembre 1979, Pisa, Pacini, 1982, p. 13-66.

16 Il ritratto di Maghinardo Pagani è contenuto in : Giovanni Villani, *Nuova Cronica*, a c. di Giuseppe Porta, Parma, Guanda, 1990, 3 vol., vol. 1, p. 624-625.

17 Giacomo Vignodelli, « Pagani, Maghinardo », *Dizionario Biografico degli Italiani*, 80, Roma, Istituto della Enciclopedia italiana, 2014, versione online : https://www.treccani.it/enciclopedia/maghinardo-pagani_%28Dizionario-Biografico%29/, (consultato il 21/09/2020] ; Pirani, « Ubaldini, Cia », art. cité.

i loro corpi mutili nella parte bassa della città, per poi consacrare tutti i suoi sforzi a riorganizzare le difese della cittadella. Il cronista sottolinea in particolare come la Ubaldini non si scompone di fronte all'improvviso caso di fortuna e si adatta alla nuova situazione con il coraggio e la determinazione che la contraddistinguono, « mostrando di poco temere cosa ch'avenuta fosse » (VII, 58 ; II, p. 81). Cia non perde la propria lucida metodicità nemmeno quando il legato, dopo aver appreso che la rivolta ha avuto successo, invia tutta la sua cavalleria e la sua fanteria a Cesena per controllarne gli ingressi, prima che questa possa essere soccorsa dai suoi alleati (VII 59 ; II, p. 81-82). Francesco Ordelaffi ha infatti richiesto l'aiuto di Bernabò Visconti che, non volendo inimicarsi pubblicamente la Chiesa, assolda e invia in appoggio alla Ubaldini la compagnia di ventura del conte Lando. Determinato a prendere Cesena prima dell'arrivo delle truppe mercenarie, l'Albornoz intensifica le operazioni d'assedio, facendo installare otto macchine a tiro, o « trabocchi », per fare breccia nelle mura ; nel frattempo, tenta di corrompere i cittadini di Cesena con denaro e contrattazioni. È in questo frangente che la Ubaldini dà prova della sua lealtà totale al marito : poiché nutre il sospetto che Sgaraglino da Pietracuta abbia negoziato con il legato la resa della città a sua insaputa, lo fa giustiziare immediatamente. La donna resta dunque da sola a capo delle truppe, partecipando attivamente alla difesa delle mura assediate e indossando la sua corazza. Il cronista rimarca che il suo comportamento straordinariamente feroce e impetuoso provoca nei suoi alleati e nei suoi nemici la medesima paura che avrebbe suscitato Francesco Ordelaffi se fosse stato presente (VII, 64 ; II, p. 86-87). Quando le truppe pontificie riescono a introdursi nella « murata », Cia è costretta a ripiegare sulla rocca con quattrocento soldati fedelissimi e con la sua famiglia (VII 68 ; II, P. 91-92). Nonostante sappia che la resa di Cesena è ormai prossima, la Ubaldini continua a incitare le sue truppe e ad aiutarle a mantenere le proprie posizioni. Il padre di Cia decide allora di recarsi da lei, con il beneplacito di Albornoz, per convincerla ad arrendersi. Giunto alla presenza della figlia, l'Ubaldini la prega di ascoltare i suoi consigli e ragioni, di riconoscere il pericolo e le esigue possibilità di riuscita : Vanni, da uomo autorevole e militare esperto, rassicura la figlia del fatto che una resa, in quella situazione, non sarebbe ritenuta un'azione disonorevole nemmeno per il più valoroso dei condottieri. Nonostante il rispetto e l'affetto che nutre per il padre, Cia ne respinge i consigli, affermando che intende attenersi ai suoi doveri di moglie – come le è stato raccomandato dallo stesso Vanni in occasione delle sue nozze – fino alla morte : il marito le ha affidato Cesena raccomandandole di non abbandonarne la difesa per nessuna ragione, a meno di non ricevere da lui un ordine esplicito, e sino a che manterrà il suo impegno non temerà la morte. Congedatasi dal padre, la Ubaldini torna a dedicarsi alla difesa della rocca, suscitando l'ammirazione di Vanni. Il Villani chiude il suo resoconto del dialogo tra padre e figlia osservando che se tutto ciò fosse accaduto ai tempi dei Romani, i grandi storiografi avrebbero onorato Cia mettendo per iscritto le sue azioni perché degne di lode (VII, 69 ; II, p. 92-94). Nella fase finale dell'assedio, l'Albornoz dà l'ordine di scavare cunicoli sotto la fortezza, per minarne le fondamenta. Nonostante la Ubaldini non dia segno di voler arrendersi e continui a disporre le riparazioni dopo gli attacchi subiti, i suoi « conestabili », sapendo che il mastio è prossimo a cadere, la informano della loro decisione di arrendersi, maturata dopo aver capito che non esiste ormai via di fuga, nonostante la loro fedeltà alla causa e la resistenza valorosa di Cia. La donna, riconoscendo la ragionevolezza della loro decisione, chiede al legato un salvacondotto per i suoi uomini, senza però domandare la medesima indulgenza per sé e i suoi familiari. Cesena si arrende il 21 giugno 1357. Cia viene scortata alla rocca papale d'Ancona dal legato che, benché la tenga prigioniera per punire la superbia di Francesco Ordelaffi, è impressionato dalla sua costanza e dal suo animo indomito (« [Cia] così contenne il suo animo non vinto e non corrotto, e in aspetto continente come se·lla vittoria fosse stata sua ») e le riserva un trattamento di riguardo (VII, 77 ; II, p. 102-104).

Commentando l'episodio della difesa della rocca di Cesena, Duprè Theseider osserva a ragione che esso ricopre una « modesta portata » all'interno delle vicende della riconquista della Romagna, presenta pochi momenti salienti ed è quindi agevolmente riassumibile ; Matteo Villani e l'Anonimo Romano, tuttavia, lo dilatano, inserendo elementi d'invenzione che rendono impossibile distinguere la registrazione degli accadimenti storici puri dalle pratiche discorsive[18]. Nel caso del Villani, il resoconto degli eventi cesenati è costruito intorno alla figura di Marzia Ubaldini, alla quale il cronista dedica ampio spazio, un fatto altamente inusuale nella *Cronica*. L'attenzione riservata a Cia potrebbe essere in

18 Duprè Theseider, « Cia degli Ordelaffi », art. cité, p. 114 e s. ; p. 121 ; Pirani, « Ubaldini, Cia », art. cité.

parte giustificata dai legami familiari che univano i Villani agli Ubaldini – la madre di Matteo, Fia di Ugolini da Coldaia, proveniva infatti da una famiglia nobile del Mugello legata agli Ubaldini[19] – ma il ritratto che Matteo ne fornisce merita di essere indagato almeno per due motivi.

Il discorso storiografico villaniano è improntato, almeno programmaticamente, a un ideale di *brevitas* : nel proemio della *Cronica*, in cui afferma i propri intenti personali di storico, il Villani rivendica la necessità di una maggiore raffinatezza formale e della concisione della prosa storiografica, due caratteristiche secondo lui imprescindibili per realizzare appieno la funzione educativa che egli attribuisce alla storia. Presentandosi come un collettore di materiali più o meno grezzi (« le nostre storie ») e di limitato talento, il Villani afferma che saranno i suoi futuri lettori dal « più alto ingegno », dotati quindi di un'abilità letteraria superiore, a dare una veste formale adeguata a questi materiali, perché risultino piacevoli ai lettori e agli uditori e per aumentare il loro valore edificante di « amaestramenti ». Il Villani identifica il tratto precipuo di questa veste formale nella *brevitas :* le persone di grande ingegno devono « ristrignere su brievità » la materia storica. Il discorso storiografico raggiunge pertanto la sua massima efficacia e il suo massimo beneficio quando il cronista, lo scrittore o il compilatore riesce a condensare la materia trattata nei suoi punti salienti[20]. Si tratta di un'indicazione a carattere metodologico, nonostante sia declinata secondo il consueto *topos modestiæ*, che il Villani cerca di seguire nella stesura dell'opera, con risultati più o meno soddisfacenti[21]. L'importanza del principio della

19 Zabbia, « Villani, Matteo », art. cité .

20 *Cronica* I, Proemio ; I, p. 3-5, e in particolare alle righe 25-35 : « Onde pensando che·ll'opera puote essere fruttuosa, e debba piacere per li naturali disideri degli uomini, mi mossi a cominciare, per essempro di me uomo di leggieri scienza, aparecchiare a' savi materia di concedere del loro tempo alcuna parte, per lasciare alli altri memoria delle cose apariranno di ciò degne a·lloro temporali, e a' meno sperti speranza, con fatica e studio, da potere venire a operazioni virtudiose, e a coloro ch'aranno più alto ingegno materia di ristrignere su brievità, e con più piacere delli uditori, le nostre storie ».

21 L'esigenza di *brevitas* è un tratto tipico della cultura storiografica medievale (Bernard Guenée, *Histoire et culture dans l'Occident médiéval*, Paris, Aubier, 1980, p. 280-283). Nella prassi della scrittura, tuttavia, il Villani fatica talvolta a « ristrignere su brievità » la materia che narra. Un caso emblematico è rappresentato dalla difficoltà che incontra nell'allestimento della sua più originale invenzione, la macrostruttura costituita da prologhi con cui vuole organizzare la materia storica : pianifica infatti di inserire un prologo all'inizio di ogni unità della *Cronica*, che contiene all'incirca la materia di un anno. Matteo afferma di voler riassumere e illustrare nei prologhi, mediante

brevitas è indicata dal fatto che, quando si trova a doverlo trasgredire, il cronista lo segnala esplicitamente[22]. Nel caso che ci interessa, registrando gli eventi man mano che accadono, il Villani deve giocoforza rievocare la figura della Ubaldini più di una volta : ciò non spiega tuttavia come mai dedichi così ampio spazio alla sua caratterizzazione, tanto più senza motivare la sua infrazione della *brevitas*.

In secondo luogo, il ritratto che il Villani tratteggia della Ubaldini è eccezionalmente positivo. Cia viene così a rappresentare l'unica figura del tutto virtuosa dell'intera *Cronica* che, in linea con il tono pessimistico che la pervade, è popolata di figure anonime, antieroiche e negative[23]. Il cronista attribuisce invece alla Ubaldini tutte le principali virtù militari e politiche dei grandi condottieri. Ciò è reso apparente dalle scelte lessicali assai inconsuete compiute per descrivere la condottiera e le sue gesta : Cia è « valentre » e, poiché possiede un « animo ardito e franco più che virile », non si fa scoraggiare dai casi di fortuna, a cui reagisce con prontezza e metodo ; organizza « francamente » e con « sollicitudine » il sistema difensivo, mantenendo l'ordine tra i suoi uomini e dirigendoli e confortandoli in modo ammirevole ; ribadisce la propria autorità indossando l'armatura e condannando a morte i traditori ; la sua determinazione a compiere la sua missione fino in fondo non le impedisce di dare il giusto valore alle parole dei suoi uomini e di accettare il loro consiglio di negoziare una tregua. Il Villani non manca inoltre di sottolineare, mediante l'uso insistito di termini e espressioni come « non sanza amirazione » e « maravigliosamente », come il comportamento della donna e le sue doti belliche suscitino la stupefazione ammirata e

un aggancio tematico esemplare, la materia contenuta nei libri che essi si trovano a precedere ; tale procedimento è appunto dettato dalla necessità di *brevitas*. L'analisi sistematica dell'effettiva relazione che intercorre tra il contenuto dei prologhi e quello dei singoli libri ha tuttavia mostrato che questo progetto, ideale in teoria, quando è attuato concretamente ha esiti poco soddisfacenti, poiché la maggior parte delle volte il cronista non riesce a inserire nelle sue prefazioni un elemento tematico che possa rendere conto in maniera efficace ed esemplare della copiosa e variegata materia registrata (l'analisi, di cui qui si riportano per sommi capi i risultati, è contenuta nella mia tesi di dottorato, attualmente in fase di stesura ; per una panoramica, si veda però Andrea Matucci, *Machiavelli nella storiografia fiorentina. Per la storia di un genere letterario*, Firenze, Olschki, 1991, p. 19 e s.).

22 Si vedano, ad esempio, *Cronica* VIII, 37, 62-64 ; II, p. 184 ; *Cronica* VIII, 103, 1-43 ; II, p. 266-267 ; *Cronica* IX, 1, 1-9 ; II, p. 277.

23 Giuseppe Porta, « Introduzione », *Cronica* ; I, p. XI-XII ; Zorzi, *Le signorie cittadine*, *op. cit.*, p. 132.

il rispetto sia dei suoi nemici, sia dei suoi alleati, i quali la temono e riveriscono come farebbero con Francesco Ordelaffi (riproponendo così l'identificazione tra moglie e marito). La stima dei suoi soldati, narra Matteo, si trasforma addirittura in venerazione : essi sono disposti a seguire gli ordini di Cia fino alla morte « per singolare amore ». La virtù della Ubaldini raggiunge il suo apice quando costei si rifiuta di seguire i consigli del padre e, con fermezza, reitera la fedeltà che la lega al marito e alla causa. Ritorna anche con insistenza il topos della *mulier virilis* : oltre a riprendere il tema del travestimento, il cronista declina più volte il tema della « fortezza virile » dell'animo di Cia, osservando che la donna si porta persino meglio del « più valentre capitano del mondo ». Che il Villani si concentri su questo aspetto non è banale : le donne, nella *Cronica*, sono descritte in genere come vittime della debolezza del proprio sesso e in balìa delle loro passioni[24]. La loro caratteristica principale è la « mollizie » fisica e morale. Si consideri a questo proposito :

> Era in quelli dì il Dalfino di Vienna uomo molle, e di poca virtù e fermezza. Costui alcuno tempo tenne vita feminile e lasciva, vivendo in mollizie : e apresso volle usare l'arme ; e andò capitano per la Chiesa alle Smirre in Turchia, e dove potea acquistare onore e pregio, tornò con poca buona fama : e per bisogno impegnò alla Chiesa il Dalfinato per c^{M} fiorini d'oro ; [...] vendé a·rre Filippo di Francia il Delfinato, contro alla volontà de' suoi paesani, e pagò la Chiesa [...]. (Cronica I, 28, 11-22 ; I, p. 54)

Matteo riporta la cessione del delfinato di Vienne al regno di Francia, avvenuta nel 1349 : l'ultimo delfino, Umberto Le-Vieux de la Tour-du-Pin, decide infatti di vendere il proprio titolo e i propri possedimenti a Filippo VI perché, di ritorno dalla sua fallimentare spedizione militare a Smirne, si ritrova oberato dai debiti contratti con la Chiesa. Secondo

24 In un passaggio assai parlante, facendo riferimento a uno scabroso fatto di cronaca perugina – dopo aver ucciso barbaramente il proprio figlio, una madre tenta di incolpare l'onesto marito dell'omicidio per toglierlo di mezzo e beneficiare della sua eredità –, Matteo sottolinea le intrinseche volubilità e perversione del sesso femminile con una citazione tratta dalla sesta satira di Giovenale (Juv., *Sat.*, 2.6.97), composta contro la condotta vergognosa della *matronae* romane, considerate adulterine, lussuriose, senza decoro e senza scrupoli : « Questo peccato tanto inorme forse meritava silenzio di penna, per lo orrore d'udire tra' Cristiani sì alto e·ssì sfacciato male, conchiudendolo con uno verso di Giovenale poeta, che dice : "*Fortem animum prestant rebus quas turpiter audent*", parlando delle femine che da·ssé hanno scacciata la pudicizia e·lla vergogna, il quale in volgare suona : "Forte animo prestano alle cose che sozzamente ardiscono di fare" » (*Cronica* X, 33, 70-78 ; II, p. 501).

il cronista l'esito catastrofico della campagna militare e la perdita del Delfinato sono determinati in primis dalla debolezza di carattere di Umberto, che non possiede le qualità necessarie a un buon sovrano, poiché è un uomo debole, effeminato e incapace di esercitare la propria autorità, che per lungo tempo si è abbandonato a una vita di piaceri. Umberto è descritto in modo specularmente opposto alla Ubaldini : è un uomo, ma manca degli attributi considerati propri del suo sesso – la virilità, la fermezza, la forza, il talento bellico, la capacità razionale di prendere decisioni non avventate – e possiede quelli che il cronista riconduce al genere femminile[25]. Umberto e la Ubaldini rappresentano dunque delle eccezioni alla norma e dei casi limite, in cui l'uomo e la donna abbandonano la dimensione del loro sesso biologico e presentano caratteri di quello opposto. Il fatto che la Ubaldini, caso unico nella *Cronica*, sia presentata come una donna che riesce a superare le limitazioni del suo sesso e oltretutto a essere paragone di virtù merita dunque di essere indagato.

Porta, il moderno editore del Villani, nella sua introduzione alla *Cronica* menziona en passant i capitoli dedicati a Cia, osservando che per essi « vale senz'altro il magistero del Boccaccio », senza tuttavia

25 Le coppie associative *donna-debolezza* e *uomo-forza* impiegate da Matteo derivano dal pensiero classico, secondo il quale la donna è fisiologicamente soggetta dall'*astheneia*, la debolezza di corpo e mente, mentre l'uomo si contraddistingue per la sua *andreia*, la sua forza fisica e spirituale (si vedano, ad esempio, alcuni elementi di definizione dei sessi nell'antropologia aristotelica che implicano il concetto di superiorità maschile, come Aristot., *Pol.*, 1.1260a ; *Pol.*, 3.1277b). Per via paraetimologica la tradizione latina ha collegato *mulier* a *mollities* e *vir* a *vis* e *virtus*, un'associazione che è poi passata al cristianesimo (si veda, ad esempio, Isid., *Orig.*, 11, 2, 17-18). È invece con lo Stoicismo che viene teorizzata formalmente l'idea che la donna possa superare le limitazioni imposte dal suo sesso per raggiungere la virtù maschile attraverso lo studio della filosofia, e convertirsi così in una *mulier virilis* (Giannarelli, *La tipologia femminile*, *op. cit.*, p. 17-18, riassume le posizioni di Seneca, al quale si devono i contributi più importanti alla definizione dell'ideale stoico della *mulier virilis*). Il topos della *femina virilis* trova poi terreno fertile nei testi antichi, sia pagani che cristiani, che riferiscono dell'esperienza della persecuzione dei primi cristiani (in cui la donna fa mostra di un coraggio uguale a quello di un uomo di fronte al martirio) e gode nelle epoche successive di grande fortuna. Per una panoramica : Roberta Franchi, « In nome della verità e dei valori : il coraggio delle *mulieres* pagane e cristiane di fronte alla violenza », *Helmantica*, 60 (2009), p. 259-282 ; Elena Giannarelli, « Lo specchio e il ritratto. Scansioni dell'età, topoi e modelli femminili fra paganismo e cristianesimo », *Storia delle donne*, 2 (2006), p. 159-187 ; Giannarelli, *La tipologia femminile*, *op. cit.* ; Mattioli, Astheneia *e* andreia, *op. cit.* ; Milligan, *Moral Combat*, *op. cit.*, p. 12 e s., e C.E. Manning, « Seneca and the Stoics on the Equality of the Sexes », *Mnemosyne*, 26 (1973), p. 170-177.

approfondire ulteriormente o portare prove a sostegno della sua affermazione[26]. La questione va però considerata meglio, perché a nostro avviso la descrizione di Cia sembra risentire, in effetti, dell'influenza alcuni ritratti del *De mulieribus claris.* Tale influenza potrebbe aiutare a spiegare almeno in parte la singolarità e l'importanza dell'episodio della Ubaldini nella *Cronica* : sia l'ampliamento narrativo (che causa l'infrazione del principio della *brevitas*) sia la caratterizzazione di Cia come *mulier virilis* paiono infatti elementi di ascendenza boccacciana.

Nel prologo al decimo libro della *Cronica* il Villani sviluppa il tema della superbia, portandone degli esempi concreti che dimostrano come tale peccato sia inviso a Dio e, di conseguenza, punito. Secondo la regola che vuole che nel prologo sia discusso un tema che lo colleghi alla materia narrata nel libro a cui è apposto, ci si aspetterebbe esempi tratti dal decimo libro e dalla contemporaneità : i personaggi citati – Serse, Sennacherib, Dario, Ciro e Tomiri – sono invece antichi (*Cronica* X, 1, 11-36 ; II, p. 457-459). È il cronista a esplicitarne la fonte poco più avanti :

> Chi volesse raccogliere tutti li strabocchevoli avenimenti e·lli orribili e pericolosi fini de' famosi re signori principi del mondo che·nne passati secoli sono saliti al sommo e altissimo grado della dignità mondane e poi caduti in somma miseria e vituperio del mondo e in dirisione e scherno d'ogni qualunque vile omo, non farebbe proemio di libro, ma·ppiù tosto comporrebbe annali e volumi di lunghe storie ; e·cchi vuole intendere quello ch'io dico legga il libro di messere Giovanni Boccacci dove e' tratta del caso delli uomini illustri e quello dov'elli tratta delle chiarissime donne. Basti adunque d'alcuno avere fatta menzione per dare alcuno principio di somigliante materia a·nnoi, tutto che non sì rilevata, al prencipio del nostro decimo libro. (*Cronica* X, 1, 37-51 ; II, p. 458-459)

Il Villani afferma di aver tratto i suoi esempi dal *De casibus virorum illustrium* e dal *De mulieribus claris* del Boccaccio[27]. Il decimo libro registra

26 Porta, « Introduzione », *Cronica* ; I, p. XII.

27 La ricostruzione del decimo prologo è stata permessa dal ritrovamento, da parte di Giuseppe Porta, di un codice integro della *Cronica* (Giuseppe Porta, « Censimento dei manoscritti delle cronache di Giovanni, Matteo e Filippo Villani », *Studi di filologia italiana*, 34 (1976), p. 61-129, Franca Ragone, *Giovanni Villani e i suoi continuatori. La scrittura delle cronache nella Firenze del Trecento*, Roma, Istituto Storico per il Medio Evo, 1998, p. 64 e n. 156). Entrambe le opere del Boccaccio si presentano come corpose compilazioni erudite in prosa, a carattere storico, letterario e biografico. Il *De casibus* raccoglie in nove libri e 159 capitoli i casi di fortuna di uomini e donne famosi, disposti in ordine cronologico dai tempi antichi a quelli presenti. Il *De mulieribus* si compone di

gli accadimenti compresi tra il settembre 1360 e l'agosto del 1362, che Matteo deve aver annotato praticamente in contemporanea o poco dopo il loro concretizzarsi (anche se il *terminus ante quem* di rielaborazione è rappresentato dalla morte del Villani, nel luglio del 1363). Le due opere latine del Boccaccio risalgono invece al ritiro certaldese dell'autore, nei primi anni Sessanta. La prima redazione del *De casibus* è databile attorno al 1360, benché l'opera fosse già stata pianificata nella seconda metà degli anni Cinquanta ; la prima stesura del *De mulieribus*, che qui ci interessa in maniera particolare, è situabile tra le estati del 1361 e del 1362, mentre la raccolta dei materiali è verosimilmente iniziata già a metà del 1360. Degli esempi citati dal Villani, soltanto quello di Tomiri e Ciro è contenuto nel *De mulieribus* (XLIX) e appartiene al primo nucleo di biografie muliebri composto dal Boccaccio nel 1361, che comprendeva 102 delle 106 biografie totali[28]. È notevole che Matteo citi due testi del Boccaccio che, all'altezza cronologica in cui egli si trova a scrivere e a rielaborare i suoi materiali, erano stati composti nelle loro prime redazioni da poco tempo ; e che dimostri di conoscerne i contenuti[29].

---

106 ritratti di donne celebri vissute tra l'epoca antica e quella contemporanea all'autore, sempre disposti cronologicamente, che vanno a formare 104 capitoli ; si vedano Giovanni Boccaccio, *De casibus virorum illustrium*, a c. di Pier Giorgio Ricci e Vittorio Zaccaria, Milano, Mondadori, 1983 (Tutte le opere di Giovanni Boccaccio 9), p. XVI ; Giovanni Boccaccio, *De mulieribus claris*, a c. di Vittorio Zaccaria, Milano, Mondadori, 1970[2] (1967) (Tutte le opere di Giovanni Boccaccio 10), p. 3 e s. ; Elsa Filosa, *Tre studi sul* « De mulieribus claris », Milano, LED, 2012, p. 17.

28 Boccaccio, *De casibus*, ed. cit., p. XV e s. ; Boccaccio, *De mulieribus*, ed. cit., p. 455 e s. ; Filosa, *Tre studi*, *op. cit.*, p. 25-26. Le fasi redazionali delle due opere sono assai complesse, poiché il Boccaccio le rielaborò fino agli anni Settanta. Per informazioni più esaustive : Boccaccio, *De casibus*, ed. cit., p. 881-887 ; Boccaccio, *De mulieribus*, ed. cit., p. 455-459 ; Filosa, *Tre studi*, *op. cit.*, p. 24-32.

29 *Cronica* X, 1, 37-43 ; II, p. 458. Che Matteo conosca i contenuti delle due opere è suggerito non solo dalla sua affermazione di averle consultate, ma anche e soprattutto dal fatto che alcuni passaggi testuali sono ripresi in modo assai preciso nella *Cronica ;* esula però gli scopi di questo lavoro una trattazione approfondita dei riscontri testuali, che sto però affrontando nella mia tesi di dottorato. Il Villani aveva inoltre frequenti contatti con il mondo mercantile di Napoli, in cui aveva diretto un banco dei Bonaccorsi negli anni Trenta, quando il giovane Boccaccio si trovava nella città partenopea. Un elemento interessante è la registrazione, nella *Cronica*, dell'incoronazione poetica di Zanobi da Strada, avvenuta a Pisa nel 1355 su ordine di Carlo IV, in cui il cronista celebra, con parole di stima e affetto, le virtù letterarie e umane del letterato fiorentino (*Cronica* V, 26 ; I, p. 641-642). Zanobi era la figura intorno alla quale gravitava il mondo culturale fiorentino ; egli conosceva bene non soltanto il Petrarca e il Boccaccio, ma anche Niccolò Acciaiuoli, intimo del secondo Villani e citato più volte nella *Cronica*. Che Matteo sia

Ritornando ai brani dedicati alla Ubaldini, gli eventi risalgono al 1354 e al 1357 e la loro prima registrazione deve essere avvenuta poco dopo ; tuttavia, non è irragionevole supporre una loro rielaborazione da parte del Villani – e, nel caso di specie, di una loro integrazione con elementi tratti dal *De mulieribus* –, dopo aver preso conoscenza dell'opera del Boccaccio[30]. Il fatto che il cronista riconosca nel Boccaccio una *auctoritas* e nelle sue compilazioni un serbatoio di vicende esemplari è tuttavia parlante.

È necessario evidenziare in via preliminare quanto sia peculiare la caratterizzazione che Matteo fornisce della Ubaldini : a questo scopo è utile confrontare brevemente il suo resoconto con quello offerto da altri testi. Gli eventi dell'assedio di Cesena in particolare sono riferiti da un numero abbastanza cospicuo di fonti coeve che menzionano anche Cia : tra queste si annoverano la *Cronica* dell'Anonimo Romano e i testi di area romagnola, come il *Chronicon Ariminense*, gli *Annales Caesenates*, e alcuni testi contenuti nel *Corpus chronicorum Bononiensium*[31].

entrato in contatto con questi personaggi e ambiente culturale pare assai plausibile (Ragone, *Giovanni Villani*, *op. cit.*, p. 229 e s. ; Marco Baglio, « *Avidulus glorie.* Zanobi da Strada tra Boccaccio e Petrarca », *Italia medioevale e umanistica*, 54 (2013), p. 343-395).

30 Sulla rielaborazione tarda della *Cronica* si veda : Ragone, *Giovanni Villani*, *op. cit.*, p. 53. Matucci, che si è concentrato sulla genesi e l'uso degli inserti dialogici della *Cronica* – come il dialogo tra Vanni Ubaldini e Cia – osserva che essi sono ideati *ex novo* dal Villani per aumentare la verosimiglianza del resoconto e ispirati dagli autori classici. Si può ragionevolmente supporre che questo tipo di ampliamento narrativo abbia implicato un processo di revisione del materiale su un arco di tempo più lungo rispetto a quello della semplice registrazione degli eventi (Matucci, *Machiavelli nella storiografia fiorentina*, *op. cit.*, p. 21-22).

31 Il *Chronicon Ariminense*, composto da diverse mani tra il 1295 e il 1385, copre gli eventi dalle origini della signoria malatestiana fino alla morte di Galeotto I (Villa Prieto, « Geografía de la cronística romandiola », art. cité, p. 166-167 ; per il testo : *Cronache malatestiane dei secoli* XIV *e* XV *(AA. 1295-1385 e 1416-1452)*, a c. di Aldo Francesco Massera, Bologna, Zanichelli, 1922-1924 [RIS 15/2]). Gli *Annales Caesenates*, redatti da più mani da canonici della cattedrale e notai vicini all'episcopio di Cesena a partire dal 1334, narrano gli accadimenti dal 1162 agli anni Sessanta del Trecento (*Annales Caesenates*, a c. di Enrico Angiolini, Roma, Istituto Storico Italiano per il Medioevo, 2003, specialmente l'*Introduzione* di Angiolini alle p. 1-67). L'Anonimo scrive invece nella primavera del 1358 e la sua *Cronica* copre gli eventi dal 1325 alla fine degli anni Cinquanta del Trecento (Gustav Seibt, *Anonimo Romano. Scrivere la storia alle soglie del Rinascimento*, Roma, Viella, 2000, p. 24-25 ; p. 37). Il *Corpus chronicorum Bononiensium* raggruppa le cronache bolognesi del XIV e del XV sec., impaginandole insieme : a noi interessano specialmente i testi a piè pagina, la cronaca dei Villola e la cronaca Bolognetti, entrambe del XIV sec. che servono da fonti per i testi del XV sec. affrontati nelle colonne, la *Cronaca Rampona* (A) e la *Cronaca Varignana* (B) (Villa Prieto, « Geografía de la cronística romandiola »,

L'Anonimo è l'autore che, con il Villani, dedica alla Ubaldini uno spazio abbastanza consistente, ma non la menziona per le sue doti di *femina virilis*[32]. A differenza del Villani, l'Anonimo riporta uno scambio epistolare tra i coniugi, attraverso il quale l'Ordelaffi avrebbe affidato alla moglie la difesa di Cesena. Menziona poi un'ulteriore missiva del capitano, in cui questi ordina alla Ubaldini di giustiziare quattro cesenati perché li sospetta di simpatie guelfe. Si noti come la versione dell'Anonimo ridimensioni il ruolo giocato da Cia nello smascheramento e nell'esecuzione dei congiurati, poiché ad accorgersi del tradimento sarebbe stato Francesco, mentre il Villani lo ingigantisce. La Ubaldini inoltre non esegue prontamente il « commannamento » del marito e ne mette anzi in dubbio la bontà ; decide di osservare da sé i quattro sospettati e, commettendo un errore di giudizio, delibera che si tratta di « bone e fidele persone ». Ella ascolta i consigli di Sgaraglino e Giorgio Tiberti che, a loro volta implicati nella congiura, la dissuadono dall'agire. La Marzia dell'Anonimo è perciò una donna costretta da necessità a difendere Cesena, ma manca della capacità analitica e decisionale e del piglio virile che le attribuisce il Villani, e le sue caratteristiche principali sono l'ira e l'efferatezza. Difatti, dopo la congiura, è l'ira che la spinge a decapitare Sgaraglino e Tiberti (« Irata madonna Cia de questa perdenza convertìo la sia ira in li doi consiglieri amicissimi dello marito, Iuorio delli Tumberti e Scaraglino, feceli decollare »); quando i Malatesta riescono a espugnare la torre della rocca e a farla crollare, Cia è colta dall'ira ed è incapace di decidere il da farsi (« Madonna Cia irata de ciò non sapeva que·sse fare ») e opta allora per prendere quei cittadini di cui dubita la lealtà e sacrificarli sotto l'ingresso della rocca pericolante. Da questo punto in poi, la donna è assalita dai dubbi ed è ormai « rotta nell'animo » e non lo nasconde : l'Albornoz, giunto a Cesena per supervisionare l'assedio, capisce subito di aver vinto la battaglia. La passività, la confusione e l'atteggiamento quasi disfattista

---

art. cité, p. 153-154 ; Gianfranco Orlandelli, « Bartolomeo della Pugliola », *Dizionario Biografico degli Italiani*, 6, Roma, Istituto della Enciclopedia italiana, 1964, versione online : https://www.treccani.it/enciclopedia/bartolomeo-della-pugliola_(Dizionario-Biografico)/, consultato il 21/09/2020) ; per il testo : *Corpus chronicorum Bononiensium*, a c. di Albano Sorbelli, Città di Castello, S. Lapi, 1916-1939 [RIS[2] 18/3]). Tra i testi più tardi, che non sono stati considerati in questo contributo, troviamo la *Cronaca di ser Guerriero da Gubbio* e *Cronache forlivesi* di Leone Cobelli.

32 Anonimo Romano, *Cronica*, ed. cit., p. 230-236.

della Cia dell'Anonimo sono in netto contrasto con la determinazione e la lucidità della Cia matteana, che per il bene dei suoi uomini decide di scendere a patti con il legato, che rimane impressionato dalla sua forza d'animo, rimasta intatta durante l'assedio. La descrizione fornita dall'Anonimo è in linea con le sue visioni filoguelfe, e i toni riservati ai signori di Forlì e Cesena sono poco lusinghieri (Francesco è definito « un perfido cane patarino »)[33]. Ciò rende però ancora più evidente e rilevante la positività della descrizione villaniana : essendo Matteo un guelfo a sua volta, e perdipiù un fiero oppositore della tirannide, ci si sarebbe potuti aspettare che tratteggiasse un ritratto di Cia più simile a quello dell'Anonimo.

Gli *Annales Caesenates* offrono, come ci si può aspettare, una versione più succinta dei fatti di Cesena. Due nobili filoguelfi, Marco e Poltrone Filippini, si aggirano per le vie della città durante l'assedio, incitando la popolazione a ribellarsi. La Ubaldini e il suo seguito, coinvolti nei disordini, ripiegano sull'interno della murata, bruciando le case che si trovano nei cerchi di mura inferiori nel corso della loro ritirata ; in seguito all'affronto subìto, la donna decide di incarcerare il Tiberti e gli altri congiurati[34]. Gli *Annales* descrivono dunque la Ubaldini come una donna risoluta, che non ha remore a incarcerare chi si oppone all'autorità del marito e a incendiare le abitazioni perché non cadano in mano nemica, ma le sue azioni e quelle dei suoi uomini sono considerate demoniache (« spiritu diabolico instigati »). Il testo non rappresenta Cia come un modello virtuoso, né come una donna virile.

Nelle altre fonti, la Ubaldini è presente in modo meno predominante. Il *Chronicon Ariminense* descrive succintamente la presa di Cesena, come sempre menzionando la congiura istigata dall'Albornoz, la ritirata nella murata e l'assedio con i trabocchi e il puntellamento del mastio, che porta Cia a capitolare e a chiedere un salvacondotto per i suoi uomini, ma non per sé[35]. La figura della Ubaldini non è però messa in rilievo e manca del tutto il motivo della *mulier virilis* ; lo stesso accade nella cronaca dei Villola, nonostante l'antagonismo di questi per l'Albornoz. Un caso interessante è invece quello della cronaca Bolognetti. Riportando gli eventi cesenati, in modo conciso, il cronista sottolinea la determinazione

33 Poloni, « Ordelaffi, Francesco di Sinibaldo », art. cité.

34 *Annales Caesenates*, ed. cit., p. 193 e n. 456.

35 *Cronache malatestiane dei secoli* XIV *e* XV, ed. cit., p. 22-23.

infaticabile di Cia nel mantenimento della rocca, il suo coraggio e valore, e il fatto che vestisse come un uomo indossando l'armatura (« Marozia, degli Obaldini si si tene in la rocha de Zexena gran tempo e lasose cavare e puntelare inanzi ch'ela s'arendesse ; e armavase a la meschia como hommo, ed era gaiarda e valorosa de soa persona »)[36]. È presente dunque *in nuce* il motivo della donna virile e coraggiosa, anche se mancano in questa versione l'ampliamento narrativo a cui il Villani sottopone gli eventi che coinvolgono la Ubaldini e la costruzione sistematica di una descrizione basata sul motivo della *mulier virilis*[37].

Resta da stabilire, pertanto, se il Boccaccio e le sue biografie muliebri possano avere in qualche modo contribuito a plasmare il ritratto di Cia nella *Cronica*. Nella sua analisi sui caratteri peculiari delle *mulieres clarae* boccacciane, la Franklin ha osservato giustamente che un tratto comune e ricorrente delle biografie delle donne degne di lode consiste nel fatto che costoro, quando sono confrontate con la dipartita prematura o l'assenza del consorte, trovano nel desiderio di salvaguardarne l'eredità e la reputazione uno stimolo per realizzare appieno le virtù insite nella loro personalità. Più concretamente, esse superano la debolezza connaturata nel loro sesso e arrivano a esibire qualità maschili : la forza, la costanza, l'audacia e l'astuzia politica e bellica[38]. Il già menzionato esempio di Tomiri, regina degli Sciti (*De mulieribus* XLIX), e quello di Zenobia, regina di Palmira (*De mulieribus* C)[39] mettono bene in luce come il Boccaccio costruisca il topos della *femina virilis* nelle sue biografie :

36 *Corpus chronicorum bononiensium*, ed. cit., p. 74-75.

37 Il testo ricostruito da Sorbelli nei RIS è basato sulla redazione del codice K I 34 della Biblioteca comunale di Bologna, del XV sec., integrato con elementi del ms. 383 della Biblioteca Universitaria di Bologna e del ms. Spanocchi 1249 della Biblioteca Labronica di Livorno, entrambi quattrocenteschi. Il codice K I 34 è riconosciuto da Sorbelli come l'esemplare più autorevole del gruppo Bolognetti, poiché riunisce le « ampliazioni » delle redazioni precedenti ; sarebbe opportuno verificare quale redazione attesti la descrizione della Ubaldini « como hommo » per poter formulare qualche considerazione in più su un eventuale rapporto con la cronaca villaniana e sulla ricorrenza del motivo della *mulier virilis* (Albano Sorbelli, *Introduzione al* Corpus chronicorum Bononiensium, a c. di Albano Sorbelli, Città di Castello, S. Lapi, 1939 [RIS² 18/1, parte A], p. IX-X ; Albano Sorbelli, *Le cronache bolognesi del secolo XIV*, Bologna, Zanichelli, 1900, p. 227 e s.).

38 Margaret Franklin, *Boccaccio's Heroines. Power and Virtue in Renaissance Society*, Aldershot, Ashgate, 2006, p. 57 e s. ; p. 90 e s. Si veda anche Milligan, *Moral Combat*, *op. cit.*, p. 136 e s.

39 Così come il ritratto di Tomiri, anche quello di Zenobia appartiene al primo nucleo di biografie ideato dal Boccaccio.

> [scil. *Ciro] esto toti Asye [...] formidabilis foret, non tamen, ut femina, territa, latebras petiit* [scil. *Tomiri*], *seu leges pacis caduceatore postulavit medio; quin imo congregatis copiis et belli dux facta, cum posset navato opere obsistere, eum cum omni exercitu Araxem transire passa est et suos intrare fines, arbitrata sagax femina longe melius expugnari Cyri rabiem infra terminos suos posse quam extra. [...] Tamiris autem cum audisset suorum cedem, etsi plurimum ob unici filii necem vidua moveretur, non tamen femineo more se dedit in lacrimas, quin imo, illis ira et vindicte cupiditate sedatis, cum residuo copiarum [...] hostem [...] capi posse existimavit; et locorum gnara, fugam simulans, [...] secutorem [...], non longo viarum tractu, deduxit atque conclusit et [...] inter aspreta saltus [...] cum omni exercitu, fere delevit [...].* (*De mulieribus* XLIX, 1-7)

> « Benché costui [scil. Ciro] fosse terribile a tutta l'Asia [...], [scil. Tomiri] non cercò, con spavento di femmina, un nascondiglio, né chiese, per mezzo di negoziatori, condizioni di pace; riunì anzi l'esercito e fu proclamata comandante. Avrebbe potuto contrastare [...] l'accesso al suo nemico, ma preferì lasciargli passare l'Arasse con tutto l'esercito e farlo entrare nel suo territorio. L'astuta donna pensava che la rabbiosa aggressione di Ciro poteva essere debellata entro i confini meglio che fuori del regno. [...] Quando però Tamiri seppe della strage dei suoi, benché, già vedova, fosse molto scossa dalla morte dell'unico figlio, non ruppe in lacrime, come son solite fare le femmine, anzi le represse per l'ira e la brama di vendetta; e col resto dell'esercito pensò di poter sorprendere il nemico [...]. Ben esperta dei luoghi, fingendo la fuga, attrasse il suo [...] inseguitore per on lungo giro [...] e ne chiuse l'esercito [...] tra *boschi accidentati*; poi, piombandogli addosso [...] lo distrusse[40]. »

Tomiri, rimasta vedova, eredita dal marito la responsabilità del regno, in attesa che il figlio raggiunga la maggiore età. Quando Ciro raggiunge la Scizia, la donna non cerca di fuggire o di blandire il re persiano con promesse diplomatiche, come avrebbe fatto qualunque altra donna, ma, motivata dalla volontà di difendere l'eredità del consorte raduna tutto il suo esercito e se ne proclama comandante. La regina, grazie alla sua sagacia, elabora un brillante piano, ossia attendere che l'esercito persiano si addentri nel profondo dei territori sciti per poi colpirlo al momento opportuno, sfruttando il vantaggio della conoscenza del territorio. Il piano però fallisce, perché l'unico figlio di Tomiri è tratto in inganno da Ciro, che lo uccide. Appresa la notizia, Tomiri, benché in lutto, non piange come le donne sono solite fare, bensì reprime le lacrime e si prodiga per vendicare la morte del figlio. Decide quindi di tendere

40 Le traduzioni sono di Zaccaria (Boccaccio, *De mulieribus*, ed. cit., p. 198-201; p. 406-415); gli interventi e le modifiche dell'autrice sono segnalati in corsivo.

un'imboscata a Ciro e alle sue truppe, fingendo di fuggire per attirarli allo scoperto, e piomba loro addosso. Le truppe vengono sterminate e Ciro è decapitato da Tomiri.

Zenobia rappresenta un caso ancora più emblematico di *femina virilis* :

> *Zenobia [...], tam eximie virtutis femina [...], ut ceteris gentilibus inclita fama preponenda sit. [...] Quibus fugata muliebri mollicie adeo eam in virile robur duratam aiunt ut coetaneos iuvenes [...] superaret. Tandem, instante etate nubili [...] Odenato [...]. Que cum cerneret Odenatum, capto a Sapore rege Persarum Valeriano Augusto turpique servitio damnato et Galieno filio effeminate torpescente, ad orientale occupandum imperium intentum, non immemor duriciei pristine armis formositatem tegere et sub viro militare disposuit [...]; et, nullis parcens laboribus, nunc ducis, nunc militis officia peragens, non solum acerrimum virum et bellorum expertum virtute armorum superavit, sed creditum eius opere Mesopotamiam in iurisdictionem venisse [...].* (*De mulieribus* C, 1-6)

> « Zenobia [...] fu donna di così alte virtù [...] che deve essere posta innanzi a tutte le altre pagane per la sua fama illustre. [...] respingendo da sé ogni mollezza, dicono che s'indurì talmente alle fatiche virili da superare [...] i giovani suoi coetanei. Finalmente giunse all'età da marito e sposò [...] Odenato [...]. L'imperatore Valeriano era stato allora catturato da Sapore, re dei Persiani, e condannato a vergognoso servizio. Anche il figlio Gallieno languiva negli ozi femminei. Allora Odenato si accinse all'occupazione dell'impero d'Oriente. Quando Zenobia lo vide intento all'impresa, decise di coprire colle armi le sue belle forme, memore dell'antica forza, e di militare al servizio del marito [...]. Non risparmiò fatiche, compiendo l'ufficio ora di comandante, ora di soldato ; e non solo vinse colle armi quell'uomo ferocissimo ed esperto di guerra, ma ridusse in proprio potere [...] la Mesopotamia. »

La regina di Palmira disprezza sin dall'infanzia la mollizie femminile e decide di temprare il proprio corpo con le arti maschili della lotta e della ginnastica, superando i suoi coetanei uomini. Sposatasi con Odenato, lo segue nella sua campagna militare contro l' « *effeminatus* » figlio dell'imperatore Valeriano, Gallieno, che regna sulle regioni orientali dell'impero da quando il padre è stato ridotto in schiavitù dal re persiano Sapore. Durante la guerra Zenobia si distingue per i suoi sforzi e per l'arditezza del suo animo, in qualità sia di semplice soldato, sia di capitano, e aiuta il marito a conquistare la Mesopotamia. Quando Odenato è ucciso, Zenobia rivendica il trono e, dopo aver regnato per molto tempo, sfida l'imperatore Aureliano. Benché all'inizio la regina non sia minimamente turbata dall'arrivo delle truppe imperiali e si batta con valore e a lungo, Aureliano riesce a farla fuggire a Palmira e a porre la città sotto assedio. Zenobia rifiuta qualunque condizione di resa, difendendo la città a oltranza con « *mira solertia* », ma deve poi capitolare per mancanza di vettovaglie. Nonostante alla fine sia dunque costretta ad arrendersi, Zenobia è lodata dal Boccaccio per il suo valore militare, forgiato dall'addestramento e dalla disciplina. Anche i soldati ne sono così impressionati che, se alleati, la stimano ; se nemici, la temono profondamente, in ambo i casi come se fosse un uomo. Zenobia si presenta infatti come un condottiero e una loro pari e non compare mai dinanzi alle sue truppe, né tantomeno le arringa, se prima non indossa il proprio elmo :

> *Fuit enim illi tanta bellorum industria et adeo acris militie disciplina, ut eque illam magni penderent sui exercitus et timerent. Apud quos nunquam concionata est nisi galeata [...].Tanti profecto fuit hec ut, Gallieno atque Aureolo et Claudio Augusto sublatis, et Aureliano [...] in principatu suffecto [...] in se traxerit. Nam [...] Aurelianus cum omni cura zenobianam expeditionem assumpsit, et [...] cum legionibus tandem haud longe Emessam civitatem devenit, quam penes Zenobia, in nullo perterrita, [...] cum exercitu suo consederat. Ibi inter Aureli<an>um et Zenobiam de summa rerum acriter et diu pugnatum est. Ad ultimum, cum romana virtus videretur superior, Zenobia [...] in fugam versa Palmira sese recepit. In qua evestigio a victore obsessa est. Quam cum aliquandiu, nullas volens conditiones deditionis audire, mira solertia defendisset, in penuriam oportunarum rerum deducta est.* (*De mulieribus* C, 10-18)

> « Tale fu la sua pratica di guerra, e così severa la disciplina militare sotto di lei, che i suoi eserciti, come la stimavano, così la temevano. Ed essa non si presentò dinnanzi a loro ad arringarli, se non coperta dall'elmo [...]. Zenobia fu regina così valorosa che, dopo la morte di Gallieno, di Aurelio e di Claudio, quando successe al trono Aureliano [...], ella trascinò ad attaccarla l'imperatore [...]. Aureliano infatti [...] intraprese con ogni cura la spedizione contro Zenobia e [...] giunse finalmente con le sue legioni non lungi da Emessa, dove Zenobia, per nulla atterrita, si era accampata col suo esercito [...]. Lungo e aspro fu lo scontro di Aureliano con Zenobia. Infine dinanzi alla superiorità delle forze romane, Zenobia si diede alla fuga coi suoi e si ritirò a Palmira. Subito vi fu stretta d'assedio dal vincitore ; ma, rifiutando ogni condizione di resa, la difese con mirabile impegno fino allo stremo, fino a quando [...] le vennero a mancare i viveri. »

Tomiri e Zenobia non sono dunque motivate dalla sete di potere o da ambizione individuale, ma dal desiderio di preservare quanto ereditato dai loro consorti e di non sottomettersi al giogo degli invasori, e dalle loro personalità virtuose : la loro autorità e il loro coraggio derivano perciò dal loro legittimo ruolo di mogli (e di madri) e non dall'usurpazione[41]. È proprio questo desiderio che sprona Tomiri a non comportarsi come qualunque madre che perde il proprio figlio e fare uso della propria intelligenza per sconfiggere il nemico : sin dall'inizio, si noti, la donna decide di comportarsi da uomo prode anziché da « *femina territa* », difendendo i territori del marito e dando prova di coraggio, tenacia e inventiva militare. Zenobia apprende invece le *virtutes* maschili sin da bambina e le affina in età adulta. Entrambe superano insomma le limitazioni imposte dal loro stesso sesso, convertendosi in *mulieres viriles* versate nell'arte della guerra. Se torniamo ora alla descrizione che il Villani dà della Ubaldini, possiamo notare che essa presenta notevoli punti di convergenza con gli esempi appena discussi, troppi per essere frutto del caso – soprattutto all'altezza cronologica in cui i brani su Cia sono composti. Cia si batte sino alla fine per difendere l'onore del consorte assente, e lo fa esibendo virtù degne del più grande comandante. Come le due donne boccacciane, Cia incarna un perfetto esempio di *femina virilis* che eccelle nel mestiere delle armi, dà prova di grande intelligenza tattica e rifiuta di comportarsi da donna pavida. Al pari di Zenobia non solo si fa rispettare, ma è solita incitare i propri uomini indossando l'armatura (si confronti il passaggio « Ed ella sola rimase guidatore della guerra e capitana de' soldati, e il dì e la notte coll'arme indosso difendea la murata dalli asalti della gente del legato sì vertuosamente, e co· ardito e fiero animo, che·lli amici e' nimici fieramente la dottavano » con « *Fuit enim illi tanta bellorum industria et adeo acris militie disciplina, ut eque illam magni penderent sui exercitus et timerent. Apud quos nunquam concionata est nisi galeata* »). Sempre come Zenobia, la Ubaldini si guadagna l'ammirazione di alleati e nemici, che non scema nemmeno dopo la sua sconfitta per mano dell'Albornoz.

Una ricognizione delle biografie del *De mulieribus* mostra che il Boccaccio, in particolare quando narra esempi di donne virtuose, tende a sottolineare che costoro, indipendentemente dalla loro condizione

41 Un altro esempio di virilità che scaturisce dall'amore coniugale è offerto dalla vicenda delle spose dei Menii, che per liberare i loro mariti incarcerati dagli Spartani ingannano le guardie della prigione con un sotterfugio e si sostituiscono ai loro sposi, facendoli fuggire travestiti da donne. Boccaccio osserva che l'amore coniugale spinge le donne a un atto di brillante audacia e forza (« *sacri coniugalis amoris vires et audaciam mulierum* » ; « *Hic suavissimus, etiam placido convictu firmatus, coniugum Meniarum tanto fervore inpulit animos* ») e che costoro sono dunque più uomini dei loro mariti, che si sono limitati a fuggire abbigliati come donne (« *has assere audeo veros certosque fuisse viros. Meniasque iuvenes, quas simulabant, feminas extitisse* », *De mulieribus* XXXI, 3-13).

sociale, spiccano per la loro *virilitas*. La greca Leena, poiché possiede una virtù esemplare nonostante sia « *dedita turpi meretricio* », è descritta come una « *virilis femina* » che, sottoposta a tortura perché riveli i nomi di coloro che congiurano contro Ipparco, preferisce dapprima tacere con « *mira constantia* » e poi mozzarsi senza esitazione la lingua con « *virile robur* » (*De mulieribus* L, 4-6). Epicari, anch'essa una meretrice, risalta in maniera analoga per il suo incrollabile « *virili robore* » e preferisce impiccarsi anziché svelare l'identità degli autori della congiura pisoniana (*De mulieribus* XCIII, 1). L'amazzone Pentesilea, per citare un altro esempio, compie imprese talmente virili da suscitare l'ammirazione di Ercole, l'eroe maschile per eccellenza (« *et tot tanque grandia viriliter agere, ut ipsum spectantem aliquando Herculem in admirationem sui deduceret* » ; *De mulieribus* XXXII, 4-5). Secondo il Boccaccio è proprio il fatto che sia un corpo femminile – e quindi debole, in teoria – a ospitare virtù maschili a rendere queste vicende ancora più esemplari e a intensificare così la loro forza pedagogica. Commentando il destino di Epicari, per spiegare come anche una prostituta possa offrire un modello di virtù, l'autore certaldese scrive :

> Sarei propenso a credere che la natura cada talvolta in errore nell'unire l'anima al corpo degli uomini : come quando, ad esempio, infonde in un petto femminile un'anima che aveva ritenuto di aver messo in un petto maschile. Ma poiché Dio stesso è l'autore di tali creature, non è lecito credere ch'egli sia negligente nella sua opera. Bisogna dunque ritenere che noi tutti riceviamo, perfetta, l'anima ; ma le nostre opere dimostrano poi se la sappiamo conservar tale. Gli uomini dovrebbero quindi arrossire – io credo – quando si lasciano vincere da una donna, non dico lasciva, ma anche fermissima a sopportare qualunque fatica. Se infatti prevaliamo per sesso, è giusto che prevaliamo anche per fortezza. (*De mulieribus* XCIII, 8-10[42])

Che una donna possieda uno spirito maschile non è un errore di creazione, bensì il compimento di una precisa volontà divina. In altre parole : quando è una donna a incarnare le qualità virili, superando

42 « *Oberrare crederem naturam rerum aliquando, dum mentem mortalium corporibus nectit, illam scilicet pectori infundendo femineo quam virili immisisse crediderat. Sed cum Deus ipse dator talium sit, eum circa opus suum dormitari nephas est credere. Summamus ergo perfectas omnes arbitrandum est ; numquid tamen servemus, ipsum indicat opus. Erubescendum nempe hominibus reor dum, nedum a lasciva femina, sed etiam a constantissima quacunque laborum tolerantia vincuntur. Nam si prevalemus sexu, cur non ut et fortitudine prevaleamus decens est ?* ». La traduzione è di Zaccaria (Boccaccio, *De mulieribus*, ed. cit., p. 378-379).

persino gli uomini stessi, ci troviamo di fronte a una concretizzazione esemplare dell'anima perfetta che Dio dà a tutti gli esseri umani. Gli uomini che sono superati in virtù da una donna devono pertanto vergognarsene, perché non mandano a effetto le qualità connaturali al loro sesso (Epicari, che è l'unica donna tra i cospiratori, è anche la sola a tacere e a difendere la causa, mossa da forza virile, laddove gli altri, indeboliti dalle torture, confessano). L'accostamento tra donne e *virtutes viriles* possiede un valore altamente edificante, dato che fa risaltare ancora di più, in un gioco di contrasti, la forza positiva insita in tali virtù.

L'insistenza con cui Matteo attribuisce alla Ubaldini tratti maschili, convertendola in una vera e propria *mulier virilis*, rende legittimo supporre che, come nel caso dei moduli descrittivi evidenziati sopra, abbia attinto anche questo uso del topos dai ritratti delle *mulieres clarae* boccacciane. L'opposizione edificante insita nel topos della *mulier virilis*, nei termini illustrati dal Boccaccio, si inserisce infatti specialmente bene nel discorso storiografico del cronista fiorentino, che è convinto che accostare elementi opposti contribuisca a metterne meglio in luce il loro valore esemplare (« Vogliono naturalemente le cose opposite e contrarie insieme avicinate più le loro contrarietà dimostrare » ; *Cronica* XI, 1, 1-3 ; II, p. 587).

Nella *Cronica* è tuttavia presente un altro elemento che permette di definire come plausibile l'influenza boccacciana sul ritratto di Cia, sempre per consonanza con la concezione storiografica villaniana. Il cronista, si è visto, nel proemio all'opera attribuisce una specifica funzione didattica alla storia, che deve fornire « amaestramenti » agli uomini. Gli insegnamenti a cui il Villani fa riferimento non sono astrattamente morali, ma pratici, e spesso sono connessi con il governo della cosa pubblica[43]. Specie quando intende condividere con i suoi lettori – e soprattutto con i suoi concittadini – un insegnamento che concerne la vita pubblica e politica e assicurarsi che esso sia recepito correttamente, il cronista è disposto a rinunciare a rispettare il principio della *brevitas* e talvolta lo dice apertamente, motivando la sua trasgressione con il fatto che l'« amaestramento » in questione è così importante da dover essere discusso per esteso[44]. In apparenza il caso della Ubaldini sembrerebbe

43 Zabbia, « Villani, Matteo », art. cité.

44 Nella *Cronica* lo scarto al dettame della *brevitas* rappresenta un vero e proprio stratagemma retorico, che spesso segnala l'importanza di quanto segue. Si vedano degli esempi parlanti di questo procedimento : *Cronica* VIII, 37, 62-64 ; II, p. 184 ; *Cronica* VIII, 103, 1-43 ; II,

differente, nonostante attraverso il topos della *femina virilis* vengano evidenziate le qualità personali della donna, perché non pare avere alcuna attinenza con la cosa pubblica. Ma è il Villani stesso ad avvertirci che i « fatti di madonna Cia » hanno un carattere esemplare straordinario : Cia è infatti indicata come la portatrice di una virtù paragonabile a quella antica (« Io penso, che·sse questo fosse avenuto al tempo de' Romani, i grandi autori no·ll'arebbono lasciata sanza onore di chiara fama » ; *Cronica* VII, 69, 42-44 ; II, p. 94). Ma in che cosa consiste esattamente questa virtù antica e che tipo di insegnamento offre ?

La Ubaldini, come le eroine antiche di cui ci narra anche Boccaccio, difende l'autonomia e la libertà di Cesena[45]. Benché sia la moglie di un tiranno locale, politicamente inviso al Villani, la Ubaldini si scontra infatti con un personaggio che per il cronista rappresenta una minaccia assai maggiore per la libertà, la stabilità e la sicurezza di Firenze e dell'Italia intera : il cardinale Albornoz. Poco più avanti nella *Cronica*, il Villani mette in guardia i suoi concittadini dalle malefatte e dai sotterfugi del ceto dirigente, che ha esposto la città a gravi pericoli e, più concretamente, al rischio di perdere la sua libertà[46]. Per dare corpo alle sue smisurate ambizioni su beni e territori ecclesiastici, infatti, esso « [...] ha consigliato che·ssia dato aiuto e favore [...] ai forestieri, che sotto nomi di duchi, conti, e capitani, o·llegati di papa, o altri titoli onesti nel nome ma tiranneschi nel fatto, dalla povertà di Proenza sono passati a·ssignoreggiare i nobili e famosi paesi di Italia, ma hanno sforzato o in uno o in altro modo e sospinto il nostro Comune disonestissimamente a·cciò fare » (*Cronica* VIII, 103, 33-43 ; II, p. 167). Il riferimento è qui di stretta attualità : il legato papale partito impoverito da Avignone non è altri che l'Albornoz, che è stato investito della missione legatizia dal papa senza però ricevere ingenti fondi per la riconquista. Il grande successo nella ricostruzione del potere pontificio è dovuto infatti in primis agli intrighi del cardinale, che scende a compromessi con i signori dell'Italia settentrionale e con le compagnie

p. 266-267 ; *Cronica* IX, 1, 1-9 ; II, p. 277. Un altro espediente molto usato dal Villani è quello di fingere di superare la propria reticenza a mettere per iscritto eventi ritenuti troppo infamanti in virtù della loro utilità per i lettori (*Cronica* VIII, 103, 11-19).

45 Nei brani dedicati alla definizione dell'opposizione tirannia-libertà, il Villani definisce come massima qualità romana proprio la *libertas*. Eredi di questa tradizione sono i comuni italiani (con Firenze in testa ; *Cronica* IV, 77 e 78 ; I, p. 586-589, che vanno considerati insieme ; *Cronica* VIII, 24, 38-44 ; II, p. 164). Si veda la n. 12.

46 *Cronica* VIII, 103, 1-43 ; II, p. 266-267.

di ventura che depredano il territorio : ai primi concede il vicariato apostolico, che conferma loro il dominio sui propri territori ma li riconduce al contempo in seno all'autorità papale ; alle seconde offre invece solitamente denaro, perché abbandonino gli Stati Pontifici[47]. Il Villani si riferisce qui proprio a queste macchinazioni, nelle quali il cardinale vuole coinvolgere anche Firenze (*Cronica* VIII, 103, 43-98 ; II, p. 267-269 ; *Cronica* IX, 6 ; II, p. 287-290) e che suscitano la sua ripugnanza, perché mettono in pericolo l'indipendenza del comune, e lo portano criticare aspramente l'avidità del clero[48]. La resistenza della Ubaldini alle mire e ai complotti dell'Albornoz può pertanto fungere da prezioso insegnamento per i lettori del Villani, e specie i fiorentini, perché siano vigili e non perdano incautamente la propria libertà per interessi individuali o di parte, rischiando così di trovarsi sottoposti a un regime tirannico[49].

La digressione su Cia è dunque pienamente giustificata dal punto di vista della sua utilità didattica ; resta tuttavia ancora poco chiaro come mai il Villani, anziché spiegare puntualmente i fatti di Cesena (come ha fatto, ad esempio, per quelli delle trame dell'Albornoz), decida invece di costruire un ritratto di virtù muliebre per trasmettere il suo « amaestramento ». È proprio in questo frangente "formale" che il Boccaccio sembrerebbe avere influenzato il Villani. Una delle maggiori innovazioni del *De mulieribus claris* rispetto alle biografie femminili precedenti è infatti la tendenza all'ampliamento narrativo e biografico degli episodi prescelti : attraverso il racconto, il Boccaccio crea dei ritratti femminili vividi e sfaccettati, sottraendosi alla tradizione dei cataloghi di virtù e vizi che cristallizzano le donne in unico gesto emblematico[50]. È lo stesso

47 Duprè Theseider, « Albornoz, Egidio de », art. cité, p. 45-50 ; Gene A. Brucker, « The Ghibelline Trial of Matteo Villani », Gene A. Brucker. *Renaissance Florence. Society, Culture and Religion*, Goldbach, Keip, 1994, p. 29-36.

48 Sulla polemica condotta dal Villani contro il comportamento avido del clero durante la predicazione della crociata in Romagna, si veda : Mascanzoni, *La crociata*, *op. cit.*, p. 40-43.

49 La vicenda di Cia e dei congiurati cesenati è tristemente profetica, se si pensa che nel 1358 l'Albornoz riesce a ottenere il sostegno della Parte guelfa fiorentina per finanziare la sua campagna contro le compagnie di ventura proprio mentre conduce in segreto delle trattative con queste ultime, pianificando di comprarne la fedeltà con i soldi di Firenze. L'inganno è scoperto e l'alleanza è annullata, ma il Villani osserva come queste manovre andassero solo a beneficio del cardinale e che il ceto dirigente cittadino avesse operato a sfavore di Firenze, minando la sua stabilità interna e la sua autonomia (*Cronica* VIII 103, 74-95 ; II, p. 268-269).

50 Elsa Filosa, « Petrarca, Boccaccio e *mulieres clarae*. Dalla *Familiare* XXI 8 al *De mulieribus claris* », *Annali di italianistica*, 22 (2004), p. 381-395 ; Filosa, *Tre studi*, *op. cit.*, p. 11-13 ; p. 47-48 ; p. 65 e s. ; Franklin, *Boccaccio's Heroines*, *op. cit.*, p. 90 ; Vittorio Zaccaria, « Il

autore a esplicitare questa caratteristica inedita delle sue biografie nel proemio dell'opera :

> Affinché non sembri che secondo un'antica abitudine, io tocchi delle materie soltanto i principi, stimo, non che utile, opportuno spingermi ad un racconto abbastanza esteso, colle notizie che avrò potuto conoscere da fonti fededegne. Io sono infatti del parere che le azioni femminili potranno piacere non meno alle donne che agli uomini. E le donne, il più delle volte, sono ignoranti di storia ed hanno perciò bisogno – e si allietano – di più lungo discorso. (*De mulieribus*, proemio, 8[51])

Il Boccaccio dà qui una vera e propria indicazione di metodo. Egli intende istruire le donne in materia di storia, e nello specifico, sulle gesta compiute da esponenti del loro stesso sesso ; e poiché le lettrici necessitano di un racconto più esteso che spieghi loro a fondo la materia per poter comprendere davvero il valore di quelle gesta, decide di costruire delle narrazioni più ampie a partire dal materiale a sua disposizione. Il fine dell'ampliamento narrativo è perciò dichiaratamente ed eminentemente pedagogico. Il *De mulieribus* potrebbe quindi aver fornito al Villani un modello di scrittura autorevole per raccontare efficacemente l'episodio di Cia, un modello che ben si accorda con la sua visione educativa della storia[52].

---

genio narrativo nelle opere latine del Boccaccio », *Italianistica. Rivista di letteratura italiana*, 21 (1992), p. 581-595.

51 « *Et ne more prisco apices tantum rerum tetigisse videar, ex quibus a fide dignis potuero cognovisse amplius in longiusculam hystoriam protraxisse non solum utile, sed oportunum arbitror ; existimans harum facinora non minus mulieribus quam viris etiam placitura ; que cum, ut plurimum, hystoriarum ignare sint, sermone prolixiori indigent et letantur* ». La traduzione è di Zaccaria (Boccaccio, *De mulieribus*, ed. cit., p. 26-27).

52 Per arricchire questa indagine bisognerà condurre uno studio più approfondito delle fonti del secondo Villani : in particolare, gli autori classici potrebbero rappresentare un ulteriore serbatoio fondamentale da cui il cronista ha attinto per plasmare in questo modo la figura della Ubaldini (si pensi nuovamente alla parte dialogata tra Vanni e Cia, secondo Matucci di ispirazione classica o classicheggiante ; *supra*). Non si può escludere a priori nemmeno un influsso delle donne decameroniane, campionesse di eloquenza (per il caso di Cia, Zabbia parla non a caso di « tono novellistico » ; Zabbia, « Villani, Matteo », art. cité) o del *De casibus* (specie per quanto riguarda il tema della fortuna), che il cronista dimostra di conoscere bene. Tutti questi aspetti saranno approfonditi nella mia tesi di dottorato. È tuttavia interessante rilevare a margine che, in occasione della ristampa del 1596 del fortunato volgarizzamento betussiano del *De mulieribus claris* – apparso per la prima volta a stampa a Venezia nel 1545 –, il poligrafo toscano Francesco Serdonati inserisce la vita di « Madonna Cia Ubaldini » tra le 120 biografie che aggiunge a quelle del Boccaccio e del Betussi (Giuseppe Betussi, *Libro di M. Giovanni*

Il ritratto della Ubaldini, che potrebbe apparire a prima vista un elemento insolito all'interno della *Cronica*, viene quindi a occupare uno spazio preciso nell'opera e a incastrarsi perfettamente nel discorso storiografico matteano attraverso la mediazione del Boccaccio, che sorregge il Villani nella sua impresa di trasformare la sua nobildonna toscana in un'autentica *mulier clara*.

Martina Albertini
Universität Zürich

Boccaccio delle Donne illustri. Tradotto di Latino in Volgare per M. Giuseppe Betussi ; con una giunta fatta dal medesino d'altre donne famose. E un'altra nuova giunta fatta per M. Francesco Serdonati, d'altre Donne Illustri, Antiche e Moderne, Firenze, Giunti, 1596, p. 561-567 ; si veda anche Milligan, *Moral Combat*, *op. cit.*, p. 211 e s. ; p. 222-223). Il Serdonati ripropone in maniera assai fedele il testo villaniano, che indica come sua unica fonte (Betussi, *Libro delle Donne illustri*, ed. cit., p. 567), e raggruppa in un unico capitolo le sezioni della *Cronica* dedicate alla Ubaldini. L'operazione non soltanto conferma che la caratterizzazione di Cia si presenta come unitaria e che ciò non è passato inosservato al Serdonati, tanto da giustificare la creazione di una biografia compatta, ma sembrerebbe pure suggerire che questi ha rintracciato nel ritratto villaniano delle consonanze con le biografie muliebri del Certaldese (e del Betussi), tra le quali poteva facilmente venire incluso con minime modifiche.

L'ENCICLOPEDISMO STORIOGRAFICO IN ITALIA NEGLI ANNI DEL PREUMANESIMO

Nell'orizzonte della tradizione enciclopedica di argomento storiografico, per come essa si configura lungo i secoli XII e XIII, fino alla *summa* dell'enciclopedismo basso-medievale, ossia lo *Speculum historiale* di Vincenzo di Beauvais, chiamare in causa la parola Umanesimo e le conseguenze storiche e metodologiche che tale parola implica potrebbe sembrare quasi al limite del paradosso[1]. È d'altra parte ben noto lo sprezzante giudizio liquidatorio di Coluccio Salutati che, scrivendo sul finire del Trecento a Juan Fernández de Heredia, offriva un canone storiografico, in cui si definivano « modernorum nugae », sciocchezze dei moderni, alcuni dei vertici della produzione storiografica degli ultimi due secoli, « specula videlicet hystorialia, satiram Paulini, Martini cronicas, et si qua alia nostris his duobus edita seculis[2] » : ovvero lo

1 Bernard Guenée, *Histoire et culture historique dans l'Occident médiéval*, Paris, Aubier Montaigne, 1980 ; nonché *Id.*, « Lo storico e la compilazione nel XIII secolo » ; e Anna-Dorothee von den Brincken, « *Inter spinas principum terrenorum.* Annotazioni sulle summe e sui compendi storici dei Mendicanti », *Aspetti della letteratura latina del secolo XIII.* Atti del primo convegno internazionale di studi dell'Associazione per il Medioevo e l'Umanesimo latini (AMUL), Perugia 3-5 ottobre 1983, a cura di Claudio Leonardi e Giovanni Orlandi, Perugia-Firenze, Regione dell'Umbria-La Nuova Italia, 1986, p. 57-76 ; e p. 77-103 ; e anche il quadro d'insieme offerto dai saggi raccolti in *Historiography in the Middle Ages*, ed. by Deborah Mauskopf Deliyannis, Leiden-Boston, Brill, 2003. Su Vincenzo di Beauvais, *cf.* Monique Paulmier-Foucart, Marie Christine Duchenne, *Vincent de Beauvais et le Grand miroir du monde*, Brepols, Turnhout, 2004 ; i saggi raccolti in *Vincent de Beauvais. Intentions et réceptions d'une œuvre encyclopédique au Moyen-Âge*, Actes du XIVe colloque de l'Institut d'études médiévales, sous la direction de Serge Lusignan, Monique Paulmier-Foucart, Alain Nadeau, Ville Saint Laurent (Quebec)-Paris, Maison Bellarmin-Vrin, 1990 ; e in Lector et compilator. *Vincent de Beauvais, frère prêcheur : un intellectuel et son milieu au XIIIe siècle*, sous la direction de Serge Lusignan, Monique Paulmier-Foucart, Créaphis, Grâne, 1997.

2 *Epistolario di Coluccio Salutati*, a cura di Francesco Novati, vol. 2, Roma, Forzani e C., 1893, p. 289-302. Sulla lettera del Salutati e la sua datazione (« *possibly around 1390* »,

Speculum historiale di Vincenzo di Beauvais, uno dei tre volumi dello *Speculum maius*, « opus vere Gallicum » per Benvenuto da Imola[3], la stessa identica definizione che Petrarca aveva usato per il *Manipulus florum* di Tommaso Ibernico, florilegio di grande influenza e fortuna[4] ; l'*Historia Satyrica* di Paolino Veneto, sulla quale il Boccaccio si espresse con parole fortemente riduttive[5] ; e uno dei fondamenti della cronologia basso-medievale, il *Chronicon pontificum et imperatorum* di Martino Polono[6]. Al Salutati non interessava aver per mano queste storie ; ciò che voleva, oltre alle opere classiche che già conosceva e poteva leggere, era il Livio perduto, le parti mancanti di Curzio Rufo, le *Historiae* di Sallustio, dei fantomatici *bella civilia* di Svetonio o magari le opere storiche composte dall'imperatore Claudio, ma soprattutto Livio :

> [...] *et presertim si de Tito Livio plus alicubi esse scias quam xxx libros ; si Trogum Pompeium vidisti vel habes aut unquam ubi sit percepisti ; et an totum reppereris*

non molto lontano dal dubitativo 1392 del Novati), vd. Anthony Luttrell, « Coluccio Salutati's Letter to Juan Fernández de Heredia », *Italia medioevale e umanistica*, 13 (1970), p. 235-243. *Cf.* anche Carlo Varotti, *Gloria e ambizione politica nel Rinascimento. Da Petrarca a Machiavelli*, Milano, Bruno Mondadori, 1998, p. 88-94.

3 *Benvenuti de Rambaldis de Imola Comentum super Dantis Aldigherii Comoediam*, ed. Jacopo Filippo Lacaita, vol. 3, Firenze, Barbera, 1887, p. 38 : « Nota etiam quod Vincentius Belvacensis in suo speculo historiali, quod fuit opus vere gallicum [...] » (*cf. Epistolario di Coluccio [...]*, vol. 2, *op. cit.*, p. 299 n. 2). Anche Boccaccio sembra averne avuto una ben misera opinione, essendo evidente la sprezzatura con cui riferisce l'opinione del vescovo domenicano sulla discendenza dei re dei Franchi da Ettore : « Insuper Vincentius Gallicus hystoriographus velle Francorum reges hodiernos a filiis Hectoris antiquissimam originem habuisse [...]. Quod etsi multum non credam, absit ut omnino negem, cum omnia sint possibilia apud Deum » (*Genealogia deorum gentilium*, VI, 24, 8, *Tutte le opere di Giovanni Boccaccio*, a cura di Vittore Branca, vol. 7-8, *Genealogie deorum gentilium*, a cura di Vittorio Zaccaria, Milano, Mondadori, 1998, p. 658 ; Attilio Hortis, *Studj sulle opere latine del Boccaccio*, Trieste, Libraria J. Dase, 1879, p. 485).

4 Francesco Petrarca, *In difesa dell'Italia (*Contra eum qui maledixit Italiam*)*, a cura di Giuliana Crevatin, Venezia, Marsilio, 1995, p. 44 (§ 2) : « Manipulum florum, opus vere gallicum, et quod gallica levitas pro omnibus libris habet » (con accurata nota di contestualizzazione alle p. 159-160). *Cf.* Richard H. Rouse – Marie A. Rouse, *Preachers, Florilegia and Sermons : Historiography in the Middle Ages Studies on the* « Manipulus Florum » *of Thomas of Ireland*, Toronto, Pontifical Institute of Medieval Studies, 1979.

5 Basti rimandare a Marco Petoletti, « Gli zibaldoni di Giovanni Boccaccio », *Boccaccio autore e copista*, a cura di Teresa De Robertis, Carla Maria Monti, Marco Petoletti, Giuliano Tanturli, Stefano Zamponi, Firenze, Mandragora, 2013, p. 291-299, alle p. 297-298, cui segue (p. 316-326), sempre per cura di Petoletti, la tavola completa degli *Zibaldoni*, con un'analisi dei passi di Paolino Veneto ivi presenti e delle reazioni del Boccaccio.

6 Anna-Dorothee von den Brincken, « Martin of Opava », *Encyclopedia of the Medieval Chronicle*, ed. by Graeme Dunphy, Leiden-Boston, Brill, 2010, vol. 2, p. 1085-1088.

Q. Curtium De gestis Alexandri Macedonis ; nimis equidem diminutum habemus. De hystoriis etiam Sallusti ; sique unquam bella civilia, que Svetonius scripsisse creditur, vel hystorias Claudii Cesaris inspexisti. Sed in Livio magis et cordialius ferves.

« [...] e soprattutto se sai che di Tito Livio da qualche parte vi è più di trenta libri ; se hai visto Trogo Pompeo o lo possiedi o se mai hai avuto notizia su dove sia ; o se hai messo le mani sulle *Storie di Alessandro Magno* di Curzio Rufo intere (lo abbiamo infatti con gravi mutilazioni). E poi anche le *Storie* di Sallustio, o se mai ti sono capitate tra le mani le *Guerre civili* che si crede Svetonio abbia composto, o le *Storie* del Cesare Claudio. Ma più di ogni altra cosa e con maggior fervore impegnati su Livio[7]. »

Per quel che si dirà, torna utile evidenziare che il disprezzo del Salutati sembra prendere di mira non la produzione storica medievale nel suo complesso, ma proprio i suoi prodotti più recenti e caratterizzati da due elementi, ossia la prospettiva universale, o se vogliamo "generale", e la natura compilativa. Nel più lungo elenco delle opere che Salutati non vuole, ma semplicemente perché sono diffuse e già accessibili, il cancelliere include infatti, frammisti agli autori antichi, anche alcuni classici della storiografia tra età tardo-antica e alto medioevo, *in primis* Eusebio, cui si affiancano anche Beda e Paolo Diacono[8].

Tornando al filo principale del discorso, ossia alla liquidazione umanistica della tradizione storiografica enciclopedica basso-medievale, pesano prima e ancor più delle parole del Salutati le argomentate riflessioni che Petrarca formula nel prologo del *De viris illustribus*, particolarmente importanti (e valorizzate negli studi) proprio perché programmatiche e non meramente valutative :

Namque ea que scripturus sum, quamvis apud alios auctores sint, non tamen ita penes eos collocata reperiuntur [...]. Qua in re temerariam et inutilem diligentiam eorum fugiendam putavi, qui omnium historicorum verba relegentes, nequid omnino pretermisisse videantur, dum unus alteri adversatur, omnem historie sue textum nubilosis ambagibus et inenodabilibus laqueis involverunt. Ego neque pacificator historicorum neque collector omnium, *sed eorum imitator quibus vel* verisimilitudo

7 *Epistolario di Coluccio [...]*, vol. 2, *op. cit.*, p. 300-301 (traduzione di chi scrive).

8 *Epistolario di Coluccio [...]*, vol. 2, *op. cit.*, p. 298 (corsivo di chi scrive) : « Nec peto communes istos, quos habemus, Eusebium, *Cassiodorum*, Iosephum, Egisippum, *Hystorias ecclesiasticas* [per Novati l'*Historia tripartita*], *Bedam*, Orosium, Iustinum, Eutropium, *Paulum Diaconum*, tres Titi Livii decades [...] ». Si può aggiungere che più articolato e meno liquidatorio di quello su Vincenzo di Beauvais è anche il giudizio di Boccaccio su Beda e Paolo Diacono, e soprattutto su Beda, che, anche dove non convince il Certaldese, è citato con parole di grande rispetto (Hortis, *Studj [...]*, *op. cit.*, p. 485).

certior vel autoritas maior est*; quamobrem siqui futuri sunt, qui huiuscemodi lectione versati aut aliud quicquam aut aliter dictum reperierint quam vel audire consueverint vel legere, hos hortor ac moneo ne confestim pronuntient* [...] *cogitentque historicorum discordiam, que tanto rebus propinquiorem Titum Livium dubium tenuit.*

« Infatti ciò che mi accingo a scrivere, sebbene presente in altri autori, tuttavia in essi non si trova collocato nello stesso modo. [...] E in quest'impresa ho ritenuto che bisognasse rifuggire la temeraria e inutile diligenza di quelli che, riprendendo le parole di ogni storico, senza pensare di dovere lasciare da parte nulla, anche nei casi in cui un autore si contrappone a un altro, hanno avviluppato tutta la trama della loro storia in oscuri labirinti e in tortuosità insolubili. Io non sono né un pacificatore né un raccoglitore di tutti gli storici, ma mi propongo di imitare coloro che dimostrano più certa verosimiglianza o maggiore autorità. Se ci saranno quindi coloro che, avvezzi a una lezione di un certo tipo, avranno riscontrato qualcosa di diverso o espresso in maniera differente da ciò che erano soliti ascoltare o leggere, li esorto e li invito a non formulare un giudizio frettoloso [...] e a riflettere sulle discrepanze presenti negli storici, che tennero così tanto in dubbio Tito Livio che scriveva ben più vicino ai fatti[9]. »

Petrarca non vuole diventare un altro « pacificator historicorum » né l'ennesimo « collector omnium », così che a guidare la sua scrittura storiografica non sarà l'accumulo di « omnium historicorum verba » ; egli si propone invece come « imitator » di coloro che si sono fatti guidare dalla « similitudo certior » e dall'« autoritas maior », secondo un approccio metodologico che Fubini ha definito « un processo di approssimazione razionale alla verità (effettuale) della storia », attuato in contrapposizione al « probabilismo enciclopedico-scolastico[10] ». Se guardate non con lo sguardo proiettato al futuro, ossia allo sviluppo di

9 Francesco Petrarca, *De viris illustribus*, ed. critica per cura di Guido Martellotti, Firenze, Sansoni, 1964, p. 3-4 (cap. 3-6 del *prohemium*) ; la traduzione è di chi scrive. Nelle due redazioni (la stesura del progetto originario e poi l'ampliamento con le vite di dodici personaggi biblici e del mito) i periodi sui compilatori restano pressoché identici. *Cf.* Guido Martellotti, « Storiografia del Petrarca », *Atti dei convegni Lincei*, 10 (1976), p. 179-187 ; Ronald Witt, « La concezione della storia in Petrarca », *Petrarca, canoni, esemplarità*, a cura di Valeria Finucci, Roma, Bulzoni, 2006, p. 211-228 ; Giuliana Crevatin, « Francesco Petrarca, il mito di Roma e la rinascita della storiografia », *Das alte Rom und die neue Zeit – La Roma antica e la prima età moderna*, hrsg. von Martin Disselkamp, Peter Ihring und Friedrich Wolfzettel, Tübingen, Gunter Narr, 2006, p. 7-21 ; Caterina Malta, « Storici e storia nella riflessione petrarchesca », *Studi medievali e umanistici*, 12 (2014), p. 9-70.

10 Riccardo Fubini, « Il *De viris illustribus* del Petrarca e la critica all'enciclopedismo storico nei suoi sviluppi in Biondo e in Valla », *Id.*, *Storiografia dell'Umanesimo in Italia da Leonardo Bruni ad Annio da Viterbo*, Roma, Edizioni di storia e letteratura, 2003, p. 39-51, a p. 45.

una nuova coscienza storiografica[11], ma valutate entro il contesto cronologico e culturale in cui furono composte, sia le parole di Petrarca che quelle di Salutati, nell'infastidito rifiuto che ostentano, certificano però la forza e la persistente vitalità proprio di quella storia che disprezzano, vitalità che è confermata dagli interessi e dalla produzione letteraria di alcuni esponenti delle cerchie culturali di cui i due furono, in due generazioni successive, al centro. Per gli anni e l'ambiente del Salutati basti ricordare Domenico Bandini, amico di Coluccio e autore del quasi mostruoso *Fons memorabilium universi*, un'enciclopedia generale di tutto lo scibile umano, dove uno spazio importante ha anche la storia, soprattutto – ma non soltanto – secondo la specie, già cara a Petrarca e a Boccaccio, delle vicende esemplari dei *viri illustres* (o delle *mulieres clarae*), sebbene Bandini interpreti queste vicende con un gusto che poco ha dell'esemplarità morale e moltissimo dell'accumulo erudito o aneddotico di altri predecessori medievali[12].

Per quanto riguarda Petrarca è il caso di partire ancora da dentro le sue opere, in questo caso dall'aneddoto che chiude il libro II dei *Rerum memorandarum libri* e ha per protagonista papa Giovanni XXII, il quale, afflitto dalla vecchiaia e dalla « curarum varietas » amava, racconta Petrarca, le storie realizzate « sub breviloquio », così che comporle era diventato un modo per acquistarne il favore :

11 *Cf.* i saggi raccolti in *In presenza dell'autore. L'autorappresentazione come evoluzione della storiografia professionale tra basso Medioevo e Umanesimo*, a cura di Fulvio Delle Donne, Napoli, Federico II University Press, 2018. Vd. anche Mariangela Regoliosi, « Riflessioni umanistiche sullo "scrivere storia" », *Rinascimento*, 31 (1991), p. 3-37 ; Fulvio Delle Donne, « Da Valla a Facio, dalla prassi alla teorizzazione della scrittura storica », *Tra storiografia e retorica : prospettive nel basso medioevo italiano*, a cura di M. Zabbia, sezione monografica di *Reti medievali*, 19/1 (2018), p. 599-625.

12 Per la biografia e la produzione di Domenico vd. A. Teresa Hankey, « Bandini, Domenico », *Dizionario biografico degli italiani*, vol. 5, Roma, Istituto dell'Enciclopedia italiana, 1963, p. 707-709, cui si aggiungano Paolo Viti, « Domenico Bandini professore e umanista », *750 anni degli statuti universitari aretini.* Atti del convegno internazionale su origini, maestri, discipline e ruolo culturale dello Studium di Arezzo, Arezzo, 16-18 febbraio 2005, a cura di Francesco Stella, Firenze, SISMEL Edizioni del Galluzzo, 2006, p. 317-336 ; e Armando Bisanti, « Dominicus Bandinus », *C.A.L.M.A. Compendium auctorum Latinorum Medii Aevi*, cur. Michael Lapidge e Francesco Santi, Firenze, SISMEL Edizioni del Galluzzo, vol. 3/1, 2009, p. 98-99. Sulle sezioni *De viris claris* e *De mulieribus claris*, M. Schrürer, *Die Enzyklopädie der berühmten Männer und Frauen. Domenico Bandini, sein* Fons memorabilium universi *und die kompilatorische Biographik der Renaissance*, Tübingen, Mohr Siebeck, 2017 ; e R. Modonutti, « *Mulieres clarae* tra Giovanni Boccaccio e Domenico Bandini », *Studi sul Boccaccio*, 45 (2017), p. 207-234.

Ceterum cum a legendo eum et senium et curarum varietas retardaret, gratissimus erat illi quisquis defloratos, ut proprie dicam, libros sub breviloquio *perstringeret redigeretque in eas quas "tabulas" vocant, in quibus omne quod ex libris quereretur facillimum esset inventu.*

« Del resto poiché sia la vecchiaia sia la varietà delle preoccupazioni lo trattenevano dalla lettura, gli era molto gradito chiunque compendiasse i libri traendone florilegi, per usare una definizione appropriata, e li riducesse a quelle che chiamano "tavole", in cui tutto ciò che si cerca nei libri fosse facilissimo da trovare[13]. »

A chi abbia frequentato le ricche e affascinanti ricostruzioni sull'ambiente petrarchesco di Giuseppe Billanovich, l'aneddoto non può non richiamare alla mente il canonico di Chartres Landolfo Colonna, il cui Ditti-Floro-Livio (Paris, BNF, lat. 5690) sarebbe poi passato allo stesso Petrarca e che compose proprio per Giovanni XXII il suo *Breviarium historiarum*, una storia universale *sub breviloquio*[14]. Nella lettera di dedica del *Breviarium* ritornano tutti i temi canonici delle compilazioni storiografiche a cui si oppone il Petrarca nella prefazione del *De viris illustribus*, dalla necessità di una lettura generalizzata e onnicomprensiva delle fonti, al problema di doverne integrare le contraddizioni, di fare insomma il « pacificator historicorum » :

[...] *Vix tempus vite communis sufficit ad legendos auctores* eorumque varietates contrarietatesque sedandas *qui dictorum regnorum principalium hystorias descripserunt.* [...] *Ut igitur tam procellosi maris laboriosa pericula effugere seu evitare valeat sanctitas vestra, hystorias a creatione primi hominis usque ad moderna tempora*

13 *Rer. mem.*, II, 91 (si cita il par. 2). Francesco Petrarca, *Rerum memorandarum libri*, a cura di Marco Petoletti, Firenze, Le Lettere, 2014, p. 204-207 (da cui si citano testo e traduzione).

14 Giuseppe Billanovich, « Petrarch and the Textual Tradition of Livy », *Journal of the Warburg and Courtauld Institutes*, 14 (1951), p. 137-208, poi ristampato in *Id.*, Itinera. *Vicende di libri e di testi*, a cura di Mariarosa Cortesi, Roma, Edizioni di storia e letteratura, 2004, vol. 1, p. 1-101, alle p. 20-48 ; *Id.*, *La tradizione del testo di Livio e le origini dell'Umanesimo*, vol. 1, *Tradizione e fortuna di Livio tra Medioevo e Umanesimo*, Padova, Editrice Antenore, 1981, p. 123-175 ; ma sul Par. lat. 5690 occorre ora ricordare anche almeno « Reliquiarum servator ». *Il manoscritto Parigino latino 5690 e la storia di Roma nel Livio dei Colonna e di Francesco Petrarca*, a cura di Marcello Ciccuto, Giuliana Crevatin, Enrico Fenzi, Pisa, Edizioni della Normale, 2012, cui si devono aggiungere alcune importantissime considerazioni di Michael Reeve, « Studi degli ultimi trent'anni sulla trasmissione di Livio », *Miscellanea Graecolatina*, vol. 5, a cura di Stefano Costa, Federico Gallo, Milano, Biblioteca Ambrosiana, 2018, p. 3-16. Per il *Breviarium* di Landolfo, vd. Giuseppe Billanovich, « Gli umanisti e le cronache medioevali », *Italia medioevale e umanistica*, 1 (1958), p. 103-137, alle p. 115-124.

abreviare curavi, et pauca de multis brevissimaque de amplissimis a tot preclaris digesta scriptoribus iocundum satis compendium recollegi, rerumque notabilium seriem ita sub breviloquio ad notitiam vestre sanctitatis deducere procuravi, ut nec ex multiloquii tedio que narrantur reddantur insipida, nex ex nimie brevitatis compendio que docentur efficiantur obscura.

« [...] È ben difficile che il tempo di una vita normale possa bastare a leggere i grandi autori e *a trovare un accordo tra le diverse affermazioni e contraddizioni* di coloro che hanno narrato le vicende dei summenzionati regni più importanti. [...] Perché quindi la vostra santità possa sfuggire ai tormentosi pericoli di un mare così tempestoso ed evitarli, ho cercato di raccontare in forma compendiata le storie che vanno dalla creazione del primo uomo fino ai tempi moderni e ho messo insieme poche cose da molte, *riducendo* narrazioni amplissime ricavate da così celebri autori e formando in tal modo un piacevole compendio, così che i racconti non siano resi insipidi dal tedio delle troppe parole e l'eccessiva brevità non renda il messaggio oscuro[15]. »

Nella lettera Landolfo sviluppa anche l'immagine dei « laboriosa pericula » del procelloso mare della storia[16], che il nipote di Landolfo, il domenicano Giovanni Colonna, assumerà come titolo della sua opera maggiore, il *Mare historiarum*, anch'esso una storia universale che muove dalla creazione del mondo e sarebbe dovuta arrivare fino alla stretta contemporaneità (ossia il 1340), ma che la morte dell'autore fermò alla metà del secolo XIII[17].

È lo stesso Petrarca a restituirci l'immagine di un'amicizia abbastanza stretta tra lui e Giovanni Colonna, a cui era dedicata la perduta commedia *Philologia* e sono indirizzate otto *Familiari* e forse anche alcuni dei componimenti dei *Rerum vulgarium fragmenta*[18]. Una delle *Familiari* (VI 2) ci presenta anche gli interessi culturali e in particolare storiografici

15 Billanovich, « Gli umanisti [...] », art. cité, p. 123-124 (traduzione di chi scrive).

16 Sull'uso di questa immagine nei titoli e nelle opere storiografiche medievali, vd. Guenée, *Histoire [...]*, *op. cit.*, p. 211-212.

17 Per il Colonna, Rino Modonutti, *Fra Giovanni Colonna e la storia antica da Adriano ai Severi*, Padova, CLEUP, 2013 ; *Id.*, « Due domenicani di fronte alla storia : fra Giovanni Colonna e lo *Speculum historiale* », *La compilación del saber en la Edad Media*, ed. by Maria José Munoz, Patricia Cañizares Ferris, Cristina Martín, Porto, Brepols-FIDEM, p. 369-382 ; *Id.*, « *In quadam antiquissima historia* : l'*Historia Augusta* nel *Mare historiarum* di fra Giovanni Colonna », *Il ritorno dei classici nell'Umanesimo. Studi in memoria di Gianvito Resta*, a cura di Gabriella Albanese, Claudio Ciociola, Mariarosa Cortesi, Claudia Villa, Firenze, SISMEL Edizioni del Galluzzo, 2015, p. 449-474.

18 Scevola Mariotti, « La *Philologia* del Petrarca », *Humanitas* 3 (1950-1951), p. 191-206, ora ristampato in *Id.*, *Scritti medievali e umanistici*, a cura di Silvia Rizzo, Roma, Edizioni di storia e letteratura, 1994, p. 143-158.

del Colonna, per i quali Petrarca ha parole di apprezzamento : con l'amico visita le rovine di Roma e tra di esse i due si intrattengono a parlare della storia passata[19]. Se Petrarca riconosce a sé stesso l'eccellenza nella conoscenza di quella antica, a Giovanni viene consegnata la palma della moderna, cioè quella che inizia con Costantino, e quindi con la cristianizzazione dell'impero[20]. Se poi si pensa che al Colonna sia stata dedicata, come già accennato, una commedia dall'impegnativo titolo *Philologia* o che gli siano addirittura forse rivolte le accorate parole di incoraggiamento del sonetto 7 dei *Rerum vulgarium fragmenta* e che in esso la « magnanima tua impresa » voglia indicare l'altra opera superstite del domenicano, ossia il suo *De viris illustribus*[21], pare quantomeno problematico accogliere senza qualche esitazione o riserva l'apodittico giudizio di Fubini sul Colonna storiografo quale « antagonista metodico » dello stesso Petrarca e la questione andrà posta in termini magari più sfumati, anche per quel che concerne il rapporto, e quindi il bilanciamento, tra "vecchi" (medievali) e "nuovi" (umanistici) approcci metodologici allo scrivere storia[22]. Lo conferma la più diretta analisi dell'attività storiografica dello stesso Colonna, sebbene nel suo *Mare*, almeno per come trasmesso dai codici, manchi la possibilità di ricorrere al solido appiglio di un prologo generale[23].

Prima di entrare come Landolfo prima e Giovanni poi nel *mare* delle storie, è però necessario riflettere su due contingenze che condizionano la nostra lettura sia dell'opera del Colonna sia di altre compilazioni storiografiche, universali o generali, composte tra la fine del Duecento e i primi decenni del Trecento. La prima questione pertiene alle leggi della trasmissione dei testi : di alcune di queste opere si tramandano

19 *Cf.* Rino Modonutti, « Memorie e rovine di Roma imperiale nel *Mare historiarum* di fra Giovanni Colonna », *Italia medioevale e umanistica*, 52 (2011), p. 27-70.

20 *Fam.*, VI, 2, 16 : « [...] multus de historiis sermo erat, quas ita partiti videbamur, ut in novis tu, in antiquis ego viderer expertior, et dicantur antique quecunque ante celebratum Rome et veneratum romanis principibus Cristi nomen, nove autem ex illo usque ad hanc etatem » (Francesco Petrarca, *Le familiari*, vol. 2, a cura di Vittorio Rossi e Umberto Bosco, Firenze, Sansoni, 1933-1942, p. 58 ; Pétrarque, *Lettres familières*, vol. 2, notices et notes de Ugo Dotti, trad. de André Longpré, Paris, Les Belles Lettres, 2002, p. 252-253). Vd. anche Anastasia Mellano, « L'amicizia come promessa di eternità. Le lettere di Petrarca a fra Giovanni Colonna », *Petrarchesca*, 3 (2015), p. 149-159.

21 Marco Santagata, *Petrarca e i Colonna*, Lucca, Pacini Fazzi, 1988, p. 35-55.

22 Fubini, « Il *De viris* [...] », art. cité, p. 45.

23 Sulla questione del prologo del *Mare*, vd. Modonutti, *Fra Giovanni Colonna [...]*, *op. cit.*, p. 13.

infatti testimoni solo parziali. È questo, per esempio, il caso del *Chronicon* di Benzo d'Alessandria, di cui si conservano solo i ventiquattro libri di uno dei tre *volumina* in cui l'opera doveva essere articolata, mentre dell'esistenza (e non solo della progettazione) degli altri abbiamo conferme indirette nelle opere storiche di Galvano Fiamma[24]. Una situazione analoga si constata anche per i *Gesta pontificum Romanorum* del mansionario di Verona, Giovanni de' Matociis, trasmessi da un unico codice mutilo (Roma, Biblioteca Vallicelliana, D 13)[25]. Talvolta poi si deve tener conto della possibilità che alcune sezioni di più articolati e a volte mastodontici progetti storiografici siano andate perdute : in questo caso possono essere utili esempi la forse solo embrionale realizzazione di una *Nova ecclesiastica historia* da parte di Giovanni Colonna, o anche la mancanza del prologo generale del *Mare* di questo stesso autore[26]. In altri casi si può affermare con certezza che alcune parti di progetti complessi, sebbene pensate nella loro struttura complessiva, non furono per diverse ragioni composte : è il caso degli ultimi cent'anni del *Mare* ; o anche della sezione sugli imperatori del periodo basso-medievale delle *Historie imperiales* del de' Matociis[27].

La seconda questione pertiene allo stato degli studi su queste opere, in moltissimi casi o quasi del tutto assenti (è così per il *Breviarium*

---

24 *Cf.* Marco Petoletti, *Il* Chronicon *di Benzo d'Alessandria e i classici latini all'inizio del XIV secolo. Edizione critica del libro XXIV : De moribus et vita philosophorum*, Milano, Vita e pensiero, 2000 ; ma vedi anche Marino Zabbia, *I notai e la cronachistica cittadina italiana nel Trecento*, Roma, Istituto storico italiano per il medio evo, 1999, p. 26-29.

25 Marino Zabbia, « Matociis, Giovanni de' », *Dizionario biografico degli italiani*, vol. 72, Roma, Istituto dell'Enciclopedia italiana, 2008, p. 126-128. *Cf.* anche Guglielmo Bottari, « Introduzione », Guglielmo da Pastrengo, *De viris illustribus et de originibus*, a cura di Guglielmo Bottari, Padova, Editrice Antenore, 1991, p. IX-CIX, alle p. XIV-XVII. *Cf.* anche Rino Avesani, « Il preumanesimo veronese », *Storia della cultura veneta*, vol. 2, *Il Trecento*, Vicenza, Neri Pozza, 1976, p. 111-141, alle p. 119-120.

26 Per l'*Historia ecclesiastica nova*, Modonutti, *Fra Giovanni Colonna [...]*, *op. cit.*, p. 13-18.

27 Zabbia, « Matociis [...] », art. cité, p. 126-127. Sotto questo aspetto, all'esempio del Mansionario si può aggiungere quello di Galvano Fiamma : Paolo Chiesa, « Galvano Fiamma tra storiografia e letteratura », *Courts and Courtly Cultures in Early Modern Italy and Europe. Models and Languages*, ed. by Simone Albonico and Serena Romano, Roma, Viella, 2016, p. 77-92 ; *Id.*, « *Ystorie Biblie omnium sunt cronicarum fundamenta fortissima.* La *Cronica universalis* di Galvano Fiamma (ms. New York, collezione privata) », *Bullettino dell'Istituto storico italiano per il medio evo*, 118 (2016), p. 179-216 ; *Id.*, « *Summa chronicarum.* Un'opera incompiuta e perduta di Galvano Fiamma », *Filologia mediolatina*, 24 (2017), p. 305-321. *Cf.* anche Vera Fravventura, « Galvanus Flamma », *C.A.L.M.A. Compendium Auctorum Latinorum Medii Aevi*, cur. Michael Lapidge et Francesco Santi, Firenze, SISMEL Edizioni del Galluzzo, vol. 4/1, 2012, p. 42-45.

di Landolfo) o limitati a sezioni, problemi, questioni più o meno circoscritti. Sotto questo punto di vista offrono due buoni esempi, ancora, Giovanni Colonna e Giovanni Mansionario[28]. Per questi autori gli studi, quantomeno quelli dell'ultimo secolo, sono caratterizzati da quella che potremmo quasi chiamare una "distorsione classica", ossia la costante attenzione a un aspetto di queste compilazioni di area e ambiente preumanistico, quale la loro relazione con le fonti classiche, con la letteratura di Roma antica[29]. Si tratta, sia ben chiaro, di un approccio del tutto giustificato e che è stato – e continua a essere – davvero molto produttivo, offrendoci tasselli importanti per comprendere la storia culturale di quegli anni e i suoi cambiamenti. Ma questo approccio mette in ombra parti importanti di quelle stesse opere, le sezioni che riguardano la storia prima di Roma o la storia dopo il crollo dell'Impero romano, ossia la storia medievale, soprattutto quella non strettamente contemporanea. Una specie di controprova in negativo la offrono gli studi su Galvano Fiamma, che, assunta la totale mancanza da parte di questo autore di un interesse preumanistico per l'antico, hanno lasciato molto in ombra proprio le sezioni antiche, considerate soltanto nella loro, per altro innegabile, dimensione favolistica. Un qualche livello di distorsione prospettica è in qualche misura inevitabile quando si studino le enciclopedie di ogni genere, perché per affrontare opere così voluminose e complesse dal punto di vista strutturale e programmatico la selezione è necessaria. D'altra parte se, come pare innegabile, il rapporto con la tradizione classica costituisce un elemento cardine dell'Umanesimo, per i nostri scopi odierni questa "distorsione classica" non sarà un problema così grave,

28 Per Giovanni Colonna si ha la sensazione che la storia "moderna" sia in realtà caratterizzata da un'originalità di elaborazione meno significativa e interessante delle più studiate sezioni sulla storia antica, ma ciononostante la storia post-costantiniana costituisce una sezione davvero importante dell'intera opera. Quasi del tutto inedite, le *Historie imperiales* di Giovanni de' Matociis hanno attirato l'attenzione soprattutto in relazione ai tesori della Capitolare di Verona, primo fra tutti l'attuale ms. Città del Vaticano, Biblioteca Apostolica Vaticana, Pal. lat. 899, venerando testimone dell'*Historia Augusta* : sulla questione, anche per un più articolato regesto bibliografico, mi permetto di rimandare a Modonutti, « *In quadam antiquissima historia* [...] », art. cité ; e *Id.*, « I *consiliarii* di Severo Alessando e la tradizione dell'*Historia Augusta* nel Trecento », *Segno e testo*, 14 (2016), p. 381-410. Ma *cf.* anche *infra*.

29 Mi sembra che questo approccio abbia condizionato in maniera minore gli studi su Riccobaldo da Ferrara. *Cf.* Zabbia, *I notai [...]*, *op. cit.*, p. 16-37 ; Gabriele Zanella, *Riccobaldo e dintorni. Studi di storiografia medievale ferrarese*, Ferrara, Italo Bovolenta, 1980.

se non nella misura in cui ci potrebbe indurre a un certo ottimismo positivistico-umanista, dal quale però si cercherà di star lontani.

Sebbene si tratti di progetti storiografici molto diversi per genesi, sviluppi, fortuna, vorrei ora soffermare l'attenzione su alcuni elementi salienti di qualcuna di queste storie universali di ambiente protoumanistico, provando a individuarli a partire dal caso che più ho studiato, ossia il *Mare historiarum* di Giovanni Colonna, col quale metterò cursoriamente in relazione, oltre ai già più volte citati Benzo d'Alessandria (*Chronicon*) e Giovanni de' Matociis (*Historie imperiales* e *Gesta pontificum*), anche Riccobaldo da Ferrara. Dal punto di vista cronologico il Colonna è di una generazione più giovane rispetto agli altri tre che sono invece sostanzialmente contemporanei tra loro. Il domenicano era infatti nato presumibilmente nel 1298 e morì nel 1343[30]. Riccobaldo, forse il più vecchio dei quattro, era nato nel 1245 e si spense nel 1318[31]. Sia Benzo che il Mansionario nacquero intorno alla metà del Duecento. Il primo morì certo dopo l'ottobre del 1329 ; il secondo nel 1337[32]. Per fare un raffronto con nomi più canonicamente collegati alle ricostruzioni sulle origini e sul primo sviluppo dell'Umanesimo, il Colonna è della stessa generazione del suo amico Petrarca (e lo stesso si può dire per Guglielmo da Pastrengo)[33] ; gli altri tre sono invece della generazione di Lovato Lovati e Albertino Mussato[34], o anche, volendo, di Dante. Per Riccobaldo, Benzo e il Mansionario è anche interessante sottolineare come tutti e tre siano stati legati, seppur in maniera molto diversa, all'area veneta, quindi a uno dei centri nevralgici dell'avanguardia umanistica. Giovanni

30 Modonutti, *Fra Giovanni Colonna [...]*, *op. cit.*, p. 8-9 ; e Stephan Forte, « John Colonna O. P. Life and Writings », *Archivum fratrum Praedicatorum*, 20 (1950), p. 369-414.

31 *Cf.* Massimo Giansante, « Riccobaldo da Ferrara », *Dizionario biografico degli italiani*, vol. 87, Roma, Istituto dell'Enciclopedia italiana, 2007, p. 384-386.

32 Petoletti, *Il* Chronicon *[...]*, *op. cit.*, p. 3-12 ; Zabbia, « Matociis [...] », art. cité, p. 126.

33 Guglielmo da Pastrengo, amico carissimo e corrispondente del Petrarca, autore di un dottissimo *De viris illustribus et de originibus*, nacque intorno al 1290 e morì il 30 agosto 1362. *Cf.* Monica Cerroni, « Guglielmo da Pastrengo », *Dizionario biografico degli italiani*, vol. 61, Roma, Istituto dell'Enciclopedia italiana, 2004, p. 17-22.

34 Lovato Lovati era nato intorno al 1240 e sarebbe morto nel 1309 (Benjamin G. Kohl, « Lovati, Lovato (Lupatus de Lupatis) », *Dizionario biografico degli italiani*, vol. 61, Roma, Istituto dell'Enciclopedia italiana, 2007, p. 215-220). Mussato nacque nel 1261 e si spense nel 1329 (Giovanna M. Gianola, « Profilo biografico di Albertino Mussato », Albertino Mussato, *Traditio civitatis Padue ad Canem Grandem – Ludovicus Bavarus*, a cura di *Ead.* e Rino Modonutti, Firenze, SISMEL Edizioni del Galluzzo, 2015, p. 3-17).

Mansionario era veronese e, a quel che sappiamo, in quella città trascorse tutta la sua esistenza ; nella città Scaligera passò una parte importante della sua vita il cancelliere Benzo, di cui conosciamo i legami con Padova e con il padovano Albertino Mussato[35] ; da Verona e da Padova passò a diverse riprese l'errabondo Riccobaldo. Giovanni Colonna condivide invece col Petrarca una dimensione spiccatamente internazionale, o, se vogliamo, europea : lo stesso Petrarca e lo zio Landolfo ce lo dipingono inquieto e girovago, sempre in movimento da Roma alla Francia, da Cipro ad Avignone passando per la Terrasanta, per poi concludere la sua esistenza in una non del tutto accettata permanenza a Tivoli[36].

Come anticipato, le opere di questi quattro autori sono tra loro molto diverse per finalità, struttura, tecnica compositiva, uso delle fonti, ma questo è un tratto che mi pare comune a tutto l'enciclopedismo storiografico basso-medievale anche prima di Vincenzo di Beauvais e nella preistoria del suo *Speculum historiale*[37]. Nuovi obiettivi e finalità, come quelli evidenziati anche di recente da Marino Zabbia per le cronache cittadine e la loro componente "universale" o di storia generale[38], o anche semplicemente la fatica di raggiungere risultati coerenti, affrontando una materia vasta, complessa, asimmetrica per fonti e per contenuti, e per di più necessaria di continue aggiunte, o bisognosa di essere rimodulata a seconda del pubblico di riferimento, rendono i cambi di struttura e di organizzazione forse inevitabili. L'esempio più articolato e complesso tra gli autori qui presi in considerazione è quello offerto da Riccobaldo che apre sempre nuovi cantieri, seguendo certo due filoni principali – il compendio e la vasta enciclopedia storiografica –, ma che è spinto continuamente verso nuove rimodulazioni della materia, così che è talvolta difficile, nel groviglio della tradizione manoscritta di queste

35 I rapporti amicali sono comprovati da una lettera di Albertino a Benzo. *Cf.* Giovanna M. Gianola, « Ipotesi su un'edizione trecentesca delle opere storiografiche di Albertino Mussato », *Italia medioevale e umanistica*, 50 (2009), p. 123-177, alle p. 132-135.

36 Forte, « John Colonna [...] », art. cité ; e Billanovich, *La tradizione [...]*, *op. cit.*, p. 124-125. *Cf.* anche Modonutti, *Fra Giovanni Colonna [...]*, *op. cit.*, p. 9-10.

37 Ho cercato di mostrarlo qualche tempo fa per le storie universali domenicane : Rino Modonutti, « I domenicani e la scrittura della storia », relazione presentata al convegno internazionale « Contemplata aliis tradere ». *Lo specchio letterario dei frati predicatori*, Roma, Convento di S. Maria sopra Minerva, 23-27 gennaio 2017, i cui atti sono in corso di stampa.

38 Marino Zabbia, « Sulla scrittura della storia in Italia (secoli XIII-XV) », *Tra storiografia e retorica [...]*, *op. cit.*, p. 547-555.

continue sperimentazioni, anche fissare il canone delle opere e le loro reciproche relazioni "evolutive". È quel che si verifica, anche in misura maggiore, con Galvano Fiamma, sebbene il cronista milanese non paia in qualche maniera forzato a questa continua innovazione di strutture da un elemento che è invece centrale per Riccobaldo, ossia l'aggiungersi alle sue letture di nuove opere[39]. Anche Benzo sperimenta, visto che abbandona lo sviluppo cronologico, impostazione tradizionalmente prevalente, per un'organizzazione tematica della materia[40]. Seppure molto diverse, parrebbero sotto certi aspetti più tradizionali per struttura le opere di Giovanni Mansionario e Giovanni Colonna ; e per meglio apprezzarne gli aspetti innovativi anche sotto questo punto di vista è necessario entrare più nel dettaglio, spostando l'attenzione sulla relazione con le fonti, e in particolare con fonti antiche, ma spesso di recente acquisizione per i lettori dell'epoca, le quali hanno un ruolo importante anche per quanto riguarda la macrostruttura delle compilazioni dei due Giovanni.

Sia il mansionario Giovanni de' Matociis prima, sia in seguito Giovanni Colonna sembrano aver elaborato un progetto di storia bipartita, da un lato la storia della Chiesa, dall'altro la storia profana, o, più esattamente, per quel che riguarda il Mansionario, la storia imperiale[41]. Sotto questo aspetto, nel de' Matociis è esplicito il richiamo a un altro grande classico della compilazione basso-medievale, il già citato *Chronicon pontificum et imperatorum* di Martino Polono (« ex Cronicis fratris Martini »), modello riconosciuto all'inizio dei *Gesta pontificum Romanorum*, da dove parrebbe essere cominciata la scrittura storiografica di Giovanni[42]. Secondo Bottari, la discesa di Enrico VII in Italia, sarebbe uno degli elementi che, con altri, avrebbe indotto il Mansionario a passare al secondo corno delle sue

39 Per Galvano *cf.* la bibliografia citata alla n. 27. Per Riccobaldo, vd. *infra*.

40 Petoletti, *Il* Chronicon *[...]*, *op. cit.*, p. 29-35.

41 Per il Mansionario si tratta delle *Historie imperiales* e dei *Gesta pontificum Romanorum* : i tratti di questo progetto di storia bipartita sono esplicitamente descritti nel prologo dei *Gesta pontificum* : « opusculum igitur hoc bifariam dividetur. Nam primum pontifices, secundo imperatores [...] annotabo » (Guglielmo Bottari, « Giovanni Mansionario nella cultura veronese del Trecento », *Petrarca, Verona, l'Europa*, Atti del convegno internazionale di studi (Verona, 19-23 settembre 1991), a cura di Giuseppe Billanovich e Giuseppe Frasso, Padova, Editrice Antenore, 1997, p. 31-67, a p. 49). Giovanni Colonna invece vede su un versante il *Mare historiarum*, sull'altro la perduta e forse mai pienamente realizzata *Historia ecclesiastica nova* (vd. *infra*).

42 Bottari, « Giovanni Mansionario [...] », art. cité ; Zabbia, « Matociis [...] », art. cité, p. 126.

storie, le *Historie imperiales*, vite degli imperatori da Augusto e, ritiene sempre Bottari, pur in assenza di esplicite affermazioni, fino all' « alto Arrigo », che si confermerebbe quindi grande ispiratore di storie e di cronache[43]. Se però si scorrono le pagine delle *Historie imperiales* ci si rende conto che il modello strutturante più forte non può essere considerato Martin Polono, il quale pure continua a essere utilizzato con altre fonti come il *De viris illustribus* di Girolamo[44] : ciò che dà forma alle *Historie imperiales* sono due raccolte di biografie antiche, le *Vitae duodecim Caesarum* di Svetonio e le *Vitae diversorum principum et tyrannorum*, ossia la cosiddetta *Historia Augusta*, che riprende lo schema biografico di Svetonio (con il salto di Nerva e Traiano) fino all'oscuro Numeriano, imperatore per un anno tra il 283 e il 284[45]. Dell'*Historia Augusta* Giovanni de' Matociis è uno dei primi lettori nell'età del preumanesimo, dopo una fortuna medievale molto oscura, e, secondo le ricostruzioni canoniche, ma forse bisognose di qualche nuova riflessione, egli l'avrebbe letta sul venerando archetipo, il già menzionato Pal. lat. 899, allora conservato nella Capitolare di Verona[46].

Per Giovanni Colonna la questione è più complessa anche perché, come già detto, manca una prefazione generale. È tuttavia dimostrabile che Giovanni aveva anch'egli in mente un progetto di storia bipartita con alla

43 *Ibid.* Albertino Mussato sembra essersi dedicato alla scrittura della storia proprio in concomitanza con l'inizio del viaggio a Roma di Enrico VII, protagonista e dedicatario del *De gestis Henrici* (Gianola, « Profilo biografico [...] », art. cit., p. 7-8) ; e anche Giovanni da Cermenate riconosce come motore della sua *Historia* il Lussemburgo (*Iohannis de Cermenate Historia*, ed. Luigi Alberto Ferrai, Roma, Forzani e C., 1889, p. 4-5 ; *Cf.* anche Gigliola Soldi Rondinini, « Cermenate, Giovanni da », *Dizionario biografico degli italiani*, vol. 23, Roma, Istituto dell'Enciclopedia italiana, 1979, p. 768-770).

44 Bottari, « Giovanni Mansionario [...] », art. cité, p. 49.

45 La sommaria descrizione dell'opera proposta qui per brevità non fa giustizia di un complesso e non ancora risolto dibattito sulla genesi, gli autori, gli scopi, i modelli dell'*Historia Augusta*, questione ampliamente discussa nella bibliografia e per la quale, senza nessuna ambizione di completezza, rimando alle diverse introduzioni della nuova edizione per la *Collection Budé*. Per quanto riguarda la sua fortuna medievale, vd. almeno Jean-Pierre Callu, Olivier Desbordes, Cécile Bertrand, « L'*Histoire Auguste* et l'historiographie médiévale », *Revue d'histoire des textes*, 14-15 (1984-1985), p. 97-130.

46 L'esigenza di tornare a riflettere sul rapporto del Mansionario con l'*Historia Augusta* e con il suo archetipo Palatino è emersa nel recente convegno Historia Augusta. *A Fresh Approach*, svoltosi nel maggio del 2019 a Edimburgo e organizzato da Justin Stover, che mi ha molto gentilmente concesso di leggere in anteprima due sue nuovi innovativi studi sulla tradizione dell'opera in corso di stampa : « The Murbach Manuscript of the *Historia Augusta* » (*Exemplaria classica*) ; e « New Light on the *Historia Augusta* » (*Journal of Roman Studies*). *Cf.* anche Modonutti, « I *consiliarii* [...] », art. cité, p. 403-405.

base il modello di Eusebio, il *Chronicon* da un lato, l'*Historia ecclesiastica* dall'altro[47]. In un passo del *Mare*, il *Chronicon* di Eusebio-Girolamo è infatti considerato come il punto di partenza di una sequela di storici al termine della quale l'autore colloca sé stesso[48]. Già il titolo della forse perduta, forse mai compiutamente realizzata *Historia ecclesiastica nova* del Colonna si pone in relazione con l'*Historia ecclesiastica* eusebiana. Che tra le due – il *Mare* e la *condenda Historia ecclesiastica nova* – la materia dovesse essere almeno in parte diversa, lo conferma poi un altro passo della prima opera, per altri aspetti esempio mirabile di come possa essere sottile l'arte della compilazione. Nel ventesimo capitolo del VI libro del *Mare historiarum*, forse per giustificare il maggior spazio dedicato alle persecuzioni di Marco Aurelio, il Colonna riprende di peso alcune righe del prologo del V libro dell'*Historia ecclesiastica* di Eusebio, ma, con pochi chirurgici cambiamenti, gli fa dire esattamente l'opposto : « ab initio incepti operis », « dall'inizio dell'opera », ho voluto raccontare « solum historias concussionesque bellorum ac magistratuum victorias ducumque fortia gesta mortesque civium ac aliarum calamitatum miserandas congeries, quibus mundus [...] concussus est[49] », tuttavia non si può non dire qualcosa anche delle storie dei santi. Il domenicano si pone così tra quelli che il prologo eusebiano chiama « alii scriptores historiarum », gli scrittori di storia profana, perché, come altrove dice, dell'incarnazione di Cristo, dei martiri e dei santi, cioè dello squadernarsi nel *saeculum* della prospettiva escatologica dell'*aevum* « in nostra ecclesiastica historia posuimus[50] ».

Eusebio, le cui opere e il cui nome non erano certo estranei alle generazioni precedenti, è un autore centrale e un modello anche per l'elaborazione storiografica di Riccobaldo, il quale, come egli stesso racconta, restò fortemente colpito da un vetusto e venerando (e danneggiato) codice del *Chronicon* che gli si parò dinnanzi agli occhi « in archivio Ravennatis ecclesie[51] ». Se si vuol riflettere della prospettiva

---

47 Modonutti, *Fra Giovanni Colonna [...]*, *op. cit.*, p. 13-22.

48 Firenze, Biblioteca Medicea Laurenziana, Edili 173, f. 168r°a (il codice è autografo ; il passo è edito e discusso in Modonutti, *Fra Giovanni Colonna [...]*, *op. cit.*, p. 13-14).

49 « Soltanto le storie e i rivolgimenti bellici e le vittorie dei magistrati e le coraggiose imprese dei comandanti e le morti dei civili e la miserevole congerie delle altre sventure dalle quali il mondo è scosso » (traduzione di chi scrive).

50 Il passo è edito in Modonutti, *Fra Giovanni Colonna [...]*, *op. cit.*, p. 182-183.

51 A. Teresa Hankey, *Riccobaldo of Ferrara : His Life, Works and Influence*, Roma, Istituto storico italiano per il medio evo, 1996, p. 3, 19-20. *Cf.* anche Giansante, « Riccobaldo [...] », art. cité.

umanistica, è questo un elemento forse meno vistoso, ma importante in tal senso : si tratta insomma, di andare alle origini, a modelli antichi, superandone – o comunque andando oltre – la loro rielaborazione e ruminazione basso-medievale ; si tratta di riattivare, al di là della sequela delle *auctoritates*, una delle grandi fonti di *auctoritas*, nel caso di Eusebio quella che si può definire, per brevità, dei Padri. Sotto questo aspetto basti richiamare, a un livello di profondità affatto maggiore e radicale, la forza e la novità della lettura petrarchesca dell'opera di Agostino.

Vi sono poi ovviamente i classici nel senso più immediato del termine ed è del tutto evidente che gli autori antichi rivestono su più livelli un ruolo dirompente nelle opere dei quattro storiografi universali di primo Trecento qui considerati. Per Giovanni de' Matociis non vi è molto da aggiungere a quanto già richiamato, anche perché, se altro c'è da dire, bisognerà farlo affrontando infine il testo nella sua organicità secondo modalità di studio e di analisi che possono svilupparsi quando si può leggere un'opera in un'edizione affidabile[52]. Riccobaldo da Ferrara parrebbe quasi travolto dagli *Ab urbe condita libri* di Tito Livio che gli squilibrano tutte le storie in una prospettiva romanocentrica, ma che il compilatore percorre e utilizza con l'attenzione che si riserva a ciò che affascina e coinvolge a un livello profondo[53]. Infatti, a ben vedere, l'aggiunta di fonti potrebbe anche risolversi entro i paradigmi in qualche modo canonici per l'enciclopedismo storiografico basso-medievale, del mero accumulo additivo, ma in questi autori non è questa la via che possa dare un'esatta immagine della loro relazione con l'antico. Giovanni Colonna è ancora una volta forse più complesso da decifrare, ma non per questo la sua linea ideologica è meno chiara. Per quel che riguarda la struttura interna appare per esempio evidente che nuove fonti hanno un forte peso nello spingere il domenicano a riconsiderare l'articolazione in libri della sua opera – e quindi a ristrutturare la periodizzazione

52 Su nuove basi andrebbero forse riconsiderate anche alcune questioni macroscopiche, quale quella dell'assenza di un prologo delle *Historie imperiales*, visto che a me pare che non sarebbe sbagliato ragionare sull'ipotesi che il proemio dei *Gesta pontificum* funga in realtà da prologo generale e che l'espressione « opusculum » che « bifariam dividetur » indaghi in quelle pagine il complesso di *Gesta* e *Historie*, da considerare più di quel che si è fatto, due bracci organici a un unico corpo (il passo è più estesamente citato *supra* alla n. 41). *Cf.* Bottari, « Giovanni Mansionario [...] », art. cité.

53 Hankey, *Riccobaldo of Ferrara [...]*, *op. cit.* (emblematici già i dati "quantitativi" raccolti da Hankey all'inizio del cap. 6, dedicato appunto a « Riccobaldo as an Early Humanist »).

storiografica –, allontanandosi dalla sicura griglia organizzativa di Vincenzo di Beauvais[54]. Il libro IV dei nove che compongono il *Mare* nell'autografo (Firenze, Biblioteca Medicea Laurenziana, Edili 173) inizia coi Gracchi, momento importante, ma nella storiografia medievale non decisivo : la scelta del Colonna è con buona probabilità motivata dal fatto che proprio all'altezza dei Gracchi Floro, l'epitomatore di Livio che egli conosceva senza dubbio[55], gli offriva un'articolata sintesi della storia romana in una prospettiva biologico-morale, valorizzata, nelle sue potenzialità di sintesi e interpretazione, dal suo impiego in posizione rilevata a inizio di un libro ; e quindi nel *Mare* l'autorevolezza di Floro e del suo messaggio di lettura morale quasi impone al compilatore una non tradizionale cesura nell'organizzazione del fluire storico. Il libro V inizia con l'incarnazione, quindi, sul versante profano, con Augusto ; il sesto si chiude con Costantino, l'inizio delle moderne storie, secondo quel che Petrarca scrive proprio a Giovanni, ossia quando l'impero si fa cristiano ; ma il passaggio intermedio, l'inizio del libro VI, è fissato là dove inizia la già più volte evocata *Historia Augusta*, ossia con Adriano. Se si entra nella trama del racconto si rafforza la consapevolezza che la letteratura antica agisce per Colonna a un livello più profondo : l'*Historia ecclesiastica* di Eusebio è infatti presa e copiata così com'è per blocchi omogenei, come se Giovanni scorresse le sue pagine e con dei segni indicasse "copia da qui a qui" ; Livio o l'*Historia Augusta* vengono invece scomposti e rimodulati, segno di una lettura approfondita, di una *ruminatio* che certo non passa dalla compilazione alla petrarchesca *mellificatio*, ma che implica un interesse fresco e genuino per il vetusto Livio Carnotense scoperto dallo zio o per l'*antiquissima historia*, ossia l'*Historia Augusta*, che Giovanni non ha trovato dove l'aveva trovata Petrarca, ossia a Verona, ma che ha cercato altrove, rinvenendone una tradizione diversa e misteriosa di cui è forse una delle più precoci testimonianze[56].

---

54 Modonutti, « Due domenicani […] », art. cité, p. 386-387 ; Modonutti, *Fra Giovanni Colonna […]*, *op. cit.*, p. 27-28.

55 Di parere diverso era Remigio Sabbadini, che però basava le sue conclusioni sulla sola lettura del *De viris illustribus*. *Cf.* Modonutti, *Fra Giovanni Colonna […]*, *op. cit.*, p. 21.

56 Su Colonna e la tradizione dell'*Historia Augusta*, Modonutti, « *In quadam antiquissima historia* […] », art. cité ; e *Id.*, « *I consiliarii* […] », art. cité. Ma vd. anche Stover, « New Light […] », art. cité. Per quanto riguarda invece Colonna e gli *Ab urbe condita libri*, vd.

I classici agiscono, però, anche a un livello diverso, ossia quello del metodo. Gli studi hanno mostrato la precocità di Benzo d'Alessandria sotto questo aspetto : Benzo non giustappone, ma giudica con spirito critico le sue fonti, le usa sinergicamente per comprovarne l'autorevolezza, perché esistono *auctores autentici* e altri che invece non lo sono ; quando interviene come *actor* non lo fa per conciliare gli storici, ma per giudicarli[57]. Anche in Giovanni Colonna la selezione sembra suggerire in alcuni casi un atteggiamento critico. Nel *De viris illustribus* il frate domenicano è orgoglioso di aver accesso al raro Curzio Rufo e alle sue storie di Alessandro[58], che poi usa abbondantemente nel *Mare*, dove non vi è invece traccia di tutte le leggende e favole su Alessandro Magno che affollano già il mondo ellenistico e poi tutto il medioevo e che invece trovano ancora ampio spazio nello *Speculum* di Vincenzo di Beauvais. Allo stesso modo nella ricostruzione della vita di Carlo Magno Colonna non concede alcuno spazio allo Pseudo-Turpino, ancora una volta ben testimoniato nel Bellovacense, e ricorre invece soprattutto all'autorevole Eginardo[59]. I margini dell'autografo del *Mare* offrono anche un esempio più esplicito[60]. Al cap. 44 del I libro, si sta narrando della fine della guerra di Troia e della sorte dei sopravvissuti :

> *Ut autem ad historie ordinem redeamus, Eneas post Ylii eversionem et Grecorum profectionem cunctos ex Frigia atque e proxima regione adit oratque uti secum Anthenorem qui*[61] *regno quod patrie eversione acquisierat, expellant. Quod postquam Anthenori congnitum est, regrediens ad Troiam Eneas, qui magno conflato exercitu venerat, aditu prohibetur.*

Braxton Ross, « The Tradition of Livy in the *Mare historiarum* of Fra Giovanni Colonna », *Studi petrarcheschi*, 6 (1989), 71-86.

57 Petoletti, *Il* Chronicon *[...]*, *op. cit.*, p. 113-124 ; Zabbia, *I notai [...]*, *op. cit.*, p. 26-29.

58 Remigio Sabbadini, « Giovanni Colonna biografo e bibliografo del secolo XIV », *Atti della R. Accademia delle Scienze di Torino*, 46 (1911), p. 3-32, a p. 24.

59 Modonutti, « Due domenicani [...] », art. cité.

60 Marco Petoletti, « "*Nota valde et commenda hoc exemplum*" : il colloquio con i testi nella Roma del primo Trecento », *Talking to the Text* : *Marginalia from Papyri to Print*, Proceedings of a Conference Held at Erice, 26 September-3 October 1998, ed. by Vincenzo Fera, Giacomo Ferraù, Silvia Rizzo, Messina, Centro interdipartimentale di studi umanistici, 2002, vol. 1, p. 359-399, alle p. 393-394. Mi permetto una piccola integrazione a chiosa di un altro dei passi delle opere del Colonna analizzati in quelle pagine : l'accorata invettiva contro la corruzione dei costumi dei prelati della sua epoca che si legge nel *Mare*, e discussa alle p. 391-393, non è frutto della penna del Colonna ma è presa dal *Policraticus* di Giovanni di Salisbury (IV, 5).

61 L'inserimento del pronome *qui*, operato nell'interlinea e registrato dai testimoni, pare turbare la coerenza sintattica del periodo.

Quod postquam vidit, Eneas cum patre et filio onnique patrimonio, multis emensis provinciis, in Italiam venit ubi que arma conmoverit qualia per triennium bella gesserit quantosque populos inplicaverit et afflixerit poeta Virgilius luculento carmine ostendit.

« Ma, per tornare all'ordine degli eventi, dopo la distruzione di Troia e la partenza dei Greci, Enea fa visita a tutti in Frigia e nella regione vicina e li prega che scaccino Antenore dal regno che aveva ottenuto distruggendo la sua patria. Quando Antenore lo viene a sapere, impedisce a Enea, sopraggiunto con il grande esercito che aveva radunato, di avvicinarsi. Dopo aver visto ciò, Enea viene in Italia con il padre e il figlio e con tutto il suo patrimonio, attraversando molte regioni. Quali eserciti mobilitò, che guerre combatté per tre anni e quanti popoli vi coinvolse e sconfisse, lo mostra il poeta Virgilio nel suo splendido poema[62]. »

Il passo citato è tratto dall'*Ephemeris* di Darete Frigio (V, 17), però con rielaborazioni non insignificanti. Non vi sono nel testo interventi in prima persona dell'autore, ma sui margini egli così si esprime : « Ista istoria non concordat cum Virgilio, sed istam reputo magis autenticam » (« Questo racconto non concorda con Virgilio, ma lo ritengo più degno di fede ») e infatti, nei primi versi del III canto dell'*Eneide* – dove Enea racconta ciò che fecero i superstiti – e in quelli del libro I dedicati ad Antenore (*Aen.* I, 242-249), Virgilio offre una diversa versione degli eventi successivi alla distruzione di Ilio. L'*auctoritas* di Virgilio è messa quindi in qualche modo in discussione, anche se subito dopo se ne ribadisce il ruolo di fonte storica, dal momento che si rimanda all'*Eneide* per il racconto delle successive vicende del progenitore dei Romani, così che siamo difronte a qualcosa di più sottile del diffuso scetticismo medievale verso i poeti e le loro favole (da cui non era immune Riccobaldo).

Vorrei chiudere su un altro tratto che la nostra coscienza critica riconosce come spiccatamente umanistico, ossia a quella particolare fascinazione per l'antico che stimolerà lo sviluppo dell'antiquaria[63]. Sia Benzo che il Colonna osservano le vestigia dell'antico passato di Roma intorno a sé e cercano di decifrarle[64]. Per esempio Giovanni cerca di

62 La traduzione è di chi scrive.

63 Roberto Weiss, *The Renaissance Discovery of Classical Antiquity*, Oxford, Blackwell, 1969. *Cf.* anche Maria Accame Lanzillotta, « Le *antiquitates Romanae* di Petrarca », *Preveggenze umanistiche di Petrarca*, Pisa, ETS, 1994, p. 213-239 ; Angelo Mazzocco, « The Antiquarianism of Francesco Petrarca », *Journal of Mediaeval and Renaissance Studies*, 7 (1977), p. 203-224.

64 Per Benzo, Marco Petoletti, *Milano e i suoi monumenti. La descrizione trecentesca del cronista Benzo d'Alessandria*, Milano, Edizioni dell'Orso, 2004, p. XLVIII-LXXXVII.

identificare la *porticus* edificata secondo l'*Historia Augusta* da Caracalla, monumento controverso anche per gli archeologici moderni, ma che il domenicano riconosce in quello che è per noi l'arco di Settimio Severo nel foro romano, nei cui bassorilievi legge le storie di Severo[65]. Ma la cura più sorprendente per le immagini dell'antichità ce la consegna quello che tra questi storici ci appare come il più isolato, ossia Giovanni de' Matociis : i margini dell'autografo Chigiano delle *Historie imperiales* sono arricchiti da accurate riproduzioni di monete romane, testimonianza archeologica preziosa e raffinata, anche per la sua organicità e completezza[66]. Un elegantissimo esempio spigolato tra le pagine del *De mulieribus claris* di Giovanni Boccaccio, prodotto letterario che riconosce esplicitamente a modello il "moderno" *De viris illustribus* del Petrarca, suggella dall'interno, se così si può dire, la pertinenza all'Umanesimo di queste attenzioni antiquarie. Nell'esordio della vita di Faustina Minore, moglie di Marco Aurelio, talvolta confusa dal Certaldese con quella di Antonino il Pio, la lussuria testimoniata dall'*Historia Augusta* è in qualche modo redenta da un'aurea immagine di fresca e giovanile bellezza, colta dal Certaldese non nelle pagine delle sue fonti, ma dal profilo di una serie numismatica, che gli consente di dare un motivo all'altrimenti inspiegabile divinizzazione di una donna così lasciva :

> *Fuit preterea tam exquisiti decoris ut aliquid divinum mortalitati eius crederetur admixtum quod, ne consumeretur senio aut morte, actum est ut iuvencula et etate provectior aureis argenteisque ac ereis numis eius effigies sculperetur ; et in hodiernum usque perdurat. In quibus etsi oris habitus, oculorum motus, color vividus et hilaritas faciei desint, illud tamen lineamenta testantur permaximum. Sane quantum totius orbis fama celebratum est tantum turpi impudicitie nota pollutum. [...] Et sic loco dee per tempus ibidem celebris habita est Faustina ut quod subtraxisse claritatis videbatur luxuria, deitas resarciret.*
>
> « Fu, inoltre, donna di così raffinata bellezza che qualcosa di divino si credeva mescolato alla sua umanità ; ed affinché tale bellezza non fosse logorata dalla vecchiaia

65 Modonutti, « Memorie e rovine [...] », art. cité, p. 60-62.

66 Si tratta del ms. Città del Vaticano, Biblioteca Apostolica Vaticana, Chig. I.VII.259. *Cf.* Giulio Bodon, « Interesse antiquario e numismatico nel primo Trecento veneto. I disegni nei codici delle *Historie imperiales* di Giovanni Mansionario », *Id.*, Veneranda antiquitas. *Studi sull'eredità dell'antico nella rinascenza veneta*, Bern-Berlin-Bruxelles-Frankfurt am Main-New York-Oxford-Wien, Peter Lang, 2005, p. 203-217. Marino Zabbia ne ha anche evidenziato il probabile ruolo di guida al lettore per il reperimento della vita dell'imperatore che si stesse cercando (Zabbia, *I notai [...]*, *op. cit.*, p. 43 n. 113).

né dalla morte, la sua effigie di giovanetta, e poi di donna matura, fu scolpita in monete d'oro e d'argento e di rame, e ancor oggi si vede impressa in esse. È vero che vi mancano la fisionomia, il moto degli occhi, il colore vivo, la letizia del volto ; i lineamenti però ne attestano la straordinaria bellezza. Eppure, quanto dalla fama di tutto il mondo fu di lei celebrato, tanto fu profanato dal turpe marchio dell'impudicizia. [...] Così Faustina per un certo tempo fu ivi considerata celebre come dea ; e la divinizzazione risarcì quella fama che la lussuria aveva tolto[67]. »

Ad aver la pazienza di cercare, l'Umanesimo si costruisce quindi anche tra le pagine delle compilazioni di storia universale, che questa nuova prospettiva culturale non cancella, ma attraversa ; e anzi anche solo il progetto enciclopedico del *Fons* di Domenico Bandini – o anche le continue ristampe dello *Speculum* che continuano fino al Seicento – confermano già a un livello epidermico che il loro superamento pieno è un fenomeno lungo e complesso. Si potrebbe anzi dire che l'analisi dei meandri di queste opere ha la capacità di mostrarci le difficoltà e la multiforme complessità che caratterizzano l'emergere e la progressiva definizione dei valori letterari e culturali dell'Umanesimo. Il che non può non far ritornare alla mente i saggi e acuti insegnamenti di Bernard Guenée su cui val la pena di chiudere :

> Beaucoup, après avoir reconnu le caractère de compilation d'une œuvre historique médiévale, s'autorisent de ce diagnostic pour la négliger. En réalité, toute compilation est une construction qui mérite d'être étudiée pour elle-même, et précisément comparée aux sources qu'elle a utilisées. Chaque mot omis, chaque mot ajouté est révélateur d'une conviction religieuse, d'une attitude politique, d'un choix critique. Et il est piquant de voir les érudits des XIXe et XXe siècles, dont les travaux obéissent à des règles précises, à la réflexion moins différentes des règles de l'érudition médiévale, stigmatiser ces compilateurs, dont ils ne veulent pas s'avouer qu'ils sont leurs prédécesseurs directs, et les lointains et modestes modèles de leur orgueilleux savoir[68].

Rino MODONUTTI
Università degli Studi di Padova

67 Giovanni Boccaccio, *De mulieribus claris*, cap. XCVIII, par. 2-3 e 10 (*Tutte le opere di Giovanni Boccaccio*, a cura di Vittore Branca, vol. 10, *De mulieribus claris*, a cura di Vittorio Zaccaria, Milano, Mondadori, 1967, p. 396-398 e 400-401, da cui vengono testo e traduzione). *Cf.* anche Boccace, *Les femmes illustres. De mulieribus claris*, trad., introd. et notes de Jean-Yves Boriaud, Paris, Les Belles Lettres, 2013, p. 178 e 180.

68 Guenée, *Histoire [...]*, *op. cit.*, p. 124, avec coupures.

INDEX DES NOMS

INDEX DES ŒUVRES

INDEX DES MANUSCRITS

RÉSUMÉS

Francesco MONTORSI et Fanny MAILLET, « Préface »

Après avoir passé en revue les origines chrétiennes et classiques du genre, la contribution identifie quelques défis majeurs qui attendent les chercheurs qui explorent le champ, encore à défricher, des chroniques universelles en langue vernaculaire.

Jean-Marie FRITZ, « La chronique universelle au miroir de Renart. Du *Manuel d'histoire de Philippe de Valois* à *Renart le Contrefait* »

Renart le Contrefait est pour moitié constitué d'une chronique universelle. Si la première partie, en vers, est originale, la seconde, en prose, est la simple interpolation du *Manuel de Philippe de Valois*. La chronique universelle est présente à contre-emploi ; elle est source de désordres, introduisant de la prose dans le vers, et permet surtout d'opposer deux écritures de l'histoire : une écriture subversive pour l'Ancien Testament, une écriture canonique avec la seconde moitié du Manuel.

Maria Teresa RACHETTA, « Storia universale e retorica volgare nell'*Histoire ancienne jusqu'à César* »

La contribution porte sur la genèse de l'*Histoire ancienne jusqu'à César*, la plus ancienne chronique universelle en langue vernaculaire qui nous soit connue. La première partie de l'article étudie comment l'auteur, pendant la rédaction, a décidé de modifier le plan de l'œuvre. La deuxième partie se concentre sur l'analyse et la mise en contexte de certains traits formels de la prose de l'*Histoire ancienne*, en particulier les expérimentations de l'auteur sur la prose rimée et l'insertion de vers.

Anne ROCHEBOUET, « Organiser une histoire universelle. Effets de lecture et dispositifs visuels et textuels dans quelques manuscrits de l'*Histoire ancienne jusqu'à César* »

La compilation historique en français qu'est l'*Histoire ancienne jusqu'à César* est traditionnellement analysée comme une suite de sections depuis les propositions de P. Meyer à la fin du XIXe siècle. Envisager ce texte comme une suite d'unités narratives prédétermine cependant l'appréhension de l'organisation générale de cette histoire universelle, que cette contribution interroge pour ses deux premières rédactions à partir des dispositifs visuels mis en place par quelques témoins manuscrits.

Laura ENDRESS, « Trésor de sapience, Trésor des histoires ? Quelques observations sur la tradition manuscrite de la *Chronique dite de Baudouin d'Avesnes* »

L'étude jette un nouvel éclairage sur la tradition manuscrite de la *Chronique dite de Baudouin d'Avesnes*, en s'intéressant aux témoins désignés comme « Trésors des histoires ». À partir d'extraits portant sur l'histoire ancienne, la contribution aborde des phénomènes de variation textuelle, concernant la constellation des épisodes. Aussi, elle étudie le texte transmis par les témoins en question, en s'interrogeant sur leur place dans la tradition et leurs rapports avec d'autres compilations.

Matteo CAMBI, « Fortune dell'*Histoire ancienne jusqu'à César* nel Veneto medievale »

La contribution vise à illustrer les modalités de circulation et de réception de l'*Histoire ancienne jusqu'à César* dans la Vénétie des XIVe et XVe siècles. En se penchant sur les témoins de l'*Histoire ancienne* en langue d'oïl ainsi que sur les *volgarizzamenti* produits dans la région, est proposée une analyse compréhensive des mécanismes de compilation, adaptation et traduction de l'œuvre dans la Vénétie médiévale.

Luca DI SABATINO, « L'*Histoire ancienne jusqu'à César* e le sue ricompilazioni in Toscana »

L'étude porte sur la circulation de l'*Histoire ancienne* en Italie. Sont abordées les particularités propres aux versions françaises du texte transmises par les témoins produits dans les ateliers pisano-génois. La contribution analyse ensuite les *volgarizzamenti* toscans, avec une attention particulière pour les manuscrits dans lesquels la traduction de l'*Histoire ancienne* est accompagnée ou interpolée avec d'autres textes historiographiques, ce qui amène à la création de nouvelles compilations.

Carla DE NARDIN, « Il caso della *Fiorita* di Guido da Pisa. Tra filologia e fonti »

Après un survol de la vie et des œuvres de Guido da Pisa, la contribution se concentre sur la *Fiorita*, compilation historico-mythologique en deux livres rédigée en italien vernaculaire. L'ouvrage est d'abord étudié dans ses caractéristiques générales, telles que son lien avec la *Divine comédie*, sa chronologie, les sources employées, et ensuite dans sa dimension ecdotique.

Paolo RINOLDI, « La *Fiorita* di Armannino da Bologna »

L'article signale et décrit un témoin demeuré inconnu jusqu'à ce jour de la *Fiorita* d'Armannino da Bologna (Bologna, Biblioteca dell'Archiginnasio, ms. 2926). Après un panorama critique sur la *Fiorita* d'Armannino, la contribution se penche plus en détail sur certains aspects cruciaux de l'ouvrage, en particulier ses techniques de compilation et ses rapports avec les sources vernaculaires, notamment françaises.

Filippo PILATI, « Le continuazioni storiografiche nei mss. dei *Fatti di Cesare.* Il *Fioretto di croniche degli imperadori* e il *Libro Fiesolano* »

La diffusion précoce et étendue des *Faits des Romains* au-delà des Alpes montre le vif intérêt que l'Italie médiévale a ressenti pour la matière de Rome. Dans certains manuscrits des *Fatti di Cesare*, une version abrégée des *Faits* en langue toscane, cet intérêt se relie à une volonté de reconnecter le destin du Saint Empire à l'histoire impériale de Rome. Cela se fait par la juxtaposition de deux continuations historiques, le *Fioretto di cronache degli imperadori* et le *Libro Fiesolano.*

Sara FERRILLI, « Le *Storie de Roma* di Eutropio e Paolo Diacono nel codice Aug. Fol. 83.10 della Herzog-August-Bibliothek di Wolfenbüttel »

L'article analyse le *volgarizzamento* de l'*Historia Romana* d'Eutrope-Paul Diacre, transmis par un témoin unique de la Herzog-August-Bibliothek de Wolfenbüttel. Sont étudiés les rapports entre texte vernaculaire et tradition latine, les emprunts faits à l'*Historia Miscella* de Landulf Sagax et à d'autres sources, les particularités des divisions internes au manuscrit. La contribution se termine en évoquant l'importance de ce *volgarizzamento* dans le panorama des traductions romanes d'Eutrope-Paul Diacre.

Marino ZABBIA, « I cronisti fiorentini e la scelta del volgare. Una nota »

Entre la fin du XIIIe siècle et le début du XIVe siècle à Florence ont été surtout composées des chroniques en langue vernaculaire, tandis que dans les autres régions d'Italie le latin restait la langue des chroniqueurs. Cette contribution montre comment le choix de la langue vernaculaire a dépendu de la diffusion et de la traduction précoces d'œuvres historiques en latin et en français, et en particulier du succès rencontré par le *Trésor* de Brunet.

Martina ALBERTINI, « Cia Ubaldini, la *mulier clara* di Matteo Villani »

L'article étudie le portrait brossé par Matteo Villani de Cia Ordelaffi en tant que *mulier virilis* et le compare à d'autres sources de l'époque, afin d'en montrer l'originalité dans le panorama historique contemporain. En outre, il montre que la description de Villani pourrait avoir été influencée par le *De mulieribus claris* de Boccace, en mettant ainsi en relief la relation entre les deux auteurs et les implications de cette relation sur le discours historiographique de Villani.

Rino MODONUTTI, « L'enciclopedismo storiografico in Italia negli anni del preumanesimo »

La contribution porte sur les encyclopédies historiques rédigées dans les premières années de l'humanisme italien. Après avoir rappelé les perplexités de Pétrarque et Colluccio Salutati à l'égard de la compilation, sont proposées des considérations sur la méthode historiographique employée par certains compilateurs du XIVe siècle qui peuvent être rapprochés du milieu pré-humaniste : Giovanni de' Matociis, Benzo d'Alessandria, Riccobaldo da Ferrara, et le dominicain Giovanni Colonna di Gallicano.

TABLE DES MATIÈRES

DEUXIÈME PARTIE

L'*HISTOIRE ANCIENNE* EN ITALIE

TROISIÈME PARTIE

FIORITE ET COMPILATIONS HISTORIQUES EN ITALIE

QUATRIÈME PARTIE

LA CHRONIQUE UNIVERSELLE ET LES MISES EN RECUEIL

CINQUIÈME PARTIE

LES CHRONIQUES À FLORENCE

L'AVÈNEMENT DE L'HUMANISME

IMPRIM'VERT®

Achevé d'imprimer par Corlet,
Condé-en-Normandie (Calvados), en novembre 2021
N° d'impression : 173876 - dépôt légal : novembre 2021
Imprimé en France